中国发展高层论坛2010

——中国和世界经济：增长·调整·合作

张玉台◎主编

CHINA
DEVELOPMENT
FORUM 2010

人民出版社

图书在版编目(CIP)数据

中国发展高层论坛2010——中国和世界经济:增长·调整·合作/
张玉台主编. -北京:人民出版社,2010.7
ISBN 978－7－01－009083－2

Ⅰ.①中…　Ⅱ.①张…　Ⅲ.①经济发展-世界-学术会议-文集
　　Ⅳ.①F11－53

中国版本图书馆 CIP 数据核字(2010)第 125502 号

中国发展高层论坛 2010

ZHONGGUO FAZHAN GAOCENG LUNTAN 2010

——中国和世界经济:增长·调整·合作

张玉台　主编

人民出版社 出版发行
(100706　北京朝阳门内大街166号)

北京市文林印务有限公司印刷　新华书店经销

2010年7月第1版　2010年7月北京第1次印刷
开本:710毫米×1000毫米 1/16　印张:27
字数:498千字　印数:0,001-8,000 册

ISBN 978－7－01－009083－2　定价:55.00 元

邮购地址 100706　北京朝阳门内大街166号
人民东方图书销售中心　电话 (010)65250042　65289539

前　　言

国务院发展研究中心自 2000 年起设立了"中国发展高层论坛",目的是在中外企业家、学者和政府官员之间建立新的对话和交流渠道。秉承"听取世界的声音,探索中国发展之路"的宗旨,2010 年 3 月 21 日—22 日,"中国发展高层论坛 2010 年会"在北京钓鱼台国宾馆举行。本次年会以"中国和世界经济:增长、调整、合作"为主题,重点讨论了促进发展方式加快转变、国际贸易与经济结构调整、积极财政政策的效果与后续策略、企业全球化、应对气候变化、加强国际合作等专题,形式多样,内容丰富,在国内外引起了广泛关注和强烈反响。

中国国家领导人对发展高层论坛高度重视。中共中央政治局常委、国务院总理温家宝亲切会见了出席论坛的外方主要代表,听取大家的意见和建议,并就一些重大问题与大家进行了深入、广泛、充分的交流。中共中央政治局常委、国务院副总理李克强出席开幕式并发表了重要讲话。他指出,把中国经济发展的好势头保持下去,需要立足当前,着眼长远,致力于加快经济发展方式转变,推动经济转型和发展模式创新,着力提高经济增长质量和效益。国务院领导同志的重视与支持,是论坛成功举办的重要保证。国家发展和改革委员会、财政部、外交部、商务部、中国人民银行、环境保护部、住房和城乡建设部、国务院国有资产监督和管理委员会等有关部委的负责人应邀与会,与国际组织负责人、外方企业界和学界的代表一起作报告,并与大家进行了坦诚的讨论。

世界经济离不开中国,中国经济也离不开世界。随着全球化进程的推进,中国与世界经济的内在联系将日趋广泛而深刻。加强对话、沟通、合作，共克时艰，实现世界经济健康复苏和可持续发展，这是会议代表取得的共识。与会中外方代表高屋建瓴的分析，精彩纷呈的观点，使我们扩展了视野，深化了认识。相信本届论坛取得的丰富成果必将对中国的改革与发展产生积极的推动作用。

与更多关心中国改革和发展的朋友们共同分享论坛的讨论，把论坛的交流平台进一步延伸到会场之外，这是中国发展高层论坛一直秉持的开放立场。我们将论坛上的演讲、发言、评论和研究报告结集出版，希望这些坦率、务实的交流能让读者从中受益。

国务院发展研究中心主任

张玉台

二〇一〇年五月十日

目 录
CONTENTS

2 世界经济：增长与合作

3 后危机时期的金融、能源与技术创新

下　篇

上
篇

温家宝会见出席中国发展
高层论坛年会境外代表

国务院总理温家宝3月22日下午在人民大会堂会见了出席中国发展高层论坛2010年会的境外代表，就世界经济形势，尤其是中国继续应对国际金融危机、保持经济平稳较快发展、加快转变经济发展方式以及推动国际经济金融合作等问题，与他们进行深入交谈。

会见开始时，温家宝说，我已连续8次会见参加中国发展高层论坛的境外代表。感谢你们对中国改革开放和建设的关心。正是因为你们对中国有信心，才不远万里来到中国，中国也要以自己的行动和表现增强大家的信心。今天的会见与往常有两点不同：一是国务院几个重要部门的部长都在席；二是我们之间的对话全程对记者们开放。希望你们知无不言，言无不尽。

中国的金融改革不能停顿，要继续深化

汇丰集团主席葛霖首先提问：中国政府在健全金融体系和发展资本市场方面有什么样的考虑？

温家宝说，中国能够比较好地应对国际金融危机，一个重要的原因是金融体系比较健康，没有受到太大的影响。但是中国的金融体系并非没有问题，只不过我们的银行没有做高杠杆的风险投资。事实上，欧美在银行监管方面比我们有经验，毕竟你们有100多年的历史，我们只有20多年的历史。我第一次参观英格兰银行的时候，最大的感受就是门多、窗户小。我没有想到，国际金融危机把欧洲的银行业也卷进去了。

温家宝说，我们要通过改革建立一个完整、健康、可持续的金融体系。去年我们实施适度宽松的货币政策，就是要保持流动性充裕，贷款均衡可持续，但并未完全如愿。这说明我们在金融调控和监管上还有缺陷。有些不知情的人，以为是中国政府有意扩大信贷规模。事实上，这恰恰是我每天担心的。在去年夏季达沃斯论坛上，我就提出了要管理好通胀预期，随后加强了信贷管

理。但是今年 1 月份又出现了贷款松动，这说明存在机制问题。因此，中国的金融改革不能停顿，要继续深化。金融危机还没有过去，摆在我们面前最重要的任务是防止系统性风险。

温家宝说，中国重视发展资本市场。即使最困难的时候，我们也没有放松资本市场改革。去年又推出了创业板。改革的目标，就是要将间接融资为主，变成间接融资与直接融资相结合，充分发挥资本市场的作用。

中国经济的未来寄托在科技发展、特别是包括生物技术和生命科学在内的高新技术上

杜邦公司董事长、首席执行官柯爱伦问道，中国政府如何利用包括生物技术在内的先进技术，推动中国经济未来持续发展？

温家宝说，我们欢迎跨国公司到中国投资。这次金融危机对中国冲击最大的是实体经济。但是，一些公司在困难中站住了、发展了，主要是因为他们有科技实力和人才优势。跨国公司是应对经济危机的主力，也是世界经济复苏的主力。回想世界几次大的经济危机，常常伴随着大的科技变革，正是因为科技革命，使技术有新的突破，帮助克服经济危机，使经济有新的发展。

温家宝说，我们把中国经济的未来寄托在科技发展、特别是包括生物技术和生命科学在内的高新技术上。生物技术和生命科学与人类的生存密切相关，是人们生活须臾不可离开的，发展是无穷尽的。中国有众多的人口，生命科学和生物技术在中国有极大的发展潜力，有广阔的市场前景。中国愿意同世界上拥有先进技术的企业加强合作。中国政府会给你们创造机会，也请你们不要失掉机会。

中国决不会走发达国家先排放后治理的老路

伦敦政治经济学院教授尼古拉斯·斯特恩问道：中国的节能减排在"十二五"规划中是否有更高的目标？

温家宝说，温室气体排放问题主要是 100 多年来发达国家工业化的结果。像中国这样的发展中国家，无论累计排放还是人均排放，在历史上都不是多的。我们作为一个负责任的发展中国家，提出自主减排的目标是有诚意的，中国决不会走发达国家先排放后治理的老路。我们把节能减排作为一项重要战略方针，贯穿在"十一五"规划、"十二五"规划以至今后整个发展过程中。在"十一五"规划中，我们确定的目标是用 5 年的时间将单位国内生产总值能耗降低 20%，实现这样的目标已经付出很大的代价，4 年来我们压缩钢铁的产能

近 1 亿吨，压缩小火电 6000 万千瓦，还压缩了水泥产量，这都对工人的就业造成很大压力。

温家宝说，我们坚持"共同但有区别的责任"原则，我们的减排是自主的，制定的目标是约束性的，经全国人民代表大会批准，要进行考核评估。在哥本哈根气候大会上，我代表中国政府郑重宣布，到 2020 年中国的碳排放强度减少 40%—45%。我们要把这个目标分解落实到"十二五"规划当中。中国的减排目标是不附加任何条件的，要努力争取做得更好。

世界上所有负责任的国家，所有有良知的企业家，都不要打贸易战和货币战

在回答 C. V. 史带投资集团董事长莫里斯·格林伯格关于如何解决在应对金融危机中大国之间存在的分歧时，温家宝说，面对金融危机，我们需要同舟共济，携手合作。在危机开始时，我反复呼吁人们要建立起信心和勇气，现在，我想强调的是人们要冷静和清醒。世界经济出现了复苏的势头，但是复苏的道路决不是一帆风顺的。我再次呼吁，世界上所有负责任的国家，所有有良知的企业家，都不要打贸易战和货币战，那对我们应对困难于事无补。我们现在需要的是相互尊重，平等协商，加强合作。中国可以保证做到三条：第一，办好自己的事，不给世界添麻烦。第二，绝不以邻为壑。第三，同世界各国一道推动国际金融体系变革，加强政策协调，共同应对危机，使复苏更加稳定。

中国绝不追求贸易顺差，相反要想方设法扩大进口

摩根士丹利公司（亚洲）董事长罗奇说，有两个问题各方都有广泛共识，一是世界各国要避免落入贸易摩擦和保护主义的陷阱，二是中国应该加快转变经济发展方式。您怎么看待这两个问题？

温家宝说，中国和世界许多国家一样是主张自由贸易的，因为只有自由贸易，才能使经济充满活力，才能使世界和谐，才能使人们的生活多样化。我愿意借这个机会向国际社会传达一个信息：就是中国绝不追求贸易顺差，相反要想方设法扩大进口。保持国际收支的基本平衡，是我们长期努力的方向。去年中国经济增长主要是靠内需，贸易顺差也在逐步减少，到今年 3 月上旬，已经出现逆差。

温家宝说，国际金融危机之前，我就提出了中国经济存在不协调、不平衡和不可持续的问题。虽然从总体上看中国应对危机还是比较好的，但也暴露了很多问题。这场危机实际上是对中国经济发展方式的挑战。在《政府工作报

告》中对于转变经济发展方式，我用了"刻不容缓"四个字。转变发展方式应该包含几个方面：要把扩大内需作为一个长期的战略方针坚持下去，毫不动摇。要下大力气缩小城乡差距和地区差距，努力扩大居民消费。要加快发展服务业，第二产业中要重视发展新兴产业，第一产业要稳定发展，稳住农业这个基础。

温家宝说，转变发展方式是一项长期艰巨的任务。美国 200 万失业人口就让美国政府十分焦急。但是，中国就业人口的压力是两亿人而不是 200 万人。中国城乡存在很大的差距，昨天我刚到西南的旱区云南去了一趟，我在那里还看到耕地"二牛抬杠"的情景。这些都会影响中国的可持续发展。我们要在制定"十二五"规划时把加快转变发展方式摆在重要位置。

我们欢迎美国企业到中国投资，中国会更多进口美国产品

美中贸易全国委员会主席利伟诚问道，您如何看待中美之间即将于 5 月份举行的第二次战略与经济对话？

温家宝说，中美两国的关系非常重要，不仅关系两国人民的根本利益，而且在一定程度上超越了两国的范围。两国经贸关系是两国关系的重要组成部分，虽然存在一些矛盾和问题，但是只要本着平等协商、互利互让，总是可以找到办法解决。5 月份将要举行的中美战略与经济对话，是一次非常重要的对话，也是解决中美之间矛盾和问题的重要机会，我们高度重视。

温家宝说，中国有句话，就是"山重水复疑无路，柳暗花明又一村"。回过头看，中美之间的矛盾和分歧，一个一个都迎刃而解，中美政治、经济关系会更加密切。这使两国人民对两国关系充满信心。你们是中美友谊桥梁，我想通过你向美国企业转达这样一个信息：我们欢迎美国企业到中国投资，中国会更多进口美国产品。

我们将更加致力于促进社会公平，建立完善的社会保障体系

在回答亚洲开发银行行长黑田东彦提出的如何加强中国社会保障体系建设、逐步提高居民收入在国民收入中的比重时，温家宝说，我们将更加致力于促进社会公平，建立完善的社会保障体系。中国绝对贫困人口超过 4000 万，低收入群体有 2.7 亿。完善的社保体系，对困难群体尤为重要。目前我们已经初步建立了社会保障体系的框架。养老保险不仅在城市普及，今年还在农村 23% 的地区进行试点。农民实行养老保险是一个历史性的转变。医疗保险尽管水平还比较低，但已覆盖 12.4 亿人。新型农村合作医疗使农民能够上医院看

病。我们还专门建立了社保基金。我们已经实现了真正的免费义务教育，最近又对中等职业学校农村家庭困难学生实行免学费政策，助学金成 10 倍地增加。

温家宝说，在增加居民收入上分三个层次：一是逐步提高居民收入占整个国民收入的比重；二是逐步提高职工工资收入占要素收入的比重；三是在二次分配中，运用财税的杠杆，调节收入差距，促进社会公平。这些工作都在起步阶段，还不完善，但我们将坚持不懈地做到底。

中国发展高层论坛外方主席艾伦·穆拉利表示，对中国的未来发展抱有信心，期待能够继续为中国发展发挥作用。

温家宝说，我曾经表示过，今后要更多地创造机会来接触各国的企业家，今天不是第一次，也不会是最后一次。我随时欢迎你们到中国来。

包括国际组织高级官员、著名跨国企业领导人和国际知名学者在内的 60 多位境外代表参加会见。整个会见持续了 100 多分钟。会见前，温家宝与境外代表合影留念。会见结束后，温家宝与代表们一一握手道别。

（据新华社北京 3 月 22 日电，记者赵承、谭晶晶）

增强经济增长内生动力
促进发展方式加快转变

——在中国发展高层论坛 2010 年会上的主旨演讲

中华人民共和国国务院副总理　李克强

（2010 年 3 月 21 日）

很高兴参加中国发展高层论坛 2010 年会。现在正值仲春时分，春天是播种希望、谋划未来的季节。在世界经济逐步走出危机阴影、迈上复苏征程的关键时刻，本次论坛以"中国和世界：增长、调整、合作"为主题进行探讨，对于继续应对国际金融危机、探索在调整与合作中推动发展的路径，很有现实意义。在此，我谨代表中国政府对论坛的召开表示热烈祝贺！对各位来宾表示诚挚欢迎！

一年多来，为应对国际金融危机和严重经济衰退，各国普遍采取了稳定金融和刺激经济的措施。目前，世界经济总体上度过了最困难阶段，并开始出现回暖迹象。预计今年国际贸易和投资将呈现恢复性增长，世界经济形势会好于去年。中国全面实施并不断完善应对国际金融危机冲击的一揽子计划和政策措施，保增长、保民生、保稳定取得明显成效，经济回升向好趋势不断巩固。应对国际金融危机的行动和成效，坚定了我们继续开拓前行的信心。

同时必须清醒地看到，世界经济全面复苏的基础并不稳固，可能是一个缓慢而复杂的过程。现在，主要经济体失业率高位徘徊，一些国家债务危机还在暴露，金融领域风波未平，各国刺激经济政策进退的抉择十分艰难，全球大宗商品价格上涨较快，世界经济不确定、不稳定因素仍然很多。中国经济在发展中也存在一些突出矛盾。经济增长的内生动力不足，结构调整难度加大，财政金融领域潜在风险增加，一些关系民生的问题亟待解决。国际因素和国内因素相互影响，短期矛盾和长期矛盾相互交织，"两难"问题增多，今年中国经济发展面临的形势依然复杂。对此，我们将高度重视，努力运用智慧和勇气加以应对。

当前，我们面临的挑战和机遇前所未有，但机遇大于挑战。在应对国际金融危机中，世界经济大变革大调整的步伐进一步加快，科技进步和产业发展正在酝酿新的突破，不少国家积极推进调整转型、探索发展的新模式新路径，国际经济金融秩序处在改革之中。人们期待着这些调整和变革能够构筑新的发展平台，推动世界经济走上健康复苏和持续发展的道路。需要强调的是，国际金融危机没有改变中国经济的基本面和长期向好的趋势。中国是世界上最大的发展中国家，正处于工业化、城镇化快速推进的阶段，有广阔的市场空间和巨大的发展潜力，有丰富的人力资源和较为充裕的资金要素，有不断改善的基础设施和产业配套条件，有长期积累的宏观调控经验，我们有信心有能力也有条件保持经济长期平稳较快发展。

今年是中国继续应对国际金融危机、保持经济平稳较快发展、加快经济发展方式转变的关键一年。几天前闭幕的中国十一届全国人大三次会议和全国政协十一届三次会议，受到了国际社会的高度关注。人大会议审议通过的政府工作报告，对新的一年中国经济社会发展作出了总体部署。我们将继续实施积极的财政政策和适度宽松的货币政策，保持宏观经济政策的连续性和稳定性，根据新情况新问题不断提高政策的针对性和灵活性，把握好政策实施的重点、力度和节奏，处理好保持经济平稳较快发展、调整经济结构和管理好通胀预期的关系。

面对复杂多变的环境，无论是顺应后国际金融危机时期世界经济发展的新趋势、增强中国经济抗风险的能力，还是巩固当前中国经济回升向好的势头、解决经济运行中深层次的矛盾，都要求我们加快经济发展方式转变，加大经济结构调整力度。经济结构不合理是经济发展方式存在问题的主要症结。调整经济结构，是保持经济平稳较快发展、管理好通胀预期的重要结合点，也是提升国民经济整体素质、实现全面协调可持续发展的根本途径。因此，我们将立足当前，着眼长远，推动经济转型和发展模式创新，着力提高经济增长质量和效益，把调整经济结构作为加快经济发展方式转变的重大举措，坚定不移地推进下去。

扩大国内需求是中国经济发展的基本立足点和长期战略方针，也是加快经济发展方式转变、调整经济结构的首要任务。我们将坚持以内需为主、内外需结合，着力扩大内需特别是居民消费需求，使巨大的回旋余地转化为广阔的发展空间。目前，中国人均收入水平还比较低，农村和中西部地区还有不少贫困人口，保障和改善民生的任务十分繁重。我们将继续优化投资结构，积极寻求投资与消费的结合点，努力实现增投资、扩消费、惠民生一举多得。同时，进一步做好就业、养老、教育、医疗、住房等方面的基本民生工作，构筑社会保障的安全网，合理调节收入分配，提高居民消费能力，改善居民消费环境，培育新的消费热点。中国还有 8 亿左右农村人口，城镇化是最大的内需所在，蕴涵着雄厚的发展潜力。我们将在继续加强"三农"工作的基础上，积极稳妥推进城镇化，统筹大中小城市和小城镇协调发展，努力形成东部地区和中西部地区城市群并立的格局，推动城乡和区域结构调整优化，为经济长期平稳较快发展提供重要支撑。

推进产业结构调整是加快经济发展方式转变的重要内容。现在，中国三次产业发展还不协调，产业层次还比较低。针对这方面问题，我们将面向国内外市场需求，紧紧依靠科技管理创新和人力资源开发利用，加快改造提升传统产业，积极发展战略性新兴产业，提高服务业产值和就业比重，培育壮大现代产业体系。加大节能减排力度，既可以减少资源消耗和污染排放，又能够增加经济效益、带动技术进步。我们将以节能增效和生态环保为重要抓手，强化技术改造，淘汰落后产能，加快发展绿色经济、循环经济和节能环保产业，推广应用低碳技术，积极应对气候变化，实现产业升级和结构优化。

加快经济发展方式转变、调整经济结构，关键在理顺体制机制，难点是调整利益格局，解决办法从根本上要靠改革创新。如果没有体制上的重大突破，就难以实现经济发展方式的根本性转变。我们将坚定不移深化改革，坚持社会主义市场经济的改革方向，从制度上更好地发挥市场在资源配置中的基础性作用，形成有利于科学发展的宏观调控体系，更多地依靠体制机制创新推动经济发展。这就需要加快企业、价格、财税、金融等重点领域和关键环节改革，切实放宽市场准入，积极鼓励创业创新，支持和引导民间投资，调动和发挥各方面积极性，健全和完善激励与约束机制，不断增强经济增长的内生动力，为加快经济发展方式转变提供制度保障。

开放是增强经济增长内生动力的重要条件。中国加快经济发展方式转变、调整经济结构，是在经济全球化的大背景下进行的。中国的发展离不开世界，我们将始终不渝奉行互利共赢的开放战略，以更加开放的姿态参与国际经济技术合作，不断提高开放型经济发展水平。世界的发展也需要中国，中国已是全球第二大进口国，经济平稳较快发展必将对国际社会作出更大贡献。当今时代各国的命运紧密相连，只有合作发展才能互利互惠。我们应当采取实际行动，共同反对贸易保护主义，消除各种形式的进口壁垒，放宽对出口的种种限制，促进世界经济健康复苏和持续发展。在座的嘉宾有不少来自知名跨国公司，是世界工商界的杰出代表。中国的进一步发展，将会为各位提供更多的商机。祝中外企业合作结出更加丰硕的成果。

友谊只有交流才能加深，智慧只有碰撞才能升华。我真诚希望，各位代表围绕论坛的主题，广泛交流、深入研讨，形成更多有益于中国和世界持续发展的箴言良策，在稳定增长中促进复苏，在结构调整中推动发展，在加强合作中实现共赢。

加快经济结构调整
促进发展方式转变

——在中国发展高层论坛 2010 年会上的主题演讲

国务院发展研究中心主任　张玉台

（2010 年 3 月 21 日）

　　首先，我代表国务院发展研究中心，对各位来宾，特别是从海外远道而来的朋友们参加第十一届中国发展高层论坛表示热烈欢迎和衷心感谢！

　　去年的发展高层论坛，我们曾在这里讨论国际金融动荡中的中国发展和改革。在这次国际金融危机中，中国不仅短期经济增长受到巨大冲击，而且中长期结构性矛盾也凸显出来。中国政府迅速采取并不断完善一揽子经济刺激计划，努力将调结构、惠民生与保增长有机结合起来，在全球率先实现了经济总体回升，2009 年 GDP 同比增长 8.7%。

　　当前中国经济继续向好，但仍然面临着多方面的挑战。如果说 2009 年是新世纪以来中国经济发展最困难的一年，2010 年则可能是最复杂的一年。刚刚结束的"两会"，确定了今年中国宏观调控的主要预期目标：经济增长 8% 左右；城镇登记失业率控制在 4.6% 以内；居民消费价格涨幅 3% 左右；国际收支状况改善。为此，中国政府将继续实施积极的财政政策和适度宽松的货币政策，根据宏观经济中可能出现的新情况、新问题，提高政策的灵活性与针对性，管理好通胀预期。同时，我们将把工作重点更多地转移到调整经济结构、转变发展方式上来，加大统筹城乡和区域发展力度，着力保障和改善民生；深化体制改革，扩大对外开放。

　　我们充分认识到，加快经济结构调整、转变发展方式的任务十分紧迫。金融危机爆发后，世界经济处在动荡、调整之中。对中国发展而言，挑战与机遇并存。一方面，全球产能过剩加剧国际竞争，贸易保护主义抬头，针对中国出口产品的贸易摩擦大幅增加，应对气候变化的压力加大。另一方面，信息技术革命方兴未艾，新能源、新材料、节能环保、生物医药等新技术的研发活动十分活跃，一批新兴产业加速发展；高端制造业和现代服务业向中国转移的步伐加快。中国加快结构调整，转变经济发展方式，既是应对气候变化和国际经济环境新挑战的必要举措，也是抓住技术革命和产业转移新机遇的必然选择。

中国经济快速发展30多年，成就举世瞩目。但是，传统发展方式存在的不协调、不平衡与不可持续的问题也日益突出。主要表现在：内需与外需、投资和消费之间的关系不协调；城乡、区域发展不平衡，居民收入差距扩大；资源消耗和污染物排放高，生态环境压力日益增大；服务业发展滞后，产业结构不合理等。这些问题，有些反映了中国经济发展的阶段性特征，有些源于中国的资源禀赋和在全球分工中的地位，有些则是由于体制机制不适应全面、协调、可持续发展的要求而引致的。因此，加快结构调整、转变发展方式是未来中国经济实现可持续发展的内在要求。时不我待，关键要在"加快"两字上做文章。

加快结构调整，促进发展方式转变，需要创新发展理念，进一步理清思路。根据我们最近完成的一项研究，今后一个时期，在新的内外部发展环境下，中国经济社会发展的主要思路应当是：以构建支撑科学发展的体制机制、推动发展方式实质性转变为主线，着力扩大内需，着力结构优化升级，着力技术进步和全面创新，着力节能减排和保护环境，着力和谐社会建设，促进协调发展、创新发展、绿色发展、和谐发展。为此，必须进一步扩大内需增长空间，发展成果普惠全民；全面提高创新能力，加快产业结构优化升级；夯实"三农"基础，促进城乡和区域协调发展；大力推进节能减排，积极应对气候变化；进一步提高开放型经济的水平和质量；加快重点领域和关键环节改革。我们要通过坚持不懈的努力，使经济在更长一个时期保持平衡较快发展，并为实现全面建设小康社会目标打下坚实基础。

加快结构调整、转变发展方式，需要处理好政府与市场的关系。中国政府积极倡导并推动结构调整和发展方式转变，并不意味着政府要取代市场，而是强调要尊重市场经济规律，充分发挥市场配置资源的基础性作用，增强经济增长的内生动力。无论是发展战略性新兴产业，还是改造提升传统产业，都应当坚持以企业为主体，以公平、有序、有效竞争的市场为基础。政府主要通过规划、法律、政策、信息发布和必要的行政手段，正确引导企业投资决策和结构调整方向。

加快结构调整、转变发展方式，需要深化重要领域和关键环节的改革。坚持市场化改革，激发了中国经济快速发展的强大生机。新的发展阶段和形势变化必然提出新的改革任务，新的发展方式迫切需要新的体制保障。我们将积极推进资源价格和环境税费改革，形成正确的市场信号和利益导向；健全公共财政体系和考评体系，规范政府管理经济的行为；从供给和需求两方面完善激励机制，支持企业进行技术创新；建立公开、平等、规范的市场准入制度，加强环境监控，规范竞争秩序；完善消费政策，既要努力扩大消费，也要培养健康的消费方式。

加快结构调整、转变发展方式，需要坚持发展开放型经济，全面提升对外开放水平。30多年来，中国坚持对外开放的基本国策，把握经济全球化的机遇，利用国际国内"两个市场"、"两种资源"，推动了改革深化和经济快速发展。"不畏浮云遮望眼"，我们不能因为金融危机的短期冲击而误判经济全球化的方向。过去我们加快经济发展得益于不断扩大对外开放，今天优化结构、转变发展方式，依然要坚持对外开放，这一点丝毫不能动摇。

面对世界经济深刻调整和国内低成本优势逐步减弱的新形势，我们应该化国内外的新挑战为加快转变发展方式的新动力，更加注重以提高效率、优化结构来增强国际竞争力；更加注重通过深化国际分工，提高经济运行的效率；更加注重利用国际资源、国际市场来推动发展方式的转变。中国将始终不渝地坚持互利共赢的对外开放战略，维护多边自由贸易体制，推进区域经济合作，承担与国力相匹配的国际责任。加大服务领域的对外开放，积极引进高端产业活动和高级人才，扩大先进技术与先进设备的进口，增强技术创新能力，提升中国在全球生产价值链的地位，提高出口产品的附加价值。加快中国企业"走出去"步伐，提高中国企业国际化经营水平。在加强自主创新的同时，充分利用国际市场与资源，发展战略性新兴产业。促进进出口贸易协调发展，实现国际收支基本平衡。

中国推进结构优化升级和发展方式转变，将为世界经济发展带来新的机遇，国际社会将从中受益。中国是世界第三大经济体，市场快速扩张，每年进口额高达上万亿美元，正在成为拉动世界经济增长的最大引擎。中国积极发展新兴产业，大力改造传统产业，将为各国的新技术、新设备带来庞大的市场需求。中国积极推进节能减排，不仅创造新的市场需求，而且将为全球应对气候变化作出应有的贡献。

我们处在一个变革的时代，更是一个依靠合作推动变革的时代。国际金融危机尚未结束，我们需要继续携手合作，尽早赢得世界经济的全面复苏和稳定发展。我们更应该将眼光超越金融危机，积极发掘危机中蕴涵的战略性机遇，以危机为契机，探讨中国和世界经济未来调整和发展的方向，拓展中国和世界经济合作，共同建设一个均衡、公正、可持续发展的全球经济体系。

1

中国经济：改革与发展

以开放的贸易推动全球
经济协调发展

商务部部长　陈德铭

一、开放的贸易是促进全球经济复苏的重要力量

过去一年，受国际金融危机冲击，世界经济经受了 20 世纪大萧条以来最为严峻的挑战。在各国宏观经济政策的激励下，国际经济形势出现一些积极变化。全球贸易额在 2009 年经历约 23% 的降幅之后，近期也逐步呈现回升势头。例如，2009 年四季度德国出口额环比强劲上涨 3%，贸易净值为 GDP 贡献了两个百分点。2010 年 1 月，日本出口同比增加 40.9%，其中对亚洲劲增 68.1%，当月实现贸易顺差 852 亿日元。韩国 1 月份出口同比增长 47.1%，创 20 世纪 90 年代以来最大单月增幅。这一轮全球贸易复苏的一个重要特点，是包括中国在内的新兴市场内需大幅增加，拉动了相关经济体的投资品和中间品出口率先回升。今年前两个月，中国进口同比增长 64%，其中来自美国、欧盟和日本的进口分别增长 37%、35% 和 48%，来自俄罗斯、马来西亚等国的进口还翻了一番，对促进相关国家的经济增长发挥出了积极效应。这些事实说明，经济全球化的今天，各国经济相互依存、相互影响，开放的贸易对于促进全球经济复苏具有重要作用。

我们注意到，随着世界经济逐步走出危机底部，各国对国际贸易表示出更大关注。不仅发展中国家重视，发达国家也展现很高的雄心水平。与 80 年前的大萧条相比，目前全球贸易、投资和金融相互关联的程度之深、影响之大，远远超过上一次，没有一个国家能够脱离全球经济单靠自身实现复苏。如果我们坚持奉行公平、自由、开放的贸易理念，既积极鼓励国内产业发展、做大全球市场"蛋糕"，又最大限度地参与国际分工，保持国际贸易渠道的便捷和畅通，公平合理地分配"蛋糕"，将有助于促进全球经济的复苏进程，推动世界经济走上全面、持续、平衡发展的轨道。反之，如果一国坚持零和博弈的观

点，忽视全球化条件下的相互依存，就会出现一损俱损的局面。如果借此大搞形形色色的贸易保护，搞不好会重蹈 20 世纪 30 年代保护主义泛滥的覆辙，使全球经济面临"二次触底"的危险。

二、理性看待危机和全球经济失衡的关系

此次金融危机的影响如此广泛和深刻，促使我们每个人都必须认真思考：是什么原因造成了这次危机？我认为可以从三个层面去认识。首先，这是世界经济运行周期性调整的结果。根据康德拉季耶夫、熊彼特等学者的经济长周期理论，由产业革命和技术创新引发的经济长周期波动，大致是 40—50 年时间。到本世纪初，随着全球化制度红利和信息技术革命效应不断递减，世界经济已经到了下行阶段。其次，全球治理结构不完善加剧了经济波动的幅度。20 世纪 90 年代以来，在信息网络技术革命推动下，国际分工快速发展，商品交换半径越趋扩大，逐渐形成了全球范围的生产和交换网络。在全球治理缺少有效机制的情况下，生产和消费不均衡的矛盾加剧了经济周期的波动幅度。第三，金融监管缺失成为诱发金融危机的直接原因。近年来，在金融创新和投机因素的双重推动下，虚拟经济过度发展，这虽在一定程度上有利于加快资金流动，促进资源有效配置，但更因高杠杆化率而孕育着极大的风险。随着市场内部风险不断累积，爆发系统性危机也就成为必然的事件。

国际上，有舆论将此次危机归结为以贸易收支不平衡为主的全球失衡问题。这是一个相对片面、十分狭义的理解。在经济全球化的今天，失衡不仅表现为部分国家储蓄消费失衡、贸易收支失衡，更表现为世界财富分配失衡、资源拥有和消耗失衡、国际货币体系失衡等一系列深层次、结构性的问题。导致失衡的原因是复杂的、多方面的，其根源是南北发展的严重不平衡。即使从单一的国际收支角度来分析，按照现代市场经济中企业以销定产、消费在一定意义上决定生产的理论，如果主要消费国政府不能有效保持货币的持续稳定，任由泡沫无节制发展，最终也会导致经济失衡和危机的发生。

这段时间，个别国家总是把眼光盯着中国的贸易，并寄希望于人民币汇率大幅升值来实现"全球经济再平衡"。这个论调忽略了两个基本事实：第一，无论是理论还是实践都表明，一国本币升值对调节贸易收支的作用有限。2005 年至 2008 年，人民币汇率升值约 20%，中国贸易顺差不降反升；2009 年以来人民币汇率基本稳定，中国贸易顺差反而大幅下降了 34.2%；今年 1—2 月，中国贸易顺差下降了 50%，我个人预计今年 3 月份中国的贸易甚至可能会出现逆差。在这方面，我们还可以看看历史上德国马克和日元升值后的情况。第

二，中国的经济发展一直是与各国分工协作、利益共享的过程。在以中国为节点的国际分工链条上，中国通过初级原材料进口带动相关国家的产业发展；通过大量的中间品进口为周边国家和地区创造了贸易顺差；通过资本品、奢侈品和服务贸易进口为发达国家创造了大量的就业机会。中国还在加工贸易、跨国投资等各个层面，与各国分享着发展与合作的空间。2009 年，全球贸易额下降 23%、中国出口下降 16%、进口下降 11.2%。但是，从有关经济体海关数据来看，澳大利亚、南非、巴西、土耳其等国对华出口仍保持了两位数以上的正增长；欧盟、美国对华出口也仅分别下降 1.53% 和 0.22%。当前，全球经济不确定因素仍然较多，中国经济回升基础仍不牢固，强压一国货币升值对彼此都没有好处，是非理性的选择。

三、全球经济协调发展需要国际社会的共同努力

回首世界经济的发展史，历次危机都是进行理论反思、政策调整和实施变革的良机。当前，各国纷纷着眼于解决制约经济发展的体制性、结构性矛盾，加快推进新产业革命的步伐，努力寻求技术创新和经济结构升级的有效突破口，更加注重扩大内需，增强发展的内生动力。

作为一个拥有 13 亿人口的发展中大国，中国也在加快推进经济结构调整。2009 年，中国实现社会消费品零售总额 12.53 万亿元人民币，扣除价格因素实际增长 16.9%，创 1986 年以来的最高实际增速，对 GDP 贡献率达到 52.5%。预计今年国内市场规模将达到 2 万亿美元，远远高于中国的出口总额。今后，中国将进一步扩大开放的广度和深度，提高利用外资的质量和水平，不断扩大先进技术设备、关键零部件和国内紧缺物资的进口，积极促进国际收支平衡；通过扩大服务领域的进一步开放、推动企业"走出去"等途径，与各国加强互利合作。随着中国工业化、城镇化进程的加快推进，将为经济增长释放出一个长期而庞大的内需市场。在华投资的跨国企业是中国的企业法人，它们的产品是"中国制造"产品，将与其他企业共同分享这一巨大的市场机遇。

实现全球经济更加平衡、协调的发展，需要国际社会的共同努力。借此机会，我想提出三点建议：

第一，秉持自由、开放的发展理念。"开放"，既是指一个国家对国际交往和经济合作采取积极推进的态度，也是指政府放宽管制，注重发挥市场对资源配置的基础性作用。过去半个多世纪尤其是近 20 年的全球化浪潮，使各国的受益总体大于损失。今后一个时期，各国更应坚定开放信念，积极推动贸易

投资自由化、便利化进程，坚决反对任何形式的保护主义，共同巩固全球经济复苏的良好势头。

第二，加快推动多哈回合谈判。多哈谈判早日取得公正、平衡的结果，既是建立合理的国际经济秩序的客观要求，也是促进全球经济平衡发展的根本路径。无论是发达经济体还是发展中经济体，均应着眼长远，拿出更大的诚意和决心，推动实现商品、资本在国际间有规则的自由流动，不断提高全球协调与治理水平，从根本上提高各国国际竞争力及全球经济的抗风险能力。

第三，各国共享转变发展方式的机遇。当前，各国正在加快推进新产业革命，开发清洁能源和低碳技术，实施互联网、物联网融合和"云计算"战略，全球正处于新一轮技术革命的前夜。国际社会应共享合作发展机遇，同时警惕形形色色变相的保护主义。中国愿与各国产业界、企业界和专家学者开展交流、共享机遇，共同为推动世界经济的健康发展作出努力。

国际贸易与经济结构调整

世界银行金融与私营部门发展副行长 吕 万

中国过去的表现令人瞩目。它在最近的这场危机中反应是迅速的。现在，中国经济显然又充满了新的希望。然而，未来依然存在着不确定性，中国的外部经济环境在近期到中期内仍然可能发生变化。我们不禁自问中国要度过这个不确定期，在这个过程中会遇到什么问题呢？首先让我们对这场全球金融危机进行一个简单回顾。

危机对各国的影响主要通过三个途径发生。危机在主要的金融中心造成了流动性方面的巨大不确定性，将大型商业银行置于防范性模式中，使它们削减了对很多核心部门和经济体的贷款。危机还减少了国际资本流动，严重扰乱了很多依赖这种流动的经济体。最后，危机大幅减少了对外贸易量，使全球经济在 2009 年大部分时间里动荡不安。

对中国来说，前两个途径的影响不大。中国受有毒资产的危害有限，同时它具有资本输出国的地位，又采取了财政和货币刺激政策，这些因素的共同作用使中国受到这次危机的冲击十分有限。

然而，全球经济下滑对国际贸易的影响严重损害了中国的实体经济。2008 年第四季度中国出口大幅下降。出口从原来的年增长 20% 变为 2009 年初的下降 25%。实际上，出口的下降使 2008 年第四季度 GDP 增长率降至 10 多年以来的最低水平。

前期推动经济的主要是政府主导的投资，随后房地产业出现反弹。虽然出口保持了较长时间的低迷，但最近的数据表明出口也正在恢复到历史最高水平。

如果说金融危机对中国造成了影响的话，那么这种影响就是加强了中国在全球经济中的相关性。2009 年，中国成为世界上最大的出口国，而且很快将成为世界第二大经济体。其结果就是：在国际关系、贸易协定以及海外投资等方面更加受到关注。

今天，中国的一举一动对世界其他国家的影响将远远大于危机爆发以前。

中国在制订未来改革战略的过程中将面临许多其他的挑战，包括：如何在每年消化约1500万农村务工人员的同时转向附加值更高的产业，如何提供更好的社会保障网络，打击腐败，以及为越来越精明的消费者提供更好的生活品质。

中国成功地应对了这场危机，其近期出口表现强劲，同时世界上其他国家也有一些积极的消息——这些因素似乎让我们相信世界很快就可以"一切照旧"了。这种想法几乎肯定是错误的。事实上，我们现在可能正在目睹一个新的"世界贸易版图"的诞生，而这个过程中有三个关键趋势值得一提。

首先，保持中国对其传统出口市场——发达国家的出口增长速度已经不太可能。即使是危机爆发之前，中国已经注定要面临更加艰难的出口形势，不谈别的，单就中国商品在全球市场的份额而言，要继续提高将十分困难，因为许多商品的市场份额已经很高了。工资和其他成本的上升也将对现有的出口形成压力。

根据多数分析预测，在发达国家，由于银行在发放贷款方面仍有一定观望态度，居民仍背负着高额债务负担，高失业率抑制着私人消费，同时长期过剩的产能制约着投资需求，因此，它们的经济增长将十分缓慢。不仅如此，发达国家以及中国的退出战略产生的影响目前依然无法确定。世界银行最近发布的《全球经济展望》预测，今年发达国家的经济增长将只有1.8%，2011年为2.3%，这样的增长率不太可能支撑出口的强劲增长。

其次，贸易增长将更多来自发展中国家。世界银行预计新兴市场国家和发展中国家的经济增长速度将大大高于发达国家，2010年为5.2%，2011年为5.8%，因此它们是更有希望的未来市场。

第三，虽然此次危机期间各国诉诸正式贸易保护主义手段的程度尚属轻微，但却采取了许多不那么传统的保护措施，产生贸易摩擦的可能性依然很大。避免保护主义对全球经济的所有成员来说都至关重要。

在这种背景下，中国要想保持快速平衡的经济增长，同时保持出口对经济的巨大贡献，我们世界银行集团认为需要进行重大的方向性调整。

其中一个方向性调整就是中国需要确保新的可持续的需求来源，以弥补出口增长速度的下降。

中国要实现这个目标，就需要提高国内需求、消费和服务行业在经济中发挥的相对作用，而所有这些方面目前在整体经济中所占的份额相对较小。解决这些问题的步骤已经经过仔细的研究，这需要首先解决抑制消费和服务业增长的经济失衡问题。

我想强调的一点是金融行业的改革。我们世界银行集团认为，拓宽新兴的、有发展潜力的微型及中小型企业或者说 MSMEs（Micro，Small and Medium Enterprises）的融资渠道对实现快速发展和收入的增长十分关键。另外，确保国有企业增加分红是刺激收入增长的另一种方法。还有，要开放服务行业、引入竞争、允许私人参与，这样做将带来与 10 年前制造业采取类似政策同样的重大效果。中国应考虑更积极地向这个政策方向推进。

能够鼓励以更加可持续的形式实现城市化的政策对中国正在进行的可持续发展而言至关重要。今天的趋势表明，大约在今后 15 到 20 年的时间里，将有约 10 亿人生活在城市中，这已经不是什么秘密了。因此，城市将成为事关中国未来的核心区域。

城市空间结构的优化、环境友好型的城市化以及有效的能源定价对确保持续的收入增长将共同发挥作用。

另一个方向性调整是中国需要进行结构性的政策改革和投资，才能保持竞争力。

这将促使中国的制造企业，无论大还是小，向产业链的上游移动，并从每个出口单位中获得更多的增加值。换句话说就是：重点将从出口的数量转向质量。

以降低经商成本为目的的改革可以包括进一步改善经商环境，放开服务行业（例如运输和物流）、引入更多的竞争、允许私人参与，以及拓宽微型和中小型企业的融资渠道。

继续促进公共和私营部门的合作是经济增长的关键。更多地策划和更好地组织实施公共和私营部门间的对话，能改善产业供应链之间的衔接，在促进工人技能的发展、为企业提供技术和资金、加速税收及其他法规的改革以及为具有竞争力的行业提供更多基础设施等方面增强对协作的依赖。

形成创新的空间也至关重要。大学和尖端技术研究机构如何与产业相连接将决定创新的强度和速度。中国目前正准备全力投入创新。

最后，中国需要推进贸易向"非传统"市场的扩展，包括在亚洲内部的扩展，其方式就是进入新的出口市场以使自己的市场多元化。

由于亚洲的前景相对来说较为光明，这种多元化可以从周边国家开始，通过深化地区一体化来实现。这一进程已经成为推动该地区增长的一个强劲动力，着手解决促进国内贸易的问题和放开服务行业将使这个进程得到进一步的深化。

向高附加值产业转移将给经济增长以新的推动力，因为新的技术和创新成果带来的效益将在这一地区的国家中更广泛地传播。

当中国在技术方面迈上新的台阶，出口具有更高附加值的产品时，它有可能将其现有的、附加值较低的生产线投入非洲和其他收入较低的国家。这种对外投资将减少中国低附加值产品的出口，同时会增加对中国高附加值中间投入出口的需求。这对中国和投资接受国来说是一种双赢的局面。实际上，这是经济进化的一种形式，日本、韩国及亚洲其他的发达经济体不久前都曾积极追求这种进化，并取得了显著的成功。

中国的经济发展当前处在一个充满挑战的时期。然而，这也是一个充满机会的时期。

要抓住这些机会，就要坚持外向型经济，过去30年这种模式在中国收到了良好的效果，同时，也要进行改革，以适应新的全球形势和满足国内建立"和谐社会"的需求。

中国的成功不仅对中国来说十分重要，对世界其他国家也十分重要，因为中国可以成为带头的典范。

世界银行集团非常高兴在帮助我们的各成员国摆脱当前的金融动荡的同时，继续作为中国的伙伴发挥建设性作用。

新型全球化及其对中国的影响

麦肯锡公司董事长　鲍达民

请允许我代表麦肯锡公司感谢国务院发展研究中心以及中国发展研究基金会能够给我机会参加中国发展高层论坛，和在座各位共同探讨与中国发展相关的重大问题，尤其要感谢陈（德铭）部长精彩的演讲。

纵观全球经济，虽然近期内可能仍有不确定因素，但是整体上已经趋于稳定。今天有很多杰出的演讲者已经重点论述了这些问题，我想在此稍作回溯，探讨一下驱动全球经济的推动力问题。在经济复苏的背景下，这些推动力呈现出更加明显的轮廓。

一、五大趋势

首先我想简单描绘一下正在推动并且会持续推动全球经济体系重组的五大宏观趋势：

（一）全球正在形成"再平衡"格局

目前全球经济增长有一半都源自"新兴市场"；在进入 2012 年后，亚洲的银行业收入很快就会超过美国；到 2014 年，非 OECD（经济合作与发展组织）国家将占全球石油需求量的一半。从长期的历史发展角度来看，这种发展趋势就像是历史的回归——到 2050 年，传统的西方经济在全球 GDP 中所占的比重可能达到 1700 年后的最低值。除非出现重大灾难，否则这种趋势几乎不可逆转，推动这种发展的动力来自世界人口的发展变化以及城市化浪潮。

（二）人口结构的变化使得提高生产率势在必行

在 20 世纪 70 年代，美国的 GDP 增量中大约有 80% 都源自不断增长的劳动力供应，有 20% 源自生产率的提高。未来 10 年，在美国，这个比例几乎会完全颠倒过来；而在西欧，100% 的增长都会源自生产率的提高。虽然在新兴市场中，大规模的年轻劳动力人口仍然是巨大的推动力，但是大多数市场也会面临与美国和西欧同样的挑战——实际上，中国会更早遇到这个问题，因为中国从 2020 年开始就会面临劳动力减少的问题。

（三）全球化网络令世界各地高度互联互通

全球现在已经通过大量网络彼此连接在一起，这些网络的密集程度和复杂程度甚至超出了人们的想象，它们所连接的不仅是商品、资本和信息，而且还有理念、技能以及很多其他因素——比如说，在印度班加罗尔，每年向美国申请的发明专利都会增加 50%。中国是这个网络的重心，仅仅在去年一年就新增 1.5 亿网民；同时这个网络对于中国来说也是非常关键的。去年中国进出口贸易总额占 GDP 的 45%。而美国在类似的发展阶段（1929 年），进出口贸易总额仅占 GDP 的 9%。

（四）定价机制日趋全球化

在未来的 10 年中，全球对于自然资源的需求会增加大约三分之一；另一方面，资源供应地往往来自相对孤立或不稳定地区（例如，绿地投资型的铜矿项目中有 64% 来自此类地区），同时也受到监管机制和社会力量的约束。这样就增加了变化因素，价格的涨落幅度会更大，因此必须对各种可能出现的情况进行预先规划。

（五）政府面临的压力与日俱增

各国政府将会面临严峻的挑战，其中包括债务激增、国民收入两极分化和动荡加剧等等，在中国还有一个更加突出的问题是史无前例的城市化浪潮的推进。城市化对于中国既是严峻的挑战，同时也带来了历史机遇，麦肯锡公司已就这一主题向大会提交了相关报告。

二、新的全球化浪潮

上述五大趋势都存在着深刻的内涵，不过我们觉得，它们最深层次的实质内容离不开彼此间的互动关系。我不妨将话题转到贸易，贸易现在已经成为很多国家和公司获利的主要途径——在过去的 20 年中，全球化趋势基本可以用商品、资本和人员的流动来概括，另外我们还明确划定了"发达"经济实体和"新兴"经济实体。不过我前面所提到的推动经济结构发展的动力已经开始催生"新全球化浪潮"，并且这种势头只会有增无减。新型全球化有三个特征：

（一）贸易中心和枢纽正在发生深刻变化

作为新兴经济实体之间的贸易通道"新丝绸之路"正在出现并迅速发展。从 2003 年到 2008 年，从亚洲到拉丁美洲的出口额每年增长 23%；在 2001 到

2007 年，亚洲投资者在中东地区所做的外来直接投资每年增加 167%；每周从中东飞往亚洲的航班比飞往欧洲的航班还要多；非洲的贸易体系也发生了根本性的变化。在 1990 年，非洲有 50% 以上的贸易都是以欧洲为对象，而到 2008 年，与亚洲的贸易额已经超过了欧洲。

不过，目前还有很多潜力有待挖掘——比如，在低收入国家之间的贸易壁垒比低收入和高收入市场之间的贸易壁垒高 2.5—3 倍，同时新兴市场的管理成本也要高 10%—50%，后勤效率要低 25%—30%（后两个因素被称为技术壁垒）。

（二）超越单纯的人员、商品和资本的流动

在新的全球化浪潮中，除了这三个要素，理念、数据、技能和文化等要素的全球交流规模也越来越大。比如，从 2002 年到 2006 年，全球文化市场的增速达到了 GDP 增速的两倍，而离岸服务（技能流动）持续繁荣。

（三）呈现动荡、多变、区域化的特点

流动的方式不是恒久的，也没有统一的模式，而是具有不可预知的特点，并且在各地呈现出不同的规律。亚洲的贸易和投资有一半都在本地区内。

三、启示

简单来说，我们处于"旧"全球化和"新"全球化之间的转折点。实际上，这场经济危机说明，全球化的未来并非坦途，而是充满了坎坷和动荡，但是我们对其前景充满信心。因此，我希望着重强调我们应该趋利避害的因素，并针对中国的情况总结了如下四个必须着力解决的问题：

从具体策略上来看，应该摒弃陈腐观念，开启"新丝绸之路"的大门。对于决策者来说，需要降低各新兴市场之间进行贸易的关税、非关税以及技术壁垒，比如就像通过亚太贸易保险网络所开展的活动一样，诸如此类的网络可以并且也应该继续进行扩展。

从战略角度来看，必须考虑发展机遇出现的范围和地点：

首先，各个国家必须重新审视自己的贸易协定策略。一个国家通过改善供应链能力和降低管理成本来促进贸易，其效果均可达到降低关税的三倍，或者达到降低非关税壁垒的两倍，同时普遍深化共识也会取得难以量化的巨大效果。

对于包括新近成长为全球领先者的各个公司来说，必须重新审视各种投资机遇。"全球化"并不意味着一定要进入欧洲或美国市场。非洲电信行业在过去的 10 年中创造了 1000 亿美元的价值，而欧洲电信业的价值则下降了 4800 亿美元。

从组织的角度来看，应该在这些变化趋势中保持开放的姿态并随时了解最新情况——这种策略适用于从公司到城市在内的各个组织层次，另外还要做好准备在挑选优先领域方面开展大刀阔斧的变革。

在这种新的全球化浪潮中，中国将起到核心作用。中国的公司已经在积极参与新丝绸之路的贸易活动——比如中国已经成为阿富汗的最大外来投资来源国。因此，在演讲的最后，我想提出对中国发展的四个具体建议：

1. 开发"新丝绸之路"——在中国正在协商谈判的六个自由贸易协定中，只有一半是面向其他新兴市场的。

2. 在目前进行的贸易谈判中解决好技术壁垒问题，比如通过联合计划升级海湾合作委员会港口的 IT 系统。

3. 在与其他新兴市场的交往中采用"新全球化"战略，比如在与南部非洲的贸易协议中加入全面的基础设施建设计划。

4. 调整中国大企业"走出去"的业务扩展重点，比如中国的汽车企业可以像华为公司那样首先占领新兴市场，然后再尝试进入美国市场。

继续实施积极的财政政策
促进经济社会又好又快发展

财政部副部长　王　军

很高兴再次参加中国发展高层论坛，与大家一起探讨后金融危机时期的中国和世界经济。受谢旭人部长委托，我就中国政府实施积极的财政政策的效果与后续策略有关情况向大家作一简要介绍。

国际金融危机爆发后，中国经济面临前所未有的困难和挑战。根据国内外经济形势的发展变化，中国政府及时调整宏观调控的着力点和政策取向，2008年年中在实施稳健的财政政策过程中，采取了一些积极的财税政策措施，10月份后进一步明确实施了积极的财政政策。2009年在实施这一财政政策的过程中，重点把握了以下几个方面：

扩大政府公共投资，着力加强重点建设。2009年中央政府公共投资达到9243亿元。重点用于农村民生工程、教育医疗卫生等社会事业、保障性住房、节能减排和生态建设、企业自主创新和结构调整、重大基础设施建设和汶川地震灾后恢复重建等方面。这些投资直接增加了即期需求，带动了民间投资和消费，加强了经济社会发展的薄弱环节。

实行结构性减税，减轻企业和居民负担。全面实施消费型增值税，消除重复征税因素，减轻企业税负，促进企业增加自主创新和技术改造投入。实施成品油税费改革，公平税费负担，推动节能减排。对1.6升及以下排量乘用车按5%征收车辆购置税。取消和停征100项行政事业性收费。继续实施原有的税费减免政策。上述各项税费减免政策减轻企业和居民负担约5000亿元，促进了企业扩大投资，拉动了居民消费。

提高低收入群体收入，促进消费需求。进一步加大对农民的补贴力度，2009年中央财政安排粮食直补、农资综合补贴、良种补贴、农机具购置补贴1274.5亿元。较大幅度提高粮食最低收购价。提高城乡低保对象、企业退休人员和优抚对象等群体的补助水平。实施家电、汽车摩托车下乡以及家电、汽车以旧换新政策。通过以上措施，增加了城乡居民尤其是低收入居民收入，增强了居民消费能力，带动和引导了消费需求。

进一步优化财政支出结构，保障和改善民生。严格控制一般性支出，降低行政成本。保障重点支出需要。支持农村改革与发展，中央财政用于"三农"支出 7253.1 亿元，增长 21.8%。着力保障和改善民生，中央财政用在与人民群众生活直接相关的教育、医疗卫生、社会保障和就业、保障性住房、文化方面的民生支出合计 7426.48 亿元，增长 31.8%。

大力支持科技创新和节能减排，推动经济结构调整和发展方式转变。加大科技投入，中央财政科学技术支出 1512.02 亿元，增长 30%。加快实施科技重大专项，完善有利于提高自主创新能力的财税政策。大力支持节能减排，稳步推进资源有偿使用制度和生态环境补偿机制改革，促进能源资源节约和生态环境保护。增加转移支付力度，中央财政对地方税收返还和转移支付达到 28621.3 亿元，增长 29.8%，较好地促进了区域协调发展，推动了基本公共服务均等化。

2009 年实施积极的财政政策主要有三个特点：**一是统筹兼顾，重点突出。**在指导思想上坚持政策组合、上下配合、远近结合，既扩内需、又稳外需，既保增长、又惠民生，既调结构、又促改革，既统筹地区协调发展，又为长远发展打下基础。**二是手段丰富，力度强大。**综合运用预算、税收、国债、补贴等政策工具，并注重加强与货币政策、产业政策等的协调，形成政策合力。各级财政为应对金融危机采取的政策措施"含金量"高。结构性减税约 5000 亿元，中央政府新增公共投资 5038 亿元，如果加上地方政府投资，增加的数额更大。**三是注重节奏，强调持续。**中国政府在决策实施积极的财政政策的时候，既坚定地增加财政支持力度，又十分关注财政经济发展的可持续性。中央财政赤字从 1800 亿元一下增加到 7500 亿元，全国财政赤字达 9500 亿元，但赤字占 GDP 的比重（即赤字率）仍控制在 3% 以内，国债余额占 GDP 的比重（即国债负担率）在 20% 左右。这既确保了应对金融危机冲击的刺激力度，又是国力可以承受的，还为下一步实施积极的财政政策留下了一定的空间，总体上是安全的。

在积极的财政政策和适度宽松的货币政策等宏观经济政策的共同作用下，中国经济增速下滑势头得到较快扭转，回升向好趋势不断巩固。国内需求强劲增长，社会消费品零售总额增长 15.5%，城镇固定资产投资增长 30.1%。出口形势逐步好转，虽然进出口总额全年下降，但自 11 月份由降转升。全年国内生产总值增长 8.7%。经济回升向好反映在财政上，表现为全国财政收入回升趋势明显，2009 年一季度下降 8.3%，上半年下降 2.4%，前三季度增长 5.3%，全年增长 11.7%，圆满完成 2009 年财政收入预算目标。

2010 年，是世界各国继续应对国际金融危机，促进经济回升向好的关键一年，也是中国保持经济平稳较快发展、加快转变经济发展方式的关键一年。从国际看，随着各国稳定金融和刺激经济增长政策效应的进一步显现，预计 2010 年世界经济发展形势可能总体好于 2009 年，但国际金融危机的深层次影响依然存在，世界经济复苏的基础并不牢固。从国内看，中国仍处于重要战略机遇期，经济社会发展的基本面和长期向好的趋势没有改变，但受世界经济影响，外部环境不确定、不稳定的因素依然很多，中国经济发展面临的形势仍然十分复杂。

基于此，中国政府明确提出 2010 年要继续实施积极的财政政策和适度宽松的货币政策，保持宏观经济政策的连续性和稳定性，并根据新形势新情况着力提高政策的针对性和灵活性，把握好政策实施的力度、节奏和重点，处理好保持经济平稳较快发展、调整经济结构和管理好通胀预期的关系，增强经济发展的稳定性、协调性和可持续性。实施积极的财政政策，将着力抓好以下五个方面：

一是更加注重推进结构调整和发展方式转变，切实提高经济发展的质量和效益。 把保持经济平稳较快发展与调整结构结合起来，在继续巩固经济回升基础的同时，积极发挥财政政策"点调控"的优势，大力支持推进结构调整，使经济增长建立在结构优化的基础上。促进区域协调发展。2010 年中央财政预算对地方税收返还和转移支付在中央财政支出预算安排增长 6.3% 的情况下（下同），安排 30611 亿元，增长 7%。落实推动区域协调发展的各项财税政策，提高财力薄弱地区落实民生政策的保障能力，进一步扩展经济发展空间，增添经济发展后劲。加大对科技创新的支持。2010 年中央财政预算安排科学技术支出 1632.85 亿元，增长 8%。提高自主创新能力，促进重点行业企业科学发展，推动中国经济走上创新驱动的发展轨道。推进资源节约型、环境友好型社会建设。2010 年中央财政预算安排环境保护支出 1412.88 亿元，增长 22.7%。大力推进节能技术改造、淘汰落后产能、建筑节能、新能源汽车等。全面推进矿产资源有偿使用制度改革，健全排污权有偿取得和交易制度，扩大排污权交易试点，促进资源节约和环境保护。

二是更加注重扩大内需特别是消费需求，切实保持经济平稳较快增长。 把扩大内需与稳定外需结合起来，将促进居民消费需求置于更加突出的位置。充分发挥财政调节收入分配的职能作用，促进调整国民收入分配格局。完善引导消费的财税政策，增强消费对经济增长的拉动作用。进一步增加农民补贴，中央财政安排粮食直补、农资综合补贴、良种补贴、农机具购置补贴支出1334.9亿元。提高城乡最低生活保障标准，调整优抚对象等人员抚恤和生活补助标准，安排补助资金846亿元。努力扩大就业，支持落实最低工资制度，加大对就业困难家庭人员和零就业家庭的就业援助力度。健全家电、汽车摩托车下乡以及家电、汽车以旧换新政策，引导居民消费。保持投资合理增长。2010年中央政府公共投资安排9927亿元，比2008年预算增加5722亿元，重点支持保障性住房、农村基础设施、教育和医疗卫生等社会事业、节能环保和生态建设，以及自主创新、结构调整等领域和欠发达地区。加上2008年第四季度新增的1040亿元和2009年新增的5038亿元，可以实现中央政府新增公共投资1.18万亿元的计划。落实结构性减税政策。巩固增值税转型以及成品油税费改革成果。对部分小型微利企业实施所得税优惠政策。对1.6升及以下排量乘用车暂减按7.5%征收车辆购置税。继续落实各项已定税费减免政策。

三是更加注重保障和改善民生，切实推动经济社会协调发展。把发展经济与改善民生结合起来，进一步优化财政支出结构，统筹财力配置，集中财力办大事，把更多的财政资源用于改善民生和发展社会事业。2010年中央财政用在与人民群众生活直接相关的教育、医疗卫生、社会保障和就业、保障性住房、文化方面的民生支出安排合计8077.82亿元，增长8.8%；其中，保障性住房支出增长14.8%。2010年中央财政用于"三农"方面的支出安排合计8183.4亿元，增长12.8%。并根据社会事业发展规律和公共服务的不同特点，积极探索有效的财政保障方式，重在制度和长效机制建设，增强经济社会发展的协调性。同时，大力压缩公用经费等一般性支出，降低行政成本。

四是更加注重深化财税改革，切实增强经济财政发展的内在动力和活力。把深化改革与促进发展结合起来，不断深化财政体制、税收制度、预算制度和财政管理制度改革，加快形成有利于科学发展的财税体制机制。建立健全财力与事权相匹配的财政体制。完善转移支付制度，优化转移支付结构，加大一般性转移支付，进一步规范专项转移支付。健全省以下财政体制，完善县级基本财力保障机制，推进省直管县财政管理方式改革，为城乡、区域协调发展提供基本财力保障。改革资源税制度，促进资源节约和环境保护。统一内外资企业和个人城建税和教育费附加制度，公平税费负担。完善增值税、消费税和房产税制度，使税收制度更加符合科学发展观的要求。深化国库集中收付、政府采购等制度改革。大力支持其他重点领域的改革。同时把宏观调控与市场机制结合起来，注重运用财政资金和政策引导民间投资和居民消费，更好地发挥市场机制在资源配置中的基础性作用。

五是更加注重加强财政科学化精细化管理，切实提高财政资金绩效。把加强财政调控、深化财税改革与强化财政管理结合起来，保障积极的财政政策的有效实施，以及财政职能作用的更好发挥。牢固树立现代财政管理观念，全面推进财政科学化精细化管理，促进财政持续健康发展。密切跟踪政策实施情况，加强对经济运行情况的监测分析，及时完善相关措施。进一步强化财政管理和监督，切实提高财政资金使用效益。增强财政风险意识，加强政府性债务管理，完善债务和融资管理制度，努力防范和化解潜在的财政风险。加强基础管理工作和基层财政建设。积极推进预算公开，建立健全规范的预算公开机制，自觉接受社会监督。

中国和世界经济：
经济增长、调整和合作

亚洲开发银行行长　黑田东彦

　　首先，我想借此机会对中国 2009 年突出的经济表现表示祝贺。2009 年中国国内生产总值增长率高达 8.7%，大大超越了此前人们的预期。适时推出的财政和货币刺激措施有力地支持了高水平的公共投资，拉动了消费增长，有效抵消了全球金融危机导致出口下滑产生的损失。

　　全球金融危机给我们带来了惨痛的教训。但是，危机也为决策者推进改革以保持长期经济增长带来了新的机遇。中国经济迅速复苏带来的稳定局面，无疑将有助于中国政府进行必要的改革。

　　然而，今后的任务仍然非常艰巨。中国需要通过根本性的经济转型才能维持长期的增长。为此，各项重大改革都应着力将目前资本密集型的经济增长模式转变为劳动力密集型的增长模式，减少对外部需求的依赖。还需进一步努力强化金融行业，促进个人消费，改善收入再分配机制，并建立全面的社会保障体系。此外，为促进创新驱动的经济增长，新增加的教育经费应大力加强教育与职业培训和劳动力市场的联系。

　　经济结构调整是一个复杂而漫长的过程，也需要付出一定的代价。中国稳健的财政状况为中国政府成功应对这些挑战提供了充足的保证。结合本次会议的议题，我想请大家注意以下三项改革，因为它们可以为建立一个共享式、平衡和可持续的经济发展格局提供支持。

　　首先，经济增长源泉的调整。中国长期实行的投资驱动和出口导向型经济增长战略，有力地推动着中国经济的发展。然而，不断变化的国内外条件加剧了人们对这一模式可持续性的担忧。特别是对于出口的依赖，使经济发展在外部需求突然变化时变得更加脆弱，这一点在当前的全球经济危机中反映得很明显。此外，对投资、出口和工业发展的过度依赖已造成了经济发展的失衡和种种结构性的限制。由于过度投资和重点行业产能过剩，要素生产率已经开始下降。资本密集型的增长模式创造就业机会的能力有限。收入不平等和地区差距也正在扩大。这些不平衡的加剧要求中国调整增长模式，寻找新的增长源泉，如个人消费和公共支出。这就要求将部分企业收入转移到居民和公共部门。

其次，加强服务业的发展。尽管在未来几年里制造业仍将是中国的主导产业，但服务业有望成为经济增长的重要来源。服务业在提高生产效率、促进技术进步和创新方面能发挥重要的作用。此外，服务业的碳足迹一般也小于制造业。在发达经济体，服务业已成为产出和就业机会的主要来源，也提供了国内生产总值和就业人数的最大份额。在发展中国家，充足的服务供给，尤其是交通运输、电信、物流和金融服务，是确保和维持经济增长的一个先决条件。规模更大的服务业能吸纳制造业和农业中的过剩劳动力，提高劳动生产率，消化大部分每年新进入市场的劳动力。

第三，改革劳动力市场。要确保成功实现再调整，提高劳动力的流动性必不可少，相应的政策措施支持也是必需的。如放宽户籍限制有助于加快城市化进程，而城市化是推动未来共享式发展的关键力量之一。此外，充足的教育、职业培训和社会保障投资可以提高劳动力素质，尽量减少负面作用。这些措施将有助于减少预防性储蓄，缓解人口老龄化的影响，而人口老龄化是国际社会即将面临的关键性挑战之一。老龄化导致的劳动力短缺会削弱经济竞争力，抑制生产力发展，并最终导致经济增长放缓。在中国，由于人均收入水平较低，老龄化尤其具有挑战性。

以上三方面的改革都是必要的，但我们也不应该忘记其他几个重要的问题，这些问题我以前提出过，而且今天仍然存在。在中国，要改善人民生活水平，加强基本社会服务的供给，需要进行财政体制改革。要缩小收入差距，避免公共社会开支的巨大差距对中西部地区欠发达省份产生的损害，构建相应的再分配和协调机制至关重要。环境议程也仍然是一个需要优先关注的问题。尽管中国政府为应对气候变化作出了努力，但仍需要采取更坚决的行动，支持可持续的城市化进程，包括提高能源效率、加强水资源和土地资源管理工作。

中国强劲的经济复苏不仅有利于中国人民，而且使中国有能力为维护国际金融秩序的稳定继续作出贡献。比如，中国一直支持在国际金融机构增加资本，包括支持 2009 年亚洲开发银行的普遍增资，以及认购国际货币基金组织 50 亿元美元的债券。中国为"清迈倡议"多边计划提供了 380 亿美元，该计划共需 1200 亿美元资金。中国还与东盟各国建立了中国—东盟自由贸易区。

以上的实际行动有力地证明了目前中国已经作出的努力。区域合作和一体化对于亚洲的未来发展是至关重要的。通过对其邻国的发展繁荣进行投资，中国可以在推动这一议程的过程中发挥主导作用。中国承诺寻求新的经济增长源泉，这有助于平衡本地区的经济增长，更广泛地说，有助于平衡全球经济的发展。亚行会与中国一起，为建立一个更加共享式、更具环保可持续性和更紧密融合的亚太地区而密切合作。

后危机时期财政政策面临的挑战

国际货币基金组织第一副总裁　约翰·利普斯基

众所周知，金融危机使全球产值和就业受到重创。然而，现在有越来越多的迹象表明，在新兴市场国家和发展中国家的带动下，全球经济呈现持续复苏的态势。根据最近国际货币基金组织公布的《世界经济展望》预测，今年全球经济的增长速度约为 4%，2011 年增速会更快。这一趋势表明，大多数国家推出的扩张性财政及货币政策对经济复苏起到了促进作用。

在今天的讲话中，我将主要探讨在危机逐步消减过程中，财政政策面临的三项主要挑战。第一是确保经济复苏稳固进行；第二是如何将危机产生的高公共债务率降低至合理水平；第三是必须实现全球储蓄的再平衡，以保证经济持续复苏。

我想先谈一谈财政政策在危机时期所起的作用。首先，在危机时期几乎所有国家的经济"自动稳定器"（automatic stabilizer）都充分发挥了对财政收入和财政支出的自动调节功能。这是此次危机与 20 世纪 30 年代大萧条明显不同之处，而人们却并未充分认识到这一点：2009 年至 2010 年度财政赤字的预期增长，很大程度上实际反映的是经济衰退时期财政收入的下降。

其次，各国采取的经济刺激行动也促进了总需求增长。早在 2008 年 1 月，国际货币基金组织总裁就曾强调，具备条件的国家采取财政刺激计划是恰当的，并呼吁各国财政刺激计划的规模应相当于全球 GDP 的 2%。事实上，各国最终实施的刺激计划规模也接近这一水平。

在"自动稳定器"与各国财政刺激计划的共同作用下，2009 年和今年的全球需求有了较大幅度的攀升。与此同时，我们估计约有五分之四的经济刺激措施是暂时性的，一旦经济复苏，这些刺激措施差不多就会自动退出。

正如大家看到的，全球经济回暖的主要带动力量来自亚洲，亚洲的经济复苏来得更早，而且步伐更快。亚洲各国政府面对危机，果断地推出了包括大规模经济刺激计划在内的应对措施，从而推动了该地区的经济复苏，同时也为全球经济的止跌回稳作出了贡献。

虽然复苏的趋势令人鼓舞，但危机也使各国的财政状况受到重创，发达国家尤为严重。即使与危机相关的临时性刺激措施会在未来几年内逐步退出，预计发达国家的总债务水平将由 2007 年底占 GDP 的 75% 增长至 2014 年底占 GDP 的 110%。我们预计七国集团中除加拿大和德国外，其余国家的债务水平将在 2014 年超过本国 GDP。2010 年，发达国家的平均债务率预计将超过二战后 1950 年的最高水平。此外，在政府债务率不断攀升的同时，各国还面临着提高医疗与养老开支的巨大压力。

多数新兴市场国家的情况较为乐观，预计这些国家的平均债务率在 2009 年和 2010 年上升后，将在 2011 年出现下降。当然，这一预期仍存在不确定因素。我们的基线预测假定几个新兴市场国家能够按计划采取财政紧缩措施，并且经济呈持续复苏趋势。即便如此，部分新兴市场国家的债务率已经达到了令人担忧的水平。

正如我在前面所述，经济刺激措施只能部分引起政府债务的增长，这些刺激措施实际上只会引起十分之一的预期债务增长。因此，考虑到医疗等其他政府项目开支额的增长，仅仅通过减缓刺激措施根本无法将财政赤字及债务率水平降低至合理水平。

由于财政可持续状况可能影响经济复苏的信心，因此解决债务问题成为短期优先考虑的重点。在部分财政赤字与债务额过高的国家，主权风险溢价已大幅攀升，对这些国家造成巨大压力，并且有可能造成更大范围的溢出效应。从中期来看，巨额公共债务会导致实际利率居高不下，并使经济增长放缓。我们预计，发达国家危机后的债务水平将导致其年均潜在经济增长水平比危机前减少 0.5 个百分点。

如何实现财政政策调整目标？通货膨胀显然不是答案。通胀率小幅提升对降低债务水平的作用非常有限，而加快通胀会提高经济运行的成本，并为经济实现可持续扩张带来风险。与此相反，强劲和可持续的经济增长，加上对政府开支的适当控制，则可以大幅降低负债率。

目前应当大力推进以促进经济增长为目标的改革，如扩大商品和劳动力市场自由度以及消除税收扭曲现象。但改革对经济增长的作用还存在滞后和不确定性。因此，必须直接采取措施改善财政基础收支状况来保证财政可持续性。

为使发达国家的政府负债率在 2030 年降低至危机前的 60%，必须稳步提高结构性基础财政收支水平，由 2010 年占 GDP 4% 的财政赤字提高至 2020 年占 GDP 4% 的财政盈余，即实现 8 个百分点的转变，并在此后的十年内保持这一增长水平。这将是一项艰巨的任务，今后几年各国在应对医疗和养老开支不断增长压力的同时，必须不断改善财政盈余状况。

保持后危机时期的债务率不变就必须采取新的政策措施。减少经济刺激措施对财政状况改善作用仅占 GDP 的 1.5%。因此，解决财政收支问题的大头仍取决于养老及医疗领域改革、压缩基础性开支以及通过采取新的税收政策及相关管理措施来增加税收。

各国需要根据具体情况，尤其是经济复苏的速度和财政状况，来决定何时采取财政紧缩政策。对包括几个最发达国家在内的大多数发达经济体而言，如果经济复苏按预期发生，这些国家在 2010 年仍然有必要继续采取经济刺激措施，2011 年开始则应开始采取稳固财政措施。

事实上，所有需要调整财政状况的国家现在就应当采取一些行动。首先，政府应当向民众解释清楚，谨慎的财政政策是实现经济健康、可持续发展的必要条件。其次，强化财政制度有助于稳定财政政策，克服财政政策调整的疲乏状态，为财政调整提供可预测框架。强化财政制度可以包括加强财政责任立法和政府开支管理、改进税收管理等措施。再次，推行社会保障制度改革，如提高退休年龄，从长远来看将有利于财政状况的改善，而在短期内也不会对社会总需求造成负面影响。

各国需要根据本国具体情况来制定具有针对性的措施。例如，中国在几周前公布的 2010 年政府预算中，恰当地强调要继续保持经济刺激政策不变，并力图控制贷款的过快增长。此外，政府支出结构也由以基础设施投资转向提高人力资本和促进消费，包括改善教育、医疗及社会保障体系，这些措施将提高生产率，并通过降低保障性储蓄的需求而直接促进消费增长。

国际货币基金组织最近开展的一项研究表明，中国在医疗、教育和养老等社会福利方面的政府开支持续提高 1 个 GDP 百分点，就可以永久带动家庭消费增长超过 1 个 GDP 百分点。此外，中国还可以考虑采取税收制度改革，将税收重点从劳动收入转向财产和资产收益，以提高家庭收入水平。

财政政策对全球再平衡也发挥着重要作用。从这一角度来看，美国应当采取财政巩固措施，通过提高公共储蓄率来确保财政状况的长期稳定。公共储蓄的增长将有助于家庭储蓄增长，从而促进国家储蓄水平的提高，并有助于降低经常项目账户赤字。经常项目账户盈余的新兴市场国家应适当扩大社会保障网的范围，这有利于降低过高的家庭储蓄水平并促进消费。此外，如果油价按目前预测保持高位，一些石油输出国的国内需求将有所增长，并带动基础设施建设。

对欧洲和日本而言，要同时实现保持财政状况稳定和恢复经济增长的目标，必须开展包括财政改革在内的促进经济增长改革。鉴于目前较高的劳动力税收负担，财政政策需要将重点转移到社会福利政策的瞄准、缩减间接税的减免等方面。

全球各国在促进经济可持续发展、保持国家财政健康运转、降低未来风险等方面存在共同利益。在去年召开的二十国集团匹兹堡峰会上，与会各国领导人承诺将采取措施，致力于实现经济强劲、可持续和协调发展。此外，各国还同意采取创新性的相互评估步骤，对实现上述目标的过程予以评估。我刚参加完为今年6月在多伦多召开的二十国集团领导峰会举行的筹备会议，"二十国集团框架"（G20 Framework）将是今年两次峰会的关注焦点。

全球经济正在走出低谷，逐步摆脱2008年至2009年的"大萧条"。然而，我们仍然面临着艰巨的挑战。但只要我们抱有坚定的信心并开展国际合作，我相信我们一定能够战胜挑战。

深化理解共识　促进合作发展

外交部部长　杨洁篪

很高兴参加"中国发展高层论坛 2010 年会"，并向大家介绍中国的外交政策。今天是二十四节气的春分，中国人讲"春分麦起身，一刻值千金"。值此世界经济萌发新芽、但复苏基础仍然脆弱的关键时刻，本届论坛以"中国和世界经济：增长、调整、合作"为主题，邀请国内外经济、学术界知名人士共聚北京，听取各方声音，凝聚各方智慧，共商应对金融危机和后危机时期挑战之道，具有重要意义。在此，我预祝本次高层论坛取得圆满成功！

今年是新世纪第二个十年的开局之年。刚刚过去的十年既是危机与变革的十年，也是合作与发展的十年。世界多极化、经济全球化的发展更加迅猛，多边主义和互利共赢的理念更加深入人心，和平、发展、合作的时代潮流更加强劲。伴随美国"9·11"恐怖袭击事件、伊拉克战争、国际金融危机、发展中国家整体实力上升等一系列国际大事，世界加速进入经济大振荡、体系大变革、格局大调整、合作大发展的新阶段，出现一系列新特点新趋势。

一是国际金融危机的深层次影响继续显现，世界经济发展方式酝酿新的重大变革。金融危机使世界经济一度陷入严重衰退，目前经济开始企稳回升，但深层次问题并未根本解决。金融危机加速了经济发展方式的转变，为世界经济带来新的机遇和增长点。各国着眼于后危机时期的发展趋势，加紧调整各自经济增长和发展战略，力争在未来综合国力竞争中占据主动。

二是国际经济体系进入改革和构建的重要时期，建立更加公正合理的国际秩序的呼声更加强烈。金融危机使现行国际经济金融体系的弊端暴露无遗，改革成为普遍共识。二十国集团峰会实现机制化，国际货币基金组织、世界银行等国际机构改革迈出重要步伐，全球经济治理机制逐步向着更具代表性、更加公平高效的方向发展。但国际经济体系改革十分复杂，改革进程将是漫长和曲折的。

　　三是国际力量对比格局出现新的此消彼长，发展中国家整体实力继续上升。发展中大国日益成为全球经济增长的重要引擎。这有利于推动世界格局朝着相对均衡的方向发展。但发展中国家经济社会发展水平仍然相对滞后，实现发展经济、消除贫困的目标任重而道远。

　　四是国际关系进入新一轮调整互动期，围绕全球性问题的国际合作不断深化。气候变化、能源资源安全、粮食安全、公共卫生安全等全球性问题更加突出，任何国家都无法单独应对。越来越多的国家认识到，冷战思维、零和博弈等思想不合时宜，同舟共济、互利共赢才是生存和发展之道，在竞争中合作、在合作中发展成为处理相互关系的普遍共识。

　　21世纪头十年，中国也走过了不平凡的历程。我们成功举办北京奥运会，有效抵御国际金融危机，在应对气候变化等全球性问题上发挥了重要作用。我们全面深化与世界各国的友好合作，促进以和平方式解决国际争端和地区热点问题，推动国际秩序向着更加公正合理的方向发展。这一切彰显了中国负责任的国际形象和独特的建设性作用，表明中国是维护世界和平、促进共同发展的重要力量。

　　中国以自身的发展促进了世界的发展。据统计，2009年中国经济对世界经济增长的贡献率达到50%，已经成为世界第二大进口国和全球最大新兴市场。中国积极参与应对金融危机的国际合作，在危机肆虐期间人民币汇率保持基本稳定，推动成立了1200亿美元的亚洲外汇储备库，对外签署了6500亿元人民币的国际货币互换协议，为促进本地区和世界经济的稳定与发展起到了重要作用。中国采取了一系列应对气候变化的重大举措，推动哥本哈根气候变化会议取得积极重要成果，为推进应对气候变化的国际合作作出了积极贡献。

　　中国承担着越来越多与本国国力相符的国际责任。我国已经兑现对联合国《千年宣言》的承诺，向120多个发展中国家提供了经济援助，累计免除49个重债穷国和最不发达国家的债务。我们向发生地震、海啸等灾害的国家积极捐资捐物，并派遣多支医疗队和救援队赴当地实施人道救助。中国积极参加联合国国际维和行动，是安理会常任理事国中派出维和人员最多的国家，累计向24项联合国维和行动派出上万人次，中国维和官兵甚至付出了生命的代价。中国在实现自身发展的同时，正在尽最大的努力，为世界和平与发展的崇高事业作出力所能及的重要贡献。

　　同时，中国的基本国情和面对的困难也不容忽视。中国人口多，底子薄，发展不平衡，现在乃至今后相当长的时期内都是发展中国家。我国人均GDP

排在世界 100 位之后，尽管 30 年间脱贫人口接近于美国全国的人口，但贫困人口总数在世界上仍然排名第二。我国居民消费水平还处在较低层次，目前仍有 1000 万人没有用上电。我国还处在全球产业链的低端，科技研发和高端制造业等方面的竞争力还较弱，出口几亿件衬衫才能换回一架空客或波音飞机。我国发展进程中面临的难题世所罕见，哪一个解决起来都很不容易。在我们这样一个拥有十几亿人口的发展中大国实现现代化，还需要付出艰苦努力，还有很长的路要走。

中国的外交以维护国家的主权、安全和发展利益，以促进世界的和平与发展为己任。在涉及国家核心利益的问题上，即使是在十分贫穷落后的年代，我们也是铮铮铁骨、毫不妥协。同时也要看到，中国走的是和平发展、互利共赢的道路。中国的发展来源于自身的经济社会进步，而不是对外武力扩张。中国的发展不以牺牲别国利益为代价，不追求利益最大化，而是坚持把共同利益的蛋糕做大，把自身利益与世界人民的共同利益结合起来，实现共同发展。中国的发展靠的是改革开放和对外合作，通过互利互惠，在实现自身快速发展的同时，也为世界经济作出了贡献。中国的发展得益于一个总体和平稳定的国际环境，我们也以自己的发展更好地促进世界和平与繁荣。中国的发展坚持的是相互尊重、平等相待、求同存异、开放包容的精神，即使将来强大了，也绝不把自己的意志强加于人。总的说，中国的发展不会损害任何国家的利益，而会给世界带来更多的机遇，更大的贡献。

2010 年是世界格局和国际经济体系继续发生深刻复杂变化的一年，也是我国继续应对国际金融危机、保持经济平稳较快发展、加快转变经济发展方式的关键一年。温家宝总理在政府工作报告中，对今年外交工作的基本目标和主要任务进行了重要部署。我们将紧紧围绕党和国家的中心任务，全方位开拓对外关系，坚定地维护国家主权、安全和发展利益，重点要完成好以下几项工作：

一是积极推动全方位外交。我们将不断充实和完善全方位外交布局，继续全面发展与各大国的关系，加强与周边国家的睦邻友好，深化与发展中国家的团结合作，统筹协调好双边外交与多边外交、国别区域外交与各领域外交工作。

二是为国内保稳定、促发展、转变经济发展方式创造更好的外部环境。我们将加大经济外交工作力度，积极配合实施"引进来"、"走出去"战略，继续参与应对金融危机的国际对话与合作，坚决反对保护主义，与各国一道，共同推动世界经济的全面复苏和发展。

　　三是重点搞好峰会外交和世博外交。今年是多边峰会的高峰年。中国领导人将出席二十国集团金融峰会、上海合作组织峰会、"金砖四国"峰会、亚太经合组织领导人非正式会议、第三次世界议长大会、东亚领导人系列会议等一系列重大多边外交活动。我们将继续以多边峰会为重要平台，积极参与国际体系变革，维护发展中国家利益，推动应对气候变化等国际合作不断向前发展。

　　上海世博会是我国继北京奥运会之后举办的又一场国际盛会，也是第一次在发展中国家举行的世博会。届时可能将有近百位外国政要莅临上海，许多外国观众也会纷至沓来。世博会不仅是上海的、中国的世博会，更是世界的世博会，为各国人民展示发展成果、增进了解与友谊、促进共同发展提供了重要平台。中国将举全国之力，集世界智慧，将上海世博会打造成一座世界人文交流的友谊之桥。

　　"他山之石，可以攻玉"。在当前世界各国重新认识和思考发展理念、合作应对全球性挑战的关键时刻，借鉴包容、博采众长成为必然选择。"听取世界的声音，探索中国发展之路"是中国发展高层论坛的宗旨。我相信秉持这一宗旨，本届论坛一定能为增进中国和世界的对话、理解与友谊作出积极而独特的贡献。让我们携手努力，为促进各国之间的合作、为推动世界和平与发展的崇高事业，不断贡献自己的智慧和力量。

中国大企业要加快推进国际化进程

国务院国有资产监督管理委员会副主任　邵　宁

受李荣融主任委托，非常高兴参加第十一届"中国发展高层论坛"。下面，按照议程安排，我就"中国大企业加快推进国际化进程"谈几点看法，和大家一起讨论。

一、国际化是大企业发展的必由之路

自 20 世纪 90 年代以来，随着高科技产业的发展和全球信息网络的建设，世界经济面貌发生了天翻地覆的变化，全球经济一体化趋势不断加强，各国经济之间的相互依赖关系更加密切。中国经济愈来愈紧密地与世界经济融为一体。在这样的经济大环境下，企业要加快发展，必须融入国际分工，走向国际市场，不断拓展国际化经营的深度和广度。特别是当前中国经济进入提升产业发展水平、加快转变经济发展方式的新阶段，更对企业实施国际化战略提出更高要求。

中国必须积极融入并推动经济全球化进程，加快培育一批具有国际竞争力的大公司、大企业集团，提高参与全球资源配置和产业整合的能力，在促进世界经济发展、构建和谐世界中发挥应有的作用，作出更大的贡献。

二、中国大企业国际化开始起步

企业国际化是市场竞争发展到一定阶段的必然要求。近几年来，中国大型企业特别是中央企业管理体制和经营机制已经发生深刻变化，综合实力明显提高，已经成为具有较强竞争能力的市场主体。目前，中央企业公司制股份制改制面已达 70%，控股的境内外上市公司 396 家，80% 的优质资产已经进入上市公司。中央企业普遍建立了经营业绩考核制度，"考核层层落实，责任层层传递，激励层层连接，收入分配与业绩贡献相挂钩"的机制初步建立。2009 年，中央企业资产总额超过 1000 亿元的已有 53 户，营业收入超过 1000 亿元的有

38 户。进入 2009 年美国《财富》杂志公布的世界 500 强中有 24 家中央企业。一批中央企业不仅是国内行业排头兵，在国际市场上也有影响力。中国移动、中远集团、中船集团、神华集团、宝钢等中央企业已经成长为世界知名企业，在行业内名列前茅。

中央企业国际化经营取得积极进展。一批企业加快建立全球销售网络，积极拓展国内外市场。一批企业加快"走出去"步伐，开发资源，承揽工程，对外投资份额不断扩大。一批企业在境外设立研发设计机构，快速缩小与国际先进水平的差距。据商务部统计，有 117 家中央企业进行了对外投资活动，占中央企业总数的 86%。截至 2008 年底，中央企业在全球 127 个国家（地区）共设立对外直接投资企业 1791 家，累计对外直接投资达到 1165 亿美元，占中国对外直接投资累计净额的 63.3%。

但总体上看，中国大企业开展国际化经营还处于起步阶段，整体规模偏小，在产业结构、跨国经营能力等方面仍存在差距。

从对外投资规模看，一些中央企业在规模上居于世界同行业前列，但对外投资数量偏少，单个项目投资额远远低于发达国家同行业企业，甚至有的低于发展中国家平均水平。中国石油居于世界 500 强第 13 位，在世界同行业排名第八，但其跨国指数只有 2.7%。

从跨国经营能力看，发达国家的跨国公司一直占据着对外直接投资的绝对主导地位，早已实现在全球范围内进行资源整合，从而降低成本，拓展市场，培育新的竞争优势。中国大企业跨国经营水平普遍较低，大多居于产业链条的低端，缺少世界知名品牌，而且严重缺乏国际化经营的人才。

国际化发展是中国大企业融入世界经济一体化的必然要求，也是企业加快发展提升核心竞争能力的迫切需要。中国大企业要认真审视自身差距，积极学习世界一流企业的先进经验，在国际化经营上迈出更加坚实的步伐。

三、抓住机遇，打牢基础，加快推进国际化进程

国际金融危机使我们更深切体会到全球经济一体化的深入程度，各国经济更加密切融合，金融和资本市场更加开放统一，国际分工深入到生产领域，渗透到产业内部。中国大企业要把握全球经济发展趋势，抓住资本、技术、人才市场格局变化的机遇，加快企业国际化经营步伐，努力培育具有国际竞争力的大公司、大企业。要实现这一目标，必须在以下几个方面作更多努力。

一是完善公司治理。国际化经营会使企业的经营环境更加复杂，对决策的科学化程度要求更高。近几年，我们在中央企业进行建立规范董事会的试点，

企业的决策层与执行层、决策权与执行权基本分开，外部董事超过半数，初步建立起一套科学决策、各负其责、协调运转、有效制衡的机制，决策更加科学，管理更加有效，风险防范意识和内部管控能力大大增强。下一步，我们要加快具备条件的中央企业建立规范董事会的步伐，为中央企业开展国际化经营提供坚实的体制保障。

二是制订科学合理的战略规划。要明确企业发展使命，制订切合企业实际的国际化战略，坚持做强做精主业，围绕主业强力整合各种资源，延伸和提升企业价值链条，从根本上提升企业实力和竞争力。要高度重视外部环境变化对企业国际化战略的影响，对国际化发展战略进行系统分析和全面评估，切实防范经营风险和重大决策失误。

三是加强技术创新和品牌建设。当前，积极谋求新的技术革命已经成为世界各国化解金融危机、摆脱困境的重要出路。大企业必须发挥在国家创新体系中的主体作用，切实走在企业自主创新的前列。要牢固树立全球竞争的理念，逐步建立全球研发体系，实现企业发展由成本驱动向创新驱动转变，由依靠传统比较优势向创造新的竞争优势转变，努力改变在全球产业链中的低端地位，提升创新能力，培育形成具有自主知识产权的核心技术和知名品牌，成为对行业进步有所贡献的国际化企业。

四是切实提升国际化经营能力。根据适应更高水平竞争的要求，进一步加大职工队伍培训力度，合理规划培训内容，真正把员工队伍素质提高到国际水平。尤其要加快培养具有国际化经营能力的复合型人才，逐步改善人才结构，使我们的骨干员工队伍更加了解国外市场的经营环境和法律体系，以适应国际化经营的要求。

五是积极履行社会责任，树立中国企业的良好国际形象。中央企业是我国企业开展国际化经营的骨干，在海外生产经营活动中，我们要求中央企业要模范遵守所在国法律，尊重所在国习俗，保护当地环境，维护当地员工权益，积极参与社区建设，实现互利共赢、共同发展，为当地经济社会发展作出积极贡献。

实施"走出去"战略，在更大范围、更广领域和更高层次上参与国际资源配置，是中国企业加快自身发展、不断做强做大的迫切要求，也是中国企业走向世界、在经济全球化中发挥更大作用的必然要求。中国企业积极推进国际化进程，目的是要提高资源配置效率，广泛运用先进技术，学习借鉴先进管理，以更有效的配置、更少的排放、更清洁的生产，为全世界提供更多更好的产品，造福世界各国人民。在这方面我们差距很大，但我们会作出更多的努力。

全球化与中国的大企业

英国剑桥大学嘉治商学院教授、发展学主席　彼得·诺兰

北京大学中国产业发展研究中心主任　刘春航

英国剑桥大学嘉治商学院讲师　张　瑾

一、引言

自 20 世纪 70 年代末以来，全球商业体系经历了不断增进的自由化过程。经济体系获得的保护越来越少，资本在国家之间的流动越来越自由，很多国家的国有企业都实行了私有化。在世界大部分地区，华盛顿共识的思想占据了至高无上的主导地位，"自由市场原教旨主义"成为最有影响的智识框架。随着本次全球金融危机的爆发，国际政治经济体系正处在一个新时代的黎明，但是，人们只能隐约地意识到这一新时代的形态。在未来若干年的国际关系中，世界究竟是受离心力还是向心力的左右仍然是一个悬而未决的问题。

中国也在 20 世纪 70 年代末开始了体制改革。中国改革所走的道路不同于华盛顿共识为"转型"与"发展中国家"改革所推行的道路。在中国改革开放的进程中，政治稳定作为获得经济发展的先决条件，始终有着高于一切的重要性。经济改革是渐进性和实验性的，是"摸着石头过河"。在市场力量的影响不断深化的同时，中国政府在经济调控方面一直发挥着中心作用。

自 20 世纪 70 年代末以来，中国国内生产总值（GDP）的增长速度高于世界生产总值的增速达三倍以上。在全球金融危机中，中国经济保持强劲增长，而高收入国家却经历了自 20 世纪 30 年代以来最严重的经济萎缩。至 2006 年，中国已成为世界第三大制造产品生产国。在 2009 年，中国超过德国成为世界最大出口国。至 2009 年，中国已有 34 家企业进入财富 500 强，27 家企业进入金融时报 500 强。在金融时报 500 强之中，中国企业的市值仅次于美国企业，而且在银行业中，前三名银行均来自中国。

在高收入国家，人们普遍认为中国利用了这次国际金融危机抢购全球公司。[1] 实际上，中国的大企业将自己建设成为国际舞台上的全球领导者的过程才刚刚开始，还面临着严峻的竞争和挑战。

二、全球化与产业集约：不同的分析视角

多数主流经济学家追随阿尔弗雷德·马歇尔的著名论断，相信企业在达到一定规模之后会出现"管理规模经济的负效应"："一棵树可以在很长一段时间内保持其活力并且比其他树木长得更加强壮，但是早晚它们都会老去。高大的树木会逐渐失去活力，一棵接一棵地让位于其他虽小但充满活力的树木……几乎每一个行业都会出现大公司的兴起和消亡，在任何时期都会有一些公司处于上升阶段而另一些公司处于下降阶段。"（马歇尔，1920）

在其有影响力的著作《为什么全球化可行》（2004）一书里，马丁·沃尔夫认为跨国并购活动的激增并没有提高产业的集约程度。在《陌生人群》一书里，保罗·西布莱特认为在这 30 多年的全球化进程中，技术的变化改变了商业的性质，但却并不有利于大企业："越来越多的大企业，尤其是传统的生产行业，发现他们被更小、更灵活的竞争对手超越了。"

主流经济学家通常相信大多数兼并与收购是"失败"的，并购的驱动力来自首席执行官们（CEOs）的贪婪，他们以牺牲股东利益为代价，追求他们的私利。[2] 主流经济学家通常认为发展中经济体对国际竞争的开放会为本土企业赶超总部位于高收入国家的企业提供无限的机会。关于全球化的这一视角在托马斯·弗里德曼的《世界是平的》（2005）一书中得到了深刻的表达。

事实上，到本次全球金融危机为止，近 30 余年的全球化进程见证了全球范围内的产业整合和商业力量的高度集约，其程度可谓史无前例。非主流经济学家的分析视角，例如约瑟夫·熊彼特（1943）、阿尔弗雷德·钱德勒

---

① 《财富》杂志（2009 年 11 月 2 日）的封面标题是"中国购买世界"，副标题是"中国人有两万亿美元的购物款，你的公司还有你的国家在他们的购物单上吗？"在 2009 年，中国的外汇储备超过了 2.3 万亿，是世界上外汇储备最大的国家。但是，中国的人均外汇储备却只有 1800 美元，而韩国人均为 5600 美元，日本为 8400 美元，中国香港为 37000 美元，新加坡为 46000 美元。在2008 年，美国十大顶尖公司的市值总计 2.4 万亿美元，比中国今天外汇储备的总量还高。在 2006年，资产管理业十大顶尖公司（五家美国公司和五家欧洲公司）共管理着 16 万亿美元的资产。前500 大资产管理管理公司共管理着 63.7 万亿的资产，其中有 96% 是由来自欧洲、北美和日本的公司管理的。

② 这一观点在杰佛瑞·米克斯的研究著作《令人失望的婚姻》（1977）中得到了生动的表达。

（1990）和伊蒂思·潘若思（1995）更为准确地捕捉了在自由市场条件下资本主义竞争的内在本质，也就是"资本集中法则"。在这一时代，管理良好的大企业在品牌、采购、研发、人力资源、融资渠道等多方面极大地受益于规模经济与范围经济。潘若思总结道：除了市场规模的限制之外，企业规模在理论上没有任何极限。"随着时间的推移，我们发现没有什么能够阻挡企业无限地扩张……我们没有理由假设企业会达到能令其充分利用这些（规模）经济效益的规模"（1995）。

三、全球化与产业集约：证据

（一）系统集成者企业

在近30余年的资本主义全球化过程中，各行各业都发生了集约的过程，包括高科技产品、品牌消费品和金融服务。伴随着全球产出的大幅增长，绝大多数产业部门中的主导企业的数目却减少了，全球产业集约程度大幅提高了。全球商业体系的"制高点"几乎全部被来自高收入国家的企业所占领。产业集约结构最为明显的部分是那些具有卓越技术和强大品牌的知名企业，这些企业构成了"系统集成者"或"组织大脑"，居于价值链的顶点，他们的主要客户是全球中产阶级。在很多产业部门，4—5家企业占有了各自行业内一半或更高比例的总销售收入（表1）。[①]

（二）遍及价值链的产业集约化：瀑布效应

在巩固其领先位置的同时，系统集成者企业通过其巨额的采购支出向供应链施加了巨大压力，以降低成本并刺激技术进步。随着供应商企业竭力达到系统集成者所提出的严格要求（这些要求是加入系统集成者供应链的条件），产业集约度迅速提高。在一个又一个行业里，少数几家企业在供应链上的各个部分占据了主要市场份额（表2）。系统集成者对在供应链上的那些在法律上互相独立的企业进行着密切的协调，从而构成了一种所有权和控制权分离的新形式。

---

① 这一趋势与许多产业部门里大量小企业的存在是不矛盾的。这些小企业雇用了大量人员，却只生产全球产出的一小部分，并主要面向贫穷和中低收入国家的消费者销售。例如，在采矿业里，少数几家公司应用高技能劳力和大规模复杂设备，占据了国际可贸易煤、铁矿及其他矿产市场的很大份额。它们有总计数十万的雇员，产品主要销往现代部门里的全球消费者。然而，世界上还有成千上万只应用简单技术的小规模矿厂。这些矿厂雇用上百万的工人，通常在非常危险的劳动环境之下工作，产品主要销往非正式部门的小规模本地消费者，而那些消费者继而将它们的低质量产品出售给贫穷的人。

这一"瀑布效应"对竞争和技术进步的本质有着深刻的影响。它表明来自发展中国家的企业所面临的挑战远比初看上去的情况要严峻。它们不仅面临着赶超领先系统集成者的巨大困难，还面临着赶超那些主导着全球价值链每一部分的强大公司的巨大困难，前者是产业结构冰山的可见部分，而后者却是冰山藏在海面下看不见的部分。很少人可以想象仅仅两家公司就生产了占全球供应75%的商用大飞机的制动系统，三家公司生产了占全球供应75%的汽车恒速结合器，三家公司生产了占全球供应80%的工业用气（表2）。

正当商业力量变得前所未有的集中之时，来自发展中国家的企业加入了这一所谓的"全球平等竞技场"。在那些对其商业体系实行了自由化的发展中国家里，不仅世界领先系统集成者迅速建立起了寡头竞争结构，而且供应链的高端也已迅速寡头化。

四、对创新和技术进步的影响

在全球化时代，伴随着全球市场份额的集中，技术进步方面也同样出现了高度集中的现象。英国政府的商业、企业和管理改革部（BERR）编制了全球研发支出的年度排名报告。其2008年的年度报告（《2008年研发记分板》）包括了全球1400家公司。报告指出，这1400家公司（全球1400强）（表3）2007年的研发投入总额为5450亿美元，构成了全球技术进步投入的主要组成部分。

全球化时代见证了竞争强度的急剧提高，而在技术进步方面的投资是竞争优势的主要来源："大公司正以前所未有的速度倾注大量资金进行研发，以适应日益激烈的竞争……许多产业部门的利润正在强有力的增长而公司也能承担更多的研发支出……在利润薄弱的部门，例如汽车产业，竞争是如此的残酷以至于公司不敢削减它们对研发的投资。"（BERR，2008）

三大产业对研发的投入占所有全球1400强公司研发投入总额的三分之二：技术硬件和设备以及软件和计算机服务占26%，制药以及医疗设备和服务业占21%，汽车和汽车配件业占17%。[①]

前50家公司占所有1400家公司研发投资总额的45%，前100家公司占总额的60%。最底层的100家公司占总额的比例不到1%。换句话说，在几个高

---

① 其他重要的产业部门还有电子技术和电气设备（7%）、航空航天以及防务（4%）和化工产业（4%）。

技术产业部门中，约 100 家公司处在全球化时代技术进步的中心地位。

全球 1400 强在国家层面也非常集中。来自美国、日本、德国、法国和英国的公司占公司总数的 80%。人口总数为 4200 万的五个欧洲国家（丹麦、芬兰、瑞典、瑞士和荷兰）共有 132 家公司入列，而人口总数为 25.66 亿的四个发展中国家（巴西、俄国、印度和中国）总共只有 34 家公司入列。中低收入国家占世界人口的 84%，却总共只有 37 家公司进入全球 1400 强的行列。

2007 年，在全球金融危机的前夕，来自中低收入国家的公司在财富 500 强企业（以销售收入排名）中只有 46 家，在金融时报 500 强（以市值排名）中只有 42 家。几乎所有这些企业都来自在发展中国家得到保护的产业部门，而且经常是国有企业。在 2007 年金融时报 500 强中这 42 家来自中低收入国家的企业里，29 家企业来自三个产业，即石油天然气、银行业和电信服务业。这些产业大量应用高科技，但本身却并不产生大量的新技术。

五、集约整合与全球危机（2007—2010）

2007 年春天，美国出现次贷危机，全球金融危机爆发。在 2008/2009 年，并购交易额随着全球股票市场的崩溃而大幅下跌，然而以实际值计算，在 2007—2009 年三年间，兼并与收购活动非常活跃。长期在持续不断进行着的全球集约整合过程中，随着危机的加剧，出现了很多可以通过收购相对廉价资产而获利的机会。

在 2007 年和 2008 年，共有 169 桩跨境并购交易的规模超过 30 亿美元（UNCTAD［联合国贸易和发展会议］，2008：204 – 5 and 2009：216 – 7）。其中只有 8 桩涉及总部在中低收入国家的公司。

在 2007—2010 年间，制药行业共有 20 桩并购交易超过 10 亿美元（表 4）。这些特大交易包括辉瑞（Pfizer）收购惠氏（Wyeth），诺华（Novartis）收购爱尔康（Alcon），罗氏（Roche）收购基因技术（Genentech），以及默克（Merck）收购先灵葆雅（Schering-Plough）。信息技术（IT）行业在 2007—2010 年间也有一系列特大交易，包括诺基亚（Nokia）收购纳福特克（Navtcq），惠普（HP）收购 EDS 公司，SAP 公司收购 Business Objects 公司，以及甲骨文（Oracle）收购 BEA 公司和 Sun 公司（表 5）。在制药业和信息技术业的特大并购交易中，没有一桩交易涉及发展中国家的企业收购高收入国家的企业。[①]

---

① 最著名的发展中国家制药企业，Ranbaxy 公司，已经被日本企业第一三共制药（Daiichi Sankyo）收购。

　　然而，这段时间最引人注目的并购活动大多发生在金融行业。这次危机为并购活动提供了千载难逢的机会。在危机最为激烈的时候，高收入国家的政府在本国金融机构的周围树起了保护屏障，如同将马车置入栅栏中保护起来一样，同时鼓励银行间高速进行一系列非比寻常的并购活动，而仅仅在几个月之前这样的交易都是不可想象的：如摩根大通（JPMorgan）收购了贝尔斯登（Bear Stearns）和华盛顿共同基金（Washington Mutual），美国银行（Bank of America）收购了美林证券（Merrill Lynch），富国银行（Wells Fargo）收购了美联银行（Wachovia），巴黎银行（BNPParibas）收购了富通银行（Fortis）的主要部分，劳埃德银行（LloydsTSB）收购了苏格兰哈里法克斯银行（HBOS），野村证券（Nomura）和贝克莱资本（Barclays Capital）瓜分了雷曼兄弟（Lehman Brothers），西班牙国际银行（Santander）收购了荷兰银行（ABNAmro）在拉丁美洲的运营机构以及阿比国民银行（Abbey National）和布拉德福德—宾利银行（Bradford and Bingley），德国商业银行（Commerzbank）收购了德累斯顿银行（Dresdner Bank）。2010 年 3 月，保诚集团（Prudential）出价收购美国国际集团（AIG）在亚洲的保险业务。①

　　与相关银行的资产和收益以及它们在危机前的市值相比，这些重大收购的价格非常低廉。例如，摩根大通仅以 19 亿美元收购了华盛顿共同基金，富国银行仅以 150 亿美元收购了美联银行，劳埃德银行以 80 亿美元左右收购了苏格兰哈里法克斯银行。这些金融危机期间被收购的银行在 2007 年的总市值高达 5000 亿美元，然而，它们却以不足这一数额五分之一的价格被其竞争者收购。在这一并购过程中，来自发展中国家的银行没有发挥任何作用。

　　在资本主义全球化时代中，世界银行业重组取得了稳健的进步。在世界前 1000 大银行里，前 25 大银行所占总资产份额由 1997 年的 28% 上升到了 2006 年的 41%。金融危机加速了这一过程，到 2009 年，前 25 大银行在世界 1000 大银行中所占总资产的份额已经上升到了 45%（《银行家》，2006 年和 2009 年 7 月）。

---

　　①　在这次全球金融危机之前，根据公司市值和收益，AIG 名列世界前 20 家顶尖企业。2008 年 9 月，AIG 市值崩溃，美国政府介入并借给这家受损公司总计 850 亿美元的紧急救助资金，将该公司 79.9% 的股份转为政府所有。2010 年 3 月，保诚集团出价 355 亿美元收购 AIG 在亚洲的分公司 AIA。自 AIG 于 1919 年在上海开设第一家办事处起，AIA 以将近一个世纪的时间在亚洲逐步建立了它的领先地位。

六、全球化与全球企业的"走出去"战略

20 世纪 70 年代，西方企业通常以国内市场为导向。[①] 许多大企业由国家所有，向其他本国的国有企业销售产品和服务。

在过去 30 余年中，发达国家和发展中国家都对大量的国有企业实行了私有化，并将本国经济对外国企业的直接投资开放。国际生产体系的重要性大幅提高，从而转变了大企业的性质。在这一时期，来自高收入国家的领先企业在世界各地建立起了生产体系，通常围绕它们在国外的工厂建立了"准时化生产"的供应链。信息技术的革命性变化使得全球性的公司有能力在全球范围内协调其全球价值链。

在金融危机之前 30 多年的全球化过程中，发达国家的对外直接投资（FDI）存量由 5030 亿美元（1980 年）增加到了 13230 亿美元（2008 年）（表 6）。发展中国家在这些年也增加了它们对外直接投资的存量，然而，在世界进入金融危机的时候，发展中国家对外直接投资存量总值还不到发达国家总值的五分之一。所谓"金砖四国"（巴西、俄罗斯、印度和中国）对外直接投资存量的总值还达不到荷兰一国的水平。流向发展中国家的外来直接投资存量由 1980 年的 1080 亿美元增加到了 2008 年的 42760 亿美元，几乎是其对外直接投资存量的两倍。在发展中国家所增加的外商直接投资中有相当大的部分是由来自发达国家的企业收购本土企业所产生的。

在这一过程中，发达国家商业结构之间的关联变得越来越紧密，外国股份所有权大幅增加，到 2008 年，外国投资者拥有欧洲企业 37% 的股权（《金融时报》，2010 年 3 月 1 日）。包括最高层管理人员在内的外国雇员的比例也大幅提高了。不论公司总部位于哪里，英语日益成为全球公司的主要沟通方式（包括口语和电子沟通方式）。总部位于某个发达国家的企业"走出去"，进入其他发达国家，而与此同时来自其他发达国家的企业也"走进"了该国。发达国家的外来直接投资存量由 1980 年的 3940 亿美元增加至 2008 年的 102130 亿美元，多数来自于其他发达国家。对发达国家总体而言，外来直接投资存量总值占对外直接投资存量总值的 75%。在 1987 年到 2008 年间，有 2219 桩跨境"特大"兼并交易超过 10 亿美元规模，总值达到 72320 亿美元，多数涉及

---

① 例如，可口可乐公司堪称一家"全球公司"的典范，其运营几乎遍及世界上每一个国家。在 20 世纪 80 年代初，它三分之二左右的收益来自美国，而今天它三分之二左右的收益都来自美国之外的国家和地区。

来自发达国家的企业（UNCTAD，2009：11）。换句话说，超过 2200 家企业"放弃了它们的国家护照"。在 30 多年的全球化过程之后，高收入国家的商业体系可以说实现了"你中有我，我中有你"。

在全球化的 30 多年中，跨国公司在国际间投资的增长大大提高了全球经济的相互关联性（表7）。从 20 世纪 80 年代早期到 2008 年，世界贸易以每年超过 8% 的速度增长，显著快于世界产出的增长速度。然而，国际企业的海外投资甚至以更快的速度增长。对外直接投资存量由 1982 年相当于全球生产总值（GDP）的 5% 增长到 2008 年的 27%。跨国公司外国子公司的总销售额由 1982 年大致相当于该年世界出口额的水平增长到 2007 年高于世界出口额 51%。此外，外国子公司出口占世界出口总额的比例由 1982 年的 27% 增加至 2008 年的 33%。外国子公司雇用人员数量由 1982 年的 2000 万人增加至 2008 年的 8000 多万人。

近年来，来自发展中国家的企业大幅增加了它们的国际运营业务，例如，墨西哥的 America Moviles 公司和 Cemex 公司，印度的 Tata 公司，巴西的 Gerdau 公司和淡水河谷（Vale）公司，各自在国际上都进行了引人注目的扩张。然而，在世界进入金融危机的时候，从国际运营范围的角度来看，来自发展中国家的企业仍然远远落后于来自高收入国家的企业。

总部设在高收入国家的企业主导了国际并购过程。例如，在 2006 年，共有 172 桩跨境并购交易的价值超过 10 美元（UNCTAD，2007：212 - 4），其中只有 12 桩交易的收购方涉及总部在中低收入国家的企业。在 2007—2008 年，"来自发展中国家的 100 大跨国公司"的国际资产和国外销售收益仅相当于世界 100 大跨国公司的 13%—14%（表8）。① 在 2008 年，从国外资产数额的角度来看，世界 100 家领先的非金融类公司中，仅有三家总部设在中低收入国家（UNCTAD，2009）。在 2008 年，以地理覆盖范围排名，金融类跨国公司 50 强中没有一家来自发展中国家（UNCTAD，2009：234）。

在经历了 30 多年的全球化和"走出去"的过程之后，特大公司的国际资产，国外销售额和国外雇用人员数量已超过了它们总部所在地的国家（表8）。到 2008 年，世界 100 大跨国公司的国外资产已达到它们总资产的 57%，国外销售额达到总销售额的 61%，国外雇用人员达到总雇用人员的 58%。特大跨

---

① 值得注意的是，UNCTAD 不仅将中国台湾，而且将新加坡、中国香港、科威特、卡塔尔和韩国均包括在"发展中经济体"的范畴之内，而世界银行则将上述地区都列在了"高收入"范围之内。如果排除来自上述经济体的企业，那么 UNCTAD"来自发展中国家的 100 大跨国公司"的数目将会只剩 41 家。

国公司与它们母国之间的关系正逐渐削弱，它们在对总部所在国家的认同感方面所受到的束缚正变得越来越少。

七、全球化与中国的大企业

跨国公司对中国的增长和现代化作出了重大贡献。流入中国的外来直接投资存量由 1990 年的 210 亿美元上升到了 2009 年的 3780 亿美元（UNCTAD，2009：253）。外商投资企业占工业增加值的 28% 左右，在中国的出口额中占了一半以上（表9）。① 外商投资企业占高科技行业产出的三分之二左右来自外商投资企业，占高科技出口的十分之九左右。② 对那些处在全球商业体系中心的跨国公司而言，中国对它们的长期增长前景至关重要。

近年来，中国的最大型企业迅速增加了对海外资产的收购。中国对外直接投资存量由 2000 年的 280 亿美元上升至 2008 年的 1480 亿美元（UNCTAD，2009：253），国际媒体对此进行了激烈的讨论。

然而，就构建国际业务体系而言，中国企业仍处于初级阶段。中国大企业进行的对外直接投资水平和领先国际公司遍布世界各地的庞大生产体系相比是微小的。在发展中国家，中国对外直接投资存量低于俄罗斯、新加坡或巴西（表10）。中国对外直接投资存量不到荷兰的五分之一、英国的十分之一和美国的二十分之一。

中国的大企业在高收入国家几乎没有什么存在。将近三分之二的中国大陆对外直接投资存量流向香港和澳门，只有不到十分之一的份额流向高收入国家（表11）。中国在高收入国家的对外直接投资总存量仅有 170 亿美元，只相当于财富 500 强里一家排名中等的公司的国外资产水平。中国的对外直接投资总存量只相当于世界领先跨国公司如通用电气、沃达丰、壳牌或丰田累计国外资产总值的一小部分（表12）。中国在高收入国家的对外直接投资存量只相当于中国外来直接投资存量的不到 5%，流入中国的多数外来直接投资来自于总部设在欧洲、北美和亚洲高收入国家的企业。来自高收入国家的大企业已经深深地嵌入在中国的经济体系之中，但是，中国的大企业在高收入国家中却被看做是无足轻重的，所谓"我中有你，而你中却无我"。

近年来，中国的特大国有银行进行了意义深远的重大改革，一些世界最大

---

① 2004 年，在华外国公司分支机构的资产总值为 5790 亿美元，销售额为 6990 亿美元（UNCTAD，2007：282 - 3），相当于本年度中国 GDP 总额的 32%。

② 外资企业在中国高科技行业增加值中的份额由 1996 年的 35% 上升到了 2005 年的 66%（SSB，NDRC，MOST，2007）。

的银行成为战略投资者并有力地促进了中国大型银行改进运营机制。中国的大银行在信息技术方面进行了大量的投资，从而改进了其内部控制系统；中国大型银行在股票市场上流通了部分股权，将其业绩置于国内和国际股东以及公众媒体的密切监督之下，以期有利于改进业绩；中国大型银行任用了董事和独立董事来代表股东，从而促进了管理实践的提高。中国最大型银行的国际运营近年来取得了长足的进步，作出了开创性的举动，例如中国工商银行（ICBC）以 56 亿美元对南非标准银行（Standard Bank of South Africa）少数股权的投资。到 2009 年，从市值的角度来看，世界前三大银行均来自中国。根据市值，中国有十家银行进入了金融时报 500 家世界领先公司的行列。根据一级资本水平排序，中国有三家银行步入了世界 20 家顶级银行之列（《银行家》，2009年 7 月）。

然而，中国领先银行的国际运营体系仍然远远落后于世界领先银行的水平。从地理覆盖范围的角度来看，中国没有一家银行进入世界 50 家顶级银行之列（UNCTAD，2009：234）。全球金融危机看似为中国的银行购买高收入国家的银行资产提供了千载难逢的机会，然而，尽管中国的大型银行有着巨大的市值，在由国际金融危机所引发的全球银行并购浪潮中却没有它们的身影，这非常引人注目。从一个在受保护的国内市场里运营的强大国内银行发展成为具有全球竞争力并有能力顺利完成大规模国际并购的银行，这需要一个巨大的飞跃。

中国公司在高收入国家收购资产和开展较大规模股权投资所仅有的一些尝试受到了高收入国家媒体的密切监督和政治审查，这使中国大企业在国际上发展系统性的运营业务的可能性变得极为复杂。

八、结论

本次全球金融危机标志着现代世界发展到了一个关键的时刻。人们根本不能以全球化"黄金时代"所获得的发展趋势去对未来作同样的预测。[1] 世界正遭遇金融危机和生态危机的一次双重耦合，全球政治经济正站在一个十字路口上。[2] 自由市场原教旨主义的时代已经结束。然而，未来全球政治经济结构有

---

[1] 在 20 世纪 80 年代，国际媒体对日本公司即将"购买世界"产生了恐慌。事实上，在 20 世纪 90 年代后，日本经济进入了长期的经济停滞阶段。日本在全球对外直接投资存量中的份额由 1990 年的 11.3% 降低到了 2008 年的 4.2%。时至今日，日本对外资直接投资存量甚至比荷兰还要小，还不足英国的一半（UNCTAD，2009：251）。

[2] 有关全球化十字路口的分析，见葛霖（2009）和诺兰（2009）。

着深刻的不确定性，国际关系中也存在着不同寻常的紧张状态。在这样一个脆弱的环境下，对过去30多年来全球商业体系的演变有一个全面的理解，并对中国大企业在国际竞争中所面临挑战的严峻程度有充分的认识，这是至关重要的。

自20世纪70年代以来，总部设在高收入国家的企业是国际经济关系自由化过程的主要受益者，这一过程是在世界各地推行的华盛顿共识政策的核心。这30多年来的全球化见证了系统集成企业以及它们所领导的供应链的各个部分发生了高速的集约整合过程。来自高收入国家的大企业大幅增加了它们的国际投资，在全球范围内建立起了生产体系，处在了全球商业体系的核心位置，它们的国际资产、国外雇用人员数和国际销售收入均超过了它们在总部所在国的运营规模，它们推动了技术进步，这个时代革命性技术进步的推动力正是全球领先企业之间异常激烈的寡头竞争。

在全球金融危机前夕，尽管来自发展中国家的企业在国际运营方面取得了显著进步，来自高收入国家的企业占据着全球商业体系的中心地带。在国际金融危机期间，尽管交易值缩水，产业重组却仍在持续快速进行。来自发展中国家的企业在这一过程中所发挥的作用很少。几乎在每一个行业，赶超领先企业的难度都要比在这一时代开始之前大得多。

在这30多年的全球化过程中，中国实现了高速增长，并在金融危机中仍保持了强劲增长。但是中国仍然是一个发展中国家，还远远没有"赶上"高收入国家。尽管它的人口规模比所有高收入国家的人口加起来还要大将近3亿，中国的国民总产值却还不到高收入国家生产总值的五分之一，出口额只相当于高收入国家的十分之一（表13）。

在改革开放的政策之下，中国许多大型本土企业经历了全面改革并已在销售额和股票市值方面成长为国际领先企业，同时，大型本土企业取得了重大的技术进步。然而，中国的大企业在国内和国际上都面临着严峻的挑战。财富500强和金融时报500强里中国企业的数目只相当于高收入国家企业数目的一小部分。在研发支出方面，中国只有少数几家企业进入了全球大公司1400强。

在全球金融危机前夕，中国的大企业仍然主要以国内经济为导向。为了满足国家的发展需求，它们面临着发展出一条新的创新路径的挑战，这包括交通、能源生产和排放、碳排放和捕捉、建筑结构以及食品生产等领域的新技术。中国改革开放的政策使中国经济体系对外来直接投资开放，全球企业进而在包括高科技行业在内的许多经济部门中发挥了重大作用。在中国国家技术进步方面，中国大型本土企业和全球企业的关系还在演变之中。在对中国和世界可持续发展必不可少的那些新技术开发上，中国企业与全球企业合作的范围与性质还是一个有待研究的问题。①

在中国之外，大型中国企业的国际生产体系仍然远远落后于那些总部设在高收入国家的企业，它们在高收入国家更是只有非常有限的影响。不言而喻，大型中国企业在国际上的扩张有政治上的障碍。此外，国际商业体系的性质在过去 30 多年的全球化过程中发生了根本性的变化。随着企业规模不断增加，全球市场深度整合，企业间竞争的激烈程度也大幅提高。在全球金融危机期间持续进行的并购活动中，很少看到中国大企业这一事实正反映了它们在国际竞争中处于相对的弱势。

在要成为具有全球竞争力的大公司方面，中国的大企业还处在初级阶段。就中国大企业与高收入国家的大企业之间的关系而言，未来还有一条漫长而复杂的路要走。

---

① 例如，太阳能发电中一项最有前途的技术是"集光式太阳能发电"（CSP），或"沙漠发电"。这种技术利用镜片产生蒸汽，进而为发电机提供能量。由此产生的电力可以通过高压直流电缆新技术远距离传送。与现有电缆技术 70%—80% 的传送能耗相比，这种新技术只有 25% 的能耗。欧洲正考虑对在撒哈拉沙漠利用管输海水的一个 CSP 项目进行大规模长期投资。项目的第一批受益者将是贫穷的非洲国家，进而通过广泛渠道惠及欧洲。中国在国内外参与 CSP 项目的性质和范围都还仅限于试探性的阶段。

另一个重要方面是从页岩矿藏中获得天然气方面所取得的技术进步。这种技术将盐水、沙子和化学物注入深井中，受到高压的这种混合物使岩石产生裂缝并出现断裂，从而释放出天然气。页岩矿藏储量丰富，在世界分布广泛。天然气发电所产生的二氧化碳只是燃煤发电的一半，因此，利用燃气机发电的电厂可以为控制二氧化碳的排放作出贡献。在开发这些关键性技术方面，中国公司与全球公司关系的性质也还仅限于试探性的阶段。

统计附录

表1 系统集成企业间的产业集约（2006—2009）

产业部门	企业数量	全球市场份额	产业部门	企业数量	全球市场份额
商用大飞机	2	100	抗疱疹药	1	49
20—90座商用飞机	2	75	胰岛素	1	50
汽车	10	77	人工关节	6	80
重型载货车	4	89[(i)]	眼部保养品	5	73
中重型载货车	5	100[(ii)]	工业用酶	2	69
固定线路电信基础设施	5	83	心脏起搏器	1	50
移动电信基础设施	3	77	建筑机械	4	44
个人电脑	4	55	农业机械	3	69
移动遥控器	3	65	电梯	4	65
智能手机	3	75	软饮料	5	>50
等离子电视	5	80	汽水	2	70
液晶显示屏电视	5	56	啤酒	4	59
数码相机	6	80	口香糖	3	60
制药业	10	69	香烟	4	75[(iii)]
抗胆固醇药	1	40	运动鞋	2	55
抗哮喘药	1	31			

注：（i）仅包括北大西洋自由贸易区；（ii）仅包括欧洲；（iii）不包括中国。

全球市场份额为估计值。

来源：《金融时报》（各期）以及公司年报。

表2 全球价值链上各个部分发生的产业重组（2006—2008）

产业部门	企业数目	全球市场份额加总	产业部门	企业数目	全球市场份额加总
商用大飞机			汽车		
引擎	3[(i)]	100	安全玻璃	3	75
制动系统	2	75	恒速接合器	3	75
轮胎	3	100	轮胎	3	55
座位	2	>50	座位	2	>50
盥洗室	1	>50	制动系统	2	>50
导线系统	1	>40	汽车用钢	5	55
钛制防松螺栓	1	>50	信息技术		
玻璃	1	>50	个人电脑微处理器	2	100

产业部门	企业数目	全球市场份额加总	产业部门	企业数目	全球市场份额加总
无线通讯集成电路	10	65	叉式起重车	2	50
数据库软件	3	87	PET 吹瓶设备	1	75
企业资源规划程序（ERP）	2	68	其他		
个人电脑操作系统	1	90	现金提款机	2	72
动态随机储存器	5	82	电瓶恒温调节器	1	66
硅片	4	89	专用钢板	5	62
液晶屏幕玻璃	2	78	铝	10	57
服务器	2	63	目标气化技术	3	89
半导体生产装置	1	65	媒体和营销广告收益	4	55
饮料业			搜索引擎广告收益	1	70
饮料罐	3	57	金融信息出版	2	77
玻璃容器	2	68	货柜船	10	58
工业用气	3	80	玻璃片	4	65
高速装瓶线	2	85			

注：（i）包括通用电气与 Snecma 公司的合资企业。

　　全球市场份额为估计值。

来源：《金融时报》（各期）以及公司年报。

表 3　产业重组与全球商业革命：全球研发投资 1400 强（2007）

部　　门	占全球 1400 强研发总投资的份额（%）	企业数量	占产业部门研发投资份额（%）	
			前五强企业	前十强企业
航空航天与军工	4.1	41	62	80
汽车与汽车零件	16.9	84	41	65
化工	4.4	95	39	56
电子与电子设备	7.0	117	48	61
卫生保健设备与服务	1.8	59	42	57
制药与生物科技	19.2	178	35	57
软件与电脑服务	7.2	122	54	68
技术硬件与装备	18.3	224	28	46
其他	21.3	480	—	—
总　　值	100.0	1400		

来源：英国商业、企业与管理改革部（BERR），2008。

表4 全球金融危机和产业集约：制药行业超过十亿美元规模的并购交易（2007—2010）

公布日期	收购方	收购对象	收购价格（十亿美元）	公布日期	收购方	收购对象	收购价格（十亿美元）
1/09	辉瑞	惠氏	68	6/09	英杰生命科技	美国应用生物系统公司	6.7
4/08 和 1/10	诺华	爱尔康*	50	5/07	Mylan 公司	默克未注册商标的部门	6.6
3/09	罗氏	基因技术**	46	9/09	雅培制药	苏威公司的制药部门	6.5
3/09	默克	先灵葆雅	41	07/08	费森尤斯集团	APP 制药	5.6
4/07	阿斯利康	Medimmune 公司	15.6	6/08	第一三共	Ranbaxy 公司	5.3
11/07	先灵葆雅	欧嘉隆生物科技	14.4	8/08	百时美施贵宝公司	Iclone 公司	4.5
4/08	武田药品	Millenium 公司	8.4	01/08	罗氏	Ventana 医疗系统	3.7
7/08	迪瓦	Barr 公司	7.5	12/07	卫材药业	MGI 药业	3.4
3/10	默克	密里博	7.2	3/09	吉利德	CV 治疗公司	1.4
7/07	西门子	德灵	7.1	9/08	盐野义制药	Sciele 公司	1.4

注：*诺华分两步收购了爱尔康。

**罗氏收购了基因技术公司还不属于它的剩余资产。

表5 信息技术行业超过十亿美元的并购交易（2007—2009）

单位：十亿美元

设备				软件与服务			
公布日期	收购方	收购目标	收购价格	公布日期	收购方	收购目标	收购价格
10/07	诺基亚	纳福特克公司	8.1	5/08	惠普	EDS 公司	14
3/07	思科	网讯公司	3.2	1/08	甲骨文	BEA 公司	8.5
10/09	思科	泰德公司	3.0	4/09	甲骨文	Sun 公司	7.4
10/09	思科	Starent 公司	2.9	10/07	SAP 公司	Business Objects 公司	6.7
7/09	爱立信	北电网络(i)	1.1	5/07	微软	Aquantive 公司	6
				11/07	IBM	Cognos 公司	5
				2/08	TomTom 公司	Tele-Atlas 公司	4.2
				3/07	甲骨文	Hyperion 公司	3.3

注：（i）北电集团的核心无线资产。

表6 30多年全球化进程中的外商直接投资（FDI）存量增加

单位：十亿美元

	1980	2008[i]	增加量,1980—2008
对外直接投资			
世界	506	16206	15700
发达国家	503	13623	13120
发展中国家	3	2357	2354
外来直接投资			
世界	503	14909	14406
发达国家	394	10213	9819
发展中国家	108	4276	4168

注：（i）本表数据中的不一致性来自于原始数据。

来源：UNCTAD，1994 和 2009。

表7 外商直接投资（FDI）和国际生产的若干指标（1982—2008）

单位：十亿美元

	1982 年	2008 年	增长率(% 每年)
国内生产总值(GDP,现价计算)	11963	60780	6.5
产品与非要素服务出口	2395	19990	8.4
对外直接投资存量	579	16206	13.7
国外子公司销售额	2530	30311	10.0
国外子公司出口	635	6664	9.4
国外子公司雇用人员(百万)	19.2	77.4	5.2
对外直接投资存量/国内生产总值(GDP)	5	27	—
国外子公司销售额/出口额	106	151	—

来源：UNCTAD，2009：18。

表 8　世界 100 大跨国公司和来自发展中国家的 100 大跨国公司的国外运营（2007—2008）

	（i） 世界 100 大跨国公司 （2008 年）	（ii） 来自发展中国家的 100 大跨国公司 * （2007 年）	(ii)/(i) （%）
资产(十亿美元)			
国外资产	6094	767	12.6
总资产	10687	2186	20.5
国外资产占总资产的百分比	57	35	
销售额（十亿美元）			
国外销售额	5208	737	14.1
总销售额	8518	1617	19.0
国外销售额占总销售额的百分比	61	46	
雇用人员（'000s）			
国外雇用人员	8898	2638	29.6
总雇用人员	15302	6082	39.7
国外雇用人员占总雇员的百分比	58	43	

　　* UNCTAD 不仅将中国台湾，而且将中国香港、新加坡、韩国、科威特和卡塔尔均包括在"发展中经济体"的范畴之内。世界银行（世界银行，《世界发展指南》，2008）将高收入国家定义为依官方汇率计算人均年收入超过 11116 美元的国家，它将中国香港、新加坡、韩国、科威特和卡塔尔列在了在"高收入"范围之内。UNCTAD "来自发展中国家的 100 大跨国公司"名单中有不少于 58 家来自上述世界银行列为高收入国家的经济体。

　　来源：UNCTAD，2009：19。

表 9　中国经济中的外资企业

部　　门	外资企业所占份额 （2006/7）（%）	部　　门	外资企业所占份额 （2006/7）（%）
工业增加值	28	电子和电信设备	71
其中：		电脑和办公设备	91
来自高科技行业的产出	66	出口总额	53
其中：		其中：	
医疗设备和精密光学仪器	43	高新技术产品	90

　　来源：中国国家统计局，国家发展和改革委员会，科技部，2007，以及国家统计局，2009。

表 10　全球化和外商直接投资：对外直接投资存量（1990 和 2008）

单位：十亿美元

	1990	2008		1990	2008
发达经济体	1786	13623	发展中经济体	145	2356
其中：			其中：		
美国	431	3162	俄罗斯	略	203
英国	229	1511	新加坡	8	189
德国	152	1451	台湾	30	175
法国	112	1397	巴西	41	162
荷兰	107	844	中国	4	148 *
奥地利	31	195	印度	略	62
丹麦	7	193			

＊包括香港和澳门，中国对外直接投资存量的 64％ 是在香港和澳门（国家统计局，2009，表
17 - 20）。

来源：UNCTAD，2009：表 B2。

表 11　中国对外直接投资存量的分布（2008）

地区/国家	百万美元	%
总量	183971	100
其中：		
香港/澳门	119180	64.8
非洲	7804	4.3
拉丁美洲	32240	17.5
其中：		
开曼群岛	20327	11.1
维尔京群岛	10477	5.7
高收入国家 *	17304	9.4
其中：		
欧洲	5134	2.8
北美	3660	2.0
日本	510	0.3
新加坡	3334	1.8
韩国	850	0.5
大洋洲	3816	2.1

＊不包括香港。

来源：国家统计局，2009：752。

表 12 从比较的视角来看中国的对外直接投资存量

	百万美元,2008		百万美元,2008
中国对外直接投资总存量(不包括香港和澳门)	64791	其中:	
其中:		通用电气	400400
采矿业	22868	沃达丰	204920
制造业	9662	壳牌	222324
高收入国家的对外直接投资存量	13623626	英国石油	187544
其中:		埃克森美孚	161245
欧盟	8086804	丰田	183303
美国	3162021	道达尔	141442
日本	680331	法国电力	128644
世界100大跨国公司的国外资产	6094000	福特	102588
		意昂集团	141168

来源:国家统计局,2009;UNCTAD,2009。

表 13 中国和世界的比较

	中 国	高收入国家	中国占高收入国家的比例
人口(百万)(2006)	1312	1031	127
国民生产总值(依官方汇率计算)(2006):			
总值(十亿美元)	2621	37732	6.9
人均(美元)	2000	36608	5.5
国民总收入(依购买力平价计算美元)(2006):			
总值(十亿美元)	6119	36005	17.0
人均(美元)	4660	34933	13.3
制造业增加值(十亿美元,2006)	752	5383	14.0
家庭消费(依购买力平价计算,十亿美元,2006)	2019	22323	9.0
国际贸易:			
出口(十亿美元)(2006)	969	8451	11.5
进口(十亿美元)(2006)	791	8984	8.8
金融时报500强公司(2009)	27*	436	6.2
财富500强公司(2009)	34*	440	7.7
BERR全球研发1400强公司(2008)	9	1363	0.7
其中:前100强	0	100	0
国际货币基金组织投票权(%)	3.66	60.5	
CO_2排放:			
总值(百万吨,2004)	5006	13382	37.4
人均(吨,2004)	3.9	13.1	29.8

*不包括香港。

参考文献

［1］ Chandler, Alfred, 1990, *Scale and Scope: The Dynamics of Industrial Capitalism*, Cambridge, Mass. : Harvard University Press.

［2］ Department for Business Enterprise and Regulatory Reform (BERR), 2008, *The 2008 R&D scoreboard*, London: BERR.

［3］ Friedman, Thomas, 2005, *The World is Flat: A Brief History of the Twenty-first Century*, London: Allen Lane, Penguin Press.

［4］ Green, Stephen, 2009, *Good Value: Reflections on Money, Morality and an Uncertain World*, London, Allen Lane.

［5］ Marshall, Alfred, 1920, *Principles of Economics*, London: Macmillan (originally published 1890) (8th edition).

［6］ Meeks, Geoffrey, 1977, *Disappointing Marriage*, Cambridge: University of Cambridge Press.

［7］ Nolan, Peter, 2009, *Crossroads: The End of Wild Capitalism*, London: Marshall Cavendish.

［8］ Penrose, Edith, 1995, *The Theory of the Growth of the Firm*, Oxford: Oxford University Press (2nd edition).

［9］ Schumpeter, Joseph, 1943, *Capitalism, Socialism and Democracy*, London: George, Allen and Unwin.

［10］ Seabright, Paul, 2004, *The Company of Strangers*, Princeton: Princeton University Press.

［11］ State Statistical Bureau, 2009, *Chinese Statistical Yearbook*, Beijing: State Statistical Bureau Publishing House.

［12］ State Statistical Bureau, National Development and Reform Committee (NDRC) and Ministry of Science and Technology (MOST), 2007, *Statistical Yearbook on China's High Technology Industries*, Beijing: State Statistical Bureau Publishing House.

［13］ UNCTAD, 1994, *World Investment Report, 1994*, Geneva: United Nations.

［14］ UNCTAD, 2004, *World Investment Report, 2004*, Geneva: United Nations.

［15］ UNCTAD, 2007, *World Investment Report, 2007*, Geneva: United Nations.

［16］ UNCTAD, 2008, *World Investment Report, 2008*, Geneva: United Nations.

［17］ UNCTAD, 2009, *World Investment Report, 2009*, Geneva: United Nations.

［18］ Wolf, Martin, 2004, *Why Globalisation Works*, New Haven: Yale University Press.

积极探索中国环境保护新道路
加快推进经济发展方式
转变和经济结构调整

环境保护部部长　周生贤

借此机会，我就探索中国环境保护新道路，加快推进经济发展方式转变和经济结构调整问题与大家交流看法。

改革开放以来，中国经济快速增长，综合国力迅速增强，人民生活显著改善，实现从解决温饱、脱贫致富到总体小康的历史性跨越，演绎了人类发展史上的奇迹。但产业结构偏重和过于依赖物质资源消耗的粗放型发展方式，带来严重的环境污染和生态破坏问题，资源环境越来越成为经济社会发展的瓶颈制约。

中国政府历来高度重视环境保护，把保护环境确立为基本国策，把实施可持续发展作为国家战略。进入新世纪，把环境保护摆上更加突出的战略位置，提出建设生态文明，到2020年基本形成节约能源资源和保护生态环境的产业结构、增长方式和消费模式；加快推进环境保护历史性转变，实现环境保护与经济发展的"并重"、"同步"和"综合"；从基本国情出发，积极探索中国环境保护新道路。

探索中国环保新道路是理论问题，也是实践问题，是一个勇于创新、勇于变革，永不僵化、永不停滞，与时俱进、不断发展的历史范畴，说到底是要通过继承创新，科学总结，在历史的比较、国际的观察和现实的把握中，不断深化对环境保护规律的认识，以新举措、新经验和新成效推进环境保护，提高环境保护工作水平。中国环保新道路，从探索过程看，具有继承性和创新性，每一个创新都是对过去实践经验的总结和升华；从探索重点看，具有多重性和阶段性，每个阶段都有不同的探索重点；从探索内涵看，具有包容性和开放性，是一个海纳百川、高度开放的系统工程；从探索任务看，具有长期性和前瞻性，要求着眼长远从根本上扭转环境污染和生态恶化趋势；从探索途径看，具有实践性和针对性，必须立足当前解决现实环境问题。可以说，改革开放以来的 30 多年是我国环保事业大发展的 30 多年，也是不懈探索中国环保新道路的 30 多年。

探索中国环保新道路提出以来，我们主动实践，大胆创新，深入研究推动科学发展、建设生态文明、促进社会和谐对环境保护提出的新要求，深刻认识新形势下环境保护规律，并取得积极成效。

——对环境保护规律的认识更加深化。我们认识到，发展就是燃烧。在一定条件下，烧掉的是资源，留下的是污染，产生的是 GDP。科学发展就是消耗的资源越少越好，产生的污染越小越好，最好是"零排放"，前者是"资源节约"，后者是"环境友好"，总括起来就是又好又快发展。环境保护是生态文明建设的主阵地和根本措施。生态文明建设的提出主要是针对环境问题而言的，环境问题是制约生态文明建设的最主要因素。生态文明建设的成效首先体现在环境保护上，环境保护取得的任何进展任何突破任何成效，都是对生态文明建设的积极贡献。必须让江河湖泊休养生息。坚持以人为本，遵循自然规律，以水环境容量和承载力为基础，统筹环境与经济关系，给江河湖泊以人文关怀。其中，以人为本、改善民生是核心，恢复生机、提升活力是目标，遵循规律、道法自然是前提，系统管理、综合治理是方法，控源截污、转型发展是关键。节能减排是环境保护的硬抓手。当前和今后一段时期，中国环境保护的一项重点任务是削减主要污染物排放总量，减轻环境容量负荷过重的压力。"十一五"以来，主要污染物减排取得明显成效证明，节能减排是保护环境、调整经济结构、淘汰落后产能的重要手段。正确的经济政策就是正确的环境政策。环境问题贯穿于生产、分配、流通和消费的再生产全过程。正确的经济政策就是正确的环境政策，在保证经济发展的同时，能够保护和改善环境；正确的环境政策也是正确的经济政策，在保护环境的同时，能够保障、促进和优化经济增长。追求和实现环境与经济高度融合，在发展中保护环境，在保护环境中促进发展，是经济及环境政策的内在要求。环境问题是重大民生问题。经济发展决定人们的生活水平，环境状况决定人们的生存条件。干净的水、清洁的空气、放心的食品和优美的环境直接关系人民群众生活质量，关系社会稳定，关系发展的根本目的。

——对探索环保新道路的方向、原则和框架体系的认识更加深化。探索环保新道路，从时代要求看，必须坚持环境与经济相融合，大力推进发展方式转变和经济结构调整；从核心任务看，必须坚持把环境保护摆上更加重要的战略位置，加快推进历史性转变；从价值取向看，必须坚持环保为民的根本宗旨，切实解决关系民生的突出环境问题；从实现途径看，必须坚持人与自然和谐相处，让江河湖泊休养生息；从动力源泉看，必须坚持体制机制创新，尽早形成全社会保护环境的强大合力。

探索环保新道路，必须正确处理好"六个关系"，构建"六大体系"。一是正确处理全局与局部的关系，制定与我国基本国情相适应的环境保护宏观战略体系；二是正确处理预防与控制的关系，建立全防全控的防范体系；三是正确处理成本与效益的关系，健全高效的环境治理体系；四是正确处理激励与约束的关系，完善与经济发展相协调的环境法规政策标准体系；五是正确处理统一监管与分工负责的关系，构建完备的环境管理体系；六是正确处理规范引导与自觉自律的关系，形成全民参与环境保护的社会行动体系。

——对做好应对国际金融危机形势下环保工作的认识更加深化。加强环境保护是应对国际金融危机的重要举措，也是加快推进环保事业发展的大好机遇。为确保扩内需一揽子计划的顺利实施，我们深入研究金融危机对环境保护的新挑战。随着扩大国内需求作为一项长期战略的实施，必将带来"产业结构调整、消费水平升级、环境问题转型"。对这一变化趋势，我们清醒地认识到无论是思想上还是行动上都要有足够的应对准备，需要从八个方面入手做好有关工作：一是扩内需孕育着新的经济增长点和新兴产业发展的难得契机，必须大力发展绿色经济和绿色产业；二是扩内需难以逆转短期内重化工产业快速发展态势，必须毫不松懈地推进主要污染物减排；三是扩内需推动落实十大产业调整振兴规划，必须充分发挥环评制度参与宏观调控的作用；四是扩内需要求加快城镇化进程，必须切实解决城镇突出的环境问题；五是扩内需需要加快推进农村经济社会发展，必须统筹加强农村环境保护；六是扩内需促进经济社会政策的创新，必须不断完善环境经济政策；七是扩内需为科技自主创新带来难得机遇，必须大力研发推广高效绿色适用技术；八是扩内需引领消费水平升级，必须提倡和引导绿色消费。

——对环境保护推动经济发展方式转变和经济结构调整的综合作用的认识更加深化。环境保护对提升经济发展质量具有"先导"、"优化"、"助推"、"扩容"和"增值"的综合作用。发挥好这一综合作用，既可以加快推动经济发展方式转变和经济结构调整，又能够从根本上解决环境问题。"先导"就是推动区域、流域和行业规划环评，明确生态功能区划分，对发展什么、鼓励什么、限制什么、禁止什么加以明确，引导地区和企业搞好经济发展；"优化"就是利用金融危机的"倒逼机制"，促进产业结构调整和技术升级，推动发展方式转变；"助推"就是对符合中央政策和环保要求的建设项目按规定标准程序加快审批，为不合规定的建设项目设置不可逾越的"防火墙"；"扩容"就是通过推进污染减排，腾出和扩大环境容量，为经济可持续发展创造条件；"增值"就是加大环保基础设施建设力度，发展环保产业，形成现实生产力和创造绿色物质财富。

认识上的深化推动环保实践不断突破，环境保护成效不断显现。环境污染和生态破坏加剧的趋势有所减缓，重点流域区域污染治理取得初步成效，部分城市和地区环境质量有所改善。突出表现在以下四个方面：第一，主要污染物减排取得好于预期的明显成效。2006—2009 年，化学需氧量和二氧化硫排放量累计分别下降 9.66% 和 13.14%。二氧化硫"十一五"减排目标提前一年实现，化学需氧量减排目标可以如期实现。第二，污染防治能力大幅提升。截至 2009 年底，我国脱硫机组装机容量占全部火电机组的比重由 2005 年的 12% 提高到 71%。城镇污水处理率由 2005 年的 52% 提高到 72.3%。第三，淘汰落后产能步伐加快。2006—2009 年，上大压小、关停小火电机组 6006 万千瓦，淘汰落后炼铁产能 8172 万吨、炼钢产能 6038 万吨、水泥产能 2.14 亿吨。第四，部分环境质量指标持续改善。与 2005 年相比，2009 年环保重点城市空气二氧化硫平均浓度下降 24.6 个百分点；地表水国控断面高锰酸盐指数平均浓度下降 29.2 个百分点；七大水系国控断面 I—III 类水质比例提高 37.3 个百分点。

我们也清醒地看到，环境保护形势依然严峻，环境污染的趋势尚未得到根本扭转，潜在的环境问题还在不断显现。究其根源，经济增长方式粗放、经济结构不合理是主要症结。面对经济发展与资源环境日益突出的矛盾，中国政府在对今年经济工作作出部署时强调指出，我国已进入只有加快转变发展方式才能促进持续发展的关键时期。

转变发展方式，给探索环保新道路提出了新的任务和要求。当前探索环保新道路的首要任务，就是要深入研究如何充分发挥环境保护优化经济发展的综合作用。具体来讲，需要着重在以下几个方面进行积极探索。

第一，深入推进污染减排，以倒逼机制促进经济结构调整。污染物减排是淘汰落后产能的"紧箍咒"。我们将继续深入研究健全减排指标、监测和考核体系，把污染减排与改善环境质量紧密结合起来，探索建立减排目标着眼环境质量、减排任务立足环境质量、减排考核依据环境质量的责任体系和工作机制，通过污染减排的倒逼传导机制，促进经济发展方式转变和产业结构调整。

第二，深化环境影响评价制度，以源头控制推动产业优化升级。环境影响评价是环境保护参与经济社会发展综合决策的制度化保障，是从源头减少环境污染和生态破坏的"控制闸"，是推动经济发展方式转变和产业结构调整的"调节器"。我们将继续研究健全环评、评估、审批责任追究机制和部门协调联动机制，强化建设项目环评管理。完善规划环评，探索战略环评，把资源节约、环境友好以及生态文明的理念和要求落实到经济社会发展规划中，努力构建资源节约和环境友好的国民经济体系和社会组织体系。

第三，健全环境标准，以市场准入引导新兴产业发展和技术水平提高。环境标准是绿色经济发展和技术水平提升的催化剂。一项新的环境标准出台，往往孕育着新兴产业的发展机遇。我们将加快推进环境标准管理体系建设，着力提高标准体系的协调性、完整性和适用性，构建新时期环境质量标准体系、污染源监控标准体系和清洁生产标准体系，引领技术升级，推动发展绿色经济、低碳经济和循环经济。

第四，完善环境经济政策，以环境成本优化资源配置。转变发展方式的过程，必然是经济社会政策创新的过程。创新经济社会政策包括环境经济政策是转变发展方式的基本要求和可靠保证。我们将继续探索完善环境政策，促进经济发展和环境保护政策一体化。积极推进资源性产品价格改革和环保收费改革，完善鼓励节能环保的财税体系，研究制定有利于环境保护的产业政策，深化绿色税收、绿色证券、绿色采购、绿色贸易等环境经济政策。

第五，强化环境监管，以依法行政促进发展方式转变。"天下之事，不难于立法，而难于法之必行"。我们需要有效协调各方面的行动和力量，忠实履行环境监管职责，为发展方式转变和经济结构调整创造良好外部条件。我们将以建立与新时期环保任务相适应的环境监管能力为目标，探索建立健全先进的监测预警、完备的执法监督和高效的环境管理支撑体系，逐步提高环境监管能力，依法强化环境监管。

全球气候变化深刻影响着人类生存和发展，是各国共同面临的重大挑战。气候变化问题，既是环境问题，也是发展问题，应该也只能在发展进程中加以解决。中国政府作出转变发展方式这一重大抉择，是提高可持续发展能力的内在要求，也是从根本上应对全球气候变化的重要举措。

命运不关乎机会，而关乎对机会的把握和选择。我们相信，只要紧紧抓住机遇，承担起历史使命，在探索中国环保新道路的征程上奋勇前进，加快推进经济发展方式转变和经济结构调整，一定能够实现经济发展的绿色转型。

哥本哈根之后：中国的选择 *

伦敦政治经济学院 I.G 帕特尔讲座"经济学与政府"教授
伦敦政治经济学院格兰瑟姆气候变化与环境研究所主席
尼古拉斯·斯特恩

执 行 摘 要

管理气候变化是 21 世纪最基本也是最主要的挑战。有效管理气候变化需要全球行动，并在以下三个基本问题上达成共识：风险程度、行动选择以及世界各国如何协作共事。

我们必须在哥本哈根峰会的成果基础上再接再厉，尤其是中国主导达成的《哥本哈根协议》。与此同时，我们必须认识并审视眼前的困难。已取得的成果包括 2℃控温目标、发达国家同意到 2020 年为发展中国家每年提供一千亿美元资金援助、成立高级别咨询小组寻求新的资金来源和在降低发展中国家因森林砍伐和退化所产生的排放（REDD＋）方面的进展。为有效克服困难、互不信任和激烈言论，各国必须就目标、经济学、政治和决策机制等方面实现相互理解。

多数国家已提交《哥本哈根协议》。高级别咨询小组顺利组建，继 3 月 11 日巴黎会议后，降低发展中国家因森林砍伐和退化所产生的排放方面也取得了可喜进展。缔约国第 16 次会议东道国墨西哥已经在缔约国第 15 次会议结束时形成的 28—30 国集团的基础上，建立了联系小组。因此，为对《气候公约》（《联合国气候变化框架公约》）贡献建设性内容，我们正在大力开展分析工作，并继续努力推进在此分析基础上达成协议。《哥本哈根协议》为今后的行

＊ 谨此非常感谢 Claire Abeille, Alex Bowen, David Concar, James Godber, Li Laili, Eric Li, Tang Min, James Rawlins, James Rydge and Chris Taylor 提供的宝贵意见和建议，且特此声明本人对本报告中所表达的观点负有全部责任。

动提供了扎实的平台。

限制未来全球年排放量，实现 2020 年排放量 440 亿吨二氧化碳当量，2030 年低于 350 亿吨，尽可能控制在 300 亿吨左右，2050 年低于 200 亿吨。这样有较大希望控制气温上升不超过 2℃。

目前，《哥本哈根协议》的意图是把 2020 年排放量增加到 480 亿—490 亿吨二氧化碳当量。尽管主要排放国正计划采取积极有力的减排行动，但全世界必须行动起来，努力到 2020 年再减少 40 亿吨排放，确保全球升温不超过 2℃。只要发达国家和发展中国家共同行动，国际航空、海运业以及林业和泥炭业都行动起来，就有可能在合理成本下实现减排目标。

关于排放量的计算十分清楚。以目前的增长率，中国产出将（至少）每十年翻一番。假设单位产值排放量保持不变，到 2030 年，中国的排放量将达到 300 亿—350 亿吨左右，接近 2030 年全球排放预算，同时预计人口将增长 17%—18%。为实现 2℃ 的控温目标，中国必须在 2030 年前减少 80 亿—90 亿吨排放。这意味着如果中国目前增长率保持不变，单位产值排放量到 2030 年需减少 40 亿吨左右，或每个五年计划平均减排 29%。在第十一个五年计划成功实施、第十二个五年计划积极酝酿的基础上，辅以大量投入和技术进步，这个目标有可能实现。绿色科技的相关进展十分显著。

为实现 2℃ 的控温目标，美国和中国作为世界上两个最大的排放国必须在 2010 年至 2030 年间减少单位产值排放量 40 亿吨左右。目前《哥本哈根协议》的目标是两国各减少 25 亿至 30 亿吨二氧化碳当量。两大排放国的合作有助于两国双双实现 40 亿吨的减排目标。

应对气候变化不仅与成本和负担相关，更关系到未来投资。在未来几十年中，向低碳增长转型有可能成为经济历史中最有活力的时期。这个时期富于创新、发现和变革。低碳增长是一种可行且具有吸引力的增长方式，也是保证未来长期增长的唯一模式，意味着机会、投资、创新、学习和技术革新。对包括中国在内的任何国家来说，把未来寄托在碳氢化合物上都是错误的。低碳增长能带来巨大机会，中国若能及早行动，必将把握良机。高碳增长终将自取灭亡，首要原因是碳氢化合物价格高涨，更根本的原因是这种增长方式所造成的有害的物理环境。

我们所面临的挑战是如何实现转型。公共政策和公共投资是为创新和改变创造积极环境的关键。中国已经开始实施低碳政策，如可再生能源、近期推行绿色刺激方案、更加现代化的电网、高速铁路、混合动力车和植树造林，目前已取得了显著成就。在各项政策中，开征碳税能有效刺激、增加财政收入以促进变革，展示中国减排行动、承诺和力量。若开征 50% 碳税，每年将创收 1.2 万亿人民币，占 GDP 的 3%。这将为新方式提供有力刺激，创造大量投资需求，为低碳经济转型提供必要条件。这种做法将增强而非减弱中国的竞争力，同时也能大力促进各国推行低碳经济政策，确保今年年末在墨西哥坎昆召开的缔约国第十六次会议上达成一致意见。

中国将引领低碳经济转型。没有哪一个国家比中国有必要走出一条更具活力、更有吸引力的新型发展之路。这才是真正的发展，高碳增长没有未来。

一、序言：达成共识

2009 年 12 月在哥本哈根举行的《气候公约》缔约国第十六次会议就达成气候变化全球协议取得了重大进展，同时也揭示和突现了更严重的问题和分歧。管理气候变化是本世纪最基本也是最主要的挑战，有效管理气候变化需要达成全球行动共识，此前必须就下述三个基本问题达成一致意见：风险程度、行动选择（包括减排和促进向低碳发展过渡的政策和技术以及对低碳发展本身和向其过渡的优势的认知），以及世界各国如何协作共事（包括各国应承担的责任以及帮助最贫穷国家和地区适应气候变化所带来的影响）。

首先，我们必须认识到，如果对气候变化放任自流，那么过去几十年所取得的成就都有可能付诸东流，包括亿万人民摆脱收入贫穷，健康和寿命方面的明显改善，以及教育和识字率方面的巨大进展。世界各国都曾取得了上述成就，但从数量和规模来看，中国是首屈一指的。中国大部分人口集中在沿海地区，面临着巨大的水供应压力，淡水资源主要来自喜马拉雅地区，周边各国人口稠密，在这些因素作用下，中国极易受到气候变化的危害。我们极有可能面临数千万年来这个星球上从未出现、人类从未经历的温度，聚居区和当地气候可能受到极大干扰，导致当地居民背井离乡，并可能导致随之而来的大规模剧烈冲突。因此，任何政策讨论都必须从这些危害的潜在规模和全球应对措施的力度出发，这也是本报告第二部分将要讨论的话题。

其次，在今后二三十年里，世界经济向低碳发展的过渡可能成为经济史上最为活跃的阶段，各种创新、发现和变革应运而生。与高碳增长相比，低碳发展方式自其形成伊始，将增进能源安全，更加清洁、安静、安全以及更具生物多样性。高碳增长终将自取灭亡，首要原因是碳氢化合物价格高涨，更根本的原因是这种增长方式所造成的有害的物理环境。高碳增长不是中期发展的明智选择。

将向低碳发展转型视作负担和导致增长减缓的因素的看法是错误的。这种观点所运用的是 20 世纪中叶的粗放型计划模式。现代增长理论关乎技术改进与学习，还必须考虑到与环境保持融洽。不尽快行动起来意味着将继续使用高碳技术，导致温室气体浓度上升到更危险的水平，而高碳技术将很快过时。如果现在不采取行动，10 年后我们将付出更惨重、更昂贵的代价采取力度更大的措施。我们必须立刻作出周密有力的计划，对生产和消耗方式进行必要的变革。本报告第五部分将讨论在全世界，包括在中国，促进低碳增长的可能性和方法。

第三，我们必须了解如何利用哥本哈根搭建的平台，为此必须首先了解《哥本哈根协议》的主旨、达成该共识过程中和哥本哈根峰会上所遇到的困难，以及如何克服的这些困难，本报告第三部分将对此予以详细阐述。《哥本哈根协议》主要成就是各国就对将全球气温升幅控制在 2℃（相当于 19 世纪中期水平，正常基准）以内的重要性达成了一致意见，确定了全球减排方向，明确设定了减排的全球目标。另外还在以下两方面取得可喜进展，一是森林问题；二是成立高级别咨询小组，力争在 2020 年实现每年富国筹资 1000 亿美元援助穷国。这一进展是支持适应气候变化（适应气候变化已是势在必行，特别是在最贫困国家和地区）和减排的关键因素。

2010 年 1 月 31 日前，各国向联合国递交了减排计划，根据各国具体计划，对 2020 年全球排放量首次进行全面评估，详细情况见本报告第三部分。尽管排放总量对实现将气温升幅控制在 2℃ 以内的目标而言依然很高，但这是朝着减排方向迈出的重要一步。2009 年 12 月离开哥本哈根的时候，我们都希望《哥本哈根协议》能为进一步努力搭建平台：随后三个月各缔约国提交相关报告，融资咨询小组成立，森林问题取得进展，这都使我们更加坚信《哥本哈根协议》提供了一个具有切实意义的平台。

然而，在技术以及排放监督、报告和核查方面进展甚微。在排放量和资金等主要问题上，各国责任都不明确，《哥本哈根协议》在此方面只是徒有虚名。此外，许多讨论引起了争论和怀疑。由于 192 个国家参与每个阶段的讨论，过程不便管理，难以确定就实质行动达成一致的关键因素，因此引起越来越多的不满。虽然公正与参与至关重要，但是确定观点和起草协议只需少数人和专门小组参与。这些难题都必须予以克服，本报告第四部分将对此问题予以详细说明。

二、面临的挑战

根据科学的建议，各国领导人现已认为气温升幅高于 2℃ 将是"危险的气候变化"（欧盟，2005 年；2009 年八国集团（G8）峰会；2009 年能源与气候问题主要经济体论坛）。自 1992 年起，《气候公约》将其目标确定为"阻止人类活动对气候系统造成危害"。若气温升幅高于 2℃，气候加速变化的可能性将大大增加，包括亚马逊森林消失和主要森林碳汇枯竭；永久冻土融化，大量甲烷气体（可能成为温室气体）的释放；能将能量反射回太空的冰雪持续消融。

为了解全球变暖和气候变化如何产生危害、危害的性质，以及应如何降低危害，我们应简单回忆一下基本过程。人们在生产和消费过程中排放温室气体，目前排放量已经远远超出了大气层通过碳循环所能吸收的范围。因此，大气层中的温室气体的浓度或存量增长，二氧化碳长时间停留在大气层中，难以大量去除。温室气体浓度过高将会吸收更多的长波热量，便造成了温室效应。早在 19 世纪法国科学家傅立叶（Fourier）、英国科学家丁铎尔（Tyndall）和瑞典化学家亚雷尼乌斯（Arrhenius）就已经提出了"温室效应"的理论，这种效应是由于某种气体的振动阻碍红外辐射的传导而造成的，这是物理学的基本现象。能量截留导致气温升高进而造成气候变化。这一变化已通过水的各种形式显现出来：暴风雨、洪涝灾害、干旱、沙漠化和海平面升高等。因此，人类的生命以及生存，包括适居地，都遭到了危害。

这些影响可能有多严重？表 1 所显示的超出特定气温的可能性将会予以说明。

表 1　气温增长超出平衡范围的可能性

单位：%

稳定水平(百万分之,二氧化碳当量)	2℃	3℃	4℃	5℃	6℃	7℃
450	78	18	3	1	0	0
500	96	44	11	3	1	0
550	99	69	24	7	2	1
650	100	94	58	24	9	4
750	100	99	82	47	22	9

资料来源：斯特恩报告，表 8.1（斯特恩，2007，p. 220）及附加信息。上述计算未考虑气体中的悬浮微粒，这些微粒可能随着时间推移而消失。欲详细了解最新情况，请查阅 Bowen and Ranger 报告（2009）。

　　表1列示了在不同大气浓度稳定值下的最终气温，通常按照百万分之（ppm）二氧化碳当量计量。目前温室气体浓度通常为435ppm二氧化碳当量（19世纪中期约为285ppm），每年以2.5ppm左右的速度上升，且攀升速度不断提高。因此，如果接下来的一个世界我们一切照旧，不采取任何行动，那么到本世纪末或下世纪初，温室气体浓度将增加300ppm，即约750ppm或更高，全球气温升高5℃的可能性约达50%（见表1最后一行列出的47%）。全球气温升高5℃是极其严重的：我们的星球在过去三千万年中从未曾遇到这种情况，在过去三百万年也没有发生升高3℃的情形，在智人诞生的20万年里从未经历过这种情形。人类所经历的上个冰川时代大约是一万至一万两千年前，当时气温比现在低5℃。冰床下移至现在伦敦所在的纬度，人类聚居在更靠近赤道的地区。随着气温的升高，人们可以而且确实迁徙到高纬度地区，融化的冰川导致海平面急剧升高。此类气温改变能改变人类的适居地，很可能导致人类大规模迁徙。

　　尽管我们并不了解气温升高5℃具体是怎样的情形，但是地球上大部分甚至所有的冰雪都会消失，欧洲南部很可能变成沙漠，海平面上升并最终淹没孟加拉国大部分地区，喜马拉雅山脉的河流将改变其流域、流量甚至流态。温度上升所带来的巨大灾害可能导致人类大规模迁徙。如果我们对气候变化作壁上观，到21世纪末气温将会升高5℃的可能性达40%或50%，那么出现上述情形的可能性不低。而且，现在气候变化的速度远超以往，因此我们不能低估这些危险。

　　关于温室效益导致气候变化的科学人类其实在约200年前就已知悉，首次衡量潜在危害程度是在100多年前的19世纪末（主要是瑞典化学家亚雷尼乌斯的研究）。就最近广为关注的东安格利亚大学"邮件风波"，我们必须注意对危害严重性的基本依据并非来自近期专门研究小组的测量，也非根据政府间气候变化专门委员会（气候专委会）对喜马拉雅冰川寿命的具体预测。这些都是基本科学依据，我们必须接受合理的逻辑推理，正如我们无法否认热烈学或重力学的基本原理一样。

　　若要保证气温升幅在2℃以内，我们必须确保温室气体浓度稳定在435ppm二氧化碳当量以下。这一水平将维持五六年时间，但我们能够阻止浓度超过500ppm，然后力争将其降至更低。这是个漫长的过程，2020年前碳排放将达到高峰，而之后至21世纪末将逐渐降低。我们必须立刻着手进行有力的调整，而且需长期调整。

　　气温升幅控制在2℃的可能性如图1所示：我们称之为2℃路线。我们可以先大力减排，提早达到峰值，这样在后期减排上可以少费工夫，反之亦然。然而，最让人头痛得是未来几十年里累计的排放总量。但是所有将增幅控制在2℃以内的排放路径都呈现出图1所示的情形。所有这些排放路径都从每年470亿吨二氧化碳当量（即目前2009年或2010年的水平，如果不是全球增长放缓，该水平将达到500亿吨）开始算起，其中最可信的路径中，到2020年排放量将超过440亿吨，到2050年低于200亿吨。这也是我即将阐述的2℃路径。若要在2020年时达到480亿吨（图1中所表示的前几年），则要求在随后的年份里急剧下降，以在2050年之后实现更低水平。要实现这一目标并不容易，需要采取强劲的行动，而且有可能付出昂贵的代价。

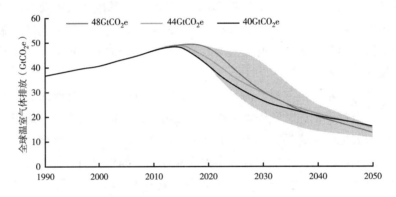

图1 控制温度升幅控制在2℃以内的全球年碳排放路线

资料来源：Bowen and Ranger 报告（2009）和斯特恩报告（2009a）。

该必要排放路径符合2010年人均碳排放量约为7吨，2020年6吨，2030年4吨，至2050年2吨的排放水平，因为目前世界人口约为70亿，至2050年将达到90亿。相比而言，目前美国、加拿大和澳大利亚的人均排放已经超过每年20吨二氧化碳当量，欧洲与日本为10—12吨，中国接近6吨，印度低于2吨，大多数撒哈拉以南非洲国家则低于1吨。这表明当前以及过去各个国家的排放量都非常不均衡，发达国家的人口只有10亿左右，但目前的浓度水平有60%应归咎于发达国家，而发展中国家最早受到影响，且受到最大的影响。这是双重的不平等。

当前70亿人口中有60亿在发展中国家，他们的收入（我们希望如此）增加速度更快。将来正是这60亿人口成为最大的排放源。到2020年，如果《哥本哈根协议》的减排计划能够实现，发展中国家所排放的温室气体约占世界总量的三分之二（见下部分）。如果2050年发达国家实现零排放，根据2℃的排放路径方案，届时全世界 80 亿人口人均排放最高达 2.5 吨，而中国目前是 6 吨。这非常不公平，发达国家已经用尽了大部分排放空间，但这种计算是无可避免的。除非至 2050 年发展中国家的人均碳排放量低于 2.5 吨，否则 2℃路径是不可能实现的。

若至 2050 年，几乎没有主要国家低于人均 2 吨的排放量，那么高于 2 吨的国家也几乎没有，这很公平。因此，到 2050 年，大多数国家的人均碳排放量在 2 吨左右。当然，这并不意味着任何许可在使用时都是公平的。如果根据历史考虑公平和追究责任，发达国家的人均碳排放许可应低于发展中国家。

三、哥本哈根：契机与问题

《哥本哈根协议》由包括巴西、中国、印度、南非和美国等颇具影响力的少数国家，在（为期两周的）哥本哈根会议即将闭幕的 48 小时内（12 月 17 日星期四和 12 月 18 日星期五）促成，协议经这些国家的总统和总理同意，在周六早上《气候公约》会议上予以"通知"。协议共有 3 页 12 段。

协议前两段确定了将气温升幅控制在 2℃以内的目标，大力减排的必要性，并说明目标达成中排放量峰值将提前到来。第三段强调了支持各国适应气候变化的重要性，尤其是对贫穷和最易受到冲击国家的支持。第四和第五段说明了发达国家和发展中国家实施碳减排计划（无论是明确的目标还是举措）中各应承担的责任。这些计划已经在 2010 年 1 月 31 日前递交，并协议附录。协议还说明发达国家将"承诺"实行减排措施，发展中国家将"实行延缓气候变化举措"。第六段认为有必要建立降低发展中国家因森林砍伐和退化所产生的排放机制。第七段比较简短，提及通过市场等措施提高减排的成本效益。

第八、九和十段表明了建立绿色气候基金的意向，并希望到 2020 年每年募集 1000 亿美元，"用于解决发展中国家的减排需求"，并组建高级别咨询小组，研究可能的资金来源，还提到将在 2010 年至 2012 年期间每年额外募集 300 亿美元。第十一段"决定建立技术机制"，第十二段呼吁，到 2015 年评估该协议的执行情况，包括参照将气温升幅控制在 1.5℃以内的目标。

制定将气温升幅控制在 2℃以内的目标，2020 年以前每年筹集 1000 亿美元资金的目标，成立高级别咨询小组寻求新的资金来源，以及降低发展中国家因森林砍伐和退化所产生的排放机制的建立都是哥本哈根会议所取得重大成就，为我们促进减排的实施搭建了一方平台。我已经阐述了将气温升幅控制在

2℃以内这一目标的含义。该小组的主席将由代表非洲联盟的埃塞俄比亚总理梅莱斯·泽纳维（Meles Zenawi）（带头提出融资提议）和英国首相戈登·布朗（Gordon Brown）联合担任。关于新机制（巴黎—奥斯陆召程），第一次会议于 2010 年 3 月 11 日在巴黎召开，下次会议将于 5 月底在奥斯陆召开，这一新机制将进一步推动降低发展中国家因森林砍伐和退化所产生的排放。因此在这关键的三方面，《哥本哈根协议》确实为控制气候变化搭建了一方平台（详情见下部分）。

《哥本哈根协议》所指定的日期前或前后（2010 年 1 月 31 日），各国提交的减排目标和计划的排放情况如表 2 所示。

表 2   根据协议附录的排放目标和计划对全球排放量的估算

（十亿吨,二氧化碳当量）	2020 年整体—较低目标	2020 年整体—较高目标
发达国家总排放量	16.7	15.7
发展中国家总排放量	29.7	29.7
国际航空和海运	1.3	1.3
全球总排放量(不包括泥炭排放量)	47.7	46.7
泥炭排放量	1.5	1.5
全球总排放量(包括泥炭排放量)	49.2	48.2

注：发展中国家 297 亿吨的总排放量中不包含印度尼西亚 9 亿吨泥炭层的碳排放，其他国家的泥炭层排放量预计为 6 亿吨，因此泥炭层的总排放量预计为 15 亿吨。

上述假设均见于 Stern&Taylor（2010）。特此强调，上述表格所列示数据的前提是假设减排计划如期实现，有些是根据某些国家特殊条件下的减排计划（比如日本），有些是根据内部问题（比如美国）而有些是根据外部支持情况（比如印度和南非）。

如果计划顺利完成，2020 年全球总碳排放量将为 480 亿到 490 亿吨。当前排放量为 470 亿吨，若按照上文阐述的 2℃路径，在 2020 年碳排放总量应为440 亿吨。如果不采取任何措施，2020 年排放量将达 560 亿吨，比顺利完成计划的情况下多 80 亿吨。而且将导致全球排放量在 2020 年左右或之前达到高峰。

这表明了计划比不采取任何措施情况下所带来的改观。尽管这离 2℃路径的要求仍有差距，但这无疑是一大进步，已经完成了从 560 亿吨降至 440 亿吨的三分之二。我们必须认识，这是哥本哈根会议前、会议期间以及会议结束后的一至两个月内各国递交计划的重要贡献。主要国家都递交了减排计划，约包含世界排放总量的 80%。

但是，目前所提议的减排目标仍然不够。① 要实现 2020 年碳总排放量满足气温升幅控制在 2℃ 以内的要求，发达国家和发展中国家必须制定更高的减排目标。如表 2 所示，若按照当前计划执行，至 2020 年发达国家的碳总排放量约为 170 亿吨，而发展中国家约为 300 亿吨，我们必须再减少 40 亿吨，这要求发达国家和发展中国家分别减少约 15 亿—20 亿吨，国际排放源，比如航空和海运等，通过减少泥炭层的碳排放量也有进一步减排的潜力。官方说法则与上文所讨论的有所不同，即发达国家承诺总体减排目标，而发展中国家实施行动计划。尽管如此，重要的是，各国都提交了减排目标。

不过，《哥本哈根协议》存在着严重的问题，现归纳如下：首先，将气温升幅控制在 2℃ 以内所要求的减排总量并未被认可，在各个国家提交的目标中也未曾谈及；第二，各国之间的不信任、误解和分歧严重阻碍了减排进程；第三，整个过程牵扯方面太多，无法在关键细节上进行实质性的讨论。我已就第一个问题阐述了个人观点。

如要取得进展，应仔细研究各国之间的不信任和误解。在过去几十年发达国家依靠高碳增长，排放了大量的二氧化碳，当前正当发展中国家在努力战胜贫穷的时候，却要求他们减排，因此他们感到强烈的不公平是可以理解的。这体现在《京都议定书》附录 I（发达国家）和非附录 I（发展中国家）之分，发达国家必须作出有约束力的承诺，而发展中国家则不需要。在哥本哈根会议之前以及在会议期间，有人强烈怀疑发达国家欲摒弃这一差别。此外，许多发展中国家都认为，有约束力的目标可能延缓发展。

发达国家似乎试图在发达国家内部签署协议草案，然后强加给发展中国家，这更加深了怀疑和不信任，经常有人谈到"要么接受要么放弃"的"伏击"行为。我认为发达国家的这种"预煮"现象确实别有用意。八国集团时代的习惯，如今发达国家仍然保持着这些习惯，但这些习惯终将被摒弃，而且早就应该摒弃。

另一方面，发达国家认为有些发展中国家不了解未来排放量的基本算法，有些认为如果它们大力减排，本国工业就会丧失竞争力，而发展中国家却不会有如此下场；还有些认为发展中国家对它们提出了不可能实现的减排要求（1990—2020 年，减排 40%）。此外，发展中国家谋求尽可能多的资金支持，每年数以亿计的美元援助对发达国家而言在政治上是不可能的，不管发展中国

① 若至 2020 年，全球二氧化碳年排放量为 480 亿吨，我们可能也只有 50% 的机会将气温升幅控制在 2℃ 以内，但是这需要 2020 年之后各国都采取更加有力的举措，这将非常困难，成本也更为昂贵。

认为其合理与否，尤其是当各国正都努力恢复经济的时候，这更是不可能的。另外，发达国家认为某些国家，尤其是石油出口国，正在蓄意破坏该协议的达成。

不管合理与否，这些想法都是政治现实和问题（见第四部分和第五部分），要克服这些障碍就必须直接面对。我相信大多数国家都能达成进一步的互相谅解。

许多国家认为别国并不了解它们自身的特殊情况或政治制约，因此，它们绝大部分拒绝改变立场，几乎没有国家提出继续推进的建设性计划，或者采取灵活态度，给谈判双方留下妥协和达成交易的余地。双方既要相互体谅对方的政治和决策机制，又要在谈判中灵活地留有余地，这两点都极为关键。

各国间的不信任是由在监控、报告与核实（MRV）上的分歧造成的。富裕国家感觉到被迫进行减排，但认为发展中国家只是简单表明了愿望，却不负任何具体责任。有些发展中国家认为监控、报告与核实就是对其主权的干涉，因为它们并无义务确立具体的减排目标（因为它们是非附录 I 成员）。

我曾使用了"许多发达国家"或"许多发展中国家"的表述，但是我要指出，这种说法在哥本哈根会议上指的就是中美关系。这并非指责，推卸责任根本毫无意义，而且带来伤害。问题的关键是分析并了解哥本哈根会议上进行不顺利的方面，从而了解任何问题才能更进一步。

哥本哈根会议本身就一团糟。192 个国家的代表聚集一堂很难取得实质性的进展，例如，一成不变的议程问题大都源于不信任。如此盛会都应提前做好详尽的安排，许多实质性协议都应事先拟好。但事实却不尽然，因为虽然召开了一些冗长的大型会议，但在国家和地区层面上都没有充分准备，而且关键是，与会的谈判代表无权签署协议。

气候变化问题的因果已延伸至经济层面，因此必须就此做出更多举措。环境谈判代表一般无权作出涉及整个经济体的决策，因此只能等总统和首相最终定夺。此外，就整个行动而言，妥协已经为时已晚，而且通常得不到认可。最重要的实例是中国于 12 月 17 日星期四提出可能超额完成减排目标，但其他国家理解并没有充分理解，而且没有作出任何回应。

几乎没有发达国家的领导人了解中国的良苦用心。大多数国家表示"希望"能实施计划。如果不是做好了充分的准备且有足够的信心能够完成或者超额完成，中国不会贸然宣称其目标和计划。其他国家必须了解美国宪法、传统和政治结构如何严格限制总统权力。除非我们了解其他国家的政治结构和策略，我们才能取得进展。

四、哥本哈根之路

我们必须在《哥本哈根协议》搭建的平台上继续前行，必须认真核查：整体减排的前景；主要国家或地区减排的潜在发展；在四大关键问题（即资金、降低发展中国家因森林砍伐和退化所产生的排放、技术和监督、报告、核查）上的进展；各国参与和互动的过程。

关于整体排放目标与以及与气温升幅控制在 2℃ 内这一目标的一致性，我们注意到，若各国提交至《哥本哈根协议》的减排目标能够如期实施，到 2020 年，全球总排放量约为 480 亿或 490 亿吨，2℃ 路径要求到 2020 年碳排放量约为 440 亿吨。对图 1 的分析指出，若 2020 年碳排放量为 480 亿吨左右，那么之后的减排任务将更为艰巨，破坏性更大，且成本更高。

2010 年的首要任务就是必须就全球排放总量展开讨论，因为排放总量是气候变化的关键。我们的讨论不能仅仅或主要局限于减排百分比，不能任何直接的方式"累计"。另外，减排百分比取决于便于操作的开始时间。

从公平角度来看，人均排放量比较重要，但从为结构性改变所付出的努力和困难程度来看，单位产值排放量更有意义。两者在商谈中都起着一定的作用，但确定全球总排放量才是问题的核心所在。

我们必须搞清楚有没有可能到 2020 年再减排 40 亿吨。就我个人观点，从下面四个主要方面出发，应该以合理的成本再大幅度减排。这四个方面是：发达国家；发展中国家（不包括森林/泥炭层）；森林/泥炭层；国家空运和海运排放。我们应就可能的资源进行更为清晰的分析和讨论。例如：设定国家航空和海运的排放限额为低于 2005 年排放 20%，这样将减少约 5 亿吨的排量；若附录 I 缔约国承诺排放量平均低于 1990 年排放 25%，将在当前的目标上再减少约 13 亿吨的排量；若中国在每个五年计划中，单位产值排放量降低约 29%（每十年单位产量排量减半），则至 2020 年可能减少约 20 亿吨的排量。

五、主要国家的发展

排放最多的国家通常具有以下一个或多个特点：高收入、人口众多或森林砍伐。因此，目前全球最大的排放源是中国、美国、欧盟、印尼和巴西。

首先我们来对中国的减排目标进行粗略计算。若中国产值每年增长 7%，则每 10 年翻一番。中国可能在 2010—2020 年间快速增长，2020—2030 年间增速逐渐放缓。但是每年 7% 的增长率在 10 年内翻番是确凿无疑的。2010 年中国排放量约为 80 亿—90 亿吨二氧化碳当量。如果单位产值排放量保持不变，至 2030 年，中国碳排放量约为 300 亿—350 亿吨，按照保持气温升幅控制在 2℃以内这一目标的要求，全球排放量必须低于 350 亿吨，约为 300 亿—320 亿吨。因此，中国可能会消耗整个世界预算排量。若至 2030 年，中国能够将单位产值排放量减少 50%，其排放量约为 150 亿—180 亿吨，约为全球排放量的一半多。

这样的话，若要成功地将气温升幅控制在 2℃以内，2030 年全球人均排放量必须低于 4 吨二氧化碳当量，而中国的人均排放量则必须低于或略微高于目前的 6 吨。那将意味着至 2030 年，中国的总排放量将重新回到 80 亿—90 亿吨的水平，换句话说，如果今后 20 年内 7% 的增长速度不变，且我们希望增速至少保持在这个水平，那么在今后的 20 年里，单位产值排放量降低为原来的四分之一，也就是说 10 年内降为原来的二分之一，5 年内为 1.41（即 $\sqrt{2}$）。

也就意味着单位产值排放量每 10 年降低 50% 或每 5 年降低 29%。每 5 年降低 29% 的目标是可以实现的。例如，单位产值能源用量降低 20% 的同时，单位能源排放量也相应减少 11%（因为 $0.80 \times 0.89 = 0.71$ 或降低 29%）。通过与中国分析师的交流以及中国"十一五"计划的经验证明，若有先进的技术和大量的资金投入，该目标是可以实现的。我个人认为正式的模型往往低估技术的进步而过分重视当前的科学与投入产出系数。当前我们必须承认低碳科技进步的巨大潜力，而且目前进步的速度也是非常振奋人心的。

在为《哥本哈根协议》提交至《气候公约》的计划中，中国已表明到 2020 年，将单位国内生产总值的二氧化碳排放量在 2005 年的基础上减少 40%—45%，并且明确了非化石能源和森林蓄积量的目标。也就是说 2020 年（假设增长率为 8%）碳总排放量将为 114 亿吨二氧化碳当量，而现在水平是 80 亿—90 亿吨。若在随后的 10 年（2020—2030 年）中，碳排放增长量与目前相当，百分比略有增长，那么至 2030 年中国排放总量约为 140 亿—150 亿吨（符合 2020—2030 年单位产值排放量减少 30%—35% 的目标，2010—2030 年，单位产值排放量除以约 2.5，根据将气温增幅控制 2℃以内的目标，该除数应为 4）。至 2030 年，中国人口将占世界人口总数的 17% 或 18%，其碳总排放量将为全球总排量的一半。

我们必须认识到中国这一减排路线可能与前文所述的 2℃路径并不相符。这并非是要进行指责，或作出其他要求，或制定强制性政策：只是单纯的估算而已。但是，我们必须要了解这种计算潜藏的含义。

但是，我必须强调我并非是要提出任何建议，只是遵循 2℃路径的科学蕴涵，结合中国每年约 7% 的增长率，计算出单位产出对于排放量的影响。这只是基本的计算而已。是否能够实现取决于政策和技术（关于这点我将在第五部分予以讨论），且目前中国分析人士正对此进行着激烈的讨论。[①]

本部分的说明性计算主要针对中国。针对其他国家的计算表明，若增长率为 2.5%，则至 2030 年，要实现 2℃ 路径，如果发达国家增速为 2.5%，那么到 2030 年，单位产值排放量也应该除以 4。20 年 2.5% 的增长率则意味着单位产值乘以 1.64（或增加了 64%。除以 4 意味着总排放量应乘以因数 0.4 或约降低 60%）。根据上述计算，2030 年中国的排放量与现在差不多，也就是说排放高峰将在 2020 年或在 21 世纪 20 年代初期来临。

如果我们都接受 2℃ 路径，我们也确实应该接受，而且我们寻求增长（我认为这对提高发展中国家人民的生活水平至关重要），那么上面的计算是不可避免的。整个世界，无论贫国富国，均无法逃避这样简单的逻辑。

上述内容主要是计算，很难公正地体现各个国家的排放方案。该计算并未考虑相关收入或财富、减贫的挑战，历史碳排放量或排放责任究竟在于产品生产者还是消费者等问题。消费者和生产者都受惠于并且决定了国际分工，因此都应承担相应的排放责任。这些都是极为重要的道德问题。我个人认为这些问题都很重要，且富裕国家应为过去其发展所造成的碳排放承担相应的责任和义务，至少是其危险性被明确化后至今的期间（自 1988 年气候专委会和 1992 年《气候公约》成立至今 20 年间）。另外，我们必须认识到本世纪最主要的挑战是管理气候变化和战胜贫困。在这两大问题上，我们要么同时成功要么同时失败。

这些因素肯定会影响国际资金流、技术交流和碳排放权的分配，但是就实现 2℃ 路径必要行动的基本计算不会改变。考虑到中国极易受气候变化影响，实现 2℃ 路径具有极其重要的意义，因此我认为"十二五"计划应该考虑如何在 5 年的时间内，实现单位产值排放量降低 25%—30%。在下部分中我将对此予以简要说明。

按照《哥本哈根协议》的要求，美国已提交了其减排目标，其减排目标与此前在缔约国第 15 次会议所承诺的基本一致，即 2020 年气体排放量在 2005 年的基础上减少 17%。与其他国家一样，实现机制屈居于美国的政治经济状况和结果。由于在医疗改革和支持经济复苏问题上的激烈争论，全美主要政策的决策进程大大减缓。限额—贸易等气候变化政策在 2009 年夏天之前一直有

---

① 据我了解，目前中国从事这方面研究的有中国人民大学能源研究所（我担任该校的名誉教授）和中国经济 50 人论坛研究组等。

所进展，但现在被搁置了。不过重要的是美国于《哥本哈根协议》规定的截止日期前，即 2010 年 1 月 31 日，提交了其减排目标，并确立到 2025 年气体排放量在 2005 年的基础上减少 30%，到 2030 年减少 42%，且表明这些计划已经过国会的同意。

有意思的是，若要在 2010 年至 2030 年间实现气温升幅控制在 2℃ 以内，且美国的增长率为 2.5%，美中两国都需要把单位产出的减排因数设为 4。首先我们看看 2010 年至 2020 年，假如 2010 年美国的碳排放量与 2005 年差不多，那么在这 10 年间美国减排 17%，再加上增长因数为 1.28（10 年期间为 2.5%），意味着单位产出的减排因数应为 0.65（0.83/1.28＝0.65）或者这 10 年间减少 35%。20 年间的减排因数为 4，那么每 10 年的因数应为 2。若 10 年期的降低率保持不变，35% 的减排率显然与 50% 有所差距。

但是，美国提交的减排目标还包括 2025 年在 2005 年的基础上减少 30%，2030 年在 2005 年的基础上减少 42%。按照类似的方法计算，同样假设单位产出的增长率为 2.5%，这意味着在第二个 10 年（2020 年至 2030 年）间，单位产出减排 45%，而 2010 年至 2030 年的整体减排为 64%。因此，2030 年单位产出的减排因数应取 3，这低于满足 2℃ 的方案需要的减排因数 4。若美国能够实现 2020 年的减排量在 2005 年的基础上减少 17%，2020 年至 2030 年间需要更加有力的举措才能实现 2℃ 的目标。

根据上述计算，我们了解到最大的碳排放源中国和美国均制定了强有力的举措以减少碳排放总量和单位产出的排放量。基本上按照今后 20 年内单位产出的减排因数范围在 2.5 到 3 之间。就实际情况来看，中美两国均需要采取更加有力的举措，若要实现 2℃ 目标，因数应为 4 才合理。希望中美两国能够共同合作，加强其实施力度争取 2010 年至 2030 年单位产出减排因数达到 4。若中国和美国没有达到这一基准，那么我们将面临的现实是：要么发展减缓，要么 2℃ 目标以失败告终。目前看来，最好的办法就是增加单位产出的减排量。

因为目前全球都探索低碳增长的道路，所以各国之间可以交流经验，共享新发明，以加速减排的实现。此外，我们应承认与中国人均 6 吨或 6 吨多一些的排放量相比，美国人均 20 多吨的排放量显然远远高于中国，这点也相当重要。根据哥本哈根协议确定的当前计划，至 2020 年，美国和中国的人均排放率应从现在的 4 吨降低至 2 吨左右。我们还应承认，发达国家在过去的高碳增长模式下排放了大量二氧化碳，当前大气层中 60% 的温室气体都来自发达国家。但是，无论过去与现在的排放量上存在多大的不公平，若要实现 2℃ 目标，中美两大排放国必须采取一致的方案。

第三大排放源是欧盟。其确立了长期目标，即 2020 年的排放量在 1999 年的基础上减少 20%，在其他国家的强烈要求下又将其提高至 30%。2020 年的排放量在 1999 年的基础上减少 30% 对欧盟而言意味着 2020 年人均排放量约为 8 吨左右，按照当前的计划，届时将与中国的人均排放量大致相等。因此，欧盟和中国都面临着在 2020 年至 2030 年间，将人均减排量从每年的 8 吨降至 2 吨的挑战。另外，因为中国经济很可能保持更高的增长速度，因此中国单位产出的减排量要求比欧盟更高。

其次的两大排放国巴西和印尼通过减少森林砍伐正在制定更加有力的减排措施，其中巴西计划在 2020 年将碳排放量减少 80%。

总之，我在此仅就五大碳排放国的情况进行分析。可以看到他们都在努力实施强有力且建设性的计划。此外，印度以及很多其他发展中国家也制定了类似的计划。发展中国家在过去的几年里，在制定气候变化应对计划方面取得了重大进展。需要注意的是，对于他们而言，战胜贫困是最为重要的挑战，因此，首先，他们的气候变化应对计划应该是自愿的而非有法律约束力的，其次对他们予以资源和技术支持至关重要。

因此，联合国秘书长建立气候变化资金援助高级工作小组无疑是个好消息。该工作小组由埃塞俄比亚总理梅莱斯·泽纳维（Meles Zenawi）和英国首相戈登·布朗（Gordon Brown）联合担任主席（我也担任该工作小组成员，另外还有我以前在世界银行的同事，现任中国财政部部长助理的朱光耀先生）。该工作小组的任务是监督发达国家兑现其承诺的在 2020 年以前每年筹集 1000 亿美元资金，以支持发展中国家适应气候变化以及向低碳经济过渡。另外，国际货币基金组织（IMF）的常务董事提议成立绿色气候基金以便其利用特别提款权提前支配新资源资金，提高资源的可利用度，进而支持发展中国家适应气候变化、实现低碳增长。

2010 年 3 月 11 日在巴黎召开的保护森林会议是巴黎—奥斯陆进程（Paris-Oslo process）的重大进展，推动了为缔约国第 15 次会议的准备和召开。64 个国家的代表出席了巴黎会议，并且各国承诺资金已经达到 45 亿美元。第二次会议将于 5 月下旬在奥斯陆召开，其目标是为 2010 年末在墨西哥坎昆召开的缔约国第 16 次会议制定具体的行动计划。巴西财政部长卡洛斯·明克（Carols Minc）表示"如果我们在坎昆大会上可以拿出真正可靠的方案，那么哥本哈根的问题就不会重新上演"。另外，目前大家公认的是需要动用国际公共资源来共同对抗森林砍伐活动。打击森林砍伐也是发展的一部分，而且我们需要利用国家财政进行关键投资以提高农业生产力、推动其他替代性活动以降低对森林的压力。同时也需要对本地或者利用卫星进行资源观察提供充足的资金。在加强治理方面也需要投入很多，这样才能加强对当地以森林为生的人们的产权保护，这些人的参与和对保护森林的关注对于打击森林砍伐至关重要。

许多欧洲和其他地区的国家都提出了 2015 年的减少毁林 25%、2020 年减少 50% 的目标。巴西更是确立了至 2020 年力争达到减少毁林 80% 的宏伟目标；印尼制定了 2020 年减少森林排放 26% 的目标。所有这些目标都需要强大的资源支持，有些在能力建设方面需要迫切的投入（见《艾里亚希报告》，2008）。另外，若要以合理的成本有效实现这些目标，必须要求全球共同行动，否则，毁林只是从一个国家移到了另一个国家。

这要求在今后的 10 年甚至更长的时间里，公共部门提供稳定的支持，保证在 2020 年以前每年投入 150 亿或者 200 亿美元的资金。此外，随着巴黎—奥斯陆进程的顺利发展，这些资金可以优先从高级工作小组所提议的在 2020 年以前每年投入的 1000 亿美元中调用。每年 150 亿—200 亿美元的资金投入不仅以每吨 5—10 美元的代价实现二氧化碳减排，而且还可以产生很多连带效应，包括预防水土流失、实现流域管理、保护生物多样性等等。长远看来，私人部门的投资在整合森林保护、植树造林与碳交易的过程中将发挥重要作用，但近几年内由于规模有限他们不可能提供太多的资金支持。

中国在植树造林方面取得了重大进步，其森林覆盖率由 20 世纪 50 年代的 9% 左右增至现如今的 18% 左右。在拯救退化土地方面中国也为全世界做出了表率，黄土高原上的变化是我亲眼所见。在向《协议》提交的提案中，中国承诺"到 2020 年森林面积比 2005 年增加四千万公顷，森林蓄积量比 2005 年增加十三亿立方米"。我坚信，在未来的几个月里，中国将在为减少伐林和林地退化造成的碳排放提供资金、推动巴黎—奥斯陆进程发挥至关重要的作用。

从准备到召开缔约国第 15 次会议以来，人们在融资和禁止森林砍伐方面的进步很快，但是技术应用和共享方面的观念却相差甚远。关于科技的构想有很多，但是当今世界需要从这些构想中提炼出精华，为缔约国第 16 次会议以及重要文件的谈判做好准备。这并不是要取代《气候公约》，相反，这项工作是就相关政策进行理智商讨和谈判的重要前提。

主要有以下几个可行的构想，有些构想受到了 20 世纪六七十年代小麦、水稻和其他粮食作物的绿色革命的影响，我本人也经历过那场革命。我们首先能想到的是当地创新中心，这些中心当时在印度等一些国家对开发新品种以适应当地情况发挥了至关重要的作用；其次，国际农业研究磋商组织（CGIAR）的一些国际研究网络在推动基本应用研究、促进更适于发展中国家的技术创新方面体现了真正的价值；第三，设置技术进步奖项能够起到根本的推动作用，奖项可以涵盖早期技术和由于潜在风险而难以应用的技术；第四，"基石资金"可以用于大规模投资，为技术开发提供信心，例如可以从国际金融机构以及私有部门调动资金资源；第五，可以为鼓励技术示范和应用的政策提供资金支持，例如可以对可再生能源发电实行强制上网定价；第六，必要情况下可以为买断关键技术的专利提供资金支持，保证技术应用和传播的顺利进行。

我们并不缺乏构想。当务之急是要建立相关机制将这些构想转化为具体的提议、对这些构想的优缺点进行评估。巴西、南非、印度、中国等 BASIC 国家（巴西 B、南非 AS、印度 I、中国 C）是发展中国家中的科技领军国，如同非附件 I 中的韩国、墨西哥等经合组织国家。这些国家都可以发挥表率作用。

最后，在分析性政策问题方面，我们必须在监控、报告与核查工作上取得进步。在缔约国第 15 次会议之前及召开期间，我们似乎在"核查"到"透明"的过渡上取得了一些进展。这种改变非常重要。了解评估方式和数据来源无疑可以帮助我们正确认识一个国家对自身碳排放所做的评估。这种情况下应该保证足够的透明度，并不一定要现场直接的核查。

进一步来说，未来几年随着科技的进步，我们可以利用卫星等技术获取更多监控、报告与核查方面的信息。在这些方面，科学家和技术专家们可以为我们提供指导。我们应该尽快向专家小组征求意见。同样，BASIC 国家应该同一至两个发达国家（如德国或美国）在专业技术方面开展合作。

资金、降低发展中国家因森林砍伐和退化所产生的排放、技术和监控、报告与核查这四大课题必须尽快认真开展研究，但并不一定要采取同样的研究模型。还有一些研究比较有益，例如比较各种有关公平的观念并指出其与公平问题的相关性。

在谈低碳增长这一议题之前我想再谈一谈谈判进程的问题。要实现理性、具有实质意义的谈判，我们必须首先进行深入研究并提出可供选择的议案，这也是我一直在讨论的问题。然后，我们必须设置便于管理的机构来讨论这些提议。在缔约国第 15 次会议即将结束的时候，有 28—30 个国家表现突出，但在我看来已为时过晚。他们的突出表现部分原因是受到了 77 国集团的鼓舞，不希望会议文件仅仅由少数发达国家来制定。这 28—30 个国家在以《气候公约》为指导的一系列磋商中表现突出，尽管是非正式磋商，但是他们在其中发挥了非常积极的作用。

作为缔约国第 16 次会议的主席国，墨西哥又在此基础上迈出了一步，由它所建立的联络小组将于 3 月 18 日、19 日进行磋商。重要的是要常年保持这种磋商。想要制定出建立在共识基础上的协议，建立这样的联络小组十分必要。如果 192 个国家观点各异，要求一起拟写协议，那么成功的希望是渺茫的。因为这势必会造成无休止的议事程序问题、文本中方括号的无限制出现，以及随之而来的混乱、猜疑、不和谐。但是，无论是就提案分析而言还是就整个进程而言，我们都取得了进步。

六、低碳发展

高碳增长必将自取灭亡，首先是因为这种增长所需碳氢化合物的价格过高，更根本的原因是其造成的恶劣环境。对于任何一个国家来说，尤其是像中国这种对世界经济具有深远影响力的大国，将未来寄托在碳氢化合物上必定后患无穷。此外，向低碳增长转变会是一个充满活力、富于创新的过程，还将带来许多新的增长契机。这种契机不仅会产生在国内，还会出现在日益扩大的国外低碳节能市场。与此同时，低碳增长不只是发展，与过去的增长模式相比它更具吸引力，它能提高能源安全性、更清洁、更安全、噪音更低且更有利于保护生物多样性。

目前面临的主要挑战是如何有序地推动这一转型。从过去技术带动的增长期图示（见图 2）中，我们不难发现转型能够带来的经济增长潜力。这些时期发生的变化很大，而且一般持续几十年。既然这样，整个世界的转型应在 20—30 年内完成。当然，并非所有增长期都是依靠技术带动的，但是其中大部分都是如此。因此，这个过程的推进需要全世界各国政府的政策支持。因未对温室气体计价而使得碳排放者没有为其对他人所造成的伤害付出应有的代价，这与市场失灵有关，而政策对于更正这种市场失灵至关重要。未经更正的市场无法为转型提供契机，然而一旦出台正确的政策，私有企业和个人投资将不断推动转型前进。

用来支撑公共政策的经济增长分析必然要以现代经济增长理论为基础，即不仅要重视新想法，还要注意对环境造成破坏的潜在可能性（Acemoglu 等，2009；Aghion 等，2009）。上述研究表明，良好的政策需要能够在处理外部环境的同时为研发清洁技术提供暂时性支持。这将激发必要的创新、学习和增长，同时将科技、企业的精力从发展污染型技术的歧途上解救出来。换言之，促进低碳增长所需要的技术不会自动出现。"明天的新投资新技术，取决于今天采取什么政策"（Aghion 等，2009）。但只要清洁型技术能够替代过去污染型技术（例如有人会寄希望于可再生能源），对研发资金的需求仅仅存在于转型期。最终，新技术会与老技术价格相当，公司便会自愿将研发方向定为低碳

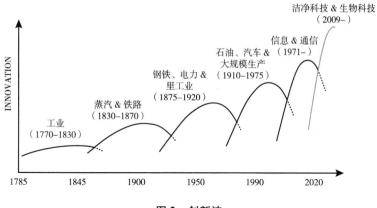

图 2　创新波

工艺和产品。这些分析建立在过去二三十年的"内生增长"原理的基础上，说明新投资中体现的思想和技术变革对于理解增长过程非常重要（Aghion 和 Howitt，1998）。

20 世纪中叶流行的增长理论仅仅把生产狭隘地看做具有固定系数的投入—产出模型，或者看做不考虑外在技术变革的简单生产模式。这些模型中，生产和自然环境不挂钩。这些理论早已过时，传递的是错误的信息。目前的挑战便是寻找新的工作方法，开发新产品，变革技术，承认生产与环境之间的互动关系。因此，我们必须脱离 Leontief 模型对投入—产出关系的狭隘理解，不能把投入—产出系数的增长简单地看成减少产出，把资本系数的增长简单地看成提高资本产出比率而降低增长。

我们必须跳出对储蓄率或投资率 s 除以资本产出率 v 得出增长率 g 这个关系的狭隘理解。换言之，我们不应该认为 g = s/v 说明的是新型或者资本密集型设备会降低增长。我们应该思考的是如何在新型投资在中期最大程度地利用资本和劳动力，避免对环境的破坏。

已经走在世界前列的大国有可能设立产品标准来占领世界市场。这些国家可以避免出现这样一些问题，例如一些国家和消费者开始拒绝碳密集型产品，还有些国家禁止进口。他们可能作为先锋队，以某种方式来引领一场新的能源和工业革命。

就过程而言，如果其目标是效率和创新，那么就应提供良好的政策支持。政策应透明、稳定长期，而且要值得信赖，这样，投资者才会信心十足地进行长期投资。在发展新技术的过程中，需要在公私领域间建立伙伴关系。需要为碳定价，并制定规章制度来鼓励低碳活动。同时必须使其国际化，因为这是一个全球性问题。在前面的章节中讨论过的不平等问题也应予以重视。行动迫在眉睫。

处于起步阶段，我们应对过去几年中我们所取得的成绩有所了解。例如，世界领先的太阳能咨询公司 Solarbuzz 指出，过去 30 年中，光伏太阳能的生产成本下降到原来的 1/6，太阳热能和光伏太阳能在过去四五年间发展迅速（www. solarbuzz. com）。此外，很多情况下，太阳能可以实现当地供能，避免传输、运送中的巨大开销。但是，当然不只有太阳能可以提供。在电力方面，智能网络对发电厂和用户产生的影响更加深远；在传输和分配方面的技术进步能大大降低电力传输费用。风力、潮汐、地热及核能技术的都取得了巨大进步。总而言之，在能源方面，我们有可能研制出第三代或第四代生物燃料，包括海藻。

在工业方面，各个公司正不断发掘提高能源效率的巨大潜力。例如，杜邦公司通过仔细检查其生产过程，发现该公司每年可以节省 20 亿美元（斯特恩，2009b，第 134 页）。

纵观整个交通部门，我们发现新型混合动力车、电力车、氢燃料电池以及生物燃料用车的生产量在增长。根据中国国家发展和改革委员会的推测，到 2015 年，将有 300 万辆混合动力车和 150 万辆电力驱动的小汽车行驶在公路上。这是中国政府未来五年在这些技术上投入 450 亿美元的必然结果。我们也看到了城镇中高速铁路和更加便捷的地铁等公共交通的快速发展。上月末，中国第一条长途高速铁路线——武广高铁开通，全长 1068 千米。但这还只是开始，中国将投入 3000 亿美元来建造世界上最先进的高速铁路（汇丰银行，2010 年 1 月）。

在建筑方面，引用新型材料、玻璃、屋顶和其他技术等方面都取得了惊人进展。同时，我们也看到了在改善信息系统、监测控制建筑能源使用等方面所取得的巨大成就。建筑领域在提高能源效率方面存在巨大的潜力。

在农业方面，改变耕作方法、技术和作物品种可以在更有效地利用水、能源、劳动力和肥料的同时，大大减少废气排放。加强育种和动物管理，能在更有效地结合牛奶和肉类生产的同时，将泥浆作为能源。诸如此类的变化，例如低耕农作、避免稻田浸水等，不仅可减少排放、节约能源、提高生产力，而且可以增强生产对气候变化的抵抗能力，也就是增强对气候变化的适应。环顾四周，想法接踵而至，潜力不可估量。未来的经济增长，尤其对中国而言，依靠的正是这些绿色技术。

在应对经济危机中，中国在发展绿色经济方面处于领先地位。在应对

2007 年至 2009 年的经济危机中，发展绿色经济占中国一揽子计划的 34% 左右（占总方案的比例，约为 GDP 的 7%）。绿色经济在美国和欧洲的一揽子计划中分别占 12% 和 10%（汇丰银行，2010 年 3 月）。如果主要通过进一步扩大对经济增长率仅维持在 2%—3% 的富国市场的出口，中国不可能实现 7%—8% 的经济增长，主要原因在于中国选择了发展绿色产品的高增长市场。

这些市场如何增长？2008 年，发展中国家"绿色"投资增至 366 亿美元，比 2007 年增加 27%（联合国环境规划署等，2009）。2008 年，中国主导亚洲的"绿色"投资，新增投资额高达 156 亿美元（主要投资在新增的风能项目和一些生物质能工厂上），比 2007 年增长 18%。汇丰银行预计，在全球气候收入方面的增长会持续下去，从 2008 年的 5300 亿美元增长到 2020 年的 2 万多亿美元（汇丰银行，2009）。到 2020 年，绿色科技得到普及，再谈所谓绿色投资、绿色收入则毫无意义，因为这已经成为常态。

最后，让我简单阐述一下为促进变革和为变革提供资金支持而可能实行的政策。为碳定价是更正市场失灵的基本方法。为碳定价可以通过明确的税收或通过上限——交易机制调节，也可以通过监管这种隐性的方式。通过鼓励研发、示范和应用来推广新技术也非常重要。技术示范和应用对验证其功能的优劣有实实在在的好处，同时强制上网定价也可以作为一个有力的鼓励政策。提供更好的信息、改善产品和服务的获取渠道可以为提高能效和其他创新项目扫清障碍，这和提供资金支持是一个道理。公开讨论不仅可以使大众进一步理解对于节约能源和尊重环境所肩负的责任，同时也是创造良好政策和推动公共行动的关键因素。对于基础设施上的公共投资（包括公共交通，智能、高效电网）不仅可以直接降低成本，也有利于他人使用和销售清洁能源。

通过这些公共政策和公共投资，政府将为私人投资营造一个良好环境，而这也将是变革的主要动力。变革时期中不免存在一些混乱与不稳定，分担风险的那些金融机制将发挥关键作用，例如政府资金的介入、贷款的担保以及强制上网定价等等。

然而，如想对所有的政策手段一一分析，将需要更多的笔墨。这里着重说明的是，在我个人看来，对于中国较为重要的一个政策手段。中国需要建立正确的激励机制，增加投入支持变革，再一次向世界展示中国在环保减排方面的坚定态度。这个手段就是实行煤炭税。

首先让我列举一些数据来进行说明，这些都是通过取整后的近似数据。在中国，煤炭的价格大约为每吨 750—800 元人民币，折合成美元将近为每吨 100

美元。如果对二氧化碳征收大约每吨 20 美元的税费，推算成煤炭税大约是每吨 55 美元或者是每吨 400 元人民币，即约 50% 的煤炭税。同样在中国，煤炭的消费量大约为每年 30 亿吨，这一消费量所带来的财政收入将为每年 1.2 万亿元人民币，如果 GDP 是 35 万亿元人民币，那么这相当于中国 GDP 总量的 3% 左右。每吨 20 美元的二氧化碳税是欧洲排放交易体系（EU-ETS）在过去两三年中所征收的二氧化碳税的平均值。这个税率足以激励人们减少对煤炭的投入。1.2 万亿元人民币（折合美元为 1500 亿美元）的收入足以为向低碳经济转型提供很多或者大部分的资金支持。

如果这些收入并非用来降低其他税费而是全部用作投资，那么，体现在总成本上的中短期影响将是一次性增长不到 3%。即便如此，在提高能源效率、改善公共交通、研发新科技等方面所做投资带来的回报将会大大降低产品价格和生活成本。从政治上考虑，减小该影响是明智的，煤炭税可以推行两至三年。同时，一部分收入可以用来保护受价格上涨影响要为严重的低收入消费者。

一方面，这对中国竞争力的整体影响不大。在世界市场上，中国已经显示出了很强的竞争实力，平均 2%—3% 的成本增加不会造成影响。有些地区将面临更大的价格上涨，需要有个过渡期。另一方面，在科技研发方面的投资极有可能在快速发展的新兴绿色市场上获取丰厚回报。

对于采用碳捕获与碳存储技术的煤炭部门应实行退税政策。该优惠政策将会大大促进这一技术的应用，该技术将在未来 40 年全球范围内的减排工作中发挥至关重要的作用。

对其他碳氢化合物施行涨价或征税、减少对燃料的补助等都是减排工作中的有效措施，因此应该同时使用。同时应朝着正确的方向推进激励机制，大力增加新型绿色、创新、有活力的投资。

推行煤炭税，中国就可以理直气壮地驳斥那些以"中国出口商品都是碳密集型产品，且在国内免税"为借口而抵制中国出口的发达国家。这样中国的出口商将获得更大的信心。总体来说，这样的政策从中期来讲对出口更为有利。

最后，中国施行征收煤炭税这一举动将具有很好的示范作用。不仅能够推动全球发展低碳经济，还将推动定于今年年底在墨西哥坎昆举办的缔约国第 16 次会议上达成国际公约。

中国在发展低碳经济方面所作的努力并没有得到全世界人民的认可。各国应该认可中国的努力，认可中国在 2008 年到 2009 年所采取的绿色经济政策：包括它在铁路运输方面巨大的投资，制定公路运输尾气排放法规，快速发展生产和使用可再生资源。中国不是在毁林而是在造林，其"十一五"规划的目标就是实现每单位产出减排20%。中国也在2009年哥本哈根协议中承诺在2005年至2020年期间达到每单位产出减排40%—45%目标。胡锦涛主席和温家宝总理不仅在国内而且在国际上反复强调了发展低碳经济的重要性，强调要注重与生态环境的和谐发展。上个月，全国人大常委再次强调了中国的承诺。但是在全世界看来，中国发展是建立在碳，特别是煤的基础上。

"十二五"规划对中国乃至世界都很重要。通过该计划，中国可以继续推进"十一五"规划所倡导的提高能源利用率的工作。继续实现"十一五"规划中每单位产出减少能耗20%的目标。与此同时，在接下来的几年中，实现每单位能源减排10%和每单位产出减排28%的目标。这正是中国迎接实现气温升幅在2℃以内这个挑战的正确方法。这将向世界证明目标可以实现，为世界指明未来的发展方向。低碳经济才是正确的发展战略，高碳发展意味着没有未来。

世界上大多数国家都在讨论低碳增长。低碳增长不仅是未来发展的唯一出路，而且这种增长非常具有吸引力，这种观点必将占上风。这不仅因为它是正确的选择，还因为其他的发展方向对于世界来说是极其危险的。在引领建造一个不同以往、更具活力、更具吸引力的经济增长模式的进程中，世界上只有中国能够发挥如此重要的作用。

参考文献

［1］Acemoglu, D. 等，2009，《环境和定向技术变革》，麻省理工学院、美国哈佛大学、美国国家经济研究局工作文件。

［2］Aghion, P. 和 P. Howitt, 1998，《内生增长理论》，剑桥大学文学硕士，麻省理工学院出版社。

［3］Aghion, P. 等，2009，《绿色增长离不开创新》，博鲁盖尔政策简报，2009 年 11 月，第 7 期。

［4］Bowen A. 和 N. Ranger, 2009，《通过减少温室气体排放减缓气候变化：全球年度排放未来之路的科学与经济》，12 月份政策简报，气候变化经济学与政策研究中心和格兰瑟姆气候变化与环境研究所。

［5］Eliasch, J. , 2008，《气候变化：全球森林基金：艾里亚希报告》，伦敦 Earthscan 出版社。

［6］《采用清洁技术——中国低碳发展经济学》，"斯德哥尔摩国际环境研究院"和"中国经济 50 人论坛"，2009 年 11 月。

［7］汇丰银行气候变化中心，《虎与鹰》，2010 年 1 月。

［8］汇丰银行气候变化中心，《传递"绿色"刺激计划》，2010 年 3 月。

［9］汇丰银行国际研究部门，2009，《气候变化——9 月份年度指标审查》，引自《气候收入——工业现状，全球股票定量研究》。

［10］Perez, C., 2002，《技术革命与金融资本：泡沫和黄金时代动态》，爱德华埃尔加出版有限公司，英国。

［11］斯特恩（Stern, N.），《从经济学角度看气候变化》，剑桥大学出版社。

［12］斯特恩（Stern, N.），2009，《哥本哈根决定将来：世界将面临气候变化的挑战么?》，政策简介，12 月，气候变化、经济和政策中心，格兰瑟姆气候变化与环境研究所。

［13］斯特恩（Stern, N.），2009b，《打造一个更安全的星球：如何管理气候变化，创建一个进步与繁荣的新时代》，Bodley Head。

［14］斯特恩（Stern, N.）和泰勒（C. Taylor），《〈哥本哈根协定〉附录在全球温室气体排放和将全球气温升高保持在 2℃ 以内方面告诉了我们什么?》，气候变化、经济和政策中心，格兰瑟姆气候变化与环境研究所，及联合国环境规划署的人员。

［15］联合国环境规划署，可持续能源金融倡议和新能源金融，2009，《全球可持续能源投资趋势报告》。

挑战与希望：
中国的新型城市化之路

住房和城乡建设部副部长　仇保兴

当前，一个热门话题就是我国城市发展面临着一系列的挑战及应对挑战的基本对策。世界现在正在进入一个后经济危机时代，但是我们不要在后危机时期让暂时的胜利冲昏头脑，在处理眼前短期问题的同时还应考虑应对长期可持续发展。

本文主要探讨三个问题：

第一个问题，全球三次城市化浪潮与我国的城镇化：

至今为止全球共发生了三次城市化浪潮：第一次浪潮发生在欧洲，用了200年左右的时间；第二次浪潮发生在美国，用了约100年时间；第三次浪潮发生在拉美以及其他发展中国家，用了大约40—50年的时间。

我国的城镇化现在已经进入了高速发展期，按照城镇化的一般规律，我国日前的城市化率已超过45%，预计还有25—30年的城镇化的路要走。我国的城镇化与此前的三次城镇化浪潮相比有自身的特点：

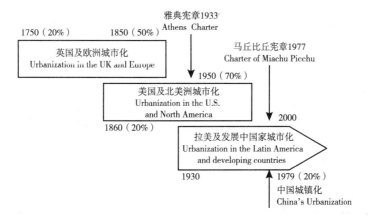

图1　全球三次城市化浪潮与我国的城镇化

第一，我国城镇化的时间要比第一次城镇化时间短得多，我国在未来的二三十年时间必须要完成城镇化。一旦完成城镇化，城市的布局形态、建筑的框架就已经基本确定了，到那时再要在城市、建筑、交通方面实施节能减排为时已晚，所以要从现在开始推进城市、建筑节能减排工作。

第二，我国是世界上第一个关起门来进行城镇化的大国。我国不可能向全世界敞开大门输出人口进行城镇化。而国际上第一次、第二次、第三次城市化都是在城市化的高潮期输出大量的移民，减轻了城市化所在国的压力，或者从殖民地掠夺了大量的资源来支撑所在国城市化。

第三，我国的城镇化过程中正好遇到了各种特殊环境，比如高粮价、高油价、国际社会对环境的严格控制等等，同时还面临着二氧化碳温室气体减排的巨大压力。所以对我国来讲是非常不幸也非常有幸，我们有幸的是要被迫走一条完全新型的可持续城镇化的道路，不幸的是我国城镇化的年龄还只有 20 多岁的时候，国际上就要给我们吃减肥药了。

表1　我国的城镇化与三次城市化浪潮比较

	一 1st	二 2nd	三 3rd	中国 China
城市化人口规模 population scale for urbanization	200 million	250 million	1 billion	600—800 million
城市化速度 urbanization pace	180—200 years	100 years	40—50 years	35—45 years
对外移民数量 out migrarion	20—50 million	50 million	60—120 million	0
能源和原材料价格 energy & resource prices	低 low	低 low	高 high	极高 very high
城市化动力与背景 urbanization drives and background	工业化 industrializazion	工业化 industrializazion	工业化 industrializazion 全球化 globalization	工业化 industrializazion 全球化 globalization 信息化 informationalization
环保要求 environmental constrains	低 low	中 moderate	中 moderate	高 high

从诺赛母曲线来看，我国的城镇化率已经接近 46%，预计未来要达到80% 左右。我国要做到和谐、有序的城镇化，就必须把每年的城镇化率控制在1% 左右，避免非洲、拉美国家出现的 4%—5% 过高的城镇化率。更重要的是，从二氧化碳气体排放看，美国人口仅占全球人口的 5%，但其排放量与我国相当，而且城市占地规模巨大。而我国目前尽管人口数量非常大，但人均排放还不到世界的平均水平，如果我国采取美国式的城市化发展模式，未来的总排放量将是一个巨大的数字。这种前景当然是非常可怕的，从这个意义上说，我国决不能步美国的城市化模式后尘，但是有许多人不明白这个道理，误认为美国模式就是最好的，必须要跟着走，强国之路仅此一条。

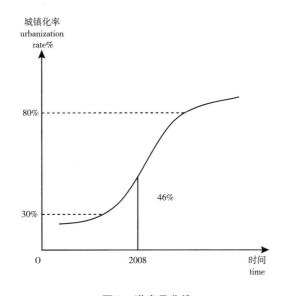

图 2　诺赛母曲线

第二个问题，我国目前城市发展主要面临八个方面的挑战：

第一个挑战，我国的国土面积很大，但是真正适宜人口居住以及水资源丰富的地区非常少——即我国的人地矛盾非常尖锐。我国适宜度 I 类的宜居性土地只占国土面积的不到 20%，而且这些土地与复种指数非常高的优质高产耕地区位正好是重叠的，也就是说城市建设用地与需保护的耕地必须在同一张规划上加以严格区分和约束。

我国的人均耕地现在只有 1.4 亩，仅为世界平均水平的 40%，但是我国每年因各种原因减少的耕地数量巨大：因为我国现在正在城镇的成长期，每年有 1500 万的农民进城，城市面积扩展是历史上最快的时期。我国的人均淡水

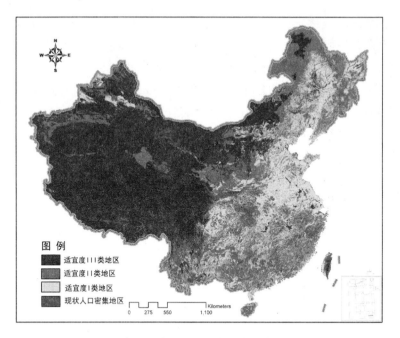

图 3　我国土地适宜度和人口密集地区分布

资源，不仅数量少，而且分布非常不均匀，比如华北地区的人口占全国的1/3，但水资源只有6%。在这样的情况下，我们的人口密度是其他大国的几十倍，但人均耕地只有其他大国的1/10，人均水资源只有1/10，人均森林面积只有几分之一。我国实际上是用全球7%的耕地、7%的淡水资源、4%的煤矿、矿产资源，4%的石油资源，2%的天然气资源来支撑占全球21%人口的城镇化和工业化。

表 2　中国水土资源与各大国的比较

	俄罗斯 Russia	加拿大 Canada	中国 China	美国 USA	巴西 Brazil
人口密度（人/Km²） Population density（persons/ Km²）	8.6	3.2	131.0	27.5	19.1
人均耕地面积（Km²） Arable land per capita（Km²）	1.39	2.50	0.21	1.64	1.47
人均水资源（m³/人）（1995） Water resources per capita（m³/person, 1995）	30599	98462	2292	9413	42975
森林总面积（千 Km²） Forest area（1000 Km²）	754.9	247.2	133.8	209.6	566.0

第二个挑战就是我国候鸟式的农民工规模非常大，流向分布失调。我国特殊的农村土地制度虽然不利于农产品的规模经营，却成为事实上有效的隐形社会保障体系。可以反思，金融危机之中约有6000万农民工失业，其中大部分暂时返乡种田，社会保持了稳定。但是另一方面，一些城市中的城中村已经成为中国式的贫民窟。

统计数据表明，农民工流向越来越趋向于大城市、趋向于沿海地区，这种人口流动的结构失衡使得城市布局进一步失衡。

表3   2001—2004年农民工进城就业的分布

单位：%

	2001	2002	2003	2004
全　国 Nation	100	100	100	100
大城市 Big cities	57.2	56.8	60.9	62.4
小城市 Small cities	34	34	32	31.9
其　他 Others	8.7	9.2	7.1	5.71

第三，能源存量结构失衡，建筑能耗增长过快。我国的石油、天然气储量非常少，但我国的气候条件比较特殊，很多城市与其他国家同纬度的城市相比，夏天平均高出1.3℃—2.5℃，冬天平均约低5℃—15℃，导致我国城市冬天供暖、夏天制冷能源需求高，是非常典型的空调需求量极大的国家。另外，我国高速城镇化时期——即近几年以及未来20至30年，每年新建建筑达20亿平方米。这意味着世界40%的建筑量发生在我国，42%的水泥和36%的钢材消耗在我国，世界上每年需要的塔吊机1.6万台中有1万台在我国工作。我国是目前世界上最大的建筑市场，预计这一状况在未来20年内不会改变。随着生活水平的提高，城市和农村的能耗还将快速增长，而且这种增长是刚性的。随着生活水平的提高，商品能源的推广，农村人均能耗将快速增加。但问题在于，国内很少人明白涉及能耗的问题，有两大能耗的增长是刚性的：建筑的能耗将从现在的26%增长到35%，交通的能耗将从现在的10%增长到30%。而产业的能耗，将会随着能源价格的提高和碳排放税的设立急剧下降，而前面两种能耗则只能通过合理的城市规划和建筑管制来限制。

第四，我国的机动车数量快速增长，机动化与城镇化同步发生，城镇化将有可能变成"车轮上的城镇化"。这一趋势一旦发生，必将造成城镇人口密度的急剧下降——导致现在一个美国人消耗的汽油量是5个欧盟人、10个中国人消耗汽油量的总和；如果我国走美国式的城镇化道路，需要三个地球的能源

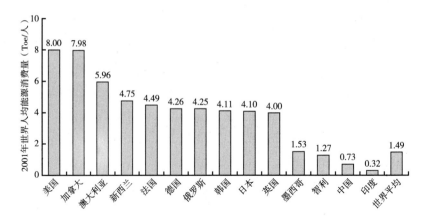

图 4　我国人均耗能数量较少但增长较快

才能满足我国的需求。

　　第五，城镇化的推动力失衡。我国目前主要依靠工业化推动城市化，而服务业的发展相对滞后。同时，虽然我国的污水处理率增长速度是全世界最快的，但目前仍然未能有效遏制水污染。而且水污染的范围从河流蔓延到海洋，水污染的突发性事件造成城市缺水的现象也越来越严重、越来越频繁。目前我国城市的缺水事件基本都是水质性缺水造成的。

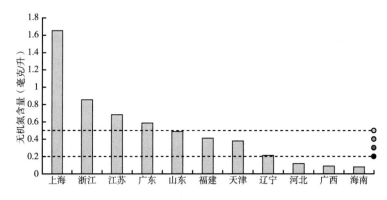

图 5　2004 年沿海省（自治区、直辖市）近岸海域海水无机氮平均含量

　　第六，自然和历史文化遗产遭到破坏，我国大江南北的城市风貌正日益趋同。如果这种状况继续下去，不久的将来，我们站在任何一个城市高处往下一看，也许能看到各种不同类型风格和国别的建筑，唯独没有本民族传统式的建筑。

第七，城乡居民收入差距日益扩大。当前，城市或城乡之间的收入差距正在扩大，基尼系数已超"专家们"认定的警戒线 0.42。城市居住区的贫富隔离现象正在加剧，为日后的和谐社会建立留下障碍。

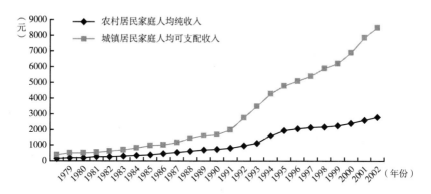

图6　城乡居民人均收入差距

第八，城市的区域化、区域的城镇化现象已经呈现，城市之间遇到了前所未有的恶性竞争问题。

第三个问题，应对以上挑战的若干策略：

首先，应在城市规划中确定"绿线"、"蓝线"、"紫线"来框定生态保护用地、基本农田保护用地、城市水系以及历史文化遗产用地。不失时机地保护好这些不可再生的宝贵资源，为城市的可持续发展奠定坚实的基础。

第二，坚持紧凑型的城市发展模式。我国是世界上第一个在城市发展高潮中的第一阶段能够维持城市建成区密度在每平方公里 1 万人的国家。但是未来能否维持这一城市人口密度，取决于我国是否能够采取正确的对策来应对城镇化——历史上，美国的城镇化过程中，城市的人口密度下降了 3 倍，造成了许多严重的生态和社会问题。

第三，持续推行村镇的人居环境整治以均衡城市化的拉力，确保城市化率每年 1%—1.5%，确保农业劳动力的数量与质量，确保农业和粮食产量的稳定，避免出现非洲式的"贫困城市化"。

第四，推行双跨越的建筑节能目标和模式。如果建筑节能工作做得不好，预计 2020 年我国的建筑能耗将会上升到 11 亿吨标准煤，反之，如果做得好，建筑能耗可以降到 7.5 亿标准煤，这将节省 3.5 亿吨标准煤，数量巨大。我国已经开始推广使用建筑能效测评与绿色建筑标识制度，这些措施将使每个建筑的节能性能透明化。

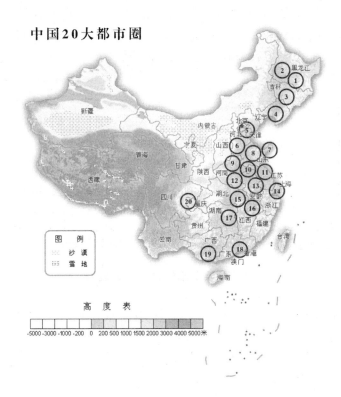

图7　城市群的经济集中度

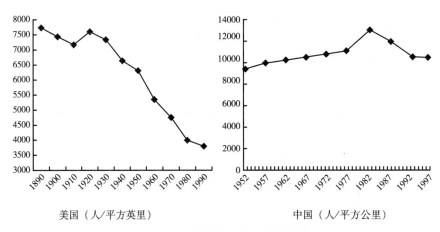

图8　我国城镇人口密度变化趋势

图9　农村人居环境整治效果

图10　建筑能效测评和绿色建筑标识

第五，要在人们习惯于使用私人小汽车之前，把自行车出行和公交优先的战略落到实处，这是一场与时间的搏斗、与未来命运的搏斗。

目前我国有一个有趣的现象，就是电动自行车的大规模使用。研究表明，电动自行车和自行车在城市空间的占有率上只有小汽车的1/20，空间利用效

图11　BRT公交系统与双零换乘

率非常高，不排放任何有害气体，电动自行车能耗仅为汽车的 1/50 至 1/100。目前虽然没有政策文件明确支持电动自行车的发展，但我国的电动自行车保有量已经达到了 1 亿辆以上。

第六，实行太阳能屋顶计划。根据调查，使用多功能太阳能热水器一年半左右就能收回投入；我国的太阳能热水器已经占全世界保有量的 2/3，这是对全球应对气候变化的巨大贡献。

图 12　家用太阳能热水器

第七，大幅度增加对城镇污水管网及污水处理厂的投资。计划在未来十年投入 2000 亿用于城镇污水管网建设。

第八，健全历史文化名城、名镇、名村和风景名胜区保护制度，把这些历史上沉淀下来的自然和文化精粹保留下来，作为城市可持续发展的绿色资源。

图 13　保存完好的历史文化名镇名村

第九，加快保障房的建设，改善低收入家庭的生活条件。现在许多城市已经采取倒排序的方式，首先解决 5% 最困难家庭的居住问题，然后再解决 5% 次困难家庭的居住问题，以此类推来推动低收入住房困难家庭居住问题的解决。

图14　廉租房建设

第十，编制与落实区域规划，使城市与城市之间能够协调发展，从而实现环境共保、资源共享、产业共树和基础设施共建。

第十一，提倡低碳城市的发展模式。目前85%的二氧化碳气体由城市产生，解铃仍须系铃人。要有效应对气候变化，必须改变城市的发展模式：新建的城市应采取低碳发展模式，在市民中应推广低碳的工作和生活模式。比如天津的生态城等10多个城市已经开始规划建设低碳生态城市，有20个左右的既有的大城市开始实施改良式的、逐步演进型的低碳生态城改造。

总之，我国正处在城镇化的高潮之中，如果我们能够辩证地借鉴世界各国走过的城市化历程，努力避免犯机动化的错误，避免犯刚性能耗的错误，避免犯城市发展模式选择的错误，我们不仅可以应对当前的危机，而且可以实现长期的可持续稳定发展。

发展方式转变：政策取向与主要措施

国家发展和改革委员会主任　张　平

非常高兴同各位专家、学者、企业家以及众多国际组织的重要官员欢聚北京，共同探讨后危机时期中国和世界经济的发展。昨天上午，李克强副总理出席开幕式，并作了题为"增强经济增长内生动力　促进发展方式加快转变"的主旨演讲，张玉台主任也作了主题发言。按照会议的安排，我向诸位再介绍一下国际经济新格局下，中国加快经济发展方式转变的有关政策取向。

中国共产党第十七次全国代表大会明确提出了加快转变经济发展方式的战略任务，强调要促进经济增长由主要依靠投资、出口拉动向依靠消费、投资、出口协调拉动转变，由主要依靠第二产业带动向依靠第一、第二、第三产业协同带动转变，由主要依靠增加物质资源消耗向主要依靠科技进步、劳动者素质提高、管理创新转变。国际金融危机带来的影响和冲击，使我们更加深刻地认识到转变经济发展方式的重要性和紧迫性。正如胡锦涛主席前不久所指出的，国际金融危机对中国经济的冲击表面上是对经济增长速度的冲击，实质上是对经济发展方式的冲击。综合判断国际国内经济形势，转变经济发展方式已经刻不容缓，必须加速推进。

加快经济发展方式转变，**从当前看**，是中国增强抵御国际市场风险能力，巩固和发展经济回升向好势头的紧迫任务。**从长远看**，是中国深入贯彻落实科学发展观，坚持走中国特色新型工业化道路，不断提高可持续发展能力，促进社会和谐的必然抉择。去年，由于见事早、判断准、行动快、落实有力，中国有效应对了国际金融危机的冲击，实现了8.7%的经济增长，在全球较早实现经济总体回升向好，调结构、促改革、惠民生等各项工作也取得了显著成效。但是，金融危机的冲击，也使得中国经济社会发展仍面临的诸多挑战，以及一些深层次的矛盾和问题，更进一步地凸显出来，比如，经济增长的内生动力仍然不足；自主创新能力较弱，产业结构优化升级压力加大；产能过剩问题突出，节能减排任务更加繁重；城乡、区域、经济社会发展不均衡，促进社会和谐任务艰巨等等。这些问题的存在，实质上都与发展方式转变滞后密切相关。如果不能够清醒地认识，加快推进转变进程，不仅会影响我们巩固并发展应对国际金融危机的既有成果，而且会影响中国经济实现长期又好又快发展。

当前和今后一个时期，我们将把推进经济发展方式转变摆在更加突出重要的位置，切实处理好保持经济平稳较快发展、调整经济结构和管理好通胀预期的关系，在发展中促转变，在转变中谋发展。

第一，搞好宏观调控，为加快发展方式转变营造良好环境。要进一步增强宏观调控的前瞻性、针对性和灵活性，综合运用规划计划、财税金融、投资和产业政策等经济法律手段实施间接调控，更大程度地发挥市场在资源配置中的基础性作用，保持经济平稳较快发展。

进一步扩大内需特别是消费需求。这既是中国经济社会发展的长期战略方针，也是优势所在。我们将不断增强城乡居民的消费能力，加快调整国民收入分配格局，增加城乡居民特别是中低收入者的收入；加强就业和社会保障体系建设，强化老百姓的收入预期与消费信心；进一步完善促进消费的政策措施，巩固扩大传统消费，积极培育热点消费，推动消费结构优化升级；继续改善消费环境，加强商贸流通体系等基础设施建设，扩大消费信贷，整顿和规范市场价格秩序，为广大消费者提供更加便利安全放心的消费环境。

继续保持合理的投资规模，着力优化投资结构。中国是发展中大国，正处在实现工业化、城镇化的过程中，扩大投资需求仍具有较大的空间，需要保持一定的投资规模。今年，我们要继续实施4万亿元的投资计划，保持投资规模的合理增长。为了加强经济社会发展的薄弱环节，提高投资的质量和效益，我们要更加注重投资结构的优化，政府投资将继续向"三农"（农业、农村、农民）、保障性安居工程、卫生教育等民生领域倾斜，继续向欠发达地区倾斜，继续支持节能环保、自主创新和技术改造，严格控制"两高"（高消耗、高排放）、产能过剩行业的新上项目。在管好用好政府投资的同时，积极扩大民间投资，进一步消除限制民间投资进入的障碍。

努力保持价格总水平的基本稳定，尤其是要稳定粮油等重要商品的市场供应和价格。当前，我国总供给大于总需求，绝大多数产品供应充足，这是保持物价基本稳定的有利条件。但是，国际市场商品价格上涨的传导效应、国内货币信贷投放的滞后作用以及上年居民消费价格变动的翘尾因素，在一定程度上加大了价格上涨的压力。我们将把管理好通胀预期作为一项重要任务，加强主要农产品市场调控，灵活把握储备吞吐、进出口调节的力度和节奏，强化价格监测、预警和形势分析，完善应急预案，正确引导舆论，稳定市场预期。

进一步拓展对外开放的广度和深度，稳定发展开放型经济。对外开放是中国的基本国策，也是经济保持平稳较快发展的重要动力。我们将坚持互利共赢的开放战略，更好地统筹国内发展与对外开放，保持政策的连续性和稳定性，积极调整出口商品结构，支持扩大先进技术装备和各类商品的进口。继续优化利用外资结构，推动利用外资和对外投资协调发展。加强与世界各国的交流沟通，以更加开放的姿态参与国际经济技术合作。

第二，深化体制改革，为加快发展方式转变提供制度保障。加快经济发展方式转变，既是一场攻坚战，也是一场持久战，必须通过坚定不移地深化改革来推动。我们将围绕解决经济社会发展中的深层次矛盾和问题，进一步加大改革力度，攻克难点重点，理顺体制机制，努力实现新的突破。

完善公有制为主体、多种所有制经济共同发展的基本经济制度。继续深化国有企业改革，推进国有经济的战略性调整，加快大型国有企业的公司制股份制改革，完善法人治理结构。与此同时，进一步放宽市场准入，建立健全服务体系，鼓励、支持和引导非公有制经济健康发展。

积极稳妥地推进资源性产品价格和环保收费改革。继续开展发电企业竞价上网、大用户与发电企业直接交易等试点，推行居民用电阶梯价格制度，完善可再生能源发电定价和费用分摊机制。推进水价改革。继续实施排污权交易试点。

深化投资体制改革。进一步减少政府审批事项，发挥企业和市场的主体作用。完善投资项目后评价、重大项目公示和责任追究制度，制定代建制管理办法，健全政府投资管理制度。完善创业投资机制。

加快财税、金融体制改革步伐。建立健全财力与事权相匹配的财政体制，完善财政转移支付制度，增强地方政府提供基本公共服务的能力。积极推进资源税改革。完善消费税和房产税制度。继续深化金融体制改革，更好地支持社会事业发展和民生改善，支持城乡区域协调发展和产业结构优化升级，同时要完善金融监管体系，防范金融风险。

深入推进医药卫生体制改革。进一步扩大基本医疗保障覆盖面，加快国家基本药物制度建设，落实重大公共卫生项目和基本公共卫生服务项目，提高突发公共卫生事件应急救治能力，开展公立医院改革试点。

第三，加强统筹协调，为加快发展方式转变奠定坚实基础。发展方式转变，涉及面广，难度大，既要着眼于化解过去积累的矛盾和问题，又要为经济不断迈上新台阶、长期保持平稳较快发展创造条件，需要统筹协调，把握重点，全面推进。

增强产业发展的协同性。适应需求结构变化趋势，加快产业结构调整，完善现代产业体系，稳定一产，优化二产，加快发展三产。积极推进农业发展方式转变，大力促进农业科技创新和经营体制机制创新，构建粮食安全保障体系和现代农业产业体系。增强自主创新能力，培育战略性新兴产业，在一些重点领域选择具备突破条件的关键技术和产业化应用，作为主攻方向，力争取得实质性进展。依法淘汰落后产能，压缩和疏导过剩产能。加快发展服务业，提高服务业的发展水平和在国民经济中的比重。

增强城乡发展的均衡性。统筹推进城镇化和新农村建设，完善强农惠农政策，加大对农村水电路气房等民生工程的投入力度，改善农村生产生活条件，夯实农业稳定发展和农民持续增收的基础。加快中小城市和小城镇发展，完善市政公用设施，提高城镇综合承载能力。

增强区域发展的平衡性。继续实施西部开发、东北振兴、中部崛起、东部率先区域发展总体战略，加大对中西部地区、东北地区的支持力度，鼓励东部地区在转变经济发展方式和提升综合竞争力上取得更大突破。落实促进区域协调发展的各项规划，实施好差别性区域政策，拓展新的发展空间，促进区域间基本公共服务的均等化。

增强人与自然的和谐性。加大节能减排工作力度。继续实施节能减排问责制，扎实推进重点节能工程、重点企业节能行动和节能产品惠民工程。大力发展循环经济，鼓励生产与消费可再生能源。加强生态建设和环境保护。积极应对气候变化，研究制定落实到2020年控制温室气体排放行动目标的政策措施，加强国际交流与合作，为应对气候变化全球共同行动作出新贡献。

增强经济社会发展的协调性。实施更加积极的就业政策，创造更多的就业岗位。完善社会保障体系，加大对低收入群体的帮扶救助力度，加强住房保障，努力实现住有所居。大力推进以改善民生为重点的社会建设，积极促进教育、卫生、文化等事业的发展。

中国加快经济发展方式转变，不仅会为自身的发展开辟更为广阔的空间，也必将对世界的繁荣稳定产生积极而深远的影响。我们期待各位朋友运用自己丰富的学识经验，结合国际和中国的实际情况，为我们积极建言献策。同时也真诚地希望，各国投资者抓住中国加快发展方式转变所孕育的巨大商机，积极参与高端制造业、高新技术产业、现代农业、现代服务业、新能源和节能环保等领域的合作开发与建设，与中国人民共享经济发展的丰硕成果。

全球经济形势与中国发展方式的转型

美国哥伦比亚大学教授、诺贝尔经济学奖获得者

约瑟夫·斯蒂格利茨

由于其他国家的经济复苏会比较缓慢，中国面临的关键挑战就是如何设法摆脱经济衰退。与此同时，中国还要好好应对一些长期挑战，如全球经济失衡、环境问题，以及如何构建一个更加和谐的社会等等。马丁·费尔德斯坦在讨论美国经济时谈了一些悲观的问题，解释了为什么我们不可对强劲复苏过分乐观。我想他讲了非常重要的观点，美国、欧洲和中国的决策者们都应当考虑他的这些重要观点，即不能寄希望于私营部门会强劲复苏，而且在出台经济刺激方案时必须非常谨慎。如果这些政策制定者不谨慎的话，全球经济增长将真正面临显著放缓的风险。

中国现在面临的挑战就是要转变增长方式，并在这一过程中同时解决好短期和长期发展的问题。要做到这点，中国需要投资，特别是扩大教育投资，扩大绿色投资，因为这会帮助中国经济转型。还要加强创新，创建合适的制度基础。所以我下面就想简略地谈谈对这些问题的看法。

一、全球经济形势

虽然亚洲经济恢复增长了，但世界其他地区的经济复苏还存在严重问题，带来的结果就是我们对强劲复苏还不能太有信心。根本的问题在于，美国经济过去是靠旺盛的消费维持，在很大程度上，全球经济亦然。消费高涨又是依靠房地产泡沫支撑，而现在泡沫已经破灭了。在美国，储蓄率现在已经有所上升，那么用什么来弥补他们的消费缺口？暂时只能靠政府支出拉动。但除了政府支出以外，我们还看不到有其他办法，至少在美国是如此。

下面让我把视野从美国转到全球。因为正是全球化为中国过去 30 年来的增长提供了强劲的动力，所以对中国来说解决这些全球问题就是重中之重。现在全球面临的问题说起来很简单，就是世界部分国家的生产量远远超过其消费

量，而另一部分国家的消费量远远超过其生产量。但这个问题解决起来的部分麻烦就在于，这些全球失衡的结构恰恰与人们正常情况下的预期相反。比如说，美国"婴儿潮"这一代人即将退休，人们本来预计美国人因此会加大储蓄，从而产生盈余而不是赤字，但实情却恰恰相反。关于全球失衡的讨论已经有过很多了，我不再赘述。但我们必须认识到很重要的一点——虽然各种各样全球不平衡的状况并不是引发此次经济危机的原因，但这些混乱的全球失衡状况应当引起我们的担心，因为它们可能会导致新一轮危机。所以想办法解决这些问题是非常重要的。

在考虑如何解决这些问题之前，我们必须看看导致全球失衡的原因是什么，根源在哪里。在这方面，我们进行了很多讨论，很多人认为问题在于美国，在于美国储蓄不足、过度消费。实际上，摩根士丹利公司（亚洲）董事长史蒂芬·罗奇今天上午还指出，情况比预想的还糟，因为美国国民储蓄率只有 GDP 的 -3%。美元作为全球储备货币也加剧了这一问题。导致全球失衡的另一个原因是世界其他国家储蓄率过高。我们必须了解为什么这些国家有如此高的储蓄率。我简单谈谈两个原因：第一，加大储蓄是为了防止全球经济不稳定。正如亚洲地区的许多国家经常说的那样，他们吸取了 1997 年的教训，他们知道如果储备不足会出现什么情况。现在人们又学到了一个全新的教训，我把它叫成 2008 年的教训。这个教训就是，一个国家如果拥有大量储备能更好地应对此次危机。于是，在这个教训的启示下，各国将会增加他们的储备，从而导致全球不平衡。第二，出口导向型的增长模式会有助于储备的不断增加。

现在我想先谈谈 G20 国家提出的解决全球失衡问题的方案。我认为这个方案并不是一个合适的解决方案。这个方案要求美国增加储蓄，我认为这一条是有道理的。但 G20 的方案还要求中国增加消费。当然，在某种程度上，这也是对的。但在我看来，这里面有两点值得警惕。第一，如果每个国家都照美国那样肆意挥霍，那么地球将无法承受；第二，无论如何提高，中国的消费量也不可能解决双边贸易逆差问题，因为提高中国消费并不一定带来美国向中国出口量的大幅度增加。

当然我们还有别的解决方案。我们必须了解这个全球问题的性质：一方面产能过剩；另一方面，大量需求得不到满足。在某种意义上，这也就是说全球市场经济没有按正常轨道运行。我们的世界在全球变暖问题上有巨大的需求，与此同时，在解决全球贫困问题上也需要巨大投资。所以解决方法并不是增加储蓄，而是如何让储蓄金循环流转到真正需要它的地方。对于国际金融市场来说，现在处于"失灵"状态，因为国际金融市场把资金循环流转到了不能有效发挥这些资金价值的领域。所以现在面临的挑战就是如何纠正这一"失灵"并找出更好的办法来使资金循环流转。

二、中国发展模式的转型

中国的出口导向型增长模式已经取得了巨大的成功。这是一个供给驱动的增长模式，在创造就业机会上面发挥了很大作用，而且供给和需求之间的差量就由出口来抹平了。但是大家越来越意识到这一模式可能很难继续维持下去了。因为那会给中国在世界范围内带来巨大的政治压力。而且，在汇率调整问题上，中国已经受到了很大的压力。但有一点可能没有太多人注意到，那就是汇率调整将会加剧中国农村的贫困问题。西方国家实行农业补贴，使这个问题更加恶化。所以如果西方国家减少这些农业补贴，可能会有助于问题的解决，有助于推动汇率的调整。

实际上中国政府很早就注意到了出口增长模式的问题，中国的"十一五"规划就表明了要转变依靠出口的增长模式。但到目前为止，增长方式转变的进度仍然相当缓慢。储蓄率仍然居高不下。但我们需要强调的一点是，储蓄率的问题在很大程度上并不是家庭储蓄率的问题。与亚洲地区的其他国家相比，中国的家庭储蓄率并不算很高。真正的问题在于企业储蓄率过高，家庭收入在GDP中所占比例较低，这才是中国跟世界其他国家大不相同的地方。但是问题在于，改变收入分配方式并不容易。

我认为，中国改变收入分配方式势在必行，这一点没得商量。而且改变收入分配方式也与构建更和谐社会的宏观社会目标一致。企业的高利润也部分地反映出工人工资较低。要解决这个问题，办法之一就是努力增加劳动力的需求。而要增加对劳动力的需求，办法之二就是为中小型企业提供更多发展机会。为了鼓励中小企业发展，可以开发省级和地方银行体系，让它们来培养中小型企业。另一个解决低工资问题的办法是提供一些制度架构，以增加工人在各级组织里有效进行集体讨价还价的能力。此外，对劳动力需求的竞争也很可能促成工人工资水平的提高。

企业的高利润还可能来源于一些关键行业里的市场扭曲。现在中国的自然资源（包括土地）定价过低。如果那些与自然资源相关的租金由政府收起来，政府可以把这些租金用于公共投资。

除了提高工资水平以外，还有一些要素可以用来改善中国的收入分配方式。其中的一些要素已经有人讨论过了，比如说增加农业部门收入、扶持低收入人群等等。温总理在他的讲话中已经有力地指出了这些因素，我想简单提一提出口驱动的增长模式转变为更依赖投资的增长模式的危险。危险之一就是某些产业可能面临进一步恶化的产能过剩问题。另外，公共领域也面临投资过度但回报率低的风险，就像"日本综合症"。但中国的情况很不一样，到目前为止，中国在公共领域的每一笔投资都获得了很高的收益，特别是在创新、教育和加快城市化进程方面的投资都获得了特别高的经济收益。

我想强调的是，还有其他的适合中国经济的增长模式，而且可能比正走向没落的出口导向增长模式效果更好。这个模式将以教育、推动创新和提高生活水平为基础，这个模式将有助于构建一个更加和谐的社会。这些内容都应当成为"十二五"规划的核心内容。我想在这里强调是中国需要更加强调"生活质量"，而非 GDP 的提高。你的衡量标准决定了你的奋斗目标，计量框架不仅对企业来说非常重要，对政府而言也同样重要。GDP 并不是一个好的衡量标准，HDI（人类发展指数）是更好的衡量标准，这是随着人类的发展进步而制定出来的。

中国必须从世界其他国家的失败中汲取教训，这一点非常重要，特别是在制度建设方面。市场不会自我监管，不会自动地平衡私人回报和社会回报，反而可能出现巨大反差。市场充斥着大量的外部风险，这是市场的本质。我们需要在市场、政府以及其他行为主体的权利之间找到平衡。政府在这个过程中扮演着很重要的角色，一方面需要控制，另一方面需要发挥建设性作用。

制度改革是中国"十一五"规划中的部分未竟之事。中国仍然需要制定法律框架（产权、监管改革），既要适合中国国情，又要兼顾效率和公平，但不能基于已经失败的芝加哥大学学派的法律与经济学模型。不幸的是，这个芝加哥学派法律与经济学模型在中国的影响太大了。中国仍然需要关注公司治理等方面的问题，美国和其他国家在公司治理上的缺陷对引发当前的危机起了重要的作用。制度改革有很多方面，我在这里只讲讲其中的一个重要方面，那就是中国的税收政策。税收政策可以在提高效率的同时帮助经济转型。我在这里举 3 个例子——比如说，征收"资本利得税"很重要，因为它可以抑制投机行为；征收"碳税"也可能发挥重要作用，能帮助经济转向绿色经济；对土地租金和垄断租金征税可以帮助政府截获那些租金，并把这些资金重新投放到极度需要的公共投资中去。

下面简要谈谈全球的经济格局。中国通过实施恰当的宏观经济政策保持住了自身的经济实力，从而在全球经济复苏中扮演了至关重要的角色。但对中国来说，现在要注重更为长期性的任务。要集中关注国际汇率，努力创建一个新的制度框架、新的国际储备体系。这也是联合国国际货币与金融改革专家委员会提出的建议，也许这是最重要的建议。中国强烈支持这个建议，包括 IMF（国际货币基金组织）在内的其他组织现在也加入中国表示支持这项建议。这项建议如果实施，将有助于解决全球变暖问题和发展问题，并促进全球经济稳定。其实这是一个很早以前就提出过的想法（凯恩斯主义），但现在提出也许恰逢其时。

富有活力的经济和富有活力的社会需要持续变革。中国需要一个新的经济发展模式，这个新经济发展模式关注和谐，关注人民及其福祉，关注创新，关注环境。从长远来看，资源挥霍型的西方生活方式不可行。西方经济发展模式已经导致了巨大的、令人难以接受的不平等、失业和不稳定。中国还可以选择其他模式来替代当前的发展模式。改变经济发展模式有助于中国走向更加和谐的社会，引领这些转变有助于中国在竞争中处于领先优势，并为中国长期、稳健的增长奠定基础。中国一贯认为自己的改革是"摸着石头过河"，总是根据经济环境的变化调整政策。中国的增长很久以来一直都是以全球化为基础，但是现在出现了新的国际经济环境和格局，国际经济体系发生了前所未有的改变，发达国家的市场经济充满了未知的变数。这些情况当然迫使中国也要做出改变。中国在摆脱当前危机方面已经走出了一条光明的道路，但还不足以确保中国能够长期增长。因此，中国必须改变经济增长方式。

以消费为主导的中国

摩根士丹利（亚洲）主席　史蒂芬·罗奇

现在，"中国经济奇迹"已经成为经济发展词典中一个熟悉的名词。这自有其道理。中国经济在过去30年里的表现令人瞩目，这个全球人口最多的国家在GDP增长、减贫和生活标准的改善等方面甚至超越了最乐观的预期。以前没有人相信中国会保持其增长势头，现在全世界都向"中国经济奇迹"张开了双臂——所有人都热情推测这些巨大的成就会一直延续到未来。

事情要真有那么简单就好了。虽然过去30年里取得了举世瞩目的成就，但是这不能保证中国的经济发展模式将来会同样成功。事实上，中国的宏观经济结构越来越失衡，全国产值过于集中在出口和固定资产投资，这已经引起了对这一模式的可持续性的深刻质疑。最终，没有任何经济体可以摆脱最基本的供需规律。如果中国保持目前的轨道不变，则其最终可能面临强劲的增长动力被巨大的失衡压倒的风险。这个警告中的关键词是"最终"——这可能会使自满的情绪压过再平衡议程，并将后者一拖再拖。

不过，在后危机时期，以上述"最终"作为借口就没有那么多时间了。现在，可持续性问题面临着新的紧迫性。这是因为支撑中国增长模式的外部需求在未来几年内都将会比较疲软。原因在于长期以来主导全球经济需求面的毫无节制的美国消费者现在必须面临去杠杆化和储蓄等重要任务。与此同时，中国强大的投资动力也开始碰上宏观可持续性等重要制约因素。简而言之，北京再也不能坐视有关再平衡问题的辩论成为无休止的扯皮了。本次危机及其导致的持续外需冲击正是对中国的一记警钟。中国果断转变增长模式的时候到了，新的增长模式应更多地依赖国内消费者的需求，而非变化无常的外部需求。

我们完全有理由相信，在将于2011年初通过的"十二五"规划中，这一转型将成为其基调。只有在北京真正把旨在拓宽就业基础、解决不利于和谐社会的收入差距问题以及提供社会保障体系以减少恐慌型过度防御性储蓄等政策作为其重点之后，消费主导型的中国才有可能繁荣发展。这些目标只有在中国发展模式的根本转变——从制造业主导的资本密集型增长转变为以服务业主导的劳动力密集型增长——后方能实现。

只要执行得当，这一规划很可能成为温家宝总理对旧模式"不稳定、不平衡、不协调、不可持续"的这一著名论断的解决之道。精心设计的促进消费的措施可能会正面解决以上"四不"。消费型中国不仅可以实现更好的宏观平衡，还可以更有效地应对过度资源消耗、环境恶化以及不断升级的贸易摩擦等负外部性。新的增长模式可使中国发生彻底的改观，并将对亚洲其他经济体以及全球经济产生长久、深远的影响。

一、两种模式之辩

过去 30 年来，中国一直在沿用着外需主导型增长模式。出口和固定资产投资这两个经济部门占 GDP 的合计比重从 1979 年的 34% 快速上升至 2007 年的 75%，翻了一番多。出口遥遥领先，成为最强大的增长动力。1979—2006 年间，出口占 GDP 的比重从 5% 上升至 36%。与此同时，固定资产投资的比重也在近 30 年间从 30% 增加到 40% （图 1）。

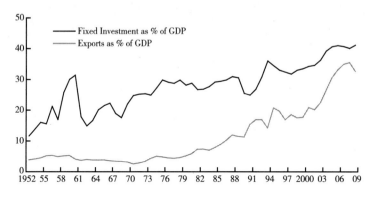

图 1 中国的增长奇迹

资料来源：国家信息资料、摩根士丹利研究部。

这两个经济部门合力推动中国强大的出口机器的运转。21 世纪以来，出口从 2000 年的 2500 亿美元增长至 2008 年的 14000 亿美元，翻了近 6 番，最近又一举超过德国，使中国成为全世界最大的出口国。但是出口的迅猛增长并不是发生在真空里的。它主要是通过中国沿海地区的先进基础设施和制造设施的投资实现的。换言之，投资的迅猛增长是出口繁荣的重要基础，它为中国庞大而且仍在快速扩张的出口平台提供了生产、组装、供应链物流以及配送等基本要素。

中国的外需主导型增长模式还得益于两个重要的外部因素——2001 年的加入世贸组织以及全球贸易出乎意料的迅猛增长，2001 年世界出口占全球 GDP 比重为 24%，到 2008 年达到了 32% 的历史最高纪录。中国的出口型增长模式占尽了天时地利，从而为整体经济创造了巨大的"红利"。中国出口占 GDP 的比重从 2001 年的 20% 上升至 2007 年的 36%，在短短 7 年时间内翻了近一番，从而导致真实 GDP 增长速度远高于过去 30 年 10% 的平均水平，在 2005—2007 年间平均高达 12%，而 2007 年则更是达到 13% 的最高纪录。以出口为主导的"中国经济奇迹"不容置疑。对此还能有什么别的要求呢？

事实上，坦言中国经济尚有许多不足的不是别人，正是温家宝总理。他这么说自有其理由。虽然这位总理对中国从上到下的表现深感欣慰，但他也坦率地警告，经济存在的问题远远大于其表象。3 年前，他首次公开承认，出口和投资主导的增长模式。使中国经济日益"不稳定、不平衡、不协调、不可持续"。这一论断反映了温总理对过度的能源消耗、污染和环境恶化、日益严重的收入差距、产能过剩以及国内私人消费的严重不足的担心掐中了问题的要害。虽然旧的增长模式在过去 30 年里以自上而下的方式创造了举世瞩目的成就，但总理还是提醒说，这一模式可能无法将中国带入下一个发展阶段。[①]

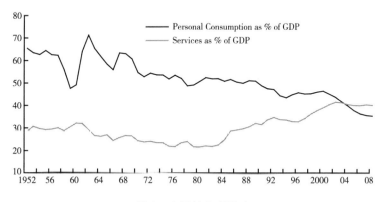

图 2　中国的宏观缺陷

资料来源：CEIC 数据、摩根士丹利研究部。

[①]　参见《未来的亚洲》"不稳定、不平衡、不协调、不可持续"部分，史蒂芬·罗奇，John Wiley & Sons 出版社，2009 年。

中国需要将以出口和投资主导的增长模式转变为消费主导型的增长模式。

这就引出了中国经济增长的另一种完全不同的模式——消费主导型增长模式，这一模式能够吸收来自 13 亿中国人口的不断增长的内需支撑。这使中国不仅得以摆脱对外部需求的过度依赖，还可以实现从资本和资源密集的制造型增长向劳动力密集的服务型增长的转变。这绝对是中国成功经济增长结构的一次根本性转变。

以下两个数据凸显了中国消费型增长模式具有较大的向上空间：目前私人消费占 GDP 的比重为 35%，服务业占经济的比重为 40%（图2）。这两个比重均处于历史低位，远低于任何一个主要经济体理想的宏观结构水平。在 20 世纪 90 年代初，中国消费所占比重超过 50%。2002 年之前，服务业的比重一直呈上升趋势，但在达到 40% 之后开始走平，并在过去几年内一直保持在这一水平——远低于 50%—60% 的正常水平。

中国消费和服务业占比的最低点是一把"双刃剑"：它们显示了本国宏观结构的显著缺陷，同时也表明结构性再平衡具有巨大的潜在空间。消费型增长模式不仅可以解决所有这些不足，而且还可以缓解旧的出口主导型模式下的许多压力和制约。目前中国面临的挑战是抓住机遇，开始实施这一重要转型。

二、敲响警钟

出口主导型增长模式有两个重要基础：出口竞争力和外需水平。对于中国而言，第一个不是问题。出口主导类制造业工资上涨的影响因生产力的大规模增长而得到抵消，总体而言，人工成本仍极具竞争力。[1] 基础设施以及中国相对较新的生产平台的现代化技术禀赋都是一流的。这强化了日益以中国为中心的泛亚洲供应链的物流。中国向亚洲贸易伙伴采购各种零部件和组件，在内地完成组装之后再出口到海外市场。[2]

2008—2009 年的金融危机给外需和出口主导的中国经济增长以持续的冲击，但是旧模式现在遇到了新问题：危机之后，外部需求可能持续衰弱。在长达 12 年的过度消费之后，已经透支的美国消费者终于支撑不住了。依赖泡沫的美国家庭在创纪录的高负债和低储蓄率下已经不堪重负，目前的储蓄率之低已不足以维持 7700 万正在老龄化的"婴儿潮"一代人的退休生活。他们接二

---

① 参见《未来的亚洲》"中国的再平衡挑战"部分，史蒂芬·罗奇，同前。

② 据国际货币基金组织的研究报告称，"亚洲地区内的大多数贸易是在垂直整合的地区供应链中发生的，总体而言，该供应链将半成品运至中国组装成成品，然后再运往工业化国家"。参见国际货币基金组织，《地区经济展望：亚太地区》第二章，2008 年 4 月。

连三地遭受了一系列沉重的打击：房地产和信用泡沫的破灭、失业率的激升以及整整一代人的庞大劳动收入缺口。因此，未来3—5年内，美国的真实消费开支增长的平均水平可能维持在1.5%—2%之间，不到2007年次贷泡沫破灭之前的12年间3.6%的平均水平的一半。

目前，还没有任何其他国家能够填补美国消费者经过多年的过度消费后留下的空白。亚洲消费者尤其不必考虑，他们的当量尚不足以推动危机后全球消费的增长。例如，虽然中国和印度人口合计占世界人口的近40%，这两个国家的消费总额仅为2.5万亿美元。相比而言，美国人口仅占全球人口的4.5%，但其年消费总额却高达10万亿美元。即使算上中印两国消费者需求快速增长的可能性，其当量差异使之在数学的意义上无法抵消美国的收缩对危机后消费增长的影响。唯一有足够当量来弥补美国消费的持续疲软的正是最不可能这么做的人——欧洲消费者（图3）。

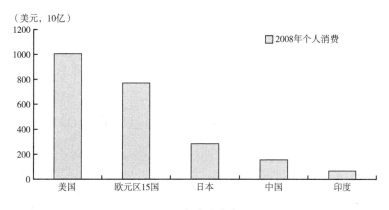

图3　全球消费者

资料来源：国家信息资料，联合国，摩根士丹利研究部。

所有这一切勾勒出一幅画面：未来3—5年内全球消费增长会慢得多，对于中国等以出口为主导的经济体而言，这意味着危机后其外需基础将持续疲软。因此，虽然中国的出口增长在2008年和2009年初的暴跌之后出现了反弹，但这个好转很可能是暂时的——其主要动力是存货的调整以及上年在危机的影响下的"比较基数效应"。鉴于全球最大的消费国可能在相当长的一段时间内不堪重负，未来几年内中国出口机器的外需基础可能会受到削弱。这可能成为制约中国出口部门发展的强大阻力——自21世纪初以来，这一部门一直是中国经济增长的主要动力。

当然，中国可以采取措施提升其出口竞争力来应对外需的不足。在这方面可能采取的措施包括货币贬值和其他商业行为以争夺其竞争对手的市场份额。但这些措施很可能暴露出口主导型增长模式的阴暗面：潜在的贸易摩擦和保护主义。这方面已经开始出现令人担忧的苗头。如果中国选择了这条路，并以咄咄逼人的贸易政策推动出口增长，则将面对显而易见的风险：这一方法可能走火而伤及自身——最容易与之发生摩擦的是那些苦于高失业率、面临不断增强的国内政治压力的发展中国家贸易伙伴。

中国若想维持目前的增长模式还有另外一种选择，增加固定资产投资。事实上，这正是本次危机最严重时所采用的积极财政刺激措施的核心部分。表面上看来，这对于中国经济在遭受极其严重的外需冲击之后保持其"增长奇迹"起到了很大的作用。在创纪录的 9.5 万亿银行贷款的刺激下，2009 年资本形成总额飙升了 17%，足以支持全年 8.7% 的实际 GDP 增长中的 70%。不幸的是，这一投资主导的增长动力进一步加剧了中国业已令人担忧的失衡，使已经处于历史最高水平的投资占 GDP 比重进一步上升至 47% 的预期水平。这不仅是中国的历史最高纪录，而且也很可能是现代历史上任何一个主要经济体的最高纪录。简而言之，在目前已经过高的投资主导型增长上进一步加大赌注将会导致产能过剩和银行贷款质量下降的双重风险。无须赘言，这一方法在未来几年里是无法持续的。

投资占 GDP 比重的上限已达到 47%，这种配置的优势其实有限。因此，我们完全有理由相信，本次严重危机将成为中国历史上的一记警钟。这导致了持续的外需冲击，从而为转变长期成功沿用的增长模式提供了足够的动力。这一转变对于缓解中国面临的其他外部风险，即前文所提到的贸易紧张关系将起到决定性的作用。通过提高消费占 GDP 的比重，中国可以压缩过度储蓄，进而减少经常账户盈余和贸易顺差。简而言之，消费型增长模式将成为解决中国所有"四不"的一剂良药，使这个国家拥有更大的灵活空间去解决其巨大的储蓄、投资和其他结构性失衡问题。

三、"十二五"规划

每隔 5 年，中国都会重新审视其经济战略。将于 2011 年初通过的"十二五"规划很可能成为中国发展道路上的一个分水岭。这一规划的出台恰逢其时——过去 30 年里为中国创造了巨大辉煌的旧增长模式遇到了前所未有的挑战。指导 2011—2016 年经济运行的"十二五"规划的起草早已开始，目前正在做最后的收尾工作。上述危机后的警钟为中国领导人提供了强大的动力来在"十二五"规划中选择新的发展道路，即批准有关政策，促进从外需支撑的出口型模式向内需支撑的消费型模式的转变。

这一促进消费的新规划应当突出三个重要方面的举措（图4）：第一，需要拓宽收入基础，这对于增强家庭购买力十分必要。在这方面，关键是中国庞大的农村人口。根据最新的估计，中国农村人口在7.5亿—9.5亿之间，占全国人口的57%—73%。平均而言，农村人均收入仅为富裕的城市地区人均收入的30%左右，凸显了当前巨大而且仍在不断扩大的收入差距，与中国所提倡的"和谐社会"的努力显得格格不入。①

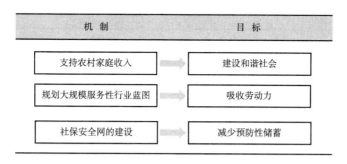

机　制	目　标
支持农村家庭收入	建设和谐社会
规划大规模服务性行业蓝图	吸收劳动力
社保安全网的建设	减少预防性储蓄

图4　第十二个"五年规划"中国的鼓励消费措施

"十二五"规划需要采取积极措施，释放中国农村地区的代际收入潜力。目前有多种方案可供选择：税收政策（包括向农村家庭退税）和农村土地改革应是其中的重点。利用IT技术实现农村社区和更富裕的城市中心的互联互通对于促进农村生产力十分重要。此外，还应采取鼓励农村人口向城市流动，以增加平均收入。最近在农民工身份证上所采用的改进措施是朝着这一方向的令人鼓舞的一步。

第二，规划大规模服务性行业蓝图。如上所述，目前服务业占中国经济总量的40%比重不仅与更成熟的发达国家相比，甚至与印度等其他主要发展中经济体相比都低得可怜。发达国家的服务业通常占GDP的65%以上，而印度等主要发展中经济体目前的水平都在55%以上（图5）。应当重点发展批发、零售经销、国内交通和物流、数据处理、医疗、金融等传统服务业。此外，还需要发展更为先进的IT服务集群，这些集群通常都建在中国高速发展的高校周边。发展IT服务集群还可以使中国参与角逐软件设计、医疗技术等高端服务以及法律、会计、咨询等专业服务市场。

---

① 据经合组织的估计，2007年城市和农村收入比达到了3.3倍的历史最高纪录——与1978年到1985年从2.6倍到1.8倍的逐步缩小的趋势相比，这实在是一个令人失望的倒退。参见《经合组织农村政策回顾：中国》，2009年。

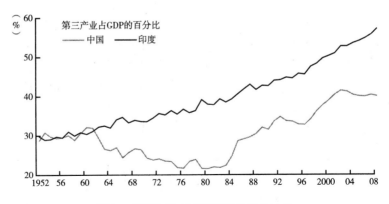

图5　中国和印度两国的服务行业比较

中国向服务业的转型可谓是"一石二鸟"[1]。如下所述，服务主导型增长模式有助于中国解决过剩劳动力这一顽疾。对于这个长期以来一直将就业作为维护社会稳定的重中之重的国家而言，这实在是一个极为重要的考虑。外贸和投资主导型增长的核心动力是资本密集型制造模式。与之相反，劳动密集型服务业可以使新增产值增长摆脱自然资源的过度消耗、环境恶化、污染等负外部性。

第三，"十二五"规划尤其应当加强中国的社会保障体系的建设。只有这样，缺乏安全感的中国家庭才会有足够的信心减少过度的"防御性"储蓄。康奈尔大学的艾斯瓦·普拉萨德（Eswar Prasad）估计，中国家庭的储蓄（按资金流估计）已从 2000 年的 27.5% 激增至 2008 年的 37.5%。[2] 我们有充分的理由相信，这反映了"防御性"或"恐慌性"储蓄的增加。毕竟，6500 多万人的下岗与过去 10 年间国有企业的改革有关，这导致了对收入和工作的不安全感。而"铁饭碗"的打破则使这一问题更加复杂，以前，国有企业为中国家庭提供终身福利，包括劳动和退休收入、医疗保健、住宅、教育补助等。

除了消除这些忧虑，新规划应重点支持扩大现代社会保障体系，尤其是社会保险、个人养老、医疗保险以及失业保险等。令人不解的是，近年来中国在这些方面几无建树。例如，全国社保基金目前管理的资产规模仅为 1150 亿美元，平均下来，每个工人的终身社保福利仅为 1300 美元。与之相似，一年前建立的 8500 亿元人民币全国医疗保险计划只够在未来三年内为每人支付 30 美元。无论其初衷是多么高尚，这些措施的力度都不足以对根深蒂固的不安全感产生实质性的影响，正是由于这种不安全感使家庭收入发生了重"防御性储

---

① 参见《未来的亚洲》"一石二鸟"部分，史蒂芬·罗奇，同上。
② 参见艾斯瓦·S. 普拉萨德，《亚洲增长的再平衡》，康奈尔大学，2009 年 7 月。

蓄"、轻消费的畸形配置。

当然，没有任何一种方案可以一劳永逸地解决消费社会的问题。在许多方面，中国其实是其自身成功的牺牲品。中国消费文化的发展举步维艰，对此出口型增长模式的巨大成就要负很大的责任。但消费主义是任何一个繁荣的国家（尤其是中国和印度这样的人口大国）的最终归宿。我不赞成中国人有着根深蒂固的反对消费的说法。这不是遗传基因的问题。中国人偏好储蓄是在缺乏一个稳定、安全的社会保障体系下的一个理性的选择。此外，消费不足的另一个原因是中国广大的农村人口收入水平低，同时也缺乏新的高收入就业资源。如果"十二五"规划能够有效解决这些缺陷，我相信中国消费者的跟进速度会快得令人大跌眼镜。

四、劳动密集型增长

消费型增长模式的优点完全符合中国下一阶段的发展愿望。这一途径可以克服不断加剧的失衡问题的许多内部及外部陷阱。同时，它还为中长期发展的可持续性的重要问题提供了新的解决办法，可持续性问题是温总理有关中国经济"不稳定、不平衡、不协调"论断的核心。

消费型模式最大的好处可能是它以劳动密集型增长机制为基础，从而使中国有望降低维护社会稳定所需的 GDP 门槛。对于任何以制造业为主导的经济体而言，这是一个非常艰巨的任务。制造业生产力的持续提高通常会导致以资本对劳动力的替换：越来越先进的资本设备的使用将导致工人数量越来越少，从而抑制了就业机会的创造。这似乎正是中国目前的情况。自 2000 年以来，尽管中国 GDP 的平均增长达到 10%，在亚洲所有发展中经济体中位居第一，但同期的平均就业增长仅为 0.9%，是该地区中最低的（图 6）。旧的制造业主导的资本密集型增长模式下就业增长是如此虚弱，无怪乎中国需要 10% 的 GDP 增长才能达到维护社会稳定所需的就业要求。

向服务型经济的转变可以改变这一现象。对于任何一个现代经济体而言，服务业都是创造就业机会的引擎。从定义上来看，劳动密集型经济活动与资本密集型制造活动形成了鲜明的对照。它们提供了在价值链的两端吸收劳动力、增加就业的机会。虽然低附加值的经销、销售、金融服务等交易性任务需要采用越来越强大的处理技术，但在中国这样人口众多的国家，要达到如此庞大的运营规模，就必须增加雇佣人数。此外，知识型工作者（即专业人员和管理人员）所实施的高附加值任务在很大程度上体现在受过良好教育的人员队伍的人力资本上。简而言之，劳动密集型服务业对于中国创造下一轮的就业机会大有可为。

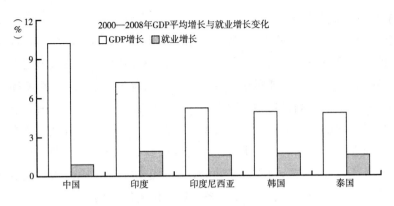

2000—2008年GDP平均增长与就业增长变化
□ GDP增长　　▨ 就业增长

图 6　中国的就业问题

中国需从资本和资源密集型增长转变为劳动密集型和资源集约型增长。

服务业创造就业机会的好处可以通过中美两国就业结构的对比来加以说明。表 1 显示了中美两国城镇劳动力队伍的就业结构的差异——中国的情况与

表 1　就业结构：中国 vs. 美国

	中国（城市劳动人口）	美国
就业总人数（百万）	120.2	131.6
第一产业	8.0%	2.1%
第二产业	37.6%	13.0%
第三产业	54.4%	84.9%
政府部门	10.7%	17.1%
私营部门	43.7%	67.8%
批发零售	4.2	15.1
交通运输	5.2	3.1
公共事业	2.5	0.4
信息服务	1.2	2.1
金融服务（包括房地产）	4.6	5.8
教育	12.6	2.3
卫生保健	4.5	12.4
专业商务服务	4.1	12.6
娱乐休闲及酒店行业	2.6	9.8
其他私营服务	2.2	4.2

注：中国就业数据为 2007 年；美国数据为 2010 年 1 月更新。

数据来源：中国国家统计局以及美国劳动统计署。

更为现代化的经济体的就业结构之间存在着更高的可比性。虽然中美两国基本上处于两个相反的发展阶段，但通过这一对比可以看出，美国典型的以服务业为主导的增长模式显示了中国目前尚处于发展初期的服务业在扩大就业方面具有多么大的潜力。从这个角度来看，中国批发和零售、医疗保健、专业和商业服务、休闲和酒店业的雇佣的人数明显偏低。美国单是这4个行业雇佣的人数就比中国多4700万，这凸显了两国服务业的规模差异。为了使消费型增长模式满足创造就业机会的要求，中国的"十二五"规划有必要特别重视这些关键的劳动密集型服务行业的发展。

对于中国这样劳动力过剩的经济体而言，向服务型经济的转型无疑可以带来最重要的好处：劳动密集型服务业在推动整体经济创造更多的就业机会方面的效率远高于资本密集型制造业。在增加服务密集型宏观框架下，不难想象，中国的GDP增长可以降低至7%—8%，而年均就业增长速度则可以提升至亚洲其他发展中经济体的1.5%的正常水平。而中国所需要做的仅仅是将其"第三产业"（即服务业）雇佣人数占全国就业人数的比重每年平均提高0.4个百分点。① 这足以使该国提高单位GDP的新增就业人数的增长速度——这是中国在适度放慢GDP增长的同时确保社会稳定的唯一方法。

这样的产出和就业结构转变将使中国获得新的机会来解决日益严峻的可持续性制约问题。服务主导型增长不仅可以使中国以劳动力换资本，而且基于知识的产出对于自然资源的消耗也要远低于制造业的物质产出的消耗。这对于中国解决资源消耗和环境恶化的双重问题至关重要。正如前文所强调的，出口主导型增长模式及其固定资产投资在很大程度上就是制造业和工业生产的事。这使庞大而快速增长的中国经济越发难以降低它给这个世界造成的负担。

而中国工业部门使用煤炭、石油、基础金属和其他自然资源的效率低下又使得这一问题进一步复杂化。自2000年以来中国在全球基础材料消耗中所占比重高得不成比例。我们估计，2008年中国消耗的铝、钢材、铁矿石、煤炭和水泥合计占全球消耗总量的近50%（图7）。与此同时，中国单位GDP的石油消耗仍然高达世界其他国家的两倍以上。不幸的是，中国的环境恶化也格外令人瞩目。据世界银行报告称，在全球十大污染最严重的城市中，中国占了七个。此外，中国在有机水污染物排放方面也位居世界之冠。

---

① 这并不需要中国为了大幅加快整体就业增长而对其就业增长结构进行从劳动力节约型制造业向劳动密集型服务业的重大调整。根据国家统计局的统计，目前中国的就业人口总数约为7.7亿。每年增加0.6个百分点将意味着460万个新的就业岗位。如果按照极端的假设：所有这些新增就业岗位全部流向了服务业，这将使服务业雇佣人数占比提高0.4个百分点。

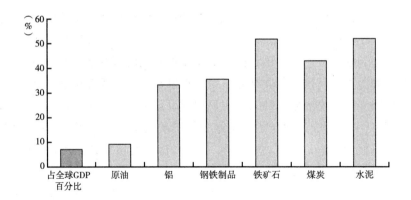

图7 资源密集型中国增长

与资源密集型制造业不同的是，劳动密集型服务业很显然可以降低中国
GDP 增长对新增物料的需求。因而这也可以缓解全球商品市场供应方的压力
以及中国和其他商品消费国和输入型价格和成本压力。与此同时，从资源密集
型工业活动向劳动密集型服务活动的转变将减轻 GDP 增长导致的环境恶化和
污染。与旧模式无节制地索取全球资源不同的是，新的消费和服务主导型增长
模式使中国看到了更轻型、更洁净、更绿色 GDP 的希望。

30 年来，资本密集型增长模式推动了出口和以出口为导向的固定资产投
资增长，中国从这一模式中获得了巨大的利益。但是现在这一模式的负外部性
正在将中国经济带入一个危险区域，并引起了人们对于其可持续性的严重担
忧。最终，向日益以服务业为主导的、劳动密集型增长模式的转变是中国唯一
的出路。"十二五"规划应在这方面迈出重要的一步。

五、中国的全球角色

在这个全球化的时代，所有国家都有维护全球经济的责任。无论是发达国
家还是发展中国家概莫能外。作为贸易全球化的最大受益者之一，中国在这条
核心原则面前也不例外。很简单，如果没有全球化的两个最重要的支柱——贸
易自由化和全球贸易的快速增长——中国强大的出口主导型增长模式就不可能
实现。

虽然由于贸易和资本流的全球化（更不用说跨境信息和劳动力流动的激
升），很难想象在这个相互联系日益紧密的世界里会有倒退的事情发生，但是
现在确有迹象表明不能排除这种可能性。在后危机时期，贸易摩擦和保护主义
的鼓点正在一浪高过一浪。发达国家目前正经历着罕见的高失业率和实际工资

的持续滞涨。不管是对是错，它们都把与贸易有关的压力视为当前困境的核心，而中国则被他们专门拿来当作这一争论中的避雷针。与此同时，他们对于多边贸易自由化的热情也有所减退，多哈回合一直没有取得实质性的进展即是明证。在令人失望的哥本哈根峰会之后，全球应对气候变化的意愿也成了一个严峻的问题。一方面各国首脑们仍在就全球化讨论不休，另一方面有关"本地化"的自我利益也正在变得越来越明显。

尽管存在这些令人担忧的迹象，但是一个新的政策架构的广泛框架正在危机后的废墟上崛起。这一架构以 G20 为中心，这是对长期以来以美国和欧洲为中心的全球权力架构 G7 的一次全球转变。更重要的是，G20 对于发达国家和发展中国家而言更加广泛，更具代表性。G7 仅占世界人口的 11%，世界 GDP 的 42%（按购买力平价计算），而 G20 则约占世界人口的 65% 和世界 GDP 的约 75%。作为世界最大的发展中经济体，中国应拥抱 G20 赋予的领导责任。

但是作为一个穷国，中国并非总能从容应对各种全球挑战。考虑到目前中国仍有 7.5 亿人口居住在收入较低的农村地区，这一点不难理解。中国以发展经济为首要任务不能成为其忽视减贫工作的理由。不过，面临挑战的全球性使得后危机时期的优先次序发生了彻底的变化。中国需要在这些国内和全球考虑之间保持微妙的平衡。

中国需对全球再平衡有所贡献，可以通过减少大规模储蓄和经常账户盈余来实现。

要想实现这一目标，中国必须更加深刻领悟本次危机的教训以及中国经济在此次动荡中所扮演的角色。虽然有许多东西可以拿来作为替罪羊，但毫无疑问，全球经济失衡是问题的主要根源。在拥有全球最大赤字的经济体——美国，资产和信贷泡沫推动了"虚拟消费"的狂欢。与此同时，消费不足的中国经济则由于过度储蓄而驶上了一条以出口为主导的不稳定增长轨道，需要将巨大的外汇储备变换成美元资产，并不断循环这一过程。目前，对于先有鸡（中国），还是先有蛋（美国）的争论尚无结果。但是当美国的泡沫破灭时，所有的鸡都只能关起门来自食其果。密不可分的世界经济的其他部分很快受到了影响——随着全球贸易创纪录的暴跌、全球资本流的失灵以及在这一失衡的全球增长模式中使用杠杆率最高的金融机构纷纷遭到挤兑，它们都深受重创。

与人们普遍相信的截然相反，当时并没有发生"全球化时代的脱钩"——尤其是在 2008 年底、2009 年初世界一步步滑向深渊的时候。对于中国和其他所有依赖外需的经济体而言，本次危机无疑是一记警钟。长期失衡对于持续的繁荣而言是十分危险的。因此再平衡就成了危机后的当务之急。

六、危机后的陷阱

如果这个世界不能吸取系统性失衡的前车之鉴，那它必将会走向另一场危机。尽管在危机之后这种可能性似乎并不是很现实，但是危机后的世界似乎并没有真正把再平衡提上议事日程。虽然美国消费者已经开始削减其过度的负债，但是这一去杠杆化的努力远不足以抵消政府庞大的财政赤字——其规模之大，足以将美国的净国民储蓄率拉入负数区间（占 2009 年三季度国民收入的 −3.2% 的历史最低水平）。鉴于美国政府可能在未来数年内保持巨大的超支，美国的经常账户（全球失衡等式中赤字方面的主要失衡根源）前景仍然极不乐观。与此同时，希腊、葡萄牙、爱尔兰、意大利、西班牙等国严重的财政问题表明，欧洲仍然深陷于不断加剧的公共债务的泥潭之中。当然，日本公共债务与 GDP 的比率已经高达 180% 且仍在不断上升。简而言之，发达国家并没有提出可信的危机后再平衡议程。

因此，发达国家单单把中国作为持续的高失业率以及相对滞涨的实际工资的罪魁祸首不仅具有讽刺性，而且还很虚伪。[1] 越来越多的人抱怨人民币汇率被低估是发达的工业化经济体中工人所面临的压力最主要的原因之一。在美国和欧洲的失业率均高达 10% 的情况下，反华政治势力又有所抬头。持这些观点的人争辩说，只要中国重估人民币汇率，发达国家工人的压力就会迅速得到缓解。

不幸的是，这错得太离谱了。对于任何一个经济体而言，就业增长都是"派生需求"，严重依赖于终端市场的需求情况。美国就业机会的创造长期低于平均水平的可能因素是危机后美国消费的疲软，而非中国货币汇率不当。具有讽刺意味的是，一旦华盛顿为了纠正所谓的货币扭曲而对中国实施贸易制裁，则很可能伤及自身，从而给危机后的世界增添新的、令人担忧的压力。

对中国实施贸易制裁的两个结果可能会令美国感到不安：首先，与储蓄不足的美国经济存在双边贸易问题的不止中国一个。2008 年，美国与 90 多个国家发生了多边贸易赤字。但最大的双边贸易失衡出现在美国和中国之间——其规模占 2008 年贸易逆差总额的 32%。但其原因正是美国企业有意采取的外包策略以及消费者对低价产品的偏好。事实上，除非美国大幅增加其储蓄以减轻多边贸易失衡（在预算赤字高达上万亿美元的情况下，这一可能性很小），针对中国的贸易制裁的结果很可能是将美国对中国的贸易逆差转移到其他贸易伙伴。这将使美国转而向成本更高的制造国进口商品——其作用相当于对已经陷

---

[1] 参见史蒂芬·罗奇，《全球再平衡也是美国的事》，《亚洲华尔街日报》，2010 年 1 月 28 日。

于困境的美国消费者加税。其次，中国可能对美国的制裁采取报复行动，减少购买美元资产，从而使美元贬值压力和美国长期真实利率向上的压力陡增。

以消费主导的中国也可以降低全球贸易摩擦的风险。无论中国如何强烈反对贸易摩擦的动机和逻辑，它都无法忽视全球化辩论中的政治化因素。在危机后的虚弱气候中，这一剑拔弩张的姿态无论如何不能被当做空穴来风而一笑了之。反华缺乏逻辑基础。政客们需要寻找替罪羊，而飞速发展的中国经济则是华盛顿的第一个目标。中国要想渡过这些难关必须有足够的远见、决心和领导力。重要的是，中国的领导力不能以否认开局。相反，它必须承认自己也有问题，即存在结构性的失衡，且该失衡已经导致庞大的经常账户盈余和贸易顺差。如果北京不能解决这些关键问题，那么下一次世界经济再遇到问题时，中国经济也难以幸免。

事实上，新的模式在这一方面可能会发挥很大的作用。向消费型增长模式的转变对于减轻不断加剧的贸易摩擦以及庞大的外汇储备相关的外部压力可以起到长远的作用。如前所述，如果过度的防御性储蓄能够得到抑止并转向国内消费，那么经常账户盈余就会减少，从而为中国有效减少贸易顺差创造条件。这对于消除发达国家不断激化的反华情绪十分重要。当然，外部盈余的减少还可以减少外汇储备的积累。这就提出了全球失衡背面的一个重要问题：如果中国没有那么多的盈余储蓄来提供支持，美国将如何维系其外部赤字？

总而言之，中国完全有理由相信，即将出台的"十二五"规划中支持消费的政策措施不仅有助于解决国内的失衡问题，而且对于解决全球失衡的中国因素——过度储蓄问题也将起到长远的作用。和美国一样，中国也已经明确表示它认为稳定的汇率符合其自身的最大利益。不难理解，拥有一个强势货币十分重要，尤其是对于一个金融体系尚处于发展初期的发展中经济体而言。此外，从20世纪80年代末日本的经验以及2002年以来美国的记录可以看出，最近通过货币调整解决经常账户失衡的经历并不能完全令人信服。对于过度储蓄的中国经济而言，鼓励结构性再平衡的支持消费政策对于促进再平衡的效果可能要比迂回曲折并可能起到误导作用的货币调整好得多。

中国正处于一个伟大历程的关键时刻。过去30年里，她在经济发展和消除贫困方面取得了前所未有的成就。但是这一方法是有代价和风险的——无论从国内还是从全球的角度来看，不断加剧的失衡正在威胁其增长的可持续性。对于尤其处在后危机时期的中国而言，再平衡是一项明确而紧迫的任务。"十二五"规划为中国提供了一个独特的机会来实施新的、更可持续的、劳动密集的、消费型增长模式的转变。长期以来中国一直坚定、务实地致力于维护社会稳定，我相信中国一定会抓住这一机遇。除此之外，没有别的选择。

全球经济复苏前景及其对中国的影响

美国纽约大学教授 鲁里埃尔·罗比尼

我想跟大家谈谈我对全球经济前景及其对中国的影响的一些看法。一年前，全球经济实际上处于自由落体般的衰退。产量下降、失业升高、出口和进口萎缩，似乎全球经济即将崩溃，就像 1929 年到 1931 年间大萧条到来之前的情景。虽然情况如此严重，但各国的政策制定者们却跟不上形势。美国的决策者认为这只是一次小衰退，世界其他国家的决策者们相信"脱钩"，认为不会受到美国经济衰退的影响。在雷曼兄弟倒闭之后，所有这些决策者们才如梦方醒，他们看到自己正在掉向深渊，才意识到经济正处于自由落体式的下滑状态。于是他们最终开始严肃对待此次危机，开始调用手里的各种政策工具。只要兵器库里有的，他们全都搬了出来，枪、炮、火箭筒、导弹、火箭，能用的全都用上，开始放松货币、放松财政、为金融业提供最后担保并实施围栏隔离，以期阻止经济的自由落体下滑。我们在此应该表扬美国、欧洲、日本和中国的那些决策者们，因为他们最终阻止了经济的自由落体下滑并重新启动了全球经济的上升。

现在我们就来谈谈全球经济的复苏。我们注意到金融市场开始强劲复苏，世界各国的证券市场开始重整旗鼓。对于全球经济复苏和金融市场重现生机，人们很得意，但我却感到人们似乎又得意得有点忘形了。因为当我向前观望时，我发现全球经济前景仍有下滑的风险，仍有倒退的风险。下面我想讲讲我的这一观察并谈谈它对中国的影响。

今天早上马丁·费尔德斯坦在早餐会上表示，美国经济当前仍然存在着巨大的衰退风险。美国经济确实在复苏，但这样的复苏至多是无力、低于标准、低于趋势的恢复，甚至存在二次探底——即双谷衰退的风险。在今年上半年，因为一些临时性因素的作用，也许美国经济增长能够达到 3% 左右。这些临时性因素包括财政刺激。但财政刺激措施将在今年下半年由激励转为拖累经济增长。临时性因素还包括发新股。但到今年下半年，不可能再发更多新股。由于底线效应，政府还需要让上百万的失业工人重新就业。一些临时性税收政策，如投资税收优惠、首次购房税收优惠等措施，到了今年下半年，其效果将逐渐淡出。原因何在？因为经济发展没有后劲。这一点，马丁·费尔德斯坦已经指出来了。就业增长疲软，劳动力增长疲软，家庭不得不增加储蓄以去杠杆化，从而造成消费增长低于收入增长，因此经济增长将放缓。房地产业——无论是住宅还是商品房，都出现产能过剩。甚至制造业也表现出产能过剩，导致资本支出和房产固定投资也恢复缓慢。信用紧缩仍然存在，尤其困扰中小企业的发展。扩大财政赤字的做法最终可能毁掉经济恢复的成果。所以我说，美国经济的复苏至多是一种无力的复苏，且面临下滑的风险。

欧元区和日本的情况并不比美国好多少。这些区域内国家的经济增长率已经低于美国的增长率，因为它们潜在的增长率至多是2%，而美国的增长率是3%。这些国家都有着很大的财政赤字，发行了大量公共债券，金融体系庞大，虽然不易垮掉，但也不易救活，即使在本次危机之前情况就是如此。这些国家需要加快结构改革以发展生产力，但这些国家的政治经济现实却使这些改革进展缓慢，不可能达到最佳且最令人期待的效果。欧元区内还有一些别的问题，比如说希腊、意大利、葡萄牙和西班牙面对的问题。这些国家预算赤字很大，债台高筑。现在这些国家还面临经济增长缺乏竞争性的问题。10多年前，这些国家占有的市场份额就逐渐被中国和亚洲蚕食掉，因为上述国家出口的也是劳动力密集型产品，附加值很低。而这10年来，上述国家的工资增长却超过了生产力的增长，于是单位劳动力成本上升，实际汇率升高，欧元大幅上扬。竞争力失去了，对外赤字拉大，造成经济增长放缓。这最终都反映在2002年到2008年间欧元的巨大升值上。因此，即使希腊和别的居于欧元区外围的成员国能够进行财政调整——其实要做到这一点本身就很难，但即使做到了，也很难恢复经济增长。现在摆在面前的只有两个办法。一是实行通货紧缩，但这就意味着经济衰退将会持续，没有任何社会和政治团体会接受这一现实。看看阿根廷的遭遇，数年的衰退和萧条。所以说，通货紧缩不太可能得以实行。那只能采用第二个办法，也就是德国的办法，即企业重组、加快结构改革。但即使这样，德国也用了将近10年才促成单位劳动力成本的降低。所以我说，欧元区的局势仍然相当困难，甚至在以后3年里欧元区想要解体也不太可能。日本的境况也好不了多少。

下面我谈谈全球经济现在面临的另一个问题。美国作为消费者的圣地，一直以来都是花得比挣得多，有着庞大的经常项目赤字，但现在美国花得少些了，储蓄多些了，从而减少了消费和进口。但在世界的另一边，在中国、德国、日本、亚洲新兴国家以及拉美国家，在这些生产者的圣地，一直以来都是挣得比花得多，享有顺差。现在，过度消费的美国开始搞节约，但那些过度储蓄的国家并没有降低储蓄率和增加国内消费支出，从而无法跟美国的节约相抵消。因此，这就造成世界范围内产能过剩，全球总需求量的恢复肯定会比预想的更慢。而这种状况也就意味着经济增长会很缓慢。

现在中国采取了一些措施以应对金融危机和净出口大幅下滑的局面，但对危机的反应并没能促使中国有效改变政策来刺激消费。消费在中国仍然只占GDP 的 36%，而在美国消费占 GDP 的 70%。美国消费太多，而中国消费太少、储蓄太多。但中国把需求量从净出口转向更多的固定投资，基本上就是通过提供基础设施建设投资来刺激房地产投资，通过向国有企业提供廉价信贷来"生产更多、雇佣更多"，此举无疑会在产能已经过剩时继续增加产能。固定资产投资在中国已经占 GDP 的 42%，去年更占到 GDP 的 47%，但世界上没有任何国家能够如此"多产"，能够运用相当于 GDP 一半的投入来增加产能而不造成产能过剩。今天，中国在重工业、商品房和住宅房地产领域，已经过剩的产能仍在继续增加。而且我可以说，中国甚至在基础设施建设领域的支出也已饱和。

所以，中国需要做的是把需求转向消费，增加消费在 GDP 中的比重。当然，这需要中国制订政策来提升社会保障、社会安全网络、教育、农村收入、医疗等等。这也意味着中国必须改变一些定价机制，其中两个重要的价格机制是资本价格机制和实际汇率。在中国，资本的价格太低了。经济增长率为9%，名义利率是 2%，而实际利率为负数。这就是为什么中国有过度投资的原因。储蓄者并未获得收入，收入事实上被转给了国有企业。而如果货币币值被低估，那也意味着过度依赖出口、过度依赖投资，而对消费的依赖度不够。中国的问题在于家庭收入只占 GDP 的 40%，企业领域的收入或留存收益占到GDP 的 25%，那自然会带来更多的产能、更多的资本积累。而到了将来的某一天，这样的方式将不可持续。在一个产能已经饱和的世界，继续增加产能不可能起到作用。

这就是为什么在我看来做出改变非常关键，不仅要改变很多别的东西，还要改变汇率。当然汇率不是关键因素。美国需要增加储蓄，中国需要减少储蓄增加消费。中国要进行这样的调整，一部分需要借助于政策实施来增加收入和减少预防性储蓄，一部分则需要改变一些定价机制。如上所述，需要改变定价机制的另一个因素就是名义和实际汇率。由于没能实现名义汇率升值，中国现在面临通胀压力加大，货币和信贷增长缺少控制等风险。除了通货膨胀，中国还可能出现资产泡沫型通胀。最终，在将来的某一天，中国将面临很难处理的情况。所以，姑且不论美国给予中国的任何压力——实际上也没有人喜欢贸易保护主义，我认为，中国如果现在开始提高汇率灵活度，将有利于中国的短期和中期利益，因为此举将帮助中国防止过热，防止产能过剩以及防止资产泡沫。越早这样做，中国经济乃至世界经济方能越快越好地重新恢复平衡。

复杂的转型之路：
中国在后危机时期的可持续发展

美国斯坦福大学教授、诺贝尔经济学奖获得者

迈克尔·斯宾思

我希望跟你们分享一下我对经济转型的一些看法，因为我们一直都在谈论转型。中国面临的是非常复杂的转型任务和非常困难的外部环境。过去有过很多失败的先例，由于转型，让这些国家陷入衰退。但是如果我们不看好中国的转型，那肯定是愚蠢的。

下面我想先讨论一下外部环境。中国新的增长方式将在这种外部环境下发挥作用。对于发展中国家来说，外部环境十分重要。近来，我们已经广泛地认同了一个观点，那就是当前发达国家的经济衰退非常严重，而且很可能在时间上会比较长，恢复会比较慢。在我周游世界的过程中，我发现现在一些人仍然趋向于认为此次经济衰退只是一种传统的周期性的景气循环。但这个观点正渐渐被另外一种认识所取代，就是认为现在的全球经济及其中的主要经济体实际上正在经历一种永久性的经济结构调整，这次危机并不是一次传统意义的经济危机。在美国和其他一些国家，房产行业资产负债表修复的过程是很难加快的。除此之外，在发达国家，特别是美国，政府为了不冒风险，并防止在近期出现资产泡沫，采取的措施最终造成更高的储蓄率。我们还不知道这个储蓄率会上升到多少，也不知道时间会持续多久，也许会永远持续下去。失业率的下降会非常缓慢。不过，目前参议院还未批准的那个非常慷慨的失业保险延期方案应该会对维持消费水平发挥作用，帮助人们减少他们为预防失业而多增加的储蓄。在私营部门实行去杠杆化，同时又在公共部门实行杠杆化。我可以说，在 5 到 10 年里恢复财政平衡，不可能制定出一个获得广泛认同的计划。而且考虑到现在美国的政治环境，政府根本不能制定出这样一个令人信服的计划。所以在这种环境下，上述这些情况就会带来不确定性、风险和

潜在的利率和汇率波动。

这种状况现在通常被称之为新的常态，至少在投资界里是这样。人们称其为后危机时期的新常态。特征就是增长更加缓慢，全球总需求会在较长时间内保持疲软，在这种经济环境里，保护主义情绪抬头，风险和不确定性蔓延。各国中央银行和政府面临很多困难的选择，资产负债表的脆弱、退出流动性、恢复经济增长需要更长时间。我的这些描述看起来非常悲观，好几位学者已经以不同方式向大家介绍过这方面的情况了。但我相信，在发达经济体的私营领域，基础推动力仍然是完整的。在某个阶段，我们会回到那种依靠创新、创业等因素而持续增长的模式。但问题就在于到达这个阶段之前的时期，因为这要取决于政治和政策选择的效果。即是说，我们回到那种增长模式需要多少时间？

如果你问过很多的发达国家的国民，你问他们，什么是建立他们国家比较优势的长期基础？你可能会发现人们在这个问题并没有形成共识。如果你继续追问，你可能会发现实际上人们潜在地对他们国家的长期基础存在一种担忧，导致他们不愿回答这个问题。

这个新常态并不是一种预言，而是一个事实上正在逐步发展的过程。它的发展取决于国内的政策选择和国际的政策协调。在国际方面，就要看我们如何改善并重新平衡全球需求、如何重新制定金融规则以及别的一些问题。这个新常态事实上并不是确定的状态。它在很大程度上取决于 G20 国家协调的有效性，在这一点上我们无法得知，但昨天国际货币基金组织的约翰·列普斯基告诉了我们一些有关 G20 协调的乐观的报告。但是，考虑到目前发达经济体仍面临大量的国内挑战，以及国内一些人趋向于抵制合作，而且低增长的环境相当顽固，至少我个人很难在这个时候对 G20 的协调有效性感到乐观。

在未来的 3 到 5 年时间里，将会出现我以前曾经探讨过一种现象，那就是全球竞争，因为主要的发展中国家不得不持续地支撑它们的增长，这并不容易。而一些主要的发展中国家将能更好地渡过危机。其原因是因为对危机反应迅速，另外也部分是因为提前运用了财政储备、清除有毒资产等等措施。

下面我来谈谈中国面临的复杂的结构改革。首先让我简单提提中国的经济规模和影响力。中国已经上升到一个地位，具有巨大经济规模，因而能够产生全球性的影响，而且这种影响力正在持续扩大。比之先前那些达到这种地位的国家，中国达到这个地位时收入水平要低得多。这是中国经济规模和长期以来快速的经济增长实现的功效。在这方面，我可以说，虽然战后日本的发展最接近中国的状况，但仍然无法与中国的影响力同日而语。在这种情况下，中国需要一方面在应对国内发展、增长和分配挑战的同时，另一方面要承认中国经济对全球的影响力，因此中国制定的政策必须在这两方面实现精密的平衡，只有这样才符合中国的长期利益。

值得注意的是，对于一个处于这种收入水平和增长阶段的国家来说，国内自然地倾向于尽可能地集中精力搞国内建设，因为谁都知道仅这一项工作就很复杂了。但是对于我们这些专家和对中国持有同情态度的国际评论家来说，那种保守的做法是不明智的。符合中国利益的做法就是想办法解决这个国内国外平衡的难题。对中国来说，去管世界别的国家的事情也许看来显得有些爱管闲事。可能很多人会想"管好我们自己的事就行了"，但实际上，我想更好的态度应该是"中国这个国家认识到了该国的重要性，以及它能够在构建世界经济秩序方面发挥的作用"。世界经济秩序总是不断变化的，而中国能够发挥的作用会越来越大。所有较大的发展中国家都需要理解这一点，它们在金融流动、贸易、服务领域不断增长的规模正在促使发达国家进行主要的结构改革。在发达国家这边，它们从发展中国家贸易伙伴那里获得的一些反应对它们来说是非常重要的，从而促使它们进行结构改革。

下面我想谈谈向中等收入国家的转型。虽然中国是一个非常巨大非常复杂的经济体，而且各区域之间的发展差异巨大，但总体而言，中国经济中增长较快的部分已经进入我们常说的"中等收入转型"。这种转型主要涉及的是宏观经济结构的变化。这个转型相当困难。根据国际经验，只有很少的经济体能够在经济发展的中等收入阶段保持较快的增长速度。只有日本、韩国、新加坡以及中国的台湾和香港成功实现了这一转型。而大多数别的国家在进入中等收入后，这包括所有的亚洲其他国家、多数中东国家以及实际上所有的拉美国家，它们都是在实现中等收入后经历了巨大的增长减缓，或增长停滞。从这些国家的经验中可以学到非常重要的教训，可以发现导致它们出现上述情况的原因，而这对中国制定自己的政策非常重要。

在中等收入转型阶段，国内经济成为一个更加强劲的增长引擎。中产阶级的壮大以及他们的消费行为成为经济结构演变的决定性因素。这是一个市场驱动的过程。经济多元化的进程还在继续，速度还会加快。不论在进口还是在出口领域，如果你看看中国的数据，你会发现这个过程已经在发生了，而且变化速度非常快。也许还有更重要的一点，那就是熊彼特曾经讲过的著名的"创造性破坏"① 开始在中国发挥作用了。那就意味着，劳动密集型产业，虽然曾经是中国非常重要的增长引擎，特别是在出口领域，但现在当人们收入逐步增加后，这些产业将会衰退。这些劳动密集型产业将会移往内地，移往西部，移往海外，但最终这些产业将会消亡。而让这个过程自然发生是非常重要的，政府不应干涉，但从政治角度来说，政府这样任由它们消亡置之不管是个很难做出的决定。劳动密集型产业被资本、人力资本和知识密集型产业所取代，这些产业能带来很高的附加值。服务行业更加发展壮大，特别是在城市地区。而且还很重要的是，服务行业将吸引越来越多的农村城市迁移劳动力。服务行业将成为创造就业机会的引擎，取代出口行业的地位。出口行业将江河日下，因为出口行业进行的都是一些低技术水平的相对劳动密集的经济活动。

市场和投资将引领这一演变，发挥支持作用的将是向教育、研发和技术领域的公共投资。金融行业的发展将变得非常重要，因为这个行业将向中产阶级向更加富裕的人们提供越来越多的储蓄选择，同时也能够将风险资本引向潜在高回报的领域，引向无污染和创新性领域。

投资体系现在不得不重新构建，以减少那些高利润低边际回报领域的投资，而增加那些高资本高潜在回报领域的投资。这就意味着资本的流动应当是自动的，资本应当主动去寻找收益，对某个公司或对某种环境来说，资本的流动可以让人们自动地冒出个好主意。

政府的产业政策仍然相当重要，但应当变得更加中立，尤其是针对某个行业的具体发展而言。产业政策的目的转而注重产生无形资产，创建软件基础设施，以支持自然的市场动态推动这一多元化进程。

为什么这个转型过程在很多国家都是很困难的？有很多的原因。但很明显的一个原因就是，这个过程要求政策和公共部门投资做出较大调整，但有的国家有的时候并没有足够迅速地做出这种调整，可能部分是因为这个国家难以抛弃那种让该国在 20 或 30 年里如此成功的发展模式，难以让该国用一种尚不明确性质的新模式来取代这种模式，因为这种新模式的特征并不能让人准确地掌握，而且将来能够发挥的作用也让人难以预测。而另一方面，政府很明显已经有了现存的政策和工具可以用来在一定时间里维持过去的发展模式，但是政府

---

① "创造性破坏"指的是以创新作为经济进步的基础，而创新的产生往往伴随现行体制的破坏、传统的中断。根据熊彼特的创新理论，改变社会面貌的经济创新是长期的、痛苦的"创造性破坏过程"，它将摧毁旧的产业，让新的产业有崛起的空间。然而，面对这个"创造性破坏过程"，熊彼特特别指出："试图无限期地维持过时的行业当然没有必要，但试图设法避免它们一下子崩溃却是必要的，也有必要努力把一场混乱——可能变为加重萧条后果的中心——变成有秩序的撤退。"——编者注

如果这样做最终将会导致生产力停滞不前，收入增长受阻。从本质上来说，发展中国家的经济增长主要是依靠不断"变化"经济行为，即不断变革经济结构，而不是依靠"优化"那些5到10年以前它就在做的事情。

高速增长和结构变革不会令人舒服，将会带来一些焦虑。因此，支持性的社会服务和保险体系就变得非常重要，用以保护人们在高速变迁的系统中和不可避免的转型过程中不受伤害。在我们这次会议上，好几位专家已经说过了，但我在这里仍希望强调一下，那就是社会保障政策并不是强加到增长战略上的与增长战略毫不相关的东西，相反，增长战略有了社保政策的辅助会更加完善。社保政策在成功的增长战略中位于中心地位，具有十分重要的作用。在经济发展中，那些没有进入现代经济的人应当被拉入进来，否则经济增长的速度就会减缓。社保政策非常重要，是因为如果政策失败，就会以某种方式产生抗力。而这种抵抗力可能会变得非常大，足以能够停止这一发展过程。这种抵抗在不同的政治环境下可能会呈现不同的形式。

至于重组经济需求的重要性，本次高层论坛已经有了很多的非常有见地的讨论。我在其他地方也写过有关这方面的文章。我希望谈谈我的一些观察。现在全球经济环境受危机困扰，增长速度大幅放缓，全球需求总量不足。对于中国和别的发展中国家来说，非常明智的就是尽可能地从国内市场获得增长的动力，这一点是毫无疑问的。这就需要对国内市场当前存在的各种壁垒进行整合或清除，以便真正建立一个统一的市场。同时这也涉及对国内总需求构成的调整，使其更加靠向消费。早些年，中国国内需求量相对较小，国民经济和总需求量主要依靠国外需求，依靠出口行业，因为出口行业的需求是大头。这种现象不仅在中国，在别的一些国家也一样存在。这从投资以及公共领域的投资都可以看出来。但是现在，在这个发展阶段，中国需要的是向增加消费者需求这一方向迈进，要把消费需求当成主要的经济引领和宏观经济结构改革的指南针。当一国经济毫无疑问处于过热边缘时，你可能有时候会说："我们不能再扩大消费需求，我们的经济已经过热了。"而对于这个说法，我的回应是明确的，我要说"这个问题并不是需求总量的问题，而是需求构成的问题"。需求构成才是需要在以后长时间内好好调整的问题。至少在中国，目前就是这样，美国可能需要另当别论。而需求构成的调整并不容易。

德怀特·珀金斯教授和别的一些人之前已经正确指出了中国劳动力供应的状况可能会在以后数年里持续地拖累工资收入的增加和经济的增长，特别是在工资分配链的末端，这种状况尤其明显。事实上你无法阻止这种情况的出现，除非你全面调整你的价格体系。很可能，这种效应一直会持续一段时间，没人知道究竟会持续多久。但是在急需的社会服务和保障领域，进行政府消费也许能够发挥作用，因为这样不仅能在经济上取得很多效果，而且还能填补那个缺口。政府此举也许能对克服德怀特·珀金斯指出的问题产生积极的影响，但究竟会有什么效果，我们也无从得知。我想刘遵义教授就对此举能对预防性储蓄产生的效果表示怀疑。但是，通过市场力量和一系列政策的联合作用，收入能够重新定向，家庭可支配的收入是能够增长的，这可以通过税收、对国有企业的部署、留存收益、红利以及提供社会服务和保障等措施实现。无论怎么说，中国需要在下一个五年计划中用具体措施去直接地克服这个问题。

在完成我的演讲之前，我希望指出，在 2004 年之前，中国的经常项目顺差和逆差实际上是比较小的，不到 GDP 的 3%。之后，投资开始增长，储蓄增加得更快，导致 2007 年经常项目顺差达到 GDP 的约 10%。我相信这个结果是中国人始料未及的，并不是有意为之的政策结果。储蓄增长的主要部分来自于企业领域，来自于他们的留存收益投资。储蓄增加的另外一个重要部分来自于政府对于基础设施的投资。对危机的反应继续助长了这种模式的经济行为，但现在已经到了从感情上扭转这种模式的时候。这会需要几年的时间，不应当突然地降低储蓄，但是说到对未来的经济增长提供支撑，这一措施是非常关键的一条。

在重新平衡全球经济方面，中国和世界其他国家都拥有很大的共同利益，应当进一步地恢复和重新平衡全球的需求。这就需要进行结构调整，美国、中国和很多别的国家都需要既对顺差又对逆差进行结构调整。但是这一点并没有得到广泛的理解。中国的出口构成正在迅速地朝着更高附加值方向调整，这是对的。但是外部环境的增长放缓就意味着中国当前规模的出口到一定程度后就无法增长了。如果中国的大规模出口继续增长，那就需要中国抢占别国的市场份额，而那会带来别国的负面回应，并潜在地使中国与别的贸易伙伴发生争执，特别是与 G20 国家。

我们必须记住，在初期增长阶段，一个国家能够以超高的速度实现经济增长，但却占全球市场份额增长部分的一小部分。因此，不会产生负面的效应，不会出现别国更改贸易条款对你进行抵制的现象。中国现在仍然享有这种优势。但是当大多数发展国家仍有这种优势时，中国将不再享有这种特权了。

中国的利益和全球的经济利益实际上是非常紧密地结合在一起的，在当前这个重要阶段，就是要跟世界其他国家一起恢复全球需求总量。中国在这个过程中能够发挥的作用就是消除过多的储蓄，如我所说，这是一个结构性的问题。此举实际上也符合所有人的利益，而且也和中国在下一个 5 年或以后永远的目标是完全一致的，这个目标就让中国的国内经济成为重要的增长动力来源。

对于其他的贸易顺差国家，也可以适用上述说明。我想，很重要的一点就是我们不能只单单挑中国来说事。但富产石油的国家是一个例外。对于这个情况，并不是所有人都注意到了。但是对于各个石油国家来说，不太可能有办法进一步把他们的国家收益投资到国内来刺激消费。所以这些国家是例外。

因为全球利益一致，如果我们真的认识到我们的利益是一致的，我们应该能够找到并制定一个协同的方案，来让全球的经济在未来 5 年内得到重新平衡，并同时应对各国结构调整的挑战。但现在看来，要做到这一步是存在障碍的。人们并不是完全理解这一点，即中国的贸易顺差和经济增长率同等重要。所以说为了消除中国的顺差而损害中国的增长率对任何人来说都没有好处。无论是从短期看还是从长期看，这样做的结果都不会增加世界的需求总量。因此，人们的注意力不能只短浅地集中在中国的顺差上。很多外界的评论都只关注中国的汇率问题，这样的眼光更加短浅。我曾经公开说过，现在似乎存在一种迷信，认为中国的汇率是造成中国经常项目顺差的主要原因，是中国赢利的主要工具。我认为我们必须抛弃这种想法，因为那是错误的。实际上我曾经开玩笑说，如果中国让它的货币自由兑换，然后取消对所有资本账户的控制，而不调整经济结构继续拥有高储蓄率，那么会出现的情况就是中国会继续它的顺差，因为它的出口会遍及世界所有国家，但它的经济增长却会放缓。也许这样说有些夸张，但我想这个说法的方向是正确的。我想，要克服这个误解不是中国的责任，但对这个问题进行更多更有效的交流会非常有用。

还有一个误解。在很多国家，包括在中国，特别是在政治领域都存一种认识上的倾向，即在增长放缓时习惯于把全球增长看做一个零和游戏。特别是表现在就业机会上，好像是说，如果我得到了，你就会失去。我想我们都知道这是一种误解。

最后，我也认为实施有管理的人民币升值会有一定的好处。但是我的理由可能跟大家听过的一些原因不太一样。我支持实施这个措施跟宏观经济稳定和通货膨胀等关系不大。我实际上认为中国的国内资本控制仍然运行得相当好，这让中央银行有足够合理的独立性来实施货币政策，并确保一个可控的汇率环境。虽然如此，但我仍然认为汇率升值很重要，重要性在于此举能对经济施压，促使经济结构转型。当然这就带来一个争议点，即使中国国内对此也争议颇多，因为此举意味着要对那些走向消亡的经济实体的收益继续施压。

最后，我还想说几句关于风险的话。在引领经济向持续高速的新增长方式转型的过程中，会面对国内国外的各种风险。在国外，发达国家的经济脆弱，极度关注国内的经济现状，同时具有很强的保护主义情绪。约翰·利普斯基昨天谈到了这些发达国家面临的严重挑战，确实令人震惊。事实上我也没有想到情况会这么严重，没有意识到财政赤字如此根深蒂固地隐藏于这些经济体的自动稳定机制中，几乎已经形成了一种周期结构。同时发达经济体和中国之间会产生越来越多的紧张关系，而这个总是需要全方面地去应对。处理不好的话，短期来看，我们在这儿谈到的很多的问题就没有意义了。至于国内，当然有很多的机会来实现中国的内部和外部的平衡，但也存在风险。比如说国内有人希望继续沿用旧模式，不同的利益群体会有不同的反应，而且市场在一开始也不会信任新的模式，仍然希望中央政府保持对市场的一定控制。而且社会的紧张形势也会升级，因为收入、就业机会和社会服务水平的差距拉得非常大。

现在最关键的是在问题解决的实施过程中找到一种和谐的策略。正如约瑟夫和别的一些人讲到的那样，在中国第十一个五年计划当中有很多的事情确实是应当做的。在我看来，第十二个五年计划应该集中关注以下几方面：如何做到有效地落实和实施，如何对未来的国内外冲击做出快速的反应，如果进行更多的像本次论坛一样的交流，如何继续关注社会局势的反弹。我想，这才是我今天要着重强调的东西。

提问人：

你刚才谈到，劳动密集型产业会在中国消亡？但是我认为这个在中国短时间内不怎么可能发生吧？

迈克尔·斯宾思：

你可能说得没错，这是一个很微妙的说法。如果不想让劳动密集型企业消亡的话，你可以向它们提供补贴，或者保持较低的汇率。但这个做法长久不了，最终你必须让汇率升值。更好的办法仍然是让这些产业消亡，那么相关富余出来的劳动力就会流动到现代经济中就业，或进入服务行业就业。这样的话也是很好的转型，与国际上的历史经验一致。在20世纪80年代，世界上一些国家也发生过这样的情况。对于中国的劳动密集型产业来说，未来的前景确实不那么好。而在拉丁美洲，情况很不同，当地的教育水平很低，有的劳动者没有受过教育。中国并没有类似的问题，如果政策支持正确的话，这个转型是可以实现的。

提问人：

是不是30年到50年以后才会这样的？

迈克尔·斯宾思：

我这么说吧。大概人均 3500—4000 美元的人力成本是较难保持竞争力的，因为那些低成本劳动力的国家仍然存在。中国当前的收入现状无法继续以前的劳动密集型产业，所以中国实际上只能这样做。一些国家在向更高的发展水平迈进时没有这么做，最终付出了巨大的代价。

提问人：

我认为迈克尔·斯宾思及文森特教授都说得很对。我想对于那么劳动密集型的出口产业来说，它们最后会消亡。因为如果把它们移到内地去，移到劳动成本较低的地方去，也不会成功。因为这牵涉到你的原材料，况且出口本来就一直在下降。但是如文森特教授所说，国内市场在增长，中国的鞋子还有其他的生产是可以在国内找到市场从而存活下去的。所以我认为两位教授说的都对。

提问人：

迈克尔教授，很高兴听到你谈对中国的观点，之前我们也进行过交流。你刚刚谈到了利用人民币汇率来满足中长期的目标，那么我想问的可能更短期一点。就是说你现在面临通胀，资产或者房地产泡沫这样的一些问题，还有过热的问题，那你认为汇率可以作为一个武器，用来解决近期的担忧吗？而不仅仅是帮助中国实现中期和长期的转型，不仅仅是用这个工具来帮助中国走过下一个经济周期。

迈克尔·斯宾思：

我想我的观点是，你让人民币升值能够解决各方面的问题，如通胀的问题，资产泡沫的问题等等，那都是合理的。我也同意你说的观点。但我主要想强调的是，对于发展中国家的政策制定者来说，主要关注的问题是确保如何控制好政策工具，确保旧的就业机会的减少和新的就业机会的创造过程不会扰乱经济平衡。我认为这就是所有国家都以某种方式管控各自汇率的原因。在危机时期，做到这一点太重要了，因为这会影响到全球市场，特别是当市场机制仍在形成的时候。所以我想告诉你的是，这才是主要应该考虑的东西，即考虑宏观经济的动态和就业机会的创造过程。但我和你的观点并不是完全冲突的。我当然会把汇率当成一种工具来用。

要预防房地产泡沫转化成为社会泡沫

新加坡国立大学东亚研究所教授、所长 郑永年

很多年里，中国的房地产市场不仅已经成了中国民众、政府和发展商的永恒话题，而且也是国际投资者和投机者的深切关注对象。去年，随着迪拜世界债务事件的爆发和中国电视剧《蜗居》的播放，不同的社会人群对中国房地产的市场表现出不同的情绪来，或者忧虑，或者恐慌，或者愤怒。对中国政府来说，房地产市场存在的巨大泡沫已经成为中国经济的最大隐忧。对社会来说，越来越多的中国民众被变相地剥夺了"住房"权，许多勉强购房的年轻人不仅耗尽了两三代人的储蓄，而且纷纷陷入"房奴"生活，不得不为归还房贷节衣缩食。

最近这些年来，房地产投机活动盛极一时，房地产泡沫一直在不停地上升。根据对北京、上海和深圳等大城市的调查，大城市的房屋空置率已经远远超过10%的国际警戒线。在不少地区，这一比例甚至已经达到50%以上。同时，房地产对中国经济的重要性也不容置疑。房地产增值已经占到了2009年全年GDP的6%，1/4的投资在房地产行业，50多个产业与房地产关系密切。

政府有足够的理由担忧房地产泡沫。前面有日本的例子。20世纪90年代初，日本房地产泡沫破灭之后所造成银行倒闭，国民财富缩水，民间投资和经济全面萧条，导致日本失去的"十年"，即使是在此后的20多年里，日本经济还是没有走出阴影。中国的很多学者也早就在讨论中国是否会步日本模式后尘的问题。最近又有迪拜世界事件。房地产已经成了中国经济的金箍咒，因为房地产的解体也很可能就是中国内生性金融和经济危机的端倪。因此，有关方面一直不敢有丝毫的松懈。在以往，尽管有关方面也对房地产市场多有不满，但一旦当房地产遇到危机时，必出手相救。这次金融危机之后，国家出台的庞大的应付危机的资金，也有很大一部分流向房地产。毫不夸张地说，房地产已经绑架了中国经济，同时也绑架了为中国经济负责的中

国政府。

与泡沫和空置房平行存在的现实是，中国 85% 的家庭无力购房（根据中国社会科学院的最新调查）。这种情况使得中国社会对房地产业现状和政府不能改变这种局面的不满在已经到达了一个新的沸点。最近温家宝总理在作客新华网上论坛时提出，要让人民更幸福、更有尊严，在中国社会引起了很大的反响。这次温家宝总理在《政府工作报告》中又强调了这一点。从社会的反映来看，人们关切的是民生问题的方方面面，包括住房、教育、社会保障和医疗卫生等等。实际上，中国社会上流行的一些新概念如"房奴"、"孩奴"等是社会心态的最直接反映。

可以毫不夸张地说，房地产泡沫一旦在中国形成，这不仅仅会是经济泡沫，而且也很有可能转化成为社会泡沫。自改革开放以来，西方在人权方面一直对中国构成很大的压力。中国政府持开放的态度和西方保持对话，强调中国和西方在对人权理解方面的不同。不同的文化体系形成人们对权利理解的不同。这很容易理解。中国强调国家的生存、发展权，而西方更多的是强调个人的政治权利。但是国家的发展权并没有转化成为社会的民生权。一些人担心西方式的权利概念会对中国社会和政治稳定的影响。不过，实际上，人们对此并不用太过于担心，因为文化认同的不同，西方式的概念对中国社会的影响并不会太大。要真正关注的是中国社会本身所认同的权利。人民所认同的权利如果不能被实现，或者被剥夺，那么稳定就会成问题。那么，什么是中国社会所认同的权利呢？很简单，就是民生，就是社会上所说的，学有所教、劳有所得、病有所医、老有所养、住有所居。这些权利在几千年前的儒家经典《礼记》的《礼运篇》里面已经说得清清楚楚了，一直以来被视为中国人对理想社会的基本要求，直到今天中国社会对这些权利的认同度还是非常高。应当指出的是，社会稳定本身也是基于社会所认同的基本权利的实现之上的。

在实现这些社会权利方面，中国也取得了一些进步，但不是很理想，尤其在改革开放以来经济建设取得的巨大成就相比之下。社会权利如果不能实现，就没有社会的凝聚力，稳定就没有基础。中国政府现在把民生问题放到政策的首要议程，这是非常必要的。那么，民生问题或者中国社会所认同的民权如何实现？这也有待于很大的努力。就解决人民的住房权来说，有几个方面的问题需要考量。

首先是要调整政策思路。在中国，房地产被视为仅仅是经济政策的一部分，而非社会政策的一部分。把房地产视为单纯的经济政策领域，其 GDP 功能（对经济增长的贡献）被凸显出来，而其社会功能（社会成员对住房的需求和人们的"空间权"）就被忽视。这种政策思路要调整，要实现房地产从经济政策到社会政策的转型。

纵观世界各国，凡是房地产市场发展健全和公共住房解决得好的国家，都是把房地产作为国家社会政策的一部分。这些国家并不把房地产看成是其经济增长和发展的一个重要资源，就是说，房地产对 GDP 的贡献不是这些国家政府的首要考量，首要的考量是社会发展，是社会成员的居住权。经济因素当然很重要。房地产的发展也必须考虑到供求关系，否则是不可持续的。但是这种经济考量是在宏观的社会政策构架内进行的。

欧洲一些国家在早期也是把房地产作为经济增长来源，也同样产生了很多社会问题。随着原始资本主义向福利资本主义转型，住房政策尤其是公共住房政策越来越变成这些国家的社会政策的一部分。到今天，很多国家尤其是北欧国家，房地产完全属于社会政策，对房地产对经济增长的考量已经变得不重要。

地窄人稠、土地资源十分紧张而经济高度发展的新加坡是亚洲社会房地产市场发展的最健康的国家。新加坡学习了欧洲公共住房的经验，又结合自己的国情，创造了独一无二的公共住房制度。如果说在西方社会公共住房主要是为了社会弱势群体的，那么在新加坡，公共住房是为全体社会成员的，80% 以上的家庭住在公共住房。公共住房投资是新加坡社会性投资的最为重要的一个环节。应当指出的是，新加坡的住房政策的指导思想就是"居者有其屋"的传统儒家思想。在住房等健全社会政策的基础上，新加坡不仅能成为亚洲最高效的经济体，在政治与社会上也是最稳定的社会。

第二个需要考虑的问题是调整中央和地方财税关系，减少地方政府对房地产的依赖。造成中国房地产现在这种局面的因素有很多。就土地而言，政府负有不可推卸的责任。长期以来，政府行政限制土地的供应量，政府也搞寡头式垄断，利用卖地收入弥补地税不足。同时，政府所推行的"招拍挂"制度也阻碍着竞争性土地供应市场的形成。很显然，各级地方政府的卖地财政提高了土地价格；为了消化高价土地，发展商就抬高房价。

也就是说，房地产是地方政府实现经济增长和增加地方财政的一个最主要的来源。或者说，房地产是地方各级政府的 GDP 主义的一个核心组成部分。在 GDP 主义的指导下，房地产成为生产性投资，而非社会性投资。房地产本来就是一种特殊的社会产品，因为其直接关切到社会成员的空间居住权。同时，房地产也直接关乎社会稳定和和谐。但在 GDP 主义构架内，地方政府在制定和执行有关政策时候的唯一考量是利润，而非社会生活的其他更长远、更重要的方面，以及大部分社会成员的切身利益。

这样在 GDP 主义的驱动下，无论哪个角色，政府、发展商还是投资者，都想从房地产那里获得巨额的利益。正因为这样，在中国房地产投资过程中，带有极大的投机性。一些投资者甚至仅仅是为了投机，购买几套甚至几十套商品房以待房价上涨时出售赚取差价。当房地被投资者或投机者所操控时，其和大多数社会成员的实际需求就没有了任何关系。（类似的情况也表现在投机性金融经济和实体经济毫无关系上。）应当指出的是，中国的地方政府也是这个过程中的投机者。不管地方政府投机的动机（如地方财政考量）的理由如何，在制造房地产泡沫方面，地方政府和发展商同样具有不可推卸的责任。实际上，大量的泡沫是地方政府和发展商利益共同体的结果。

要促成房地产从经济政策向社会政策的转型，必须提供给地方政府其他的动力机制。就是说，要改变目前中央和地方政府的财税分配机制。1994 年实行分税制以来，财力上移到中央政府，但责任并没有相应转移。现在很多领域是中央政府出政策，地方政府出钱。这给地方政府很多财政压力。同时，地方以 GDP 为中心的经济政策也需要大量资金投入基础建设。于是卖地也就成为一个创收机制，或者第二财政。这是地方政府努力提高地价的一个重要原因。因此，要不中央政府向地方分权，使得地方政府拥有更大的财税权，要不中央政府把一些现在由地方政府担负的责任也收上来。没有这种调整，地方的土地财政动力还继续还很大，而房地产价格还是会继续暴涨。

第三个问题是大量增加政府的社会性投资。中国的经济结构失衡最重要方面就是生产性投资和社会性投资之间的严重失衡。改革开放 30 多年来，中国的经济增长主要来自生产性投资。社会投资一直没有得到重视，每况愈下。教育、医疗卫生、社会保障、公共住房、环保等等方面的社会投资严重不足。特别需要指出的是，每次经济危机总会导致生产性投资的激增和社会性投资的减少。1997 年金融危机之后，教育领域变成了各级政府经济增长的一个重要资源，教育产业化变得不可避免。而教育属于社会领域，需要政府的大力投入。同样，这次金融危机之后，各个生产领域的投资激增，已经导致了很多工业领域的产能过剩，造成浪费和低效率。更为重要的是，房地产成为刺激经济增长的主要来源。这种局面必须改变。社会性投资严重不足，社会制度就建立不起来，消费社会也无从谈起。大量增大社会投资，尤其是增加经济适用房和廉租房等保障性的建设，不仅可以有助于解决一部分城市居民和新移民的住房问题，同时也能刺激消费，带动长期可持续的经济增长。

第四，要控制国有企业大量进入房地产。从去年开始，国有企业很快成为中国房地产市场的一个主要角色。金融危机发生之后，国家组织了大量的财政和金融力量来对付危机。绝大部分无疑流向了国有企业。这具有必然性。国有企业作为政府的一个强有力经济杠杆在应付危机过程中发挥了重要的作用。没有这个杠杆，中国去年应付危机不会有这么有效。但同时也应当看到一些负面效应。国有企业得到国家大规模的支持，扩张得很快。不仅本身造成了产能过剩，而且也在挤压非国有部门的空间，即所谓的"国进民退"现象。当国有企业的资本过度时，国有资本会走向任何地方。既然房地产那么有利可图，那么国有企业为什么不可进入呢？如何防止？政治和行政限制可以用，但不会很有效，因为这些方法是要通过政府本身而实施下去的。主要的还是要通过经济方法。政府要减少对国有企业的财政和金融支持。在应付危机过程中，对国企的支持很重要，但现在危机已经过去，政府应当把支持的重点放在非国有部门，尤其是中小企业。以民营企业为主体的中小企业集中提供了大部分的社会就业，如果中小企业不能复兴，那么可持续的经济增长就很难。

另一方面，国家应当向国有企业尤其是依赖于行政垄断的大型国有企业直接提取利润。国有企业属于全体社会，按理说应该有助于分配的公平性。但现在至少在事实上不是。当国有企业亏损时，国家就要用纳税人的钱来支持。但当国有企业赢利时，国企则不必向国家上交利润。这是不公平的。实际上，国有垄断行业的高工资高福利已经成为中国社会收入不公平的一个重要根源。近年来，因为社会的抱怨增多，国企开始上交一些利润，但比例非常的低，最多不超过10%。国家必须向国企征收更多的利润。现在正在进行的社会改革需要大量的财力，而国有垄断企业上交的利润就可以用于社会改革。

第五，私人投机也是房地产泡沫的一个重要原因。怎么办？有两块。一块是外国投机。对外国的投机必须加以限制。中国目前的房地产市场过分开放。在新加坡，政府住房（政府组屋）这一块（占所有住户的80%以上）是完全不开放给外国人的。只有私人地产向外国人开放。中国在完全没有满足本国国民要求的情况下，房地产市场全面向外国投资者开放。这里的风险极大。另外一块是国内民间资本。民间资本组成"炒房团"大量投资房地产，这里除了房地产政策导向和高利润以外，还跟民间资本在中国所受的种种限制有关。这里最重要的是要为民营企业开放更多的投资领域，并为民间资本能实现这些"出路"提供必要制度支持。就需要让民间资本有更多的除了房地产之外的投资领域，尤其是实业和创新领域。就是说，一方面要规制房地产过度投机行为，一方面也要为民间资本形成提供必要的制度护航。正是因为很多领域不容许民间资本进入，而当今的金融体系又存在许多缺陷，民间资本才纷纷组成"热钱"，走向房地产领域。

从技术上说，要遏制炒房和投机并不难，例如可限制购房的数量、规定住房居住的最低年限、收取房产税等等。但很显然，光从房地产市场本身入手，这些年的经验已经表明，任何政策都不会很有效。上述这些更为宏观面的制度改革，希望有助于营造一个健全的房地产市场。

在未来十年维持 GDP 的高速增长：
需求面的问题

美国哈佛大学教授　德怀特·珀金斯

2009 年，中国政府通过庞大的经济刺激计划维持了高速增长，而与此同时，其他许多国家深陷经济衰退的泥潭中而难以自拔。中国在此过程中表现出的能力在获得赞扬的同时也招致了不少批评。对它的溢美之词主要集中在它的 GDP 高增长率，以及现代化基础设施的修建规模上（特别是交通业方面的基建）。而对它的批评则聚焦在其潜在的资产泡沫（特别是房地产泡沫）以及由此可能造成的坏账规模上升。不过后面这几个问题更多的是潜在问题表现出来的症状，而不是造成这些问题的根本原因——我将在后文对此进行解释。本文中的分析多半假设全球经济衰退对中国造成了短期困扰，而且它推出刺激方案的动机与其他采取政府刺激方法的国家非常相似，但事实上，这对于中国而言是一个长期而且不断恶化的问题。

自 20 世纪 90 年代末起，中国政府就一直在推出大规模的一揽子刺激计划。然而，过去伴随这些政府刺激方案出现的是，出口高速增长，而且经常账户余额在 2005—2008 年间不断上升。2009 年的情况与此有所区别——出口直线下降，经常账户余额也有所缩水。但是中国面临的真正问题的源头是：根据国际标准来看，家庭收入在 GDP 中所占的比例过低，而且在持续下降。国内外已经就中国经济从依赖出口需求向依赖国内需求转变的话题展开了许多讨论，但是不断下降的家庭消费使得这个过程举步维艰。现在出口需求在总需求中的比例超过 20%，假如在今后 5 至 10 年内，中国的出口需求大幅下降，那么它必须更多地依赖内需，但问题是这些内需从何而来？要想解决这个问题，那么中国政府应该像 2009 年或 2009 年以前那样推出大规模的政府支出计划，以创造内需。然而一旦政府推行了错误的公共支出项目，那么就很可能导致 GDP 增长速度大幅放缓。

我们可以用一个简单的宏观模型来清楚地描述中国的现状。下面列出的是一个标准的宏观经济需求面公式：

$$Y = C + I + G + X - M$$

Y 代表 GDP，C 代表消费，G 代表政府支出，X 代表出口，M 代表进口。为了便于本文的分析，我们将这个公式分解为下面这个形式：

$$Y = C_{hh} + I_p + I_{soe} + G_c + G_I + X - M$$

C_{hh} 代表家庭消费；I_p 代表私人投资以及所有为了适应市场力量而发挥着和私人投资作用相似的投资；I_{soe} 代表国有企业和所有像国有企业那样愿意按照国家的要求运营，而不计较自身利润率的企业；G_c 代表政府消费，其中包括福利转移；G_I 代表中央政府和地方政府的所有投资。

图 1 列出了中国家庭消费在 GDP 中的比例。图 2 将中国的家庭消费情况与发展接近的东亚国家进行了比较。[①] 这两组数据清楚地展现出中国与其他经历了二战后发展经历的东亚国家进行比较时，中国家庭消费在 GDP 中的比重有多低，而且这个比例还在逐年下降。在高收入市场经济国家里，家庭消费在 GDP 中的占比往往达到 60%—70%。如果以这个标准来看，所有这些东亚国家的家庭消费比例都很低。造成这种现象的原因有两个。第一个也是引起最多关注的原因是：中国的家庭储蓄率远远高于国际标准。第二个也是最重要的原

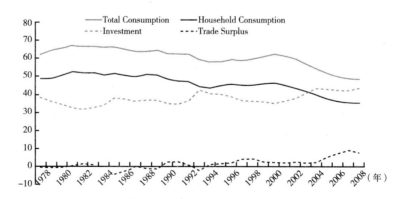

图 1　中国的 GDP 构成（支出面）（单位：%）

数据来源：《中国统计摘要》第 3 页，中国国家统计局。

---

① 这两个图中关于中国消费的数据略有出入，主要是因为图 1 使用的数据来源于中国国家统计局发布的官方数字，而图 2 中的数据使用了购买力平价价格，而且来源于 Penn World Tables。

因是：虽然无论用哪种合理的标准来衡量，中国的家庭收入都在迅速提高，但是其增长速度仍然显著低于 GDP 增长速度（请见表1）。

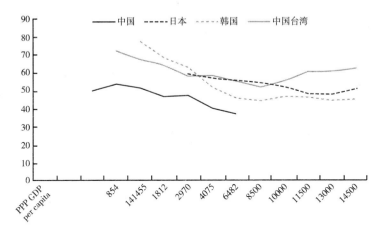

图 2 （用购买力平价衡量的）消费在 GDP 中的占比（单位：%）

注：PPP（Purchasing Power Parity），购买力平价。

数据来源：Allan Heston，Robert Summers 和 Bettina Aten，Penn World Table 6.3，宾夕法尼亚大学生产、收入和价格国际比较中心，2009 年 8 月。

表 1　中国人均消费和 GDP 增长率

	1979—1985	1986—1995	1996—2005	2006—2008
农村消费	10.1	3.8	4.9	7.9
城市消费	5.1	7.9	5.2	8.4
人均 GDP	8.5	8.5	8.3	10.6

（通过完善社会安全网）降低储蓄率或许可以产生一定的下拉效果，而且将部分地提高家庭消费的比重，但是即使将人们的储蓄率降低一半，也只能将家庭消费在 GDP 中的占比提高 5% 左右。或许最重要的方法是使工资和其他家庭收入的增长速度超过 GDP 增长速度，这样才能维持家庭消费的占比持续上升。假如农村不再有"剩余劳动力"，城市工资开始加速增长，那么这一切就可以变成现实。城市无法依靠农村补充劳动力时，城市收入水平才会提高，从而阻止家庭消费下滑，甚至在某种程度上扭转这种趋势。中国或许已经相当接近这个转折点了，因为至少在全球衰退前，人们的工资和收入增长速度就已经远远超过以前，不过仍然低于 GDP 增速。尽管农村人口仍然相当庞大，远远

超过农村生产对劳动力的需求，但是从年龄的角度来看（即劳动力的年龄介于 18—40 岁之间），适宜去城市工作的劳动力数量相当少。绝大多数青年人早已经在城市或周边地区从事非农工作。

中国的 GDP 增长速度很可能会下降，而且远远低于 2006 年至 2008 年的增速。假如这种预测变为现实的同时，家庭收入的增长速度进一步加快，那么家庭消费在 GDP 中的比重应该会开始上升。不过即使用东亚的标准来看，中国仍需花费很长时间才能让它的家庭消费达到正常水平。为了便于本文进行分析，我仍将假设中国的出口增长速度会大幅下滑，经常账户余额也将消失不见。目前每四年左右，出口增长就会翻番。由于中国的出口规模已经相当庞大，所以这看起来并不现实，而且可能会随着时间的推移导致国际经济体系崩溃。①

因此，要想使 GDP 的增长速度保持在 7% 或 8%，那么就要从其他方面提高对中国产品和服务的需求。而要想提高需求总量，并且使其具有可持续性，那么剩下的选择就是发掘私人投资、国企投资、政府消费和政府投资。我将逐一对这些领域进行分析：

I_P：降低利率或许会对私人投资产生一点作用，但是在中国，推动私人投资的主要驱动力是提高本国的家庭消费和进出口。然而刚才我们已经分析过，进出口增长在未来发挥的作用会非常有限。此外要想提高家庭消费，只需要对面向国内的消费品及服务业投入少量净投资——可能仅占 GDP 的 9% 或更少。② 由于这个行业的现有资本存量在贬值，所以投资总额会上升。不过仅凭手头现有的数据，笔者无法进行具体估算。③ 家庭消费方面的投资多半进入了城市住房或其他房地产业，但是这个行业的资产泡沫日益膨胀，已经损害了它的发展。

I_{soe}：近年来，国企大力加大了产能投资（其中包括绝大多数股份制企业，因为这些企业中多数都由国家主要控股，在重工业中尤为如此）。在钢铁业到造船业等广泛的行业中，中国的国内产能比起过去已经显著上升，而且远远超

---

① 在 2000 年之后的 8 年里，用人民币衡量时，中国出口的增长速度达到每年 21.8%（如果用美元衡量，其增速达到每年 24.4%），几乎增长了五倍。根据中国海关的数据，2009 年中国出口用美元计价下降了 16%。

② 这个数据的估算过程基于家庭消费每年 8% 的增长率以及家庭收入在 GDP 中近 40% 的占比。开始家庭消费每年的增长量相当于 GDP 的 3%，净资本产出比为 3（这个值对于消费品和服务来说已经相当高），而且逐渐递增，这会使内需的增长量占到 GDP 的 9%。如果净资本产出比低于 3，那么净投资的 GDP 占比也会相应降低。

③ 中国统计年鉴中关于固定资产投资的数据并没有按照本文分解 GDP 的方式进行细分。

出了国内需求和出口需要的总和。假如中央政府和地方政府命令这些企业继续扩大产能，而且这些公司像 2009 年那样积极响应国家的指令，那么这些行业的产能会继续增长。多余的产能能用来做什么呢？要这些行业加大出口吗？

G_c：政府消费中通常包括国际支出。我只想指出它的增长速度接近于 GDP 的增长速度，除此以外，不想在这里详述这个领域。近年来，中国政府一直在不断提高对农村人口的资金支持，而且其力度有增无减。在部分国家级贫困省，各种补贴的规模相对于其低收入来说已经非常庞大。政府取消了农业税以及部分教育支出，这也有利于提高农村的家庭收入，而且这些领域的资金支持力度可以或者很可能将进一步加大。不过这类资金的总额很难填满 GDP 的需求差距。从长期来看，如果政府要为绝大多数人提供养老金以及/或者成为国家医保体系的主要资助者，那么这些项目需要的资金在 GDP 中所占的比重将会相当可观。不过这是未来才能实现的目标，今后 10 年内无法变成现实。

G_1：因此在家庭消费的 GDP 占比上升之前，仍然存在巨大的需求差距，需要靠政府像 2009 年那样，或者在很多方面像 90 年代末期那样，依靠巨额投资填补这个缺口。[①] 在过去 10 年里，中国投资建造了达到世界先进水平的基础设施，如国家高速公路网，覆盖全国的机场和其他项目（如港口现代化）。展望未来，中国政府将对大规模的全国高速铁路体系投入巨资，而且其规模至少可以与日本和西欧媲美。但是中国是否应该继续为更多高速公路和机场投资？将来这类投资是否能像过去一样有力地推动生产？现实看起来并非如此。高速铁路的投资回报率或许很高，但是高标准的机场或高速公路的回报率却未必能令人满意。事实上在许多准备扩张高速公路的地区，它们现有的公路早已远远超出需求。[②] 当然，中国的情况无法与日本相提并论，日本的基建项目早在多年前就已经完成。近年来日本政府试图利用基建项目刺激经济增长，但即使这些项目能够产生回报，回报率也很低——近年来这种情况也出现在美国，我们将这种现象称为"绝路桥"。

然而，至少从社会角度来说，政府对某些领域的投资会产生较高的生产价值。这些领域包括：

政府机构和/或企业的环保投资。政府是否应该对当前可观的企业利润征税，然后将这些资金用于环保工作，还是制订监管措施，要求这些企业自行提

---

① 由于现有数据未能对投资支出进行细分，本文无法按照自己提出来的范畴衡量政府过去的投资情况。所以本文无法粗略地估计 2009 年或之前几年需求不足的总规模，不过其数字肯定相当庞大。

② 本文作者通过自己观察到的感性证据作出了这个结论，而不是基于任何人对这些投资的系统研究。

高环保要求？事实上这牵扯到怎样为环保筹措资金，哪种方法的效果最理想等问题。目前企业的利润主要用来扩张产能（事实上现有产能早已供过于求）或者用于房地产和股市的投机买卖，这些做法并没有产生太多社会价值。

低收入农民工的住房和相关基础设施投资（特别是学校、公路、水利和卫生设施等方面的投资）。政府投入了大量资金帮助有城市户口的居民改善生活质量，并且提高了对农村居民的投资，但是为农民工住房及相关基础设施投入的资金却极其有限。在笔者过去为中国发展高层论坛提供的文章中，笔者认为在今后 20 年里，将有 1.5 亿—2 亿流动家庭进入城市，再加上城市中现有的流动人口里有不少缺乏适宜的住房，要为这个庞大的群体提供住房需要在今后 20 多年里提供 26 万亿人民币的投资（如果在 20 年内投入这些资金，那么相当于每年投入 1.3 万亿人民币）。这个数字是这项工程需要的总投资，需要政府为公共住房投入的资金或以其他形式为流动人口提供低成本住房改革补贴也许只占其中的一半。① 因此农民工住房和相关基础设施需要投入 1 万亿人民币，相当于目前中国 GDP 的 3% 。

毫无疑问，还有很多投资可以列为具有潜在社会生产力的投资。本文并没有覆盖所有可能性，也不是落实此类项目的行动蓝图。首先，对当前正在推行的此类投资项目而言，政府为它们筹措资金时会牵扯到许多问题。虽然我认为资金不应该是最大的障碍，特别是在不这么做会出现总需求不足，经济运行低于产能的情况时。假如这些投资项目多由政府落实或者资助，那么会产出一个非常重要的问题——如何在实现这个目标的同时避免浪费和寻租行为涌现出来。本文只想提供一个简单的框架，帮助人们理解在中国的家庭消费始终处于极低水平，出口增长放缓到可增长水平的情况下，它所面对的挑战的本质。

---

① 这个估算结果并非基于对可能出现的需求进行的系统分析，但是许多流动人口会住在离城市较近的地方，这样如果有公共交通，那么每天通勤交通就比较方便。在收入许可的情况下，其他流动人口会以市价购买或租住城里的房子。现有城市里有很多质量较差的房子或者不适合现有城市居民的需求，但是对于目前多数流动人口来说，已经能够大大改善他们的住房条件。

2

世界经济：增长与合作

美国的经济走势

美国哈佛大学教授、美国总统经济复苏顾问委员会委员
马丁·费尔德斯坦

过去两年间我在这里做早餐演讲时，美国经济正处在深刻的、严重受创的经济衰退中，现在看起来美国经济似乎已经开始逐渐复苏。去年第三季度的 GDP 开始回升，而且在库存率下降的推动下，第四季度的 GDP 直线上升。虽然本季度的 GDP 增长有所放缓，但不管怎么说，已经是第四个季度连续增长了。在一般的情形下，我想这样的经济扩张可能会持续下去，直到失业率从现在的 10% 逐渐降到 6%，或者更低。

我当然希望这种情况变为现实。因为在经历了这样一个长期、破坏性极强的经济衰退之后，我们迫切希望它所造成的创伤和浪费能够就此中止。但我们面对的并不是传统的商业周期，为此我仍然对明年的经济前景持谨慎态度。美国在战后经历了 11 次周期性经济下滑。最典型的起因是美联储提高实际短期利率，以抗击国内的通胀问题。但同时经济下滑，他们感到自己成功地抑制了通胀的压力后，政府就开始调低利率，这样房价和支出就会上升，经济开始反弹。而本次危机的起因并非是美联储的收紧政策，从更广泛的角度来说，是因为过度杠杆化的风险错误定价，导致众多资产类型出现泡沫。当这些泡沫破灭时，我们就被推入经济衰退，信贷市场和银行体系功能失灵。因此，2008 年美联储开始应对金融危机时，大幅调低了利率，但效果却极其有限。这场危机的起因并非高利率，所以也无法通过调低利率来最终克服它。所以美国对于经济政策进行了根本性调整，以有效应对此次危机。美联储不仅保持了低利率，而且为各种资产支持类的贷款提供了数以十亿计的资金，如车贷和信用卡贷款等。总的来说，美联储取代私人资本市场成了债权人。

此外，政府还启动了财政刺激计划，而且是为购车者和购房者等提供的有针对性的财政刺激计划。这个价值达 8000 亿美元的刺激计划中，包括了对个人、联邦和州政府以及政府支出和联邦支出的直接转移。当前的经济复苏正是

受到了这些措施的积极作用。但关键的问题是，这些项目都是暂时性的，要么是已经结束，要么是即将结束。例如"现金换旧车"计划效果明显。汽车生产对去年第三季度 GDP 增长的贡献率达到三分之二，但是这个项目已经结束。对首次购房者的住房抵押贷款补贴计划本月也即将告终。为期数年的 8000 亿经济刺激计划将逐渐画上句号。目前政府不会再扩大刺激计划。美联储迟早会从所有的贷款计划里撤出，这个月就会终止购房补贴计划。因此，这两方面都不会再继续扩张了。

现在的关键问题就是，私人部门的扩张趋势在未来能否持续下去。如果我们已经用尽手头的资源，那么今年下半年，经济就会再次陷入衰退。我担心存在着"双谷衰退"的风险。不过我要声明，你们回去以后不要到处说，马丁在早餐演讲上预言今年会发生"双谷衰退"。我可没这么说。我想表达的只是，这方面存在很大可能性。因此今年可能不会实现标准预测的目标，即实际GDP 增长达到 2%—2.5%。接下来，我想在有限的时间里向大家阐明四个原因，以解释我为什么会认为存在这种风险，最后还想谈谈几个有望推动经济强劲增长的表现。

第一，第一季度的数据很不理想。在过去几个月里，制造业一直是推动经济向积极面发展的主要力量，但是最近它的表现比较疲软。生产、设备使用率和平均用工时数都有所下降。虽然尚不清楚它们在下个季度会有什么样的表现，但鉴于制造业在去年下半年的经济复苏中发挥了重要作用，这并不是一个好的信号。建筑业的情况也非常糟糕，特别是商业住宅的情况。去年夏天，首次购房者补贴计划使得居民住宅对建造业的复苏略有帮助，但现在这个计划已经终止，因此这个领域的情况也极其不乐观。近期，新屋开工率环比下降5%。有人说这可能是天气原因造成的，或许是这样的，未来数月的数据就可以证明这种观点是否正确。不过我需要指出的是，房屋竣工率在持续上升，可见尽管天气恶劣，人们仍然可以施工。我发现新屋开工率下降最严重的地方在美国南部。此外，建筑许可证也在下降。这些都反映出房地产业出现的问题：年初的房屋销售量大幅萎缩，新建房屋的销售量下降了 11%，二手房的销售量下降 7%，因此房地产业的情况极其糟糕。在近几个月里，出口也在下降。由于受到资产负债表的束缚，财政收入下降，所以即使联邦政府对它们提供了转移支付，州政府和地方政府仍然在大幅压缩开支。将以上这些情况综合在一起，你们就能理解我为什么会忧心忡忡。近期的数据确实表明经济可能出现再次探底的风险。

第二，消费支出的前景让我对今年的经济增长速度有些担心。过去消费者支出在 GDP 中的比重达到 70%，但现在的情况很不容乐观，因为劳动力市场的失业率非常高。现在的失业率已经达到 9.7%，另外还有 1.5% 的劳动人口在过去的四周里并没有在找工作，从技术层面来说，他们就不被列入失业人口。但是他们不找工作的唯一原因是认为自己找不到合适的工作。这样看来，实际失业率为 11.2%。除此以外，还有 6% 或更多的劳动人口无法从事全职工作，每周只工作 3—4 天。总的来说，失业总人口接近 20%。因此，人们的实际收入在降低，实际周薪也在降低。银行收缩放贷计划，消费信贷随之大幅萎缩。尽管在过去几个月里，股市的表现气势如虹，但是家庭财富仅超过 10 万亿美元，低于危机前的水平。因此，鉴于目前不佳的就业状况，以及持续下降的居民收入、家庭财富和信贷水平，有调查显示，人们对于未来的消费信心和消费预期直线下降，这个结果也就在意料之中了。展望未来，我认为 2010 年的经济表现主要取决于消费支出。相应地，这也反映了储蓄率的变化趋势。在过去数年里，美国的储蓄率一直非常低。在 1960—1985 年期间，我们的储蓄率徘徊在 7% 到 11% 之间，平均占到可支配收入的 9%。但在多种因素的作用下，到 2007 年，储蓄率逐渐下降到 2% 左右。随着经济衰退之后家庭财富开始缩水，这个趋势开始扭转，储蓄率持续上升，达到 4% 左右。但现在的问题是，接下来它们会出现什么样的走向？如果储蓄率继续上升，那么会拖累消费，从而阻碍 2010 年的经济增长。我可以想象有些消费者对未来充满信心，所以会减少储蓄。他会说："我为什么要勒紧裤带？我为什么要增加储蓄，降低现在的生活质量？"但是对于大多数人来说，他们完全有必要增加储蓄，补充因为危机而缩水的家庭财富，并且为退休生活做好准备。目前退休人员能够拿到手的退休金大幅缩水，401K 法案和 IRA（个人退休账户）所能提供的退休金让人们感到沮丧。对于那些正在工作的人来说，虽然现在有工作收入，但是对自己的未来并没有信心。他们的配偶、孩子甚至大伯小叔都可能向他要些钱。所以我认为储蓄率很可能会稳定在这个水平，或者稳步上升。如果在今年下半年，它从现在的 4.5% 增长到原来 7% 的水平，那么 2010 年也很难实现显著的经济增长。

第三，中小企业信用不足。我想金融市场的危机已经过去了。大企业和跨国企业有非常好的信贷渠道，而且贷款条件非常优厚。但对于中小企业而言，它们不能发行商业票据，所以无法进入资本市场。它们主要依靠银行借贷，特别是本地银行。美国有 7000 家左右小银行，即总资产低于 10 亿美元的银行。本地的中小企业往往依赖这些小银行获得库存贷款、生产贷款和雇工贷款等。这些银行正在削减放贷计划，因为商业住房的问题导致他们更加关心自己的资本充足率状况。昨天我们广泛地探讨了居民住宅业的情况以及去年在这个领域里出现的一些问题。今天我不想赘述这个话题，但是需要指出的是这些问题尚未得到解决，力图解决这些问题的措施也未能奏效。居民住宅的问题仍将继续困扰银行业。商用住房贷款主要由本地银行和地区性银行提供。这些银行已经把大量居民住宅按揭贷款证券化了，但是往往会保留购物中心、办公楼和工厂等商用住房的贷款，因为它们很难进行证券化操作，所以银行认为自己对它们的了解更深刻。但问题是，这些房子的价格在过去几年里一路狂跌，粗略估计来看，全国的商用住宅价格下降了 40% 左右。假设三四年前商用住宅的房价为 100 元，现在只剩下 60 元左右。假设其中有 80 元来自贷款，那么就出现的资不抵债的情况。假如贷款人不愿弥补这个差价，那么只能是银行承担 20 元的损失。在未来 5 年里，每年都会出现 3000 亿—4000 亿这样的贷款。

因此，银行对此非常担忧。它们需要达到资本充足率的要求，而且其中部分银行没有额外资金，所以它们不愿提供商业贷款，因为这会占用它们的资本金，而且一旦这些贷款收不回来，就会减少资本金的规模。为此，即使那些企业提出的贷款申请非常合理而且非常安全，它们也倾向于拒绝这些申请。它们把自己的资金用来投资别的银行、国债，因为这些投资通常不占用资本金，也就不会对资本金造成风险。由此造成的后果就是，中小企业无法获得贷款。在本次经济衰退中，失业人群中有 45% 来自于中小企业。如果这些企业不能扩张，无法获得资金支持，那么会造成非常严重的问题。政府目前尚未出台计划来解决商用住宅贷款，它建议为小银行注入少量资金，但是这些资金数额实在太小，所以也发挥不了什么作用。

第四，造成今年支出不足的另一个原因是，美国的财政赤字使工商界和家庭缺乏信心。利普斯基先生昨天已经阐明了我们可能面对的风险。问题的关键不是 2010 年或 2011 年的财政赤字，而是今后会出现什么情况。据政府预测，在今后 10 年，即使经济增长和利率等能够达到最乐观的预期目标，政府不出台新的刺激计划（当然它也无力再推出新的支出项目），国债在 GDP 中的相对比例在 2020 年前会持续上升。我们还没有顾及 2020 年以后的情况。政府预测到 2020 年时，国债占 GDP 的比例会达到 70%，几乎是 2008 年水平的两倍。利普斯基先生预测的情况比这还糟糕。即使美国政府自己的预测也表明，假如不大幅上调债务利率，仅债务利息在 2020 年就达到 8400 亿美元，占到当年个税财政收入的 36%。可见我们的处境非常糟糕，不少人难免会感到自己缴纳的个税都用来还债。由于人们担心税率不断上调，因此不愿进行设备投资或者长期投资。我的基本看法是在 2010 年和 2011 年，美国的经济表现比常规预测更疲软，而且很可能再次下滑。

不过在悲观地结束演讲之前，我想谈谈摆脱这种困境的途径，如何利用合理的刺激政策来实现强劲增长。首先，美元会继续贬值。相比起一年之前，美元的实际贸易加权汇率已经下降 5%。尽管我认为最近欧元贬值的情况非常不合理，但是美元会继续贬值，拉动出口。更重要的是，它有助于将人们对进口产品的需求转向国内生产的产品和服务。其次，政府即将出台一些政策来提高地方银行和地区性银行的借贷活动。这些举措遇到种种政治困难。国会并不喜欢银行，不过如果我们能强调这仅仅是对小银行的资助，那么国会或许会推动政策制定向这个方向发展。第三，11 月美国国会中期选举时，国会将不得不降低财政赤字，以重振个人和商业的信心。显然，这些举措越早出台，人们的生活水平会越快改善。

罗奇（摩根士丹利（亚洲）主席）：

你在第四点里谈到美国财政状况的前景。目前美国个人储蓄在缓慢增长。从 2009 年三季度开始到今年第一季度，根据美元升值情况进行调整后，美国的国民储蓄率为 −3%，创下历史新低。对于全球最大的经济体而言，这种情况非常糟糕。我认为它会对美国经常账户和我们这些债权人产生非常严重的影响。所以我的问题是，如果联邦预算赤字没有重大突破的话，那么会对美国经常账户的变化产生什么影响？

马丁·费尔德斯坦：

这个问题很好，而且我觉得你在描述这个问题时已经提出了解决方案。如果储蓄率恢复到 7% 的水平，那么在 GDP 中的比重约为 5%。在正常情况下，商业储蓄在 GDP 中的平均占比为 3%。假如政府的借款占到 GDP 的 5%，那么我们只有 3% 的 GDP 来为所有投资计划融资，如房地产、设备、存款、软件等。这显然是不够的。所以我们要么提高利率，要么持续扩大经常账户赤字，持续从国外引进资金，以维持各行各业的投资计划。因此现在还很难断言在今后的十年里，我们不会持续依赖国外流入的资金。

雅各布·弗兰科尔（30 人集团主席、摩根大通国际董事）：

在前几年的早餐会上，我的角色就是询问你为什么这么悲观。但是今年我却想问问你怎么这么乐观。这是一个很严肃的问题。在未来 18 个月会出现什么情况？我相信通胀率、长期利率和公共债务会超出现有水平，此外，关于政治周期的情况，我也不想多谈。所以这个环境并不利于经济增长。如果我们看看全球其他地方的情况，欧洲的情况并不好，日本对自己的前景也不甚明了。而在美国，你无须接近华盛顿的高层人士就可以感受到党派冲突严重影响了政府的执政能力，所以情况并没有那么乐观。两三年前，我们坚信必须要启动根本性的监管改革。但随着金融市场的发展，人们对这项改革的热情逐渐消退。你已经清楚地提到许多问题，如高失业率和保护主义等。这么多负面问题即将变成现实，而积极问题只是有可能发生而已。你虽然对未来抱有希望，但是这毕竟不是现实。你知道培根说过，希望是美好的早餐，但却是糟糕的晚餐。

马丁·费尔德斯坦：

我相信我们俩都赞同的一点是，我们这个杯子连一半的水都没有装满。我们有理由对未来感到不安。我是针对美国政府以及一些经济学家的经济预测做出了以上评论。他们认为我们已经渡过难关，GDP 将持续增长。在下次危机爆发之前，我们可以无忧无虑地快乐生活。我想说的是，未来的问题没有那么困难，而且种种因素结合起来的话会帮助我们转危为安。谈到金融监管改革，我认为与几周前相比这方面已取得一定进展。美联储被剥夺了许多权力，在处理大银行和银行控股公司事务方面他们的核心地位有所动摇。

欧文思（卡特彼勒公司董事长、首席执行官，美国总统经济复苏委员会成员）：

你给我们带来了希望的阳光。制造业接受了数千亿的资助，去年存货水平有所好转，缩减储量有力地推动了经济增长。从供应基础来说，大多数供应商都在努力提高产能。另外标准普尔指数中的 500 家大公司着力强化了自己的资产负债表，坐拥数以千亿计的资金。我们的董事会还在敦促我们暂停购买股票，以确保流动性。目前我们公司持有很多资产，而且可以为不少金融公司提供融资。所以我对形势还是比较乐观的。

马丁·费尔德斯坦：

的确我们看到不少好消息。2009 年第四季度的 GDP 增长率为 5.9%，其中有三分之二来源于缩减库存的推动作用。库存销售比率现在下降到历史较低水平。所以我认为进一步放缓缩减库存行动不会给我们带来更多帮助。真正的问题在于，许多公司可能开始重新增加库存。

埃斯科·阿霍（诺基亚公司执行副总裁）：

我是诺基亚的代表。有些人认为本次经济危机源于美国经济，你怎么看待这种说法？他们所依据的事实是，人们难以建立一个运转正常的后工业化社会，它的成本太高，所以美国经济体系又回到了原来的状态，重新对科技和工业产品投资。

马丁·费尔德斯坦：

无论是美国的工业企业还是政府都在对科技进行投资。我们的高等教育体系非常发达。所以我想这些长期基本面还是比较健康的，希望不会在前进的过程中破坏这些基本面。我更担心的是长期财政状况，以及解决这些财政问题时可能出现的风险，如不合理地提高税收，结果破坏投资、创业和承担风险的激励机制。相比较而言，我不太担心美国在科技等方面的基本面。

斯蒂格利茨（美国哥伦比亚大学教授、诺贝尔经济学奖获得者）：

我和弗兰科尔一样比较悲观，而且觉得你过于乐观。我想就你谈到的中小企业问题作一点评论。人们经常批评银行监管者扮演的角色过于强硬。但从另一方面来看，中小企业的贷款通常是基于抵押的贷款，就像你提到的那样，抵押品的价值可能下降40%，所以即使银行愿意为他们提供贷款，也会尽量降低所承担的风险。我的问题是，本月美联储将退出紧急贷款计划。你知道从需求角度来看，如果长期买方突然说我不买了，那么会对贷款利率产生重大影响。贷款利率将因此升高，从而抑制原来就不景气的市场。美联储说它的退出不会带来太多困扰，你怎么看这个问题？

马丁·费尔德斯坦：

你刚才讲的是供给和需求的关系，并且从前瞻的角度谈论了一个更高级的供求关系。美联储知道有些事情终将发生，因此对利率也有一定预期。但让我们感到意外的是，即使在过去几个月里，美联储反复强调它会停止购买国债，但长期利率几乎没有提高，利率和国债之间的利差也没有拉大。因此，假如我们相信美联储的声明它真的退出，那么利率会上调50个基点。对于居民住宅业来说，这不是个好消息。对于你的问题，我的答案是，假如政府购买的债务超过1万亿美元，公司也发行数千亿的债务，那么美联储停止购买债务不会对长期前景产生较大影响。

鲁里埃尔·罗比尼（美国纽约大学教授）：

你刚才指出，对于美国经济来说，美元会继续走软。现在的问题是，美元相对于其他发达国家货币而言已经大幅贬值。我们需要美元贬值，但是欧洲、日本和英国等也需要本币贬值，所以这种调整方案就不可行。如果要让美元相对于中国等新兴国家的货币贬值的话，由于一年半前人民币重新与美元挂钩，那么其他国家就想，如果我们的货币现在升值，那么就会招致损失。因此除了亚洲国家以外，许多拉美国家也在干涉自己的货币汇率。所以一方面，美元走低有利于经济复苏，但是无法按照我们期望的速度来调整全球经济。所以我的问题是，这会对美元和人民币的汇率产生什么影响？

马丁·费尔德斯坦：

我同意你的意见。这个调整速度不会达到美国经济复苏的需求，但是会超过其他经济体的预期。但是这一切正在变成现实，而且会持续数年，直到市场开始紧张，美元加速升值，人们开始抢着持有美元。但总的来说，已经出现了这种趋势，这是因为，我们仍然持有巨额贸易逆差，欧洲拥有顺差，所以要想平衡这种状况，就要让美元与欧元相比具有竞争力。从更深层次上来看，主权财富基金和各国政府持有的资产主要仍是美元资产，所以美元仍然是储备货币，如果在进口超过出口的情况下，仍然希望将美元作为一种应急的融资机制，那么我们有理由重视美元的作用。如果我们看看台湾、韩国和新加坡的情况，它们拥有的外汇达到3000亿美元。中国拥有的外汇超过了2万亿美元。这些都不是短期流动性，其中多数都应该用来投资。所以各国的主权财富基金都在考虑到底投资哪些资产类型。除了持有少量流动性很强的国债以外，其他资金应该怎么用？应该持有哪种货币的资产？我想他们会逐渐减持美元资产——这种情况已经开始发生。或者他们会持有一些欧元资产，一些瑞士法郎资产，但其中的主要货币是欧元。我想全球会有数以万亿计的资产组合会向欧元施压。我已经告诉我的欧洲朋友，这种情况必然会发生，你必须在国内做好准备，维持总需求。尽管中国的出口下降显著，但是它极其迅速、极其妥当地推出强大的措施，在去年取得显著的经济增长。我想其他国家也可以采取类似举措。

提问人：

怎样的结构性财政赤字调整政策才是合理的政策？我关注的侧重点是税收方面的政策，而不是支出方面的政策。

马丁·费尔德斯坦：

要想简短回答你的问题，用我们的术语来说，美国的税收政策就是税式支出政策。譬如，美国总统宣布，当前的预算计划将为儿童看护和眷属看护提供资金。除了直接提供资金以外，政府还出台了特殊的税收抵免或可退税的税收抵免优惠政策。所以它的效果和支出项目不相上下，但是并没有在税收法案中明示出来。此类措施还有很多。其中最重要的一项措施最近经常作为头条出现在美国报纸上，即通过雇主交纳的医保保险支出可以免征所得税，但是雇员自己购买的医疗保险却无法作同样的扣免。这必然将导致税收缩水，仅今年减少的税收就达到2200亿美元。如果你只停止上调一种税收支出的税率，即特殊卫生项目，那么在未来10年里，国家债务将降低1万亿。这种工作很多，每一项都很复杂，但是10年后就可以见到显著效果。所以我宁愿降低税收，也不愿创造新的税种。譬如所谓的增值税就让我很不安。

从日本资产泡沫所汲取的经验和教训

野村控股株式会社董事长　氏家纯一

我主要想阐明一下我们应该从 20 世纪 80 年代后期到 90 年代早期日本经济的这一段经历中汲取些什么经验和教训。

日本泡沫经济的起源要追溯到 1985 年 9 月的广场协议。在协议后的一年中，日元对美元的汇率急速上升了 30% 以上，引发了日本经济严重的景气后退。

为了挽救局面，日本银行从 1986 年 1 月到 1987 年 2 月共计 5 次，连续将官方贴现率从 5.0% 降低到 2.5%。利率的这一历史最低水平一直被维持了两年零一个季度，导致日本国内出现了资金过剩。这些资金被大量地投入股市及房地产市场，从而形成了泡沫经济，造成了 90 年代早期泡沫经济的崩溃。

日本的重要经验和教训：一旦泡沫扩大和崩溃，就会导致经济严重、持久的低迷。在给定的时间内，我将要围绕货币政策来阐述以下三点：

一、资产价格是货币政策的重要变量之一

首先，大部分中央银行的目标都是要保持货币价值（以消费者物价指数来衡量）的稳定。但是，资产价格本身的变动会对经济造成破坏。当资产价格上升时，经济活动会被信用扩张所刺激，即使存在一些时间滞后，最终将导致物价上升。所以，中央银行在制定货币政策的时候，要同时关注消费者物价指数和资产价格。

虽然日本 20 世纪 80 年代后期资产价格大幅度上升，不过，因为当时的景气过热和物价上涨并不是特别明显，所以当局并没有意识到要改变政策的紧迫性。在 1989 年随着通货膨胀压力的高涨，日本银行才转为实施紧缩货币政策。可是，那时泡沫已经形成并扩大蔓延开了。资产价格和物价在相当长的期间内有着大幅度的偏离。

在中国也是如此，在宽松货币政策期间也能观察到资产价格先于物价上升的倾向。如果考虑到资产价格可以作为物价先行指标的话，把资产价格加入到

货币政策的目标变量中，这样不仅对于防止泡沫，而且对于稳定物价也是有一定效果的。

二、应该关注房地产金融市场

接着阐述第二点，众所周知开始的时候我们并没有意识到正身处于泡沫经济中，但是我想说的是如果出现了资产价格的急速上升，并同时伴有货币供给扩大和信用扩张，这些就是可靠的危险信号。关注信贷量的增长及构成的变化是非常重要的，尤其是针对房地产部门信贷。

在泡沫时期的日本，对非银行金融机构、房地产、建筑这三个产业的融资合计达到了银行融资总量的 25%。特别是很多和房地产相关的融资，都是通过当局监管不到的"住宅金融专门公司"这一非银行金融机构来实行的。这不仅加速了房地产泡沫的膨胀，而且也使泡沫经济崩溃后的不良贷款问题变得更加严重。

在中国与房地产相关的融资，即便包括住房贷款在内，也只占到总体融资的 20% 左右，如果与泡沫时期的日本相比较，还算较低。可是，2009 年新的住房贷款的规模增速迅猛，高攀至 2008 年的 5 倍，这一现象是应该值得警惕的。与此同时，应严格控制通过非银行信贷渠道（比如地方政府的投融资平台）所作的投机性房地产贷款。

三、前瞻性货币政策的重要性

最后，我要说明一下在风险没有表面化之前，掌握经济中的潜在风险和实施"前瞻性货币政策"是至关重要的。

80 年代后期，在日本经济发生泡沫的当时，既有来自国内的对日元升值的担忧，也有来自美国的缩小经常性收支黑字、扩大内需的要求。而且，那时，公众强烈地反对实施紧缩货币政策，所以才致使政府干预资产泡沫过少过晚。结果，在资产价格急剧上升 3 年后的 1989 年 5 月，紧缩货币政策才得以实施。即便在实施紧缩货币政策后，股价与地价还是分别持续上涨了半年和两年以上。

现在，在中国，房地产价格上升的步调正在加速，正在达到需要警戒的水平。而且，随着景气的复苏，通货膨胀压力也在高涨。

在最近的十一届全国人大三次会议上温家宝总理提出了今年政府应将货币供给的增长率从去年的 27.7% 降低到 17%，考虑到各种价格越来越明显的上升压力，这个目标应该被称赞为向正确方向迈进的一步。

我希望我所讲的能给大家带来些启示。

经济结构：失衡抑或互补

美国斯坦福大学教授、国际经济学会会长　青木昌彦

　　"结构失衡"及其改造作为 2008 年到 2009 年经济危机的主要根源及其对策，已经成为国际政治、经济讨论频频涉及的问题，这个问题的重要性也已几乎毋庸置疑。"失衡"论背后的理念似乎是，全球市场应该平滑、无摩擦才能维持各个经济体之间的平衡，从而充分获取最大的全球经济利益和发展机会。因此，有人主张，应该避免国民经济体通过阻碍进口的手段来保护或培植本国产业——在发展经济学研究中，这种策略叫做"进口替代品"。同样，也有人认为，贸易经济体之间贸易失衡的原因是政府干预货币市场，导致各国货币之间的汇率错位。这种做法不仅会扰乱商品的公平、有效交换，更严重的是，可能导致全球经济不稳定。可以说，上述观点背后的论断是，政府不能为了从贸易中牟利而以非市场手段扰乱商品与货币的互换。这两种观点都有一定道理，篇幅有限我就不赘述了。在此，我想重点关注"互补性"而不是"替代品"这个概念，并讨论其与国际经济关系的相关性。这样，我们或许能够以一种全新的眼光审视世界经济形势中的"失衡"。这种视角将具有重要意义，因为世界上的国民经济体面临着不同的发展和人口问题，同时又受到同样的生态因素限制，接下来我将就此做出具体阐释。

　　可以说，过去 20 年间，经济学家对中国经济巨大变化的讨论主要集中在从计划经济向市场经济过渡这一点上。但是，中国经济的变化还包括另一方面，那就是从农村主导型经济发展过渡为以城市为主体的市场经济。30 年前，中国开始认真实施改革开放政策，以期实现经济现代化，那时候农村人口的比例占到大约 80%。改革开放以前，实现工业发展的手段是将农村物质资源作为主要资本积累来源转移到城市，这一过程中没有大量的人力资源流动。但是，人口经济学理论预测，在土地资源有限的情况下，如果农村地区的生育率不受控制，即使农业生产率提高，人均收入也不会相应增加。相反，生产率提高反而会导致农村人口增加，这就是所谓的"马尔萨斯生存陷阱"。虽然中国

曾对生育进行严格控制，但整个 20 世纪六七十年代，农村和城市人口的结构并未发生改变。

真正显著的变化从最近 30 多年开始出现。首先，农民的积极性得到了提高，他们以乡镇企业等形式（特别是在 20 世纪八九十年代）生成自己的产业基础；农村人口大批涌入城市地区永久或暂时居住；农村行政部门也被纳入城市行政部门，等等。到目前为止，农村人口的比例已经降到 50% 以下。这一速度惊人的城市化进程无疑促进了市场经济的发展和中国人民人均收入的提高。但就未来发展而言，中国必须以各种手段进一步将大量农村人口转移到城市地区。

现在普遍认为，要实现这种城市化进程，不仅要求现代产业部门持续增长，还要求尚未成熟的服务业不断扩大。对此，非公有制市场激励手段应该成为主要驱动力。政府对传统产业的直接干预，特别是在对规模经济的单纯追求中，将不再像发展初期阶段那样有效。吴敬琏教授等知名中国经济学家警告说，正如某些其他经济体过去的发展经验告诉我们的，应该采取一切手段避免"裙带资本主义"，也就是政治、官僚力量与大规模产业利益的媾和。这对中国经济未来的巨大转变有害无益。"进口替代品"政策亦然。这些体制或政策迟早会阻碍农村人口进一步融入生机勃勃的、有竞争力的城市经济中。但是，这样说并不意味着国家政策在推进城市化进程方面毫无作用。这方面，国家政策的制定至少面临三个主要挑战。

第一，中国经济的进一步增长需要考虑到其对环境和能源造成的影响。特别是像前工业时代的美国一样，以能源代替人力追求规模经济的做法，在中国特殊的发展和人口条件下，不利于其可持续发展，更不用说对环境的广泛影响了。

第二，快速的城市化要求政府政策在公共教育、城市交通、医疗卫生、垃圾处理和疾病防御等方面进入更高的层次。这些活动无疑需要在公共事业和基础设施方面进行大量的投入，而这又要求地方政府有坚实的财政基础。以往将商业活动相关财政税收集中化的做法，可能对防止省级保护主义（也就是省级的"进口替代品"政策）和促进综合国家市场发展有一定作用。但是，这样做有副作用，地方财政资源会遭到压榨，因为集中的财政资源在向地方政府转移的过程中尚不能做到公正透明和照章办事。这样一来，地方政府不得不过度依赖租赁城市土地用作商业用途来获取收入。这可能导致财政造成的地产泡沫，而缺乏具有远见的城市发展规划和基础设施投入。显然，这种机制无法长期持续下去。整体财政改革的设计似乎应该使地方政府更加负责，并对各种由于进一步城市化产生的公共需求做出响应。

第三，人口老龄化带来的挑战近在眼前。正如人们所说，计划生育政策确实帮助中国避免了"马尔萨斯生存陷阱"。但是，这一政策，加之人均收入增长带来的显著死亡率下降，会造成人口老龄化加速的长期后果。目前老龄化尚未成为中国面临的当务之急。但是，在不远的将来，将成为中国无法回避的问题。在这方面，同样从农业经济走向城市化的日本和韩国已经进入了老龄化阶段，这对中国是有启示作用的。援引一组惊人的数字：1960 年，日本工作人口和 65 岁以上人口的比例为 11.2：1。到 1980 年，这一数字迅速下降为 7.4：1；2000 年为 3.9：1；到 2005 年，预计将下降到 2.0：1。急速的老龄化要求对社会保障制度进行大幅度改革，原有制度的基本框架是在 20 世纪 70 年代情况乐观时建立的。这就是为什么日本必须进行政治体制改革：要解决这个前所未有的问题，需要经历尝试与失败，也就是使用试错法。在我看来，目前的政府对此问题仍然未有明确的政策，但是试错法要求执政党根据公众从竞争政党的政策计划中做出的选择而进行改变。在过去，一党专政和永久性的官僚制度能够通过限制人民中的各种利益集团来稳定社会，但是这样的时代已经永远不复存在了。

中国可能尚未达到通过公共选举来决定政府政策这一阶段，因为中国的发展和人口议程尚未非常清晰。要在不同利益集团间达成妥协，可能仍需各级政府作出努力，只要他们能够负责任地行事，并且对于发展、人口和生态要求等上面提到的公共利益作出响应。但是，他们的议程和工作变得越来越复杂。在这方面，东亚各国经历的对比研究可能会更加有用。日本和韩国已经经历过了从相似情况开始的发展历程，也就是农业为主的经济。最初出现工业化，是因为强有力的政府能够把发展资源从农村转移到产业部门，虽然资源的来源和政府的机构形式各不相同。不过，他们在向城市为基础的经济发展、建立民主政治政权的过程中，都经历了大致类似的发展历程和人口变化。他们的经历可能为中国提供经验和教训，以便中国能够进一步实现城市化，并为人口老龄化做出准备。这为今后关于互补性世界经济关系的讨论奠定了基础。

众所周知，互补性的经济概念是由 19 到 20 世纪的爱尔兰经济学家和哲学家弗朗西斯·爱德华斯首先提出的。他针对消费提出了这一概念：如果一种商品消费的边缘应用可以通过另一种商品的协同消费来得到加强，这两种商品就互补，就像佳肴和美酒之间的关系一样。但是，这一概念同样可以准确应用于其他很多领域。例如，一个国家为解决问题而作出的额外努力可能因为另一个国家具有另外一种解决问题的能力而变得更加富有成果，反之亦然。我认为，互补性概念对国际经济关系中的很多重要问题都有启示。这并不是说代替已经不再是一个有意义的概念。在某些情况下，代替仍然有意义，但是互补的概念在经济学家对贸易等问题的讨论中更为重要和相关，却遭到了忽视。

例如，如前面讨论过了，中国为了解决进一步城市化带来的问题，日本的经验及其就密集城市人口管理、公共交通、物流、医疗卫生、环境管理等方面的技术经验可能非常有益。另一方面，日本需要通过创新和绿色技术商业化来实现人均收入的可持续增长。但日本的工作人口数量较少，为了有效地完成上面的举措，中国或许可以为日本提供人力资源和市场。中国需要迅速节约，以应对来临的老龄化社会，而美国可以为中国制造的商品提供市场。另一方面，美国要保持其经济活力和技术领导力，中国可以通过其可持续增长和制造业外包基础来提供全球发展的前景。但是，这些互补关系可能会以贸易失衡的形式呈现。日本和美国之间，以及其他国家之间，也会存在不同形式的互补性。

当然，世界经济存在激烈竞争。但是，其中的国家经济体可能也同时具有互补关系，因为他们在发展、人口和资源特征等方面互不相同，而需要合作来避免可能出现的全球危机。我们一方面要强调贸易关系的失衡性，但也绝对不能忽视问题解决的共同基础。

中国企业的国际化经营

中国进出口银行董事长、行长 李若谷

借此机会，我想围绕中国企业国际化经营问题谈几点个人看法。

一、国际化经营是经济发展的必然趋势

企业国际化经营是生产力发展到一定阶段的产物。企业跨国经营萌芽于最早完成产业革命的英国，最早可以追溯到 16 世纪末 17 世纪初的特许公司，如东印度公司。但这还不是现代意义上的跨国公司，现代意义上的跨国公司出现于 19 世纪 60 至 70 年代欧美主要经济发达国家。早期发达国家企业的国际化发展主要是因为西方发达国家率先完成工业革命，大机器工业和生产社会化程度空前提高，对原材料的需求和销售市场的要求远远超出本国的范围，从而凭借先进的技术和强力推动与殖民地国家的国际分工，获取原材料并销售工业制成品。因而当时的国际化经营有很强的掠夺性而不是公平的交易，是以国际贸易而不是直接投资为主。

企业国际化经营是国际分工深化的需要。二战后到 20 世纪 70 年代末，西方国家正经历第二次产业技术革命深入发展的阶段，资本密集型生产流水线技术与标准化技术成为当时成熟的主导产业技术，并带来现代企业组织和经营形式的普及以生产率的显著提高。在这一背景下，除了传统的发达国家与发展中国家的分工外，发达国家之间的分工日益深化，发达国家之间的直接投资快速增长，大型跨国公司成为国际经济合作的主要载体。

企业国际化经营是参与经济全球化和国际竞争的必然要求。20 世纪 80 年代，尤其是 90 年代以来，随着经济全球化步伐的加快，各国经济相互联系与相互依赖的程度不断加深，几乎所有的国家都被纳入国际分工体系中，与此同时，国家间、企业间的竞争日益激烈。跨国公司在全球配置资源并成为国际化经营的最主要载体，无论是发达国家还是发展中国家，无论是在国内还是国际上，都不可避免地面临着国际竞争，这也促使一些发展中国家的企业主动或被

动地实施国际化经营，从而使得企业国际化经营成为当今国际经济的一个突出特点。

二、中国经济发展已经到了开展国际化经营的阶段

发达国家跨国公司对外投资兴起并快速发展的经验表明，当一国经济、技术发展到一定阶段，其对外投资也必然相应发展起来。中国经过30多年改革开放的深入发展，经济综合实力显著提高、已经达到加快实施"走出去"，大力开展跨国投资与国际化经营的阶段。

一是具备了坚实的经济基础。中国已成为世界第三大经济体、第一大出口国和第二大贸易国，人均GDP已超过3000美元。中国资本积累已具备相当基础，国内资本供应比较充足，2007年末仅国有企业资产总额就达35万亿元，比1978年增长48倍，2009年末社会存款总额达61万亿元，外汇储备近2.4万亿美元。较强的经济实力和充裕的资金为国际化经营提供了基础。

二是具备了相应的技术水平、人才储备和经验。改革开放以来，中国引进了大量技术和管理经验，促进了产业技术水平和生产率的提高，推动了高新技术产业和重大装备制造业的发展，使工业总体装备和技术水平与发达国家的差距缩短到了11—15年。更为重要的是，对外开放使中国企业在国内也往往面临与外资企业同台竞争的局面，从而积累了丰富的市场经验，锻炼和培养了一批懂得国际经营管理的人才。

三是进一步扩大开放、转变增长方式要求中国企业加快国际化发展。实行对外开放政策是中国经济30多年来快速发展的重要动力。在经济全球化的今天，开展国际化经营是进一步扩大开放的必然要求。中国已经进入加快转变经济发展方式、着重调整经济结构的关键时期，迫切需要企业"走出去"，充分利用国内外市场和资源，学习国际先进经验和技术，推动国内产业升级。通过对外投资促进产业结构调整和优化有国际成功经验可循。20世纪50年代末日本也配合产业结构调整开始对外直接投资，投资领域与产业结构调整方向一致：20世纪50—60年代主要集中在纤维、日用消费品上；70年代以钢铁、石化、造船等重工业为主；80年代主要转向了汽车、电气工业、家用电器等加工工业。日本的对外投资不仅延缓了衰退产业的生命周期，带动了国内产业升级，也为周边国家经济发展提供了契机。韩国、中国台湾等国家和地区则通过技术寻求型的海外投资，加快捕捉发达国家技术发展踪迹，缩短了本国研发技术的周期，加快了自身产业结构升级。

在国际和国内经济发展的大背景下，自2000年我国正式提出"走出去"

战略以来，中国企业国际化经营取得了引人注目的快速发展。

一是国际化经营快速发展，规模持续扩大。2009年我国境内投资者共对全球122个国家和地区的2283家境外企业进行了直接投资，在全球对外投资萎缩的情况下实现非金融类对外直接投资433亿美元，同比增长6.5%，比2004年增长11倍。截至2009年末，我国累计对外直接投资已超过2200亿美元，是发展中国家中对外投资最多的国家；累计签订对外承包工程合同额5603亿美元，完成营业额3407亿美元；累计签订对外劳务合作合同额674亿美元，完成营业额648亿美元。

二是国际化经营的主体日趋多样，国际竞争力不断提高。目前开展国际化经营的主体已从单一的国有企业向多种所有制经济主体转变；已形成一大批具有较强国际竞争力的大型企业集团，如海尔、联想、华为、中远、中石油、海信、TCL等，已逐步成为国际市场上具有较高知名度的跨国公司。在《财富》2009年世界500强企业中，中国有43家企业入选，比2000年增加32家，同时企业排名大幅度提升，中石化成为第一家进入前10强的中国企业，排名全球第9位。

三是国际化经营的形式日益丰富，行业不断拓宽，多元化市场格局逐步形成。近年来，中国企业"走出去"既有传统绿地投资，也有跨国收购和兼并，既有独资，也有与当地企业或与第三国企业联合投资，同时BOT（Build-Operate-Transfer）、BOOT（Build-Own-Operate-Transfer）等新方式也取得较快进展。从涉及的领域看，已从贸易和餐饮拓宽到资源开发、家用电器、纺织服装、机电产品、农业及农产品开发、交通运输、旅游、商业零售、咨询服务等行业。从市场分布看已拓展到亚洲、非洲、拉丁美洲、东欧、俄罗斯等200多个国家和地区。

三、中国企业国际化经营的基本特征

中国企业国际化经营近年来发展很快，在形式上也与西方国家的跨国经营有类似之处，都是面向国际进行资源配置，开拓市场，但从本质上看，中国企业国际化经营有着自己的特点，中国企业的国际化经营不具有掠夺性和扩张性。

第一，经济环境不同，要求也不同。与发达国家企业开始国际化经营的时代相比，当前中国企业开展国际化经营的环境已经有了质的不同。人类社会发展到20世纪，各民族和国家间的平等、和平与发展已成为国际共识，基于市场原则进行公平交易也成为基本经济准则。特别是发展中国家对于加快发展经济，改善人民生活水平的要求越来越迫切，并已具备了自主追求经济和社会发展的能力。此外，进入 21 世纪以来，国际社会对于可持续发展的关注日益加强，对保护环境、维持可持续发展的要求越来越高。因此，过去那种掠夺式的跨国经营在当今世界已不可能施行，经济交易必须是平等、互利的，必须有助于促进当地经济发展，同时还要注重履行环境和社会责任。在这种形势下，中国企业的国际化经营是以共同发展，互利共赢为目的的。

第二，理念不同，导致的效果也有所不同。中国与企业国家化经营过程中有两个突出理念：一是把发展放在首位。中国自身是一个发展中国家，因而深切认识到生存权和发展权是最基本的人权，只有经济发展了，环境、卫生、人权等等问题才有可能解决。因此，中国开展对外经济合作始终以实现共同发展为根本原则和目标，重点是帮助发展中国家和人民解决发展难题，提高可持续发展能力。例如，中国在非洲投资修建桥梁、公路、机场、水坝、学校、医院、住房等一大批基础设施项目和民生项目，为帮助他们解决发展瓶颈，提高生活水平发挥了重要作用。由于资金直接投向项目而不是政府财政，从而确保资金可以产生实实在在的效益。二是中国在国际合作中秉承不干涉他国内政、不附加其他政治条件的原则。中国文化本身是一种具有多样性、包容性的文化，强调海纳百川、以和为贵。中华文明能够延续 5000 年不断，就是因为能够兼容并蓄不同文化。中国近 30 年的发展也是在吸收、借鉴其他国家先进经验的基础上，走出了一条符合中国自身国情和需要的发展道路。因此，中国开展对外投资和经贸合作，包括提供对外援助时不会强行推行自己的理念和做法，而是尊重他国文化和自主选择发展道路的意愿，强调和而不同，美美与共。这一点，与一些西方发达国家在对外提供援助与投资时往往强行推行西方理念、附加各种条件的做法完全不同。从结果看，西方国家在非洲经营数百年，在拉美国家超过 200 年，而非洲与拉美国家的城市化和工业化发展仍然相对落后，非洲始终没有摆脱贫困，拉美的发展状况也不令人满意，导致一些国家产业结构单一，经济对发达国家依附程度加深，大量能源收入流向少数人和大商人手中，贫富差距拉大，社会矛盾深化，发展缓慢，社会动荡不安。

第三，技术基础和技术的适用性不同。发达国家跨国公司开展国际化经营，向发展中国家转移的是落后技术和设备，同时要获得高额利润。例如，80 年代初我国引进西方程控电话交换设备与技术价格近 2000 美元一线，据估算成本不超过几百元。而且西方为长期获得高额利润往往采取技术封锁、垄断等措施来保护其技术上的绝对优势。技术的过度保护加剧了发展中国家对发达国家的技术依赖，导致双方的"技术鸿沟"越来越大。与之相比，中国的技术水平不是最先进的，在国际竞争中并不占据绝对优势。但是，中国结合自身工业化发展需要对发达国家的先进技术进行了消化、吸收和改造，并自主研发了大量技术，已形成了独特的技术优势和一套与之相适应的管理经验。这些技术和经验对于发展中国家更为经济、实用。中国并不封锁技术，因而往往采取更为开放的态度对待技术交流，通过技术贸易、技术培训等多种方式帮助发展中国家提高技术水平，培养技术人才，并不断更新完善自己的技术。事实上，封锁或垄断决不可能完全、长久地排除竞争，其结果就是垄断技术被攻破或出现新的科学技术成果或工艺方法，企业就会在新的技术竞争中败下阵来。对技术的过度保护只会耗费大量精力和成本，削弱技术改进的动力，甚至会导致人为阻碍技术改进或采用新技术，从而拖累世界知识、技术发展的步伐。

第四，中国对外资源合作是基于市场原则的公平交易。历史上，西方国家与非洲等发展中国家的贸易是不公平的贸易。而中国本身还是一个发展中国家，与其他发展中国家的合作是基于平等互利的原则，始终遵循市场规则去获取资源，从非洲等国家进口资源也都是按照市场价格进行的，双方资源合作开发也是基于各自比较优势开展的，互惠互利。中国的进入打破了西方国家长期控制资源开采和国际资源价格的局面，使非洲在历史上第一次可以按照市场价格出售自己的能源。

总体来看，企业国际化经营是世界经济发展的大趋势。中国企业开展国际化经营既是经济全球化和国际竞争的客观要求，也是中国经济发展到一定阶段的必然结果。中国秉承着自己的发展理念，拥有更适用的产品和技术，遵循平等互利的合作原则，使得中国企业的对外投资和国际化经营不仅为中国企业赢得了更加广阔的发展空间，也在帮助其他国家发展经济、改善民生。因此，我相信，中国企业的国际化经营势不可当，必将成为推动世界经济发展的一支重要力量，让更多的国家和人民与中国人民一道共享经济发展的成果。

加强国际合作，构建共赢未来

卡特彼勒公司董事长兼首席执行官　詹姆斯·欧文思

你们当中有一些人可能知道我是一名经济学家，因此我投入了大量时间和精力来分析经济指标，并尝试预测未来发展。在这周来到中国之前，我对所有显示中国已经走出经济危机并重回增长轨道的指标都进行了研究。在抵达北京的那一刻，我亲眼见证了这一点。我在 2008 年中国繁荣发展时感受到的那股活力再次呈现。

如今的世界形势瞬息万变。回顾 2008，与会者都热情高涨——全球商业欣欣向荣，而中国走在了世界前列。

我认为，2008 年是卡特彼勒发展最好的一年，当时我们并没有预测到经济会衰退。我们都在努力计划如何满足不断增长的市场需求。

2008 年末，经济形势急转直下。在去年的论坛上，讨论的话题截然不同。我们对全球经济危机进行了深入分析。我们谈论了应当如何刺激经济复苏，以期在不影响长期发展的前提下减轻短期内的痛苦。

我们应对挑战收到了预期的成效。各国政府迅速做出反应，制定了经济刺激方案来助推经济发展。虽然经过一段时间才看到成效，但我认为这些举措都很重要，如果没有采取这些措施，经济危机会更加严峻，也会持续更长时间。

尤其值得一提的是，中国政府迅速出台了主要侧重于基础设施建设的大规模的经济刺激方案。这对目前乃至未来的发展都产生了积极的影响。

那么，我们将何去何从？

我们将继续通力合作，维护人民的最大利益。

当然，实现这一目标有很多种途径，但我认为不妨先从贸易入手。贸易和国际投资是实现长期发展的关键所在。

我最近阅读了经济合作与发展组织（OECD）发表的一篇文章，文中指出，贸易政策能够通过三种方式协助应对经济危机：

首先是提振信心；

其次是避免使事态变得更加糟糕的贸易保护主义；

最后是创造真正的机遇以促进经济增长。

我同意所有这三点。

贸易是解决当前经济危机的一种可行办法。事实证明，它能够推动经济增长，提高生产力。单纯依靠贸易无法解决全球经济问题，但它确实能够发挥积极的作用。至关重要的是，贸易能够极大地促进世界各国家之间的紧密合作。所有这些都有助于恢复信心。

此外，避免贸易保护主义十分重要。在危机中，我们都希望保护自己；很容易想到通过提高关税或启动"购买本地货"计划来保护劳动者和产业发展。但是，这些政策往往会适得其反。贸易保护主义在短期内可能有效，但会引起其他国家的效仿，其结果得不偿失。

贸易保护主义有损消费者的利益，因为它限制了选择，提高了成本。企业的利益受损，因为随着供应链的中断，原材料开始缺乏。

凡此种种也会妨碍经济发展。1929 年股市大崩盘便是最好的例子。为了应对这场危机，美国希望通过采取保护主义措施来为人们的工作提供保障。毫无疑问，其他国家自然会"以牙还牙"。大多数专家都认为保护主义措施会使得经济衰退进一步蔓延和深化。

我们必须谨慎对待各种形式的贸易保护主义，这并非一味简单地指关税，保护主义措施还包括配额、补贴以及其他限制贸易或提高进口成本的措施。

我们不能想当然地来看待自由贸易；我们必须始终坚定立场，反对孤立主义政策。

反观贸易保护主义自身，这种做法也伤害了他们自己，同时还将一切错误的信号传达给了世界其他地区。

与试图推行保护主义措施相反，我们需要的是采取行动，制定相应的政策促进竞争、投资和创新，并最终为我们的人民解决就业问题和实现经济繁荣。

我在贸易问题上的观点很简单。所需要做的就是着眼于事实。

因为自由、开放的贸易惠及相关各方，所以我们应当大力推广自由贸易。

当然，困难是肯定存在的，但推广自由贸易利远远大于弊。

无论是从国家层面还是从个人层面上看，自由的贸易和开放的市场都会对经济发展产生深远的影响。

20 世纪，全球人均收入增加了近 4 倍。

20 世纪下半叶的发展速度最快，当时贸易和资本流动迅速增加。

两次世界大战之间经济发展速度最慢，而当时盛行的正是孤立主义政策和资本限制措施。

让我们再来看看几个实例：

世界银行（World Bank）的数据显示，20世纪90年代，降低贸易壁垒的发展中国家的实际人均收入增长速度是其他发展中国家的近三倍。

国际经济研究所（International Institute of Economics）估计，全球自由贸易可以帮助5亿人口摆脱贫困，并且每年为发展中国家的经济注入2000亿美元。

而经合组织称，贸易每增长10%可带动人均收入增加4%。

我们还需要制定政策来减少——最好是消除——贸易和投资壁垒。虽然双边贸易协定是一个不错的开端，但我们也确实需要推进全球贸易框架的建立。

或许我们可以将2009年的经济危机转变为一个鼓励贸易发展的机会。最好的措施便是优先完成世界贸易组织（World Trade Organization）的"多哈回合"（Doha Development Round）贸易谈判。

全面的世界贸易组织协议提供了一个打开市场、推动全球经济增长的千载难逢的机遇。我们每一个人都能够，而且应当，为促进全球贸易自由化做出更大的努力。多哈谈判的失败有损于我们所有各方的利益。虽然我知道这些谈判都很复杂且敏感，但我们需要不断前进。贸易发展就像骑自行车，不前进，就会摔下来。

而"摔下来"的风险对每个人而言都不容小视。请相信我——我将敦促美国政府同样认真地对待贸易问题。

除了进一步开放市场之外，我们也必须确保相关社会、经济和环境政策的妥善到位。

我们面临着共同的环境问题。空气无国界，如果所有主要的温室气体排放经济体都不能参与到减排的努力中来，全球温室气体排放就决不可能减少。由于美国和中国是最大的两个温室气体排放国，因此我们必须共同努力，寻找解决方案。

我们必须在提高能源供应的同时致力于减少温室气体排放，而前提是不能有损我们的经济。

这听起来像是一项非常艰巨的任务，事实亦如此。不过，我相信技术与合作是取得成功的关键。

我们必须营造一个有利于创新的商业环境。在全球经济背景下，每一个市场都为人类创造力的尽情挥洒创造了独一无二的机会和可能。

与环境问题相关的技术便是个别市场创新的力证。

在美国和西欧等环境管制严格的国家，我们必须不断进行技术开发才能达到排放标准。在这种情况下，突破源自于需求，进而在全球得到普及。

同时，走入新兴市场能够帮助我们针对各种不同的挑战开发创新的解决方案。

例如在中国，卡特彼勒的索拉透平燃气轮机可将焦炉煤气转化为急需的能源，同时还减少了二氧化碳排放。

这仅仅是针对特定地区而开发的独特解决方案的其中一个例子，它们在全球范围内都有着非常宝贵的价值。共同努力，满足我们独特的需求将有助于未来开发出更多类似的解决方案。

开发商用规模的碳回收和贮存技术同样符合中美两国的最大利益。中美两国都拥有巨大的煤炭储量，如果我们能够开发出减少煤炭对环境影响的技术，我们就能确保为经济的不断发展提供具有价格竞争力的能源。

和贸易类似，我同样认为全球性框架非常重要。尽管离完成今年早些时候在哥本哈根启动的谈判这一目标还很遥远，但这却是一个很好的开端。代表们对谈判认真的态度以及在这一过程中所投入的时间和精力都有力证明了我们所有领导人对这些问题的关注。

中美两国堪称全球经济的双引擎，在很多方面确实如此。双方共同努力必将带来"双赢"。

在过去一年中，中美两国在某些问题上关系曾一度紧张。两国领导人大局为重，避免冲突的做法让我感到由衷赞赏。

我们不可能在所有问题上都志同道合，但中美两国已经为维系对双方发展均有所裨益的关系上付出了巨大的努力。

通过创造更多的合作机会——包括鼓励外商直接投资以及通过贸易、创新和创业促进竞争，我们可以进一步巩固这种关系。所有这些将为我们共同应对未来挑战，并建立紧密的合作关系奠定牢固的基础。

从危机中吸取的主要教训

——携手应对未来挑战

博世集团董事长　弗朗茨·菲润巴赫

"危机之后，世界会是什么样子？"我们每个人都很关心这个问题，无论我们住在哪里，从事什么行业。

毫无疑问，当前的危机给全球经济造成了深重的创伤。不少主要经济体仍然深受其害。但是，中国却是一个例外。中国政府迅速、果断的干预手段不仅稳定了经济，还使国民经济在去年增长了将近9％。

我们从金融和经济危机中吸取了哪些教训呢？首先，我们的世界已经高度一体化、集成化和网络化了。市场是全球性的，商业模式也是全球性的。为了保证长期、稳定的发展，我们需要一个全球化的市场，这个市场按照一般规则运作。但是，我们不能只着眼于全球性的解决方案。我们还需要考虑地区需求的差异，并将区域性解决方案结合到我们的商业模式中去。这样做可以防止孤立化和保护主义，它们会严重危害全球市场的长期成功。

第二，也可能是更重要的一点，我们了解了当今世界的主要趋势。危机到来之前，这些趋势就已经显现出来，它们至今仍然非常重要。事实上，有些趋势已经日益明显。

1. 其中首要的趋势就是全球一体化。现在这个趋势愈发强劲，主要原因是新兴市场蓬勃发展，特别是在中国。

2. 当今时代面临的最紧要问题是化石燃料短缺，我们必须为此找到解决办法。而且，燃料短缺和有关全球变暖的争议是两个相对独立的问题。我们必须更加努力地保护环境。毕竟，我们需要对子孙后代负责。

3. 另外，不断加深的城市化进程给能源供应、环境保护特别是个人驾乘和可持续交通带来了新的挑战。

让我来说明一下。

1. 新兴市场在全球 GDP 中的比例从 1990 年的 20% 上升到 2000 年的 23% 。

2. 今年这个数字将上升到大约 30% 。

3. 10 年以后，这个数字可能达到 40% 。

新兴市场愈发成为全球经济的驱动力，而中国在这一发展进程中发挥着核心作用。但是这些机遇也会给新兴市场带来深远影响。新兴市场要发展，就需要价格低廉的产品来满足其特定要求。如果仅仅向新兴市场销售工业发达国家为自身设计和生产的产品，那是远远不够的。新兴市场自有的、针对自身需求的工程和制造业，要求专门的技术和训练有素的员工。新兴市场还急需可靠、可持续的能源供给。今天，我们的生活高度依赖于石油和煤炭。争论现有的石油储备还能用多少年，这是于事无补的。以更长远的眼光来看，石油时代不过是人类历史和中国五千年历史中短暂的一瞥。

因此，世界上所有国家都不得不减少对石油和其他石化燃料的依赖。我们需要可持续的、"绿色"的能源政策。

这种"绿色战略"的其中一个重要方面是提高能源效率。未来的汽车将靠电力驱动——这一点是毋庸置疑的。博世公司目前进行着大量研究工作，开发电力传动系统和蓄电池。但是我们在车辆和基础设施方面，仍需应对很多挑战，需要找到技术解决方案。同时，对于那些已经开发出来的高能效技术，我们鼓励迅速将其投入使用。目前，我们已经能够将中型汽油或柴油车辆的燃料消耗量进一步降低 30% 左右。同种车辆的混合动力车款在城区行驶工况中能够节省 40% 的燃料。这些工程方面的进展仍有待进一步发掘。

针对个人驾乘、货物运输等不同需求，我们没有单一的方案，而应该寻求各种相应的解决办法。与此同时，我们应该更加努力地开发可再生能源。合理的方法是使用太阳能、风能和海洋能源。在这三个领域，博世集团已经积极开展工作。其中，太阳能具有最大潜力。地球每一小时从太阳获得的能量就足够其一年的需求。

为全人类开发这些能源是我们的使命。我们工作的目的是确保能源的可持续供给。毕竟，可持续性一直是博世集团高度重视的原则。在这方面，罗伯特·博世先生为我们作出了表率。124 年前，他创建了博世集团。他相信，建立互信、高瞻远瞩和发展技术的理念能够服务于全人类。

经济危机以来，人们重新发现了可持续性的价值。对此我非常欢迎。经济危机已经让我们看到了短期赢利主义和利润最大化的恶果。遭到破坏的不仅是资本，更是信任。我们需要就价值观达成共识——这种共识将在商业领域中重塑信任。

1932 年，罗伯特·博世写道："技术的目的和作用就是帮助全人类过上最好的生活并找到生活中的幸福。"我想，中国在 30 年前开始的改革开放恰好反映着这一理念。新中国伟大的领导人邓小平说："没有科学技术，中国就无法发展……中国要提高综合国力和人民生活水平，就必须把科学、技术和教育作为发展策略的重中之重。"

今天，公司创始人的精神在博世的战略方针上得以延续：科技成就生活之美。

在中国，我们的指导原则同样是可持续性。2009 年，公司庆祝了其在华的百年华诞。成立之初，博世在上海只有一间销售处，现在与公司建立了合作关系的企业共有 21000 家，仅次于在德国本土的数量。

我们的口号"科技成就生活之美"已经成为公司最重要的主题。这句口号推动着当今和未来技术的进一步发展。

在这种背景下，良好的合作对我们而言极其重要。应对未来挑战的最佳方式是跨越国界和洲界携手合作。

这场危机告诉我们，我们应该保持市场开放，开发自然资源，并创建公平的竞争规则。

在博世，这种合作包括继续开发新能源车辆——与中国企业合作，为中国市场生产。本着这种精神，我们希望在政府支持方面获得均等的机会。

对我们而言，携手合作意味着提供我们的专门技术，并在电动车辆标准化等方面发挥积极作用。博世承诺为新兴市场中的可持续事业进行投资并创造就业机会。

我坚信，通过这种方法，我们都可以克服危机带来的困难，并在中国和世界范围内促进发展和繁荣。

调整行动　加强合作

庞巴迪公司总裁兼首席执行官　皮埃尔·布多昂

经济形势还没有完全稳定下来，肆虐的洪水还没有消退。全球发达国家和发展中国家的经济复苏是不平衡的。很多国家的失业率仍然处于异常高的水平之上。某些国家面临着严峻的挑战，公共财政处于紧急的状态。

正如中国发展高层论坛的组织者所说，这是一个反思的最佳时机。紧迫感和共同事业感使人醒悟而振奋。那么，我们从中学到了什么呢？我们今后应采取什么行动才能避免过去的错误呢？我们应如何加强全球合作，建立一个互惠互利的伙伴关系是工商治理的正常发展进程的世界呢？

今天，我带来三个建议：

第一个建议是，调整我们的行动，使其更贴近当今一体化的和相互依存的全球经济。

第二个建议是，与利益相关者建立密切的关系，充分发挥人们的聪明才智和创造力。

第三个建议是，实现一个反映可持续发展长远设想的经济复苏。

调整行动，使其更贴近相互依存的世界

我有幸观看了最近在温哥华举行的冬奥会，你们知道是什么使我感触最深吗？我看到不少由外国教练员率领的国家队。我看到不少运动员在并非自己祖国的旗帜下参与竞技。我看到来自世界各地的人们在为本国运动员助威的同时，还为其他国家的运动员所取得的成绩高声喝彩。这使我联想到当今世界的工商业。

不少国家的旗舰公司，可以说是全球舞台的一个缩影。他们聘用如此多不同种族的员工，讲如此多不同的语言，没有人在乎各自的国籍，拥有跨越各大洋的供应链。本次论坛的大多数组织，也是这样一个情况。

在跨国公司会议室所作出的决策，不仅在跨国公司总部所在国有影响力。他们的决策会影响到其他的国家和人民。这是不可避免的现实，我敢说，这是经营全球业务的责任内涵。

从表面上看，我们的世界领导人理解这一点。他们赞美相互联系的世界，并厉声驳斥任何保护主义的暗示。然而，出于人的本性，行动不一定总和言论一致。

根据 20 国集团全球贸易预警组织的报告，自 2009 年 10 月 1 日以来，全球共出台约 80 项保护主义政策。其中 64% 源于 20 国集团的成员国。我们意识到，不少政府在国内正面临着迅速创造就业机会和刺激经济增长的压力。但是，保护主义措施无论在短期、中期，或在长期内都不会解决这个问题。

相互依存要求公共部门和私营部门采用更为细致的途径。如中国副总理李克强最近在达沃斯世界经济论坛所说："一个国家的政策对其他国家的政策会产生相当大的影响……"这就是为什么他鼓励各国政府继续合作，对抗保护主义的活动。

让我们记住，健康公平的竞争是件好事；生意不是一场零和游戏。中国经济的快速发展证明了这一点。通过适度竞争和挑战现状，中国为世界经济作出了重大的贡献，从而使各方受益。

新世界的新型伙伴关系

经济上的相互依存要求一个全球性的治理结构，从而可更有效地解决当今的问题。世界各国的领导人认识到这是急需解决的问题——急需改组国际财政机构；改革国际机构，使之更好地反映世界舞台上新兴的经济与政治实力；超越狭隘的国家利益。

在更为包容的世界中，不再是工会与雇主、环保主义者与工业、公共福利与私人福利之间的对立关系。以往连续发生的摩擦浪费了资源，扩大了不满，分散了对共同挑战的注意力。

奥林匹克运动早已体现这一认识。运动员的成绩，仍然是一国民众自豪感的源泉，同时，也使各国民众为这一人类精神的展示而感到欢欣鼓舞。每隔数年，我们即推动这一极限，我们即增加一份包容性。

同样，最近的危机为各国政府提供了一个机会，利用这一机会，可以邀请更多的利益相关者发表意见；可以在整个民间社会和工商界开拓新的思路和发现新的人才。

下一次 20 国集团会议将于今年 6 月在加拿大召开，德国财长呼吁在此之前在柏林就未来金融市场监管问题召开国际会议。这次会议不仅召集国家领导人，而且还有科学家和工商界的领导人物。

20 国集团领导人去年 9 月份的讲话反映了"改革国际金融机构和全球发展体系"的呼声。两个月后，20 国集团制定了强劲、可持续且平衡发展的框架，旨在从更为广泛的利益相关者获得投入，其中包括金融市场稳定委员会，经合组织和国际劳工组织。该框架是令人鼓舞的，因为它确立了"一个新的用于咨询的相互评估进程"，以协调政府的政策。

这些都是积极的发展，但我相信，政府可以做更多的工作，联络政府或金融领域之外的拥有专长的利益相关者。此论坛召集了来自政府、学术界和工商界的代表，这即表明一个政府可以如何发挥广泛的利益相关者的作用。

在私有部门，我可以证明其他合作模式的价值。

以联合国全球契约为例，中国有许多公司是该契约的签署者。通过该契约，企业和民间社会正在合作，以确保他们与其共同目标保持一致：增加经济机会，消除腐败，保护环境，以及扩大包容性。

这种此前不太可能的伙伴关系使企业发生着持久和积极的变化。通过专注于实际而明显的新方案，企业和非政府组织之间的伙伴关系，常常转化为更小的环境足迹，更有效和更透明的管理，以及更强大的社会团体。

公司管理者越来越明白，通过有选择地与工商界以外的利益相关者进行联络，可以开阔他们的视野，从而建立一个更可持续发展的企业。我相信，我们应当应用类似的机制，以加强全球合作和改革国际机构。

当然，这并不是说政府或国际机构应放弃什么职权。也不是说应当把每一个有意见的人邀请到会议桌前。然而，我相信，一个结构良好的对话机制将有助于发挥更多利益相关者的创造力，从而增加我们共有的繁荣。

追求什么类型的经济复苏，会标明我们是什么样的人类

我经常听到有人说，我们不应当浪费这次危机。这次危机对我们也是一次机会，我们应当利用这次机会为子孙后代对我们的世界进行重新评估和重新定义；使我们的行动与长远的设想保持一致。我们应该为强劲复苏而努力，同时也要为平衡而可持续的复苏而努力。

经济增长本身并不是终极目的。追求经济增长的目的是提供就业、住房和教育；使人能够发挥他们的创造力。

在这个竞争的世界里，可持续发展的企业和政府最终将奔腾向前。

在去年的这个论坛上，我谈到了投资于以环保为重点的方案的重要性。

对于一个公司来说，这可能意味着某些资本支出的投资回报周期较长。但是，这一投资将有利于最终效益。

对于一个政府来说，这可能意味着在一个新领域中创造出许多新的就业机会。一些西方公司最近预测，如果中国经济继续如此快速地增长，如果中国在更大规模上采取更为清洁的解决方案、中国的清洁技术市场将达到 1 万亿美元。在过去的 5 年中，中国的风力发电装机能力每年成倍地增长。这充分说明了中国政府就清洁经济增长模式所作的承诺。

不过，请让我们记住，光凭技术并不能拯救我们。我们需要重建我们的全球经济，这一重建不仅需要鼓励措施和规章，而且需要有正确的原则。这些原则就是承认我们的相互依存，我们的多元化以及我们对可持续增长的需求。

推动技术规范和法规方面的国际合作

米其林集团管理合伙人（总裁）　　盛纳德

许多专家都试图理解和分析我们刚刚经历的、史无前例的金融危机的深层次原因，这一危机影响了很多国家和行业，而这些国家和行业还没有从危机中复苏过来。人们着重关注危机的金融方面，但是危机也要求我们重新审视现有经济模式，因为在这一模式中，市场参与者并不完全清楚他们使用的资源的真正成本。这里我尤其指能源和原材料。

根据传统经济理论，对资源成本的认识来源于市场上的资源价格。然而，随着经济活动的扩大与发展，人们现在知道，对于持续使用的产品，更应该考虑全面成本，而不是只考虑在市场上的购买成本。那么问题就出现了：怎样评估一个产品的全面使用成本而无需进行冗长复杂的数学计算？

对产品加以标识来表明其性能可以为我们提供这类信息，前提是这种标识活动在相应的技术规范和法规范畴内进行。下面我利用我们在轮胎领域的经验支持我的观点，来说明技术规范和法规在一个产业的组织和活力方面（比如在轮胎生产和销售方面）所能扮演的重要角色。随后我将阐述两个想法，一是改进轮胎能源效率的必要性，二是在全球范围内协调技术法规的好处。

一、关于技术规范和法规

（一）技术规范

如大家所知，每个国家或地区都有一些制定技术规范的机构；这些机构的作用是定义产品的技术特性、确保产品之间的互换性，同时保持相关的标准。当然，这些技术特性随着技术创新而不断变化。

至于这方面的国际合作，不得不提到总部设在日内瓦的"国际标准化组织"（ISO），它包括 147 个成员国（地区），在许多领域非常活跃，其中包括轮胎工业有关的设计测试、制造工艺、质量和环境控制体系。

（二）技术法规

国家，或国家联合体（如欧盟）制订在其各自领土内实施的技术法规。那些强制性的技术法规是法律的一部分，旨在保护产品的使用者。

技术法规通常由一个国家的行政部门制订，比如中国的交通运输部或者美国的运输部。有时它们也可能是跨国家的机构，比如欧盟委员会的能源与运输署。

在全球范围内，联合国行政指导下的、总部设在日内瓦的联合国欧洲经济委员会（UNECE），目标之一就是在全世界推动技术法规的协调一致。中国还没有参加 UNECE1958 协议，但是已经签署了 UNECE1998 协议（汽车全球技术规则）。

二、关于轮胎的能源效率

轮胎真的对道路运输业中的化石燃油消耗和二氧化碳排放有很大影响吗？答案是肯定的。

平均来说，轿车燃油的五分之一是用来克服轮胎的滚动阻力的，而对重型卡车来说，这一比例为三分之一。简单讲，如果说道路车辆消耗的燃油有四分之一用在克服轮胎的滚动阻力，道路运输排放的二氧化碳占化石燃油二氧化碳排放量的 18%，那么大约百分之四的二氧化碳是由轮胎造成的，换句话说，轮胎每年排放二氧化碳 11 亿吨或者说消耗了 3.7 亿吨燃油。

然而轮胎的能源效率可以得到很大的改进。1992 年以来，我们的团队通过改变汽车轮胎橡胶的化学成分，开发了消耗更少能源的轮胎。假如世界上的汽车都用米其林的节能轮胎替换传统轮胎，那么每年二氧化碳排放量将减少6000 万吨，或者说减少燃油消耗 2000 万吨。这相对于 2008 年的实际数据来说意味着降低了 5% 以上。

1994 年以来，国际能源组织在世界可持续发展工商理事会的支持下开发了一个新的"移动性发展模式"，其目标是改善道路运输业的能源效率，其中包括轮胎在内的汽车零部件的能源效率。他们已经向 G8 提出了建议，以便 G8成员采取措施来改善轮胎的能源效率。

欧盟、美国和日本已经意识到这一问题的重要性。这三个国家（地区）已经或正在制订轮胎能源效率的技术法规。2009 年，欧盟通过了建立轮胎相关门槛和标识的法规文件，并将于 2012 年实施。美国也已宣布 2011 年将有新的法规出台生效。自今年（2010 年），日本已经开始实施自愿对私人轿车用的绿色轮胎加注标识。

这就是为什么我们认为作为世界第一大轿车市场的中国，也会受到这一所有主要发达国家遇到的、不断扩展的现象的影响。希望节省燃油的消费者的利益、国家想更少依赖石油的愿望，以及保护我们所生活的地球均汇集于此。

我们认为，中国轮胎工业了解轮胎能源效率性的重要性十分关键：中国国内市场的产品需要向更高技术看齐，对那些希望将产品出口到已经制订了相应的新技术法规市场的生产企业来说，从现在起已经变得非常必要了。

三、推动全球范围内的技术法规的和谐一致

轮胎能源效率问题是一个很好的例子，说明技术法规如何能够规定产品的性能。但实际上，轮胎的其他性能比如安全、环保性能也可以加以规定。这取决于一个具体的国家或地区的规范制订部门根据其所处的社会环境来决定哪些是优先领域。

但是，我想强调，未来的技术规范应尽可能地与现有规范协调一致，以避免规定上的混乱，从而避免对国际业务和出口性产业造成负面影响。未来的技术规范也应适应国际环境以保证在不同地理区域之间一定程度的和谐，并有助于维护自由市场。

对于未来的技术法规，不要添加任何与现有的、已经十分复杂的结构不相容的新机构也将是明智的做法。过多的彼此不相容的法规和规范将对轮胎产业的规模经济产生负面影响，包括生产和供应链。这将必然增加成本，对消费者和出口性企业造成损害，并损害全球贸易关系。

作为结论，我想再次提请注意我们面临的能源和环境挑战。我们预计，2020 年至 2030 年，世界上使用的汽车将从 8 亿辆增加到 16 亿辆。

的确，传统热力发动机还有巨大的改进空间，平均能达到改进约 30% 的效率，尤其是在车辆重量减轻的情况下。电动车辆的逐渐出现将进一步大大降低化石燃油的消耗和二氧化碳的排放。

轮胎产业在可持续移动性（道路交通）领域可以发挥巨大的作用：技术规范不仅见证这一趋势，而且如果技术规范与发达国家和经济体和谐、协调进行，还能促进这一趋势。作为轮胎行业负责任的参与者，我们已经与包括中国轮胎轮辋标准化委员会在内的技术规范制订机构开展了合作，以期共同推动这一有益于世界上所有经济参与者的有意义的事业。

通力合作：在 21 世纪
实现增长与发展的关键

杜邦公司董事长兼首席执行官　柯爱伦

能有机会在"中国发展高层论坛"第一天的会议上发言，我深感荣幸。在我们逐渐摆脱经济危机阴影之时，就全球经济发展与合作，与在座各位一道，分享想法、探讨计划，机会难能可贵。

在 2009 年，世界经济陷入金融危机引发的全球衰退之中。杜邦公司的应对之道是关注那些我们能够控制的因素，并贴近客户。我们没有让经济动荡搅乱思路。我相信，渡过了去年那场衰退的企业大都采取了类似的做法，从而在逆境中得以生存。

如今，经济复苏的态势正在扩大。企业能够不仅求生存，而且求发展。我们可以期待更强劲的经济增长与发展。下面，我想就世界变化的趋势以及如何通过更大规模的合作以促进全球经济发展与增长，分享一些看法。

世界正在转型当中。这种转型的主要推动力来自于人口增长以及中产阶级在新兴经济地区中的成长。

当前，全球有 68 亿人口，预计到 2050 年将超过 90 亿。前所未有的人口增长出现在高速发展的新兴经济体中。随着人口的增加和中产阶级的成长，人们需要更多、更健康的食物、可替代能源资源、更有效的安全和防护，也造就了新兴经济体的空前增长。据专家预测，到 2050 年，粮食产量必须增加 50％方能满足全球需要；到 2030 年，全球能源消耗将增加 60％。这些需求，或称大趋势，无论从经济还是社会的角度，都带来了真真切切的、全球性的挑战。

杜邦公司正努力应对这一变化中的世界需要，包括贡献于中国为实现其既定目标所作的努力。我们是一家面向市场的科学公司，以实现可持续发展为使命。杜邦 80％的研发资源用于服务我前面所说的那些发展大趋势。

非常重要的一点是要认识到，没有哪一个机构或企业能够独立解决这些复杂的全球性挑战。全球商业界、学术界、政府、非营利组织、各种利益团体之间的合作，是开发可持续的解决方案、应对世界最迫切需求的关键所在。正因为如此，像"中国发展高层论坛"这样的会议是如此的重要，因为这样的场合可以集成智慧、合力应对我们所面临的议题。

我们必须有新的思维，彼此沟通，倾听各方的观点。您可以把这种合作与沟通理解为一种"知识的联盟"或者"创新的联盟"。我们综合集体的知识和智慧来解决问题并带动增长。我们这个世界未来的创新和真正可持续的经济发展，将来自于打破传统界限的合作。一起努力，精诚合作，我们将影响世界，同时壮大各自的企业和机构。

通力合作的力量甚是强大。杜邦公司有 8500 多名科学家和工程师，其中包括我们在中国的同事们。他们每天通过与各地政府、客户、科技界以及其他利益相关方的合作来协助面对各种复杂的挑战。我们所做的还只是一个开始。我们有能力做更多，也一定会作更多的努力。

在此，请允许我举一些杜邦通过合作来支持中国发展的例子：

杜邦先锋种业的中国团队基于深入的市场调研，与本地的一家农用机械设备制造商结成创新型合作，开发出"气吸式单粒播种机"。这是一种独特的种植技术，不仅为中国的农民节省了成本和劳动量，还提升了产量和收益。这是一个合作引领创新，让更多人获益的例子。

去年，杜邦在北京新设了一个玉米研究中心。它是我们 2009 年在快速发展经济体中新开的四家种子研发中心之一。大家都知道，各地的种植条件有所差异。所以，了解中国当地的特性非常重要，才能让合适的产品种植在适合的土壤之中。

另一个合作引领创新，让更多人获益的例子：中国的两家炼油企业分别与杜邦合作，通过特许经营许可使用杜邦用于生产低硫柴油的 IsoTherming（r）等温技术，为中国不断发展的燃油市场提供更清洁、更高效的产品。

在上海的杜邦光伏科技中心团队与中国很多的领先光伏企业有着广泛的合作，不断提升太阳能电池和组件的使用寿命和功效，协助提高光伏组件生产商的生产力。我们与产业价值链上的主要厂家联合开发，以帮助满足中国对可再生能源的需求增长，以及更快实现并网发电。

中国正迅猛提升其铁路系统。这一努力值得其他国家加以借鉴。杜邦公司与中国铁路主要承包商、科研和设计院所，以及设备制造商合作，在安全、高速、舒适和易维护等领域，提供整合及多元化的技术解决方案。杜邦还特别成立了"中国铁路业务小组"，综合公司的总体技术能力和专长来支持中国铁路事业的发展。

显然，要解决因世界人口快速增长而产生的各种复杂挑战，更为广阔的合作是关键。要想获得成功，我们需要紧密的合作、科学与技术的支持，还有实行鼓励策略性创新的各种政策。

杜邦公司致力于推动可持续发展和为中国的经济、社会发展作出贡献。我们对中国的持续发展充满信心，并将继续加速发展在中国的业务，服务于中国和其他市场的需要。

最后，我对参加本次论坛的各位领导和来宾致以最诚挚的祝愿。我们之间的合作会将成就更多合力致远、创造福祉的范例。

3

后危机时期的金融、能源与技术创新

未来银行的变革：为客户创造价值

交通银行行长　牛锡明

中国在进行经济结构的调整和发展方式的转变。中国的经济还会高速发展 20 年，今后 20 年是中国财富快速积累的 20 年，中国的富裕人群掌握着亚太地区近 1/3 的金融资产，中国的个人财富还会有一个高速的成长，富裕起来的中国人需要金融业为他们管理财富，富裕人群的壮大是银行财富管理的基础，富裕阶层对金融产品的多方位需求为银行带来了巨大的潜在客户群体和业务发展的空间。高资本消耗、高信贷投放、高风险承担的增长方式不可持续。

银行将由管理信贷资产为主转变为管理客户的金融资产为主，以财富管理为特色的银行最具生命力，财富管理银行的服务准则是为客户创造价值。保证客户财富的安全提供优质的服务，和为客户的财富保值增值，是财富管理银行的责任。减少持有量多做流量，做大交易，应成为财富管理银行的经营理念。"物理网点＋电子银行＋客户经理"，应该成为新的经营模式。管理个人金融资产、个人金融产品的交叉销售、客户财富的收益率和银行财富管理的收益率应该成为财富银行考核的指标，而产品创新多种组合财富管理池的建立，将成为财富管理银行的主要竞争工具。

财富管理银行将为高端客户提供高品质的服务，为大众客户提供快捷的服务，自 2005 年上市以来，交通银行就致力于打造财富管理为特色的银行。2009 年更是把国际化、综合化建设以财富管理为特色的社会公众持股银行作为今后的发展目标。2009 年交通银行个人客户达到了 4200 多万户，管理的个人金融资产 AUM（Assets Under Management）突破 9 千亿，增长 26%，其中中高端客户数量增长 22%，中高端客户 AUM 增长 29%，销售的个人金融产品突破 3 千亿，个人金融业务手续费收入增长了 41%，这些指标都高于储蓄存款的增长水平。

今后，交通银行将会在财富管理方面投入更多精力，探索财富管理的评价考核体系，建立财富管理的专家团队，使"沃德财富"成为个人财富管理的知名品牌，依托上海国际金融中心建设这个大背景，把交通银行做大做强，做出专业、做出特色。

（**回答关于资产证券化的提问**）其实中国商业银行很早就在研究资产证券化问题，中国监管部门也在积极地推动这项工作，但是由于当前的条件还不成熟，大面积地实行资产证券化还有一定难度。作为交通银行来说，现在我们的资产当中中长期贷款比重越来越高，从长期来看这是不利于商业银行的经营的，所以我个人的看法我们应该先在中长期贷款当中先选择一部分实行证券化。选择的话应该是先选择个人的住房按揭贷款，在这个领域里实行可能是比较好的。具体的一些实行的方案和时间和以什么样的方式实行证券化这些都在研究当中。我可以在这里说一下，交通银行也很愿意成为一个试点行，能够在中国实行资产证券化当中先行先试。

金融业的变革与发展

招商局集团董事、总裁　傅育宁

有些朋友可能会想，招商局是属于实业界的，为什么我要来这里谈金融呢？

实际上，招商局是一个大型企业集团，业务领域包括了实体经济和金融，不仅从事交通物流业、房地产业，而且还深入参与了金融业。招商局拥有总资产约 400 亿美元，管理总金融资产超过了 3500 亿美元。目前，金融产业净利润占了集团总净利润的一半以上。

历史成就了我们的不凡。招商局是中国金融改革的先驱，早在 20 世纪 80 年代后期就创办了招商银行和平安保险公司，如今，我们依然是招商银行的单一最大股东，同时控股招商证券。

在过去的 10 年间，我们经历了两次严重的金融危机。一次是 1997 年爆发的亚洲金融危机，另一次是两年前在美国爆发持续至今的全球金融危机。第一次危机给招商局带来了超乎想象的重创，但这一次却完全不同。到目前为止，我们的经营状况良好，特别是商业银行和投资银行业务比我在一年前预计的情况好很多。

是因为亚洲金融危机给我们上了深刻的一课，我们在应对第二次危机时才有了充分的准备。首先，为了协调规模、质量和效益，我们从单纯追求增长的经营模式成功转型为更加平衡的经营模式。其次，我们花了好几年时间改善资本结构，大大降低杠杆率，推进谨慎的风险管理文化建设。第三，通过核心业务单位的上市，我们在公司治理方面有了很好的实践。

由于政府积极的财政政策和宽松的货币政策，中国经济增长速度惊人，去年增长了 8.7%。2009 年中国银行系统状况良好，招商银行利润可观。唯一让人担忧的是银行借贷的快速增长，在去年已经达到了人民币 9.59 万亿元，从而降低了资本充足率。现在，中国监管部门和中央银行都已介入资本状况、信贷增长以及银行贷款质量方面的密切监管。我们对中国的银行系统十分有信心，并全额认购了招商银行的此次配股，使一级资本新增了 32 亿美元。

下面，我从个人的角度谈谈怎样经营金融业务。首先，我们既拥有实体经济又有金融业务，知道这两个产业在文化、专业、资本结构、监管体制、薪酬制度、公司治理等方面的差别是越来越大。现在，要跨实体经济到金融业是非常困难的事情，要把实体经济中审慎的风险管理文化搬用到金融业是极其困难的。这让我很伤脑筋。第二，之前人们普遍认为金融是中介，是实体经济的副产品，应该为实体经济服务，但我们看见的情况却恰恰相反。现在，金融业在很大程度上影响着实体经济，最重要的是稳定金融业。因此，资产泡沫对社会经济发展危害极大。第三，太多人讲"做大了就垮不了"，我认为这种想法恰恰是金融市场产生泡沫的原因之一。金融业为什么与实体经济如此不同呢？

在后危机时期金融业的转型与发展中，我倡导恢复审慎的管理文化。我常常提醒我们的金融业务管理者，不要认为风险管理有什么奇异的公式，我们要用自己的常识，像做实体经济一样做金融。

在监管方面，我们必须从这次危机中懂得两个道理：第一，我坚决拥护自由市场，但同时认为应该更积极地发挥监管体制的作用来检查金融体系；第二，股东应该有更大的发言权，让那些以"动物精神"追求高风险经营的管理者冷静下来。毋庸置疑，我们也坚定地认为，金融机构的股东是监管者的同盟，而不是他们的敌人。

后危机时期商业银行的
增长方式和可持续发展

中国光大银行行长　郭　友

在这次危机过程中，中国的银行业是幸运的，到目前为止，没有受到实质性的伤害。在这里，我想借此机会感谢中国的监管当局，感谢他们对局势发展准确的判断和所采取的一系列谨慎的措施。危机给我们每个人留下了很多的思考。对于后金融危机时代的中国银行业发展，从商业银行的角度，我想谈三个观点。

一、回归银行服务基本面

商业银行的业务本身就是传统与现代结合的产物，传统的存贷业务是银行的基本业务，利差收入是银行最主要的营业收入。传统的存贷业务即使在发达国家的商业银行中也占很高的比例，在我国的商业银行占比都在80%以上。

银行回归基本面，要树立稳健经营的理念，实行全面风险管理。稳健经营是我们必须牢固树立的信念，在任何时候都不能动摇。风险控制是一切业务发展的基础，脱离这个基础的发展就容易失控，稳健的经营理念是个简单传统的话题，但实践证明能够长期坚持下来十分不易。风险理念应深入人心，从股东、董事会、管理层到普通员工，要上下一致，防止盲目发展的冲动。

银行回归基本面，要处理好发展与创新的关系。创新是当代银行业发展的源泉和动力，是促进发展永恒的主题，银行业只有通过创新才能生存发展。因此，既要坚持创新，又要认真吸取以往的教训，在"风险可控（量化风险）、信息充分披露（公开透明）、强化责任"的原则下开展创新工作。从银行经营管理的角度看，商业银行需要有投资银行类的产品和业务来丰富自己的服务，但不应以投行的方式来进行管理。

二、精准定位，建立合理的运营模式

后金融危机时代，金融业的竞争会更加激烈。商业银行要实现可持续发展，必须根据本行实际找准自身的市场定位，与自身能力和资源相配备，专注于客户群体，提高目标群体的服务能力。在精准定位基础上，建立均衡发展的经营模式。实践证明，均衡发展的结构有助于提高商业银行抗风险能力。均衡发展要处理好业务发展和风险控制能力的均衡、零售业务和批发业务的均衡、息差业务和中间业务的均衡，等等。

光大银行是一家中等规模的全国性股份制商业银行，目前的资产规模近1.4万亿，以精品银行、诚信伙伴为发展愿景，近几年来将目标市场主要定位于中端市场，同时兼顾大客户，积极拓展中小客户。近几年中小客户的占比逐年增长，成为客户增长的重要来源。

三、把握经济发展主脉络，积极调整结构，融入国家经济建设的大趋势

国家系列经济刺激计划、产业振兴规划、区域经济规划的制定和实施，将引导我国的经济结构、产业结构和需求结构发生一系列的变化。商业银行应在经济发展的主旋律中把握发展的节奏和脉络，顺势而为，积极融入国家经济建设的发展趋势：一是在信贷投向上，重点调整和优化信贷结构，加大对符合国家信贷政策的产业和项目支持。积极支持节能环保行业。二是在区域发展策略安排上，实施差异化区域发展策略，加强各类资源配置的统筹规划和合理布局，加大对重点发展区域的资源和政策倾斜，做深做透目标市场。三是要加大对中小企业的扶持力度，扩大对中小企业的授信，建立中小企业客户群体。

总之，我认为，商业银行应回归银行业务基本面，精准定位，建立合理运营模式，融入经济主流。

危机后的公司策略

安达集团董事长兼首席执行官　埃文·格林伯格

我认为帮助安达保险公司平安渡过危机的战略同样能够帮助我们和其他公司在危机后实现快速发展。我们主要采纳了以下四条基本战略：

第一条战略涉及我们的发展重点和对自己的了解。无论是银行、保险公司还是任何相关公司，只要将工作重心放在自己了解而且最擅长的事情上（即它们的核心业务），那么在危机中的表现往往最为抢眼。

我们公司的业绩清楚地证实了这条战略的效果。我们是一个全球性财产、意外伤害和人寿保险公司，这意味着我们的业务与风险、业务和储蓄息息相关。2009 年我们的运营收入创下历史新高，股票账面价值的上升幅度超过 35%。在过去 5 年里（甚至包括危机肆虐的那两年），安达股票账面价值的年均复合增长率超过了 15%。

然而，有些公司未能集中在自己的核心业务上，而是将精力放在投机业务和非核心业务上。有些公司误入自己并不完全了解的业务领域。还有些公司为了追求市场占有率而丧失了风险控制方面的纪律要求。这些公司要么以倒闭收场，要么受到重创。

我相信保险业的根本业务与实体经济密不可分，降低人们在财产保险和意外伤害保险方面的风险。为个人的人寿保险提供保护和保守的长期储蓄。我们保险业在切实地为社会服务。安达公司从不从事投机业务，不以牺牲风险管理的代价追逐市场占有率，也不会从事自己不了解的业务，不承担自己不了解的风险。

第二条战略是以保守的方式运营公司——即"不做恶"，以避免公司规模过大，像新开业的医所立的誓约那样。

对于我们来说，这条战略既适用于我们的风险活动，也适用于投资活动，而这是保险公司的两项主要活动。这听起来简单，而且属于基本原则，但是落实它们时需要严格地遵守纪律。

特别是对于金融公司而言，保守的战略往往意味着"首先保护好你的资产负债表"。保险公司拥有的资产有限，因此我们必须在资产负债表限定的范围内承担风险。

对保险公司而言，资产负债表是我们必须为客户提供的资料。它证明了我们的可信度——即我们在未来履行承诺，满足客户索赔要求的能力。风险管理并不是对保险公司或银行提出的特有要求——它适用于所有领域，而且永远不应该成为管理层下放给其他人的官僚流程。在我们公司里，从我开始，各级管理层都采纳了全面风险管理（ERM）。保险公司的 CEO 是最终的首席风险官（CRO）。鉴于全球的金融服务监管环境在不断完善，所以将来 ERM 的重要性会日益突出。

总而言之，我们的企业战略有两条：做你了解的事情，采取保守的策略。

第三条战略是虽然我们面对的全球经济条件仍然非常严峻，但极度混乱的时刻往往为那些拥有洞察力、资金和业务的人/公司创造出巨大的机遇。

目前，我认为全球存在大量机遇。特别是亚洲（其中首当其冲的是中国）和拉丁美洲。这两个区域的财政状况、公有部门和私有部门以及经济复苏的速度都强于美国和欧洲。这两个地区未来将实现强劲的经济增长。

本次金融危机在制造出胜利者的同时也制造出失败者。有些公司的实力迅速衰弱下去，而有些公司则愈发强大。当竞争者的实力被削弱时，市场机遇也就相应地被创造出来。

由于我们的规模、实力和能力相对较强，而且业务遍布全球，所以比起我们的竞争者来说拥有更多机遇。

我想介绍的第四条战略是，我们需要留意未来的监管反应和政治反应，因为它们会对金融服务产生极其重要的影响。

目前可能出现的危险是，如果监管改革不区分各种行业之间的差异，那么这场改革浪潮会将所有金融公司一扫而光。

更重要的是，我们要认识到金融危机的主要源头在西方银行，而保险公司的业绩要好得多（至少对那些将工作重点放在核心业务上的公司来说是如此）。

请你们记住——去年美国的保险公司巨头 AIG（American International Group）经历了一系列动荡，问题最严重的不是受到监管的保险业，而是监管缺失的金融产品领域。

在监管改革辩论中扮演领导角色的监管者应该拥有各种行业背景，而不仅限于银行业。他们必须认识到保险业和银行业之间存在重大差异，而且最重要的是，保险业不会对金融体系造成系统性风险。

在未来几个月里，我们保险业有必要让那些参与监管改革的人了解保险业和银行业之间的差异——如果有必要的话，还可以对他们进行教育。

如果我们未能实现这个目标，那么监管体系就会造成一定风险，不必要地提高保险公司和社会成本。

可持续发展的能源战略：壳牌的见解

壳牌集团首席执行官　傅　赛

我很高兴来到中国，并出席"中国发展高层论坛"，这里无疑是全世界探讨可持续发展议题最好的平台之一。

壳牌认为，我们对于中国可持续发展可以作出的贡献，就在于满足当代人能源需求的同时，保证子孙后代也能延续同样的生活。

当然，没有人凭一己之力就能做到这一点，这是人类共同面临的挑战。

就应对这一挑战而言，我认为中国取得成效的速度比其他国家快得多。

所以，看到壳牌和中国企业合作，携手提供可持续发展的能源，我也感到深受鼓舞。

让我说明，在这些合作中，我们和中国合作伙伴以更环保的方式共同勘探、生产和销售能源，这些合作既有在中国国内的，也包括在境外的合作。

由此，我要切入这个分论坛的主题：可持续发展的能源战略。

首先，让我说明对未来乐观的两个理由：

作为壳牌集团的首席执行官，我有机会访问世界各地，通过和人们的交流，我得出这样一个印象，人们已经日益达成共识：是该采取行动应对未来世界的能源挑战了。

作为一家企业，壳牌能够为可持续发展有所贡献，这让我备感自豪。

那么，让我们首先看看人们新的共识：

有些事情是永恒不变的：世界各地的人们都希望社会繁荣昌盛，子孙兴旺发达。这一点不足为奇。

但和过去相比，现在的人们更有意识，也更有决心，希望子孙后代依然能拥有今天的众多选择。

人们需要能源来驱动汽车和智能手机，但他们也希望留下洁净的空气和饮用水。

要满足所有这些愿望，就需要一个更高效、更可持续的能源体系。

我期待着世界各国的能源政策能继续在供应端推进低碳能源生产技术的发展，在需求端鼓励提升能效和节约能源。

中国的"十一五"计划强调要大力提高能源效率，就是一个非常好的范例。围绕"十二五"计划的讨论目前正在进行，但我知道"清洁能源"和"降低单位 GDP 碳强度"将是两个主要的议题。

从国际层面看，各国能源和环境政策参差不齐的局面仍将持续相当长一段时间。

而且最终的结果不一定会是完美的解决方案。

在能源行业，其实没有什么所谓的完美解决方案。

但是，我们现在就可以做很多工作，来采用更高效的新能源技术，实施低碳解决方案。

更让人振奋的是，我们已经拥有很多技术，可以显著提高能源系统各个环节的效率，比如实现住房保温、制造出轻质汽车、回收有机垃圾、设计出更高效的燃煤燃气发电厂等等。

在这方面，中国又一次为我们提供了一个很好的例子。国际能源署指出，如果中国能够实现在哥本哈根会议上提出的自愿减排目标——到 2020 年将其单位经济产值的碳排放强度降低 40%—45%，那么全国将减排 10 亿吨二氧化碳。这意味着中国为全球减排作出的贡献，可能会超过很多经合组织国家。

尽管温家宝总理在哥本哈根大会召开之前就公开宣布了这一目标，但很多欧美人士并没有完全意识到这个目标的重要意义——这在所有走向工业化的发展中国家中，是史无前例的。

像壳牌这样的能源企业——我们能够做什么？正在做什么？

壳牌对可持续发展的贡献侧重于三个方面：生产更多能源、提高能源效率、减少二氧化碳排放。

长达一个世纪以来，我们不断开发新的能源技术，帮助我们发现和开发更多能源，并将其输送给全球客户。未来，我们也将继续走在能源技术的前沿。

我们开创和完善了很多地质勘探和钻探技术，使得我们有能力在各种环境下开采油气，从墨西哥湾的超深海油田，到天寒地冻的西伯利亚沿海地区；从地质条件复杂的油气藏，到致密气和页岩气等非常规资源。

比如在中国，根据 2005 年我们与中石油签订的一份《产品分成合同》，壳牌成为长北项目的作业者。项目 2007 年 3 月 1 日正式开始商业生产，并提前两年达到年产量目标，及时为 2008 年奥运会供气。目前，长北项目向北京、山东、河北和天津市场输送天然气。

我们还创造了新的能源使用方式，以及向客户交付能源的方式。

比如在 1964 年，由壳牌设计的世界上第一座商业化生产液化天然气的工厂在阿尔及利亚正式投产。同一年，我们接管了世界上最早的两艘液化天然气船。

1972 年，由壳牌参股的文莱液化天然气公司投产，这是亚洲第一座液化天然气工厂。同一年，该厂向日本大阪天然气公司的再气化工厂交付了第一船液化天然气。从那以后，文莱液化天然气公司一直圆满履行所有合同。

以这些经验为基础，壳牌目前已成为向中国供应液化天然气最多的能源公司。

我还要提一提我们的天然气制油技术，这不同于刚才我提到的液化天然气技术。利用天然气制油技术，我们将天然气转化为燃油、润滑油和化工原料，这些产品通常是从石油转化而来。

早在 35 年前，我们就开始探索天然气制油技术。1993 年，我们在马来西亚的民都鲁建成了世界上第一座商业化天然气制油工厂，目前这座工厂的日产量超过了 14000 桶，其中包括运输燃油、溶剂、洗涤剂原料和石蜡等天然气制油产品。

目前，壳牌正在卡塔尔建设世界上最大的天然气制油工厂。

这个项目是世界上规模最大的工业项目之一。来自 60 多个国家的 5 万多名工人为之忙碌，项目建设工地足足有 350 个足球场那么大。

这座工厂每天能够为 16 万辆汽车提供天然气制油燃料，每年生产的合成基础油还足以为超过 2.25 亿辆汽车提供润滑油。

去年，我们获准在商用飞机中使用混配天然气制油煤油的航空燃料，这是 100 年的航空史上第四种获准使用的新型燃料。不久以后，卡塔尔航空公司就采用这种燃料完成了第一次正式载客飞行。

在中国，壳牌天然气制油燃料已在上海、北京和天津的公交示范项目中得以使用。尽管大部分天然气制油燃料将和柴油混配在一起使用，但试验结果表明，在无需改装公共汽车的情况下，使用纯天然气制油燃料可以显著降低废气排放。

我们关注的第二个重要领域是提高自身运营的能源效率，并帮助客户提高能源效率。从根本上讲，我们的宗旨是降低单位工业产值或单位行驶距离耗用的能源量。

这意味着我们的客户可以节省金钱，同时降低他们对环境的负面影响。

在这方面，我要讲述一个壳牌为中国企业的提供服务的故事。

壳牌专家一直为电力、石化和炼化行业的客户提供能源咨询服务。在某些项目中，我们已经帮助客户将能源成本降低了高达 10%。

以南海石化项目为例，我们与合资方中海油一道努力提高能源效率。仅 2008 一年，该厂节省的电力，就足够满足至少 7 万家庭一年的需求。

南海项目的总体能源使用效率至少比中国平均水平高出三分之一，而且其用水量比国内其他石化工厂低 95%。让所有参与项目的人感到鼓舞的是，他们的努力已经得到了认可——去年该项目赢得了《商业周刊》的"中国绿色经济大奖"。

当然，我们关注的并不仅仅是大型工业客户。我们还希望帮助私家车车主节省能源。具体而言，我们为他们开发和提供优质、高效的燃油和润滑油。

事实上，壳牌是中国最大的国际润滑油制造商和供应商，而且，随着我们屡获殊荣的喜力和统一品牌日益受到客户的青睐，我们的润滑油业务正在快速增长。

我们作为一家企业作出的第三个贡献是，逐步调整我们自身的能源结构，并应用低碳技术。

到 2012 年，天然气将占我们上游业务总产量的一半，将来这一比例还将继续上升。

一家石油公司为什么会这样做？一个原因是，天然气是如今最清洁的矿物燃料。

另外一个原因是，仍有大量的天然气有待开采，而且天然气储量在世界各地的分布相当均匀。根据国际能源署估计，以当前需求量计，已知的天然气储量够用 250 年。

请别误会我。我知道，现在和将来，煤炭对中国十分重要。我还知道，中国为提高燃煤发电厂的效率做了很多工作，而且正在慎重地考虑二氧化碳捕集和封存技术的潜力。

我们希望通过我们不断积累的二氧化碳捕集、运输和封存专业技术，对此作出贡献。我们正通过我们自己的装置参与示范项目。

但我们同样知道，迄今为止，减少空气污染最快捷的途径，就是提高天然气在一个国家的电力生产中的使用比例。

为此，我们完全支持中国调整能源结构，将天然气占比从 1%—2% 提高至 8%—10% 的计划，并且努力参与这一进程。我们将为中国沿海地区提供更多的液化天然气。我们还将与当地企业合作勘探和开发中国的致密天然气、页岩气和煤层气资源。中国这些资源的储量可能很大。

这样，到 2020 年，中国将成为世界上最大的天然气市场之一。

那么壳牌针对交通运输行业的业务组合又当如何？我们刚才谈到的天然气最终将被转化为电力，用于驱动中国数量不断增长的电动车辆。如今，到中国旅游的人吃惊地发现，随着电动摩托车和电动自行车的悄然普及，北京已变得更加安静。

根据我们提出的一个能源远景，到 2050 年，按行驶里程计算，电动交通将占全球出行总量的 40%，这是一个很高的比例。我们希望电动交通所需的大量电力能够来自天然气。

但是全球车辆的保有总量将增长一倍以上，达到近 20 亿辆，我们知道，液态燃料的需求量依然巨大。

这也是我们为什么会继续投资于石油基燃油、天然气制油燃料，当然还有最好的生物燃料的原因。

实际上，壳牌的发展重点是生物燃料。目前，我们正在大力开发下一代生物燃料，也就是利用诸如秸秆等农作物废料，甚至海藻制取的燃料。但这些生物燃料要实现商业化生产，可能还需要 5 年以上的时间。

与此同时，我们还必须关注当今的生物燃料。当代生物燃料对降低交通行业的废气排放至关重要。产自甘蔗的乙醇燃料最多可将燃料相关排放减少 90%。为此，我们目前正在与巴西最大的生物燃料制造商 Cosan 商谈，目的是投资 12 亿美元左右，建立一个生物燃料合资公司。

这表明我们对发展生物燃料是认真的。

就像我们大力发展天然气业务一样。我不会认为天然气是一个万全之策。在能源系统中，只有一个万无一失的解决之道——那就是节能。

但就供应保障、经济性、灵活性和环保性而言，天然气具有很大的优势。

很难想象，如果不提高天然气在能源构成中的比重，可持续发展的能源未来会是一个什么样子。

中国可以从澳大利亚、卡塔尔等国获得大量的液化天然气，此外中国还拥有堪称丰富的非常规天然气资源。

说到这里，我要回到我刚开始谈到的话题。

就向中国的能源客户供应能源而言，中国能源公司和国际能源公司的合作十分关键。

通过合作，我们可以做很多好事，共同为中国的可持续发展之旅作出贡献。

而且，如果我们能够在国际上宣传这些好事，也许我们还可以让整个世界感到乐观。

实施绿色发展行动计划
积极应对全球气候变化

中国华能集团公司总经理、党组副书记　曹培玺

华能集团是以发电为主业的能源公司，2009 年进入世界企业 500 强，目前国内装机容量和发电量占全国的比例都超过了 12%。

当前，全球气候变化给人类生存和发展带来了重大挑战，各方面为保护全球环境而不懈努力。中国高度重视应对全球气候变化，明确提出，2020 年我国单位国内生产总值二氧化碳排放比 2005 年下降 40%—45%，非化石能源占一次能源消费的比重达到 15% 左右。为贯彻落实我国政府的决策部署，我们认为，从我国能源资源以煤为主和经济发展所处阶段的实际出发，实现上述目标的主要途径是：进一步提高化石能源利用水平，大力发展清洁能源，推广节约环保型发展模式，研发应用先进能源技术。今年年初，华能集团启动了以绿色、低碳和循环经济发展为重点的《绿色发展行动计划》，以实际行动积极应对全球气候变化。

一是不断提高传统化石能源的清洁高效利用水平。提高化石能源利用水平是适应我国国情的现实选择。去年年底，华能集团 30 万千瓦及以上火电机组容量，占火电装机容量的 87%；百万千瓦超超临界机组台数占全国同类机组总数的 33%。去年完成供电煤耗 327.7 克/千瓦时，比全国平均水平低 14.3 克/千瓦时。我们将继续积极开发更大容量、更高效率、更低排放的超临界、超超临界燃煤机组，大力发展热电联产机组，持续推进节约环保型企业建设。到 2020 年，供电煤耗降至 314 克/千瓦时，比 2005 年降低 32 克/千瓦时。

二是保持清洁能源持续、稳步发展的良好势头。大力发展清洁能源是应对气候变化的重要途径。去年，华能集团新投产清洁能源容量占投产总容量的 31%；去年年底，清洁能源装机容量占总装机容量的 15%，比 2008 年提高 2.6 个百分点。我们将继续大力发展水电、风电、核电、太阳能发电等清洁能

源和可再生能源。到 2020 年，清洁能源发电装机容量达到 35% 左右，比 2005 年提高约 30 个百分点。

三是努力减少污染物和温室气体排放。减少污染物和温室气体排放是应对气候变化的重要手段。2008 年，我们在华能北京热电厂建成了我国首座年捕集能力 3000 吨的二氧化碳捕集试验示范系统；2009 年在华能上海石洞口第二电厂建成了全球最大的年捕集能力 12 万吨的二氧化碳捕集系统。去年年底，公司安装脱硫设施的机组容量占燃煤机组总容量的比例接近 100%。我们将继续加强脱硫、脱硝、除尘和碳捕集装置的运行和维护管理，确保环保设施稳定运行。到 2020 年，单位煤电发电量二氧化硫、氮氧化物和烟尘的排放量，分别比 2005 年降低 73%、50% 和 76%；单位发电量二氧化碳排放量，比 2005 年降低 30% 左右。

四是大力推广节约环保型发展模式。实现节约环保型发展是应对气候变化的重要举措。华能伊敏电厂在"煤电一体化"循环经济发展方面取得了较好效果。今后，我们将继续坚持"减量化、再利用、资源化"的原则，在有条件的地区继续推进煤电循环经济发展，实现煤炭、水、土地等资源的高效、循环利用。同时，加大资源综合利用力度，协调推进水电开发、移民安置及生态建设。

五是继续推进能源技术创新和示范工程建设。加强能源技术创新是应对气候变化的必由之路。2004 年，华能集团牵头启动了"绿色煤电"计划，研发近零排放燃煤发电技术。2006 年，我们牵头建设具有自主知识产权的 20 万千瓦级高温气冷堆商业化示范电站。2007 年，我们着手研究燃煤电厂烟气二氧化碳捕集与处理技术。我们将继续实施绿色煤电计划，于 2011 年底前建成华能天津 25 万千瓦整体煤气化联合循环（IGCC）示范电站，研发绿色煤电关键技术，推进 40 万千瓦级绿色煤电近零排放示范工程的建设工作。我们还要继续推进石岛湾高温气冷堆核电站示范项目建设，切实抓好燃烧后、燃烧前二氧化碳捕集与处理的技术研究。

应对气候变化是我们共同的事业，是一项紧迫而长期的任务。借此机会，我提出几点建议：一是加强有关规划引导，完善政策扶持；二是促进产学研相结合，搭建多层次的合作交流平台；三是共享资源成果，提高应对气候变化的能力。华能集团愿与各方面携手并肩，为应对气候变化、创造人类美好生活作出新的更大的贡献！

能源可持续发展战略

道达尔集团首席执行官　马哲睿

众所周知，能源与发展具有密不可分的关系。愈加现代、舒适的家庭生活，日益增长的机动车数量，以及蒸蒸日上的工业生产，这些都导致了能源消耗的不断增加，而中国也面临同样的情况。在相互关联的同时，能源与增长也面临着两大限制性因素：化石燃料的存量及其对气候的影响。

平衡这些挑战的需求使得可持续发展成为当代能源战略的核心准则。

为成功应对愈加复杂的挑战，各方的能源战略必须加以整合。只有通过恰当的整合与合作，我们才能实现共同的利益。

这反过来要求我们成为更好的合作者——更善于一起工作和相互理解。

事实上，如果我们希望以更科学、更平衡的方式实现 21 世纪的能源和可持续发展目标，跨文化、跨地域的合作是至关重要的。

满足能源需求是可持续发展的一个重要因素。我们预计能源需求将持续增长以满足新兴国家的需求。

目前，新兴国家的人均能源消耗量与经合组织（OECD）国家相比还存在很大的差距。新兴国家的需求是合理的，并应该得到满足。我们只有通过合作来实现这一目标，别无其他选择。

石油和天然气占到全世界能源供应的 56%，因此增加油气产量是必需的。鉴于地缘政治和技术上的原因，这是一个实质性的挑战。巨额投资必不可少，只有今天投资到位，才能确保未来我们能够以可负担的价格获得充足的能源供应。

因此，我呼吁世界各国避免因为政治或其他方面的原因，限制对重要产油区的投资。为了满足全球的能源需求，我们不能忽视或者排斥任何一个重要的产油国，而是应各尽所能，共同营造一个更加和谐的国际关系环境。

同时，我还呼吁主要消费国采取适当的定价政策，以吸引投资者和鼓励节能。

　　科技是尤为重要的因素，因为发展所需的大部分油气资源都越来越难以生产且成本高昂，例如超深储层、重油或致密气藏等。同样，这需要我们在更广泛的技术领域开展合作。

　　我相信石油产量在不久后将趋于稳定，比目前的水平不会高出多少。尽管整个行业为此付出巨大努力，这也将是一个无法回避的现实。我们竭尽全力地提高回采率，但仍将难以满足需求的增长。为此，我们需要更多元的能源来源，包括清洁煤、核能和可再生能源。

　　能源多元化的进程需要时间，也需要大量科学技术方面的突破。通过加强合作来保障能源转型，要求我们在提高燃料产量的同时，加大在核能、水电和可再生能源上的投资。在这方面，道达尔已经选择了三个新能源领域：核能、太阳能和第二代生物能作为其战略发展的重点。

　　即使作了所有这些努力，化石燃料在可预见的将来仍将是主要的能源来源。天然气和煤的比例可能会上升。

　　全球的能源消费模式是二氧化碳排放及导致气候变化的主要原因。尽管解决方案可能因国家而异，但他们至少应该在一个方面存在共同点：那就是提高能源效率。这才是降低化石燃料对环境影响的最划算的解决方案。

　　由于化石燃料在未来很多年仍将占据主导地位，其对环境的负面影响必须被降到最低。在供暖或发电领域用天然气部分替代煤或燃料油是一个很好的方案，因为天然气比其他化石燃料的排放量更低。在这方面，道达尔愿与中国的合作伙伴一起为中国的天然气生产与供应作出贡献。

　　碳捕集与封存项目（CCS）旨在调节化石燃料的使用和保护气候环境，这不仅在技术上可行并且行之有效。道达尔集团在法国南部有一个碳捕集与封存（CCS）工业试点项目。我们希望与合作伙伴共同努力，使碳捕集与封存在全球得以应用。但同时，为使这一方案变得切实可行，我们还需要数年的时间来大幅降低成本。

　　总而言之，只要我们富有智慧地行动并且加强合作，就能够有效管理发展与可持续性之间存在的潜在冲突。当今时代，我们必须认识到：为了应对共同的挑战和平衡共同的利益，我们比以往任何时候都更加需要协同与合作。

创新能源发展模式
迎接全球变暖挑战

中远集团总裁 魏家福

下面我以"创新能源发展模式 迎接全球变暖挑战"为题，简要谈谈三个方面的看法：

一、积极发展新能源产业

"以史为鉴，可以知兴替"。每一次大规模经济危机都会带来全球产业和分工格局的重大调整。目前，全球产业经过这次经济危机的冲击，正处于深刻的调整时期。美欧日等发达国家正在酝酿一场新能源革命，力图打造一个能够成为本国乃至世界经济增长新引擎的超级产业。

以美国为例。美国在对金融业"止血"并稳定房地产、汽车等产业之后，正在寻找一个能够形成较长产业链并能提供巨大就业空间的超级产业。在历史上，汽车和 IT 曾经扮演过这样的角色。现在，新能源产业即将登场。奥巴马总统上任伊始，即在新一轮财政支出中拿出 400 多亿美元用于新能源开发，以期获得新能源技术研究和新能源产业发展的重大突破，在将美国从经济危机困局中解脱出来的同时，再次使之占据世界经济发展的制高点。

面对美国等发达国家正在掀起的这场以新能源为主导的新产业革命，中国应该从争取未来国际产业分工主动权的高度，来审视和确定当前应对危机及后危机时期的产业发展战略。换句话来说，中国不能因为危机时期能源供需矛盾暂时缓和，而忽视新能源产业发展。相反，我们应该加大新能源投资力度，积极发展新能源产业。

作为国际航运界的领头企业之一，中远集团一直密切关注当前这场方兴未艾的新能源革命并积极参与其中。近两年来，我们还在力所能及的范围内，联合国内外权威的研究机构，开展了风能、太阳能、核能等新能源在船舶应用中的前瞻性研究工作。特别是风能项目已经完成基础理论研究并取得积极的阶段性成果，有望列入国家部委"十二五"重大科技规划。

二、大力推进节能减排

除了积极发展新能源产业外，全球变暖背景下能源战略的第二个重要方面应该是大力推进节能减排。这早已成为大家的共识。

作为中国最大和船队规模排名世界第二的国际海运企业，中远集团一直积极支持国际社会特别是国际海运界的节能减排行动。

近些年来，我们通过调整船队结构、优化航线设计、使用经济航速、开发新技术等措施来降低燃油耗费，减少碳排放，发展"绿色航运"。燃油单耗从2003 年的 8.01 千克/千吨海里下降到 2008 年的 4.65 千克/千吨海里，下降了42%；单位货物周转量产生的二氧化碳排放量从 2003 年的 24.83 千克/千吨海里下降到 2008 年的 17.46 千克/千吨海里，下降了 29.7%。

值得一提的是，去年 11 月在我国青岛召开的第六届国际海运（中国）年会上，由中远发起、CKYH 联盟（中远、川崎、阳明、韩进）共同发布了减速航行、节能减排、消化过剩运力、降本增收的"青岛宣言"，目前已经取得明显成效。这一主张不仅影响了 CKYH 联盟各成员单位，而且也影响到"泛太平洋运价稳定协议组织"TSA 中的 15 家班轮运输公司，这使得船舶减速和节能减排进一步成为当前国际海运业发展的潮流。

中远还通过加入联合国"全球契约"（Global Compact）、连续发布可持续发展报告等重要方式，不断向利益相关方、向同行、向社会宣传减少碳排放的理念。鉴于中远在履行"全球契约"方面的突出表现，联合国秘书长潘基文亲笔致信邀请我参加了 2007 年 7 月在瑞士日内瓦召开的联合国"全球契约"领导人峰会。2008 年 7 月，我还应邀参加了潘基文秘书长在访问北京期间召开的"全球契约"座谈会，并在会上代表中远郑重承诺：中远自愿加入联合国倡导的"关注气候宣言"，积极践行该宣言提出的应对气候变化的一系列基本原则和措施！

展望未来，作为世界上最大发展中国家的海运企业，对待温室气体减排，我们在作出自身最大努力的前提下，希望能继续秉持"共同但有区别责任"的基本原则，来制定和落实切合我们实际的具体减排措施和目标。同时，我们殷切希望业已走在前面的发达国家政府及相关组织，能给予包括中国在内发展中国家更多的资金和技术支持，以不断提升我们在温室气体减排方面的能力！

三、高度重视传统能源安全

除了发展新能源和推进节能减排外，推进全球变暖背景下能源战略的第三个重要方面应该是高度重视传统能源安全。我认为，这三个方面不但缺一不可，而且只有相互促进、共同发展，才有可能支撑新形势下均衡可持续的能源战略。

这里的传统能源安全主要还是指石油安全。事实上，在当前经济危机和全球变暖的双重背景下，发展新能源也好，节能减排也好，都不能改变相当长一段时期内石油在国际经济生活中依然举足轻重的地位。换句话来说，石油安全依然是当今石油消费大国需要高度重视的能源安全问题。专家们普遍预计，随着国际经济逐步从经济危机中恢复过来，石油需求将重新踏上快速增长的轨道。最近国际油价的快速回升已经预示了这一点。

作为世界第二大石油消费国和净进口国，为确保我国石油安全，我们需要"多管齐下"：包括利用好目前油价相对较低的机会，抓紧石油战略储备建设，加快投资国外石油资源；立足国内，扩大国内石油探明储量，降低石油对外依存度；积极参与国际能源合作，维护产油地区稳定，保障国际石油安全等。

经过近半个世纪特别是近 10 年来的超常规、跨越式发展，中远集团在航运主业方面已经建立起了四支在国内国际都有着重要影响力的船队，其中，干散货和杂货特种船队居国际前列，集装箱船队居世界第六；油轮船队现拥有和经营船舶 34 艘、约 630 万载重吨，包括 16 艘 VLCC（Very Large Crude Carrier），是国内最大、国际上现代化程度及竞争力居于前列的油轮船队。展望今后，中远集团将在积极发展新能源、推进节能减排的同时，不断发展壮大油轮船队，不断加强与国内外能源企业合作，为保障国际石油供应安全、推进全球变暖背景下的能源战略作出更大的贡献！

创新与合作：
开创和平利用核能的新纪元

国家核电技术公司党组书记、董事长　王炳华

为什么在全球变暖的危机面前，人类将目光投向核能？当全球有超过60个国家计划发展核电甚至阿联酋等富油国也选择发展核电时，这对世界、中国的能源与经济发展意味着什么？在此，我与大家分享几点体会和思考。

一、大力发展核能是人类利用能源理念与战略的新提升

和平利用核能50年来，两次核电站事故让世界核电建设陷入低谷，却激发了核电技术的飞跃发展。今天，新一代安全、经济的核电，契合了人类寻找清洁、高效能源的理念与需求，使其成为发展低碳经济、应对气候变化的理性选择。联合国2008年波兰气候大会对替代碳基的各种清洁能源进行了排名，按照合理利用、成熟性和经济竞争力划分了四个档次，核能排在第一档次的第一位。可见，发展核电已经成为全球共识，我们相信，未来将有更多的国家选择发展核电。

积极发展核电也是中国能源的优先战略。中国是以燃煤为主的能源消费大国，也是世界最大的发展中国家。中国不仅需要核能为占世界五分之一人口的生存发展提供清洁的电力，也需要核能帮助推动科技创新、产业升级与经济发展方式的转变。21世纪初，中国政府就前瞻性地提出了积极发展核电的方针，正在重新规划到2020年将核电装机容量提高到7000万千瓦以上，这意味着，届时中国一年将减少4亿吨以上的碳排放。为此，中国政府作出了引进先进技术、高起点推进核电自主化的发展方针，并在近期将核电纳入战略性新兴产业。在可预见的未来，中国不仅将成为世界最大的核电市场，也将成为推进世界核电技术创新发展的重要力量。

二、坚持创新发展，把核能建设成友好型的清洁能源

发展核电，我们不仅始终面临着各方对安全性、经济性的传统关注，也面临经济社会发展对高效、低耗、低污染能源的迫切需求。使核能成为一种清洁友善、和平安全、经济便利、共同受益的友好型能源，这是新一代核电技术创新发展的价值取向。当前世界核电强国加大"建设新一代安全、清洁的核电站"力度，既为提供清洁能源、保障能源安全，也为保持科技领先优势、创造新的就业机会。中国也在为此积极行动。

作为中国核电自主化战略的实施主体，国家核电技术公司正在按照中美两国有关核能合作协议，与美国西屋联队（美国西屋电气公司）合作，将三代核电技术 AP1000 的世界首堆在中国付诸工程实践，并共享创新成果。三代核电技术的创新与应用，不仅将为中国大规模地提供安全、经济、便利的清洁能源（未来核能还可用于海水淡化或驱动远洋船舶），也将同步带动中国装备制造、冶金、材料、电子、信息等领域的技术创新与产业升级，协同众多行业共同发展。

三、推进合作共赢，使核能在全球能源可持续发展中发挥核心作用

着眼于核能可持续造福人类的共同目标，任何一个有远见的国家、企业，无论是掌握先进的核技术，拥有广阔的核电市场，还是占有丰富的铀资源，都应秉承开放、合作、共赢的理念，打破技术、资源垄断和市场封锁，携起手来，共同建设一个涵盖技术创新、安全保障、燃料供给和废料处理的全球合作框架，为和平利用核能创造一个各方乐于接受、共同受益的模式。中国企业将始终是世界核能发展进程中积极、开放、可靠的合作伙伴。当 AP1000 技术从美国来到中国开始世界首堆工程实践时，我们已意识到，这不仅是中美双方在共享技术、市场、经验并共担风险，更有责任共同为人类创造一个和平安全、合作共赢的核能发展未来。

以技术创新推动中国民机产业发展

中国商用飞机有限责任公司董事长、党委书记　张庆伟

民机产业是典型的知识密集、技术密集和资本密集的高技术、高附加值、高风险的战略性产业，是衡量一个国家科技水平、工业水平和综合国力的重要体现，具有强大的创新活力和创新空间，应当并且也能够在经济复苏中起到领头作用。下面我对如何以技术创新推动中国民机产业发展谈一些体会。

一、中国民机产业发展面临的国际市场环境

（一）民机市场竞争激烈

当今世界，民机产业竞争激烈，美国和欧盟的民机产业高度发达，产品已成系列化发展。干线飞机主要由美国波音公司和欧洲空客公司分享。全球现役的波音民用飞机达12000多架，占全球机队总量的70％，客户遍及世界140多个国家。空客公司是后起之秀，目前已交付3200多架各类民机。支线飞机市场主要由加拿大庞巴迪公司和巴西航空工业公司分享。

（二）民机制造已高度专业化和国际化

民机整机制造企业高度集中，呈现寡头垄断态势；机身、机翼、起落架等机体结构件，发动机以及重要的机载设备等大部件和系统供应商相对集中；其他机载设备和零部件配套企业相对分散。中国在机体结构研制方面基础条件和水平稍好，各大飞机厂都不同程度地承接国外的转包生产。机载系统方面有一定基础，但大都局限于设备级产品，而且普遍没有取得适航证，缺乏系统集成。民用发动机则最为薄弱，正处于研制当中。

二、中国民机产业发展面临的机遇与挑战

（一）面临的机遇

1. 国家对民机产业的高度重视是中国民用航空工业走向振兴的强大动力

在中国迎来改革开放30周年之际，中国政府审时度势，高瞻远瞩，作出

发展大型客机项目的重大战略决策，开启了中国民用航空工业发展的崭新时代。

2. 世界民用航空运输市场快速增长

据国际航空市场预测权威机构调查报告显示，未来全球民用飞机市场需求巨大。未来 20 年，航空客运量和货运量年增长率分别达到 5% 和 5.8%，远高于世界经济平均增长 3.2% 的水平。中国已成为世界第二大航空运输大国。2008 年，中国人均乘机出行 0.15 次（美国人均为 2.2 次），随着中国经济的快速发展，中国航空运输业正迎来重要的发展机遇期。

3. 民机市场需求量巨大

据波音公司预测，未来 20 年，全世界将新增民用飞机（包括客机和货机）29500 架（空客预测为 25000 架）。那时全球机队规模将达到 35800 架。未来 20 年，中国将需要增加民机 3370 架（空客公司预测为 2800 架，中航工业发展研究中心预测为 3769 架），总价值超过 2000 亿美元，机队规模将是现在的三倍。民用机场将在现有的 153 个的基础上增至 250 个，新增加 97 个机场。民机市场在未来 20 年孕育着巨大的市场潜力。

（二）面临的挑战

1. 发展低碳、环保经济对民用航空提出了新的要求

受温室气体排放和全球气候变暖影响，飞机作为以燃烧航空煤油为动力，并将排放物（二氧化碳）直接排放在大气层中的特殊交通工具，受到特别关注。去年年底在丹麦首都哥本哈根召开的世界气候大会虽然未能就气候变化公约达成协议，但许多国家（包括中国）已公开宣布了未来减排计划和目标。可以想见不久的将来，新的民机排放标准将会出台，届时，目前市场上的主流机型（如空客 A320、波音 B737 机型）将不适应新的排放标准，必然由新一代符合环保要求的民机所替代。

2. 高速铁路快速发展对航空运输业影响很大

近年来高速铁路发展迅速，其快捷性日渐显露。尤其是高速铁路都是建设在经济发达、人口稠密的大中城市之间，而这一线路也正是民航最繁忙、最具赢利的黄金线路，民航业受到的冲击无疑是很大的。

3. 更强调飞机的经济性

受金融危机影响，航空燃油价格上涨、航空运输量减少，航空公司普遍经营状况不佳。航空公司对民机的经济性提出了更高要求。

三、中国商飞公司以大型客机项目研制为引领，以技术创新为主线，促进中国民机产业发展

（一）民机产业发展的规律和特点

民机产业是国家的战略性产业；民机产业是一个全球化的产业；民机产业链长，辐射面宽、关联效应强；高度专业化、市场化、集成化、国际化；民机技术与产业水平相辅相成，"一代材料，一代民机"；民机产业发展离不开政府的长期有力支持。

（二）以项目引领和技术创新推动民机产业发展

1. 明确大型客机项目发展原则

坚持中国特色，体现技术进步；举全国之力，聚全国之智；坚持自主创新，拥有完全自主知识产权。

2. 确定大型客机项目目标

构建一个体系（构建我国民机自主研制产业体系）；确保两个成功（确保研制成功和商业成功）；实现三个带动（带动相关产业、基础学科和航空工业发展）。

3. 确定大型客机项目总体要求

突出"四性"：确保安全性、提高经济性、注重环保性、改善舒适性；实施"三减"：减重（2%）、减阻（5%）、减排（50%）；确保C919大型客机的座公里直接运营成本（DOC）优于同类飞机10%以上。与2016—2020年未来市场的同类机型相比具有竞争力。

4. 加强民机体系建设

项目管理体系；适航管理体系；质量管理体系；市场营销体系；客户服务体系。

5. 积极探索创新发展之路，构建国际一流民机企业

实施市场化建设方略。坚持以市场为主导，遵循市场经济规律。通过市场有效配置人才、技术、资金等资源，着力培育技术创新、资本运作、成本控制和长期竞争等能力，按照"主制造商—供应商"模式，在市场中形成人才优势、技术优势、资金优势、成本优势，实现可持续发展。

实施集成化建设方略。通过集成化发展，注重在原始创新的基础上，集成国内外先进技术、成熟产品和优势资源，注重在引进的基础上消化、吸收国际先进技术，突破制约大型飞机发展的关键技术，形成主制造商应有的核心技术和能力；整合公司内部资源，创建精干高效的母子公司管理体制，运用系统工

程的管理理念和方法，提高公司管理效率。

实施产业化建设方略。面向国内国际两个市场的多样化需求，开发民机系列产品，逐步形成规模；向上下游延伸，形成民用飞机设计集成、总装制造、客户服务、金融租赁、维修改装、转包生产等较为完整的业务链，实现产业化发展。

实施国际化建设方略。与国际市场接轨，树立国际化经营理念；采用国际先进技术标准和设计制造手段，按照国际通行的适航管理要求开展适航取证工作；积极开展国际合作，特别是在市场、供应商等方面的战略合作，注重利用和集成国内外成熟产品和技术；塑造自主品牌，增强企业信誉，争取在国际市场占据一定市场份额。

技术创新将驱动经济
走上新的发展道路

国家开发投资公司总裁　王会生

纵观近 200 年的全球经济发展，我们会发现一个反复出现的现象：即在出现严重经济危机的时候，往往也是技术创新集中涌现的时期，而且这些创新技术往往在后危机时期得到广泛的应用，成为服务人类的重要工具和推动经济发展的重要引擎。每一次大规模的危机都造成全球产业格局的大调整，引发一批新型技术和新兴产业，并由此带动新的生产和消费，进入新一轮由新技术革命推动的产业发展周期，推动经济走上新的发展道路。这是经济发展的一个客观规律。

当前，我们正在与这场严重的金融危机进行较量。为了赢得这场较量，全球绝大多数领导者和企业家都根据历史经验积极推动技术和产业创新，全球主要的经济体都提出了发展规划和具体措施，各国领导人和跨国公司都为了应对金融危机努力地调整结构、努力地调整格局、努力地创新，去引领新的发展，都在为后危机时期的科技的制高点付出不懈的努力。

中国政府在成功引领战胜危机的同时，明确提出了加快转变经济发展方式的各项要求，特别是要转变传统的经济发展方式、产业布局方式、产业结构方式，包括创新方式。所以我想这既符合国际潮流，也符合中国的国情。因为转变经济发展方式的核心是依靠科技的重大突破和创新，培育一批发展潜力大、带动作用强的战略性新兴产业和产业集群，以技术进步支撑经济持续发展。中国政府确定的七大新兴战略性产业发展目标，意味着支撑七大产业的技术创新将得到政策的更多支持。因此，技术创新要找准方向，既要符合国际技术发展趋势，又要结合本国的具体情况；既可以是追求新技术突破，也可以是将既有技术进行重新组合以产生新的效益。目标是为经济社会发展服务，破解对长远发展起关键与先导作用的重大技术问题。

国家开发投资公司是中国政府独资设立的投资控股公司，也是唯一的投资控股公司，成立 15 年来，一直致力于转变发展方式，一直致力于健康发展，一直致力于科技进步，在国民经济发展当中发挥着独特的调整结构、资本运营和投资导向性作用，通过近几年的发展已经形成了以基础性资源性产业为主的资产运营体系，和以金融资本运作为主的资本运营体系，构建了实业投资、资本经营、资产管理"三足鼎立"的业务框架，在关系国计民生的基础性资源性领域投资建设了一批国家重点项目。

这些年来，国家开发投资公司对投资的传统企业一方面进行升级改造，进行科技创新，一方面瞄准节能、环保、新能源投资领域，瞄准高科技成长性企业。不但投资了风能、太阳能、生物乙醇、海水淡化，也投资参与了工业化改造、工业化升级的传统产业升级项目。在资源综合利用、循环经济、脱硫脱硝、节能技术方面取得了一系列突破，拥有低温余热发电、调频节能电机等自主技术。

水资源短缺是制约我国经济社会发展的一大瓶颈，为有效解决京津地区淡水匮乏问题。国家开发投资公司投资的天津北疆 2×1000 MW 电厂采用"以发电为龙头，发电—海水淡化—浓海水制盐—废物资源化再利用的循环经济模式"。我们通过利用取之不尽、用之不竭的海水和丰富的煤炭资源，生产出目前我们国家亟需的五大产品，第一是高质量的电能，第二是高质量的化工产品，第三是大量的海水淡化水，第四节约的大量土地，第五灰渣的综合利用和建材产业，实现了废弃物的全部资源化再利用和全面的零排放。现在，这个循环经济项目已经投入商业运行，全国最大的、日产 20 万吨海水淡化工程已经出水，二期工程完工后将形成日产 40 万吨淡化海水，制出的淡水将供应天津滨海新区。

通过实践我们深深地感受到，投资控股公司在人类发展当中，一方面要投资高科技成长性的企业，另一方面要对传统的企业进行改造升级不断进步，第三要努力营造科技创新的环境。因为自主技术创新是一个复杂的系统工程，需要一个适宜的环境和良好的机制。首先需要国家政策支持。任何自主创新技术的最初产业化，都面临市场较小、难以规模化、成本较高的问题，亟待政府提供政策支持，如减免税收、财政贴息、资金支持等，使企业能够维持经营，有生命力。如海水淡化、生物乙醇。二是要加大投资，形成多层次、多渠道的资金投入机制。政府及民间投资主体和金融机构要以风险投资、创业投资、产业投资、信贷融资和资本市场融资等多种形式，为新型技术研发和新兴产业成长提供资金支持。三是完善人才配置机制，要以全球化和市场化的眼光吸引人才，创造宽松的创业环境使人尽其才，同时也要采取优胜劣汰的机制，淘汰落后者，使人才真正向技术创新领域集中。四是要全方位开展国际合作。目前全球气候变化深刻影响着人类生存和发展，应对这一挑战，世界各国承担着共同但有区别的责任，各国应围绕节能减排这一共同目标，互通共享在绿色能源和低碳技术方面的创新成果，开启危机过后的绿色经济时代，实现可持续发展。

国家开发投资公司愿与各界朋友合作，加大投资，共同支持技术创新，为转变经济发展方式共同努力。

技术创新引领经济复苏

凯赛生物产业有限公司董事长、首席执行官　刘修才

　　我今天演讲的主要目的是希望促进政府对工业生物产业的更大支持。现代生物产业涉及三个领域：生物制药、农业生物和工业生物。三个领域的区别在于规模不同，成本不同。我集中介绍的是工业生物方面，工业生物面临庞大的来自化工产品市场的需求。用生物方法生产化工产品，可达到百万吨的级别和低于每公斤一美元的成本，这在生物产业历史上是没出现过的。

　　16年前我刚从美国回来的时候，找到当时的民营企业家段永基先生，希望四通集团投资生物医药项目，诚如刚才诺华的代表说的，这个领域对于新入行的人来说回报期太长。因此，当年段先生选择了集中力量进入IT行业做了新浪，16年以后我们说服了段永基先生进入生物产业，现代工业生物规模很大，又是一个新兴的产业，也就是说21世纪是生物产业的时代。发展生物产业真正的意义是什么？我认为两个方面，一是能源短缺推动中国的能源消耗近50%依赖进口；而中国石油开采按照现在的使用速度只够用7年。二是市场拉动，即便不考虑乙醇作为燃料的市场规模，用生物法替代的化工产品已经超过一千亿欧元。这一推一拉造成了潜在的巨大市场。以中国为例，现在中国不适宜粮食种植的闲置土地上种植生物质，并转化为生物产业的原料的话，每年所替代的能源量相当于6个大庆油田的规模。

　　目前这个行业里有两大技术需要突破，一是如何将生物质有效地利用为工业生物的原料，美国在这方面进行了很多研究。二是工业生物的产业化技术，即用生物的方法，形成像石油产业那样的规模化生产技术。这是两大技术瓶颈，中国在这方面有可能领先。因为全世界都是刚刚起步，而中国传统发酵行业非常发达，传统发酵行业加上现代生物技术就构成了现代工业生物基础。我个人介入的几个项目都是在中国做的。生物化工领域国外比较领先

的有卡吉尔陶氏化学介入的聚乳酸，杜邦公司介入的 1－3－丙二醇，ADM（Archer Daniels Midland）公司介入的 PHA（Polyhydroxyalk anoates）可降解塑料。生物能源领域集中在生物柴油和生物乙醇，巴西的生物乙醇占了相当的比例。生物丁醇作为第二代生物燃料的产业化进程，中国在国际上遥遥领先。

下面我将介绍中国领先世界将生物丁醇作为第二代能源的情况，作为燃料，丁醇比乙醇有很多优势。BP（British Petroleum）和杜邦联合投资 5 个亿美金，在美国西海岸做生物丁醇的科研经费，这个消息发布的时候我们在中国做生物丁醇的产业设计已经完成了。这是我们在东北吉林 1800m³ 的世界最大的生物发酵罐，将来生物丁醇做燃料的一个前提是必须做到像炼油厂的规模，但目前为止包括乙醇都离这个规模很远。我们正在设计更大的生物丁醇发酵装置。

在中国有很多机会，比如西部大面积的闲置土地。我举个例子，在新疆 10 万平方公里闲置的非耕地上种植生物质转化为丁醇，所能替代的能源相当于一个大庆油田的产油量。现在生物化工跟化石化工完全是独立的，我认为生物化工和化石化工都是化工，只是手段不同，两者结合起来会产生很大的节能和成本优势。

（回答问题 1）这个问题我曾数次回答我们的股东，比如高盛、摩根士丹利。今天上午讲到美国关于中国货币时我就提到，中国企业的一个重要优势就是企业家不怕辛苦。我一天工作 15 个小时，曾经别人 3 个月没有解决的问题我一个晚上就解决了。但这种工作方式在大型的国际公司内是会遇到麻烦的，很多像我这样的科学家回国创业才有了很大的发展空间。另外在中国做事比较复杂，企业家要受很多委屈才能感受中国这么大的市场和这么多的机遇。很多外国公司在中国生存非常困难的原因是派来的管理团队不具备在中国产业环境下的生存能力，用同样成本和同样时间都做不到我们的 1/10 进度。中国企业家创造了很多东西，我们是把事业作为命来做的，除了吃饭睡觉就是工作，这产生了很大竞争优势。现在中国很多创业者，尤其是我们这代人有强烈的使命感。在中国做事难，对于创业者来说，既是好事又是坏事，有朋友说正因为有困难才给企业家留下这么多机会，国际上成熟的企业管理者不愿意在中国吃苦，所以我认为中国的机会在相当一段时间内会留给中国本土的创业者。

（回答问题 2）生物化工这个行业我举两个典型例子，一个是美国 ADM 公司，ADM 用了几十年的时间发展成现在 600 多亿美金的企业。这个企业从农产品基本加工开始做起，最近他们宣布了要做可降解塑料。杜邦公司是化工行业的百年老店，最近也积极投入生物产业，宣布把地毯原料通过生物过程制造，号称用玉米做地毯。虽然中国农产品加工和化工都不领先，但现在启动生物产业反而有优势，别人在原来的领域里走得早反而有包袱。我所希望的是政府能把资源放给非国有企业来做，有了资源加上非国有企业的发展高科技产业的动力，这件事才可以做得下去。

下篇

中国：加快结构调整，
推进发展方式转变*

国务院发展研究中心课题组

导　言

改革开放 30 多年来，中国经济连年高速增长，取得了举世瞩目的辉煌成就。中国的经济总量和进出口贸易额已经跃居世界前列，并有可能在 2010 年迈入上中等收入国家行列。之所以能够取得这样的成绩，是因为中国采取了正确的发展战略和方针。

随着时间推移，支撑过去 30 多年中国经济高速增长的因素正在发生变化。发展中积累的各种结构性矛盾日益尖锐，国际经济环境新变化也为转变发展方式带来新的压力。曾经有效的发展模式如果不能与时俱进地进行调整，就会难以为继。

作为世界最大的发展中国家，中国转变发展方式、实现可持续发展，对于世界经济将产生深远影响。中国经济总量已经位居世界前列而且仍在以较快速度增长，中国能否实现可持续发展，在很大程度上也将决定世界经济能否实现可持续发展。中国的探索将为其他发展中国家推进工业化提供借鉴和示范。中国结构调整与发展方式转变还将为世界各国提供新的发展机遇。

本报告将从三个方面来讨论"加快结构调整，推进发展方式转变"这一主题。报告的第一部分分析后危机时期中国转变发展方式所处的国际经济环境。重点分析后危机时期世界经济发展的主要趋势以及出现的一些新变化、新特点、新趋势，考察世界经济增长、全球化进程、可持续发展议题以及新技术革命的前景，讨论外部环境变化对中国转变发展方式带来的挑战与机遇。第二

---

* 本文为中国发展高层论坛委托研究的主报告，旨在为与会者提供关于论坛议题的背景资料。

部分将深入分析当前中国经济中存在的结构性问题。重点分析消费与储蓄、产业结构、收入分配、内需和外需的关系、城乡和区域发展的不平衡、经济发展与环境保护的矛盾以及经济增长与社会发展的脱节等六大结构问题，揭示转变发展方式的重要性和紧迫性。第三部分则探讨调整经济结构、转变发展方式的思路与对策。按照实现协调发展、创新发展、和谐发展以及绿色发展等转变发展方式的新理念，提出转变发展方式的主要原则和转变发展方式的政策建议。

第一部分 后危机时期中国转变发展方式面临的国际经济环境

历史罕见的国际金融危机不仅对当前世界经济的运行造成了严重冲击，对未来世界经济的长期发展也产生了深远影响，推动世界经济发展中一些结构性变化。

一、世界经济发展的基本态势

（一）世界经济增长放缓，增长动力结构改变

受国际金融危机的影响，世界经济增长显著放缓。未来世界经济复苏的道路也不平坦。发达国家金融体系受创较大，未来通过信用扩张刺激经济增长的能力将受到很大限制。部分国家为了挽救金融体系将大量私人债务转化为公共债务，再加上经济深度衰退的影响，其财政状况显著恶化。主权债务问题可能会持续发酵，成为短期复苏和长期增长的拖累。加之人口老化等结构性问题，未来发达国家经济可能陷入一个长期低增长时期。

对多数新兴经济体而言，此次危机仍然是一次周期性的衰退，而且在一些新兴市场大国的带动下，经济复苏很快，新兴经济体占全球 GDP 的份额继续上升。2000 年到 2009 年间，以名义汇率计算，新兴经济体及其他发展中国家占全球 GDP 的比重从 24% 上升到 33%，以购买力平价计算则从 41% 上升到 50%，同期按名义汇率计算对世界经济增长的贡献率达到 46%，按购买力平价计算则达到 64%。随着越来越多的新兴经济体城市化和工业化加速，消费结构和产业结构也将相应升级。因此，新兴经济体总体将保持较快的发展势头，并成为世界经济增长的主要推动力量。

（二）全球化继续向前发展，但贸易和投资保护主义抬头

推动经济全球化的基本原因不会因危机而改变，经济全球化将进一步深化。首先，多数国家从前一阶段的经济全球化中受益，愿意维护多边自由贸易

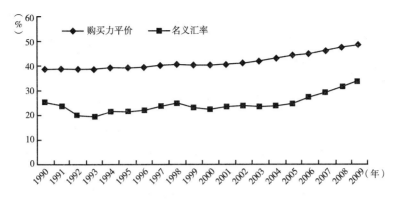

图 1　发展中国家占全球 GDP 比重

资料来源：IMF 世界经济展望数据库。

和投资体制。其次，后危机时期的国际竞争更趋激烈，跨国公司将继续整合与创新跨国生产和运营方式，成为推动全球化深化的微观动力；第三，信息技术发展日新月异，将继续为经济全球化提供技术支撑。

但根据历史经验，贸易保护主义与经济表现呈反向关系。此次危机爆发之后，各国的贸易和投资保护措施明显上升。据 Global Trade Alert 统计，自 2008年 11 月第一次 G20 峰会以来，各国政府共采取了 305 项"以邻为壑"（beggar-thy-neighbor）的保护性措施。即使在 2009 年三季度世界经济开始复苏之后，保护措施仍然不断出台，而且速度没有放缓。若未来世界经济复苏过程曲折缓慢，上述保护主义措施可能长期维持。此外，部分国家提出征收"碳关税"以应对气候变化，这是以环境保护为名，行贸易保护之实，不利于世界经济的复苏和长期发展。

（三）全球经济治理出现新变化，新兴经济体地位上升

现行的全球经济治理机制诞生于二战之后，随着时间的推移和力量对比的变化，已经不能反映当今世界经济发展的现实。而随着全球化的大发展，各国联系日益紧密，面临的共同的和全球性的挑战越来越多。此次金融危机充分暴露出全球经济治理机制的不合理和低效率。主要货币发行国缺乏国际约束，屡屡成为国际金融和经济动荡的策源地。而多边国际金融机构也未能做好危机的预警工作。

金融危机的爆发给改革全球治理提供了新的机遇。改革现有不合理与不公正的国际经济秩序的呼声日益高涨。在危机中，各国共同采取了积极的应对措施，并建立了相应的对话机制。新兴经济体占多数的二十国峰会取代八国峰会

成为全球经济合作的首要对话平台，国际货币基金组织也增加了新兴经济体的投票权。随着新兴经济体在全球治理中的影响力和话语权的显著提升，全球新多边主义经济格局有望在后危机时期逐步形成。

（四）资源、环境压力加大，气候变化问题凸显

国际金融危机爆发前一段时期，能源价格的持续上涨曾引发了能源危机并间接导致了粮食危机。尽管金融危机的爆发使得上述问题得以缓解，但是，从长期来看，新兴经济体要实现工业化和城市化进程，对能源和资源的需求将不断上升。例如，1998 年至 2007 年期间，非 OECD（经济合作与发展组织）国家的原油消费量占全球比重从 36.8% 上升到 42.5%，相当于同期全球增量的80%。即使未来发达国家需求不增长，对能源总体需求向上的趋势不会改变。

由于燃烧化石燃料释放大量二氧化碳，能源问题和气候变化问题紧密相关。发达国家已经完成工业化，未来经济增长速度相对缓慢，对资源环境的诉求与新兴经济体完全不同，两者在气候变化问题上可能产生较大矛盾。从2009 年刚刚结束的哥本哈根气候峰会的情况来看，由于各国之间利益分歧巨大，短期内将难以通过新的附带有强制减排条款的国际气候公约。因此，围绕能源和气候变化的争端将长期存在。

（五）新一轮技术革命处于酝酿和启动阶段

根据经济长周期理论，经济危机之后的萧条阶段往往是技术革命和创新的孕育期。经济衰退带来的激烈竞争迫使企业不断创新，而传统行业和企业的衰微也为新兴产业和新生企业的成长及采用新技术打开了空间。成批量出现的技术进步和创新活动则为经济的下一轮繁荣奠定基础。工业革命以来的 200 年发展历程基本上证实了这一论点。

国际金融危机爆发之前，信息技术发展迅速，成为前一阶段推动世界经济增长的主要动力之一。信息技术的潜力还远未发掘完毕，未来仍有广阔的发展空间。而生物技术和材料技术经过长时间积累，有可能涌现出新的突破。为了应对气候变化和金融危机，发达国家大幅度增加了科技投入，力求在新能源技术、节能减排技术等与低碳经济相关的领域占得先机。展望未来，随着传统能源价格的逐步上升，在政府倾斜性政策和巨额资金的投入的支持下，低碳技术有广阔的发展前景，并将成为新一轮技术革命的重要组成部分。

二、国际经济环境变化给中国转变发展方式带来的挑战

（一）外需增长放缓对中国经济增长的不利影响

前一阶段中国出口的高速增长很大程度上得益于世界经济繁荣带来的旺盛

的外部需求。而危机爆发对中国经济最明显、最直接的冲击也体现在外部需求大幅度地骤然萎缩。发达经济体一直都是中国最主要的出口市场，其负债消费的增长模式已难以为继。新兴经济体虽然增长迅速，但短时期内难以取代发达国家在全球市场中的地位。近年来，中国始终是贸易保护措施的最大受害者，在这次危机中也不例外。前述 Global Trade Alert 列举的各国政府在危机中采取了 305 项保护性措施中，有 160 项损害了中国利益，数量位列受害各国之首。未来中国出口将面临十分不利的外部环境。

经过 30 多年的对外开放，中国已成功地融入全球生产和供应网络，成为全球重要的制造业基地和低成本制成品出口大国。对外贸易为中国经济发展和国际竞争力提升作出了积极贡献，但随着中国与全球经济联系日益紧密，也不可避免要受到外部环境变化带来的波动。未来外部需求的放缓意味着中国出口增速将难以恢复到危机前的高水平，对经济增长的贡献可能也会有所降低，与出口相关的企业、产业和地区的发展也会受到影响。中国必须从其他渠道挖掘新的增长潜力。

（二）"中国责任论"带来的压力

2009 年中国已经成为全球第一大出口国，预计在 2010 年将成为第二大经济体。自 2007 年起，中国对世界经济增长的贡献率就已经跃居世界第一。在此次金融危机中，中国采取了积极的应对措施，在全球主要经济体中率先实现经济回升向好，有力地推动了世界经济的复苏。

随着中国国际地位和影响力的上升，国际上对中国的期望也越来越高。有的国家希望得到中国的援助，有的国家要求中国分担他们自身失误造成的损失，更有的国家指责中国是造成危机的原因之一，并在市场开放、汇率升值、对外援助和投资等等向中国提出要求。一旦中国不能满足这些要求，就会面临"不是负责任大国"的指责。中国要成功地实现发展方式转变，需要国际社会的理解和支持。中国愿意在力所能及的范围内，在国际事务中发挥更加积极的作用。但如果中国过多地承担了与自身国力不相匹配的国际义务，又会对自身发展造成损害。如何协调好自身发展与承担国际义务之间的关系，是中国面临的又一个挑战。

（三）气候变化问题给中国带来的外部压力

由于经济总量越来越大，而且正处于工业化、城市化快速发展时期，中国对资源和能源的需求不断上升，对自然环境的影响也越来越大。中国二氧化碳排放总量已经位居世界第一，人均排放量也超过世界平均水平。在气候变化问题上，西方国家施加了很大压力，要求中国参与强制性减排计划。部分发展中国家受气候变化影响较大，且难以承受高能源价格带来的影响，也希望中国能作出让步。

气候变化是人类面临的重大挑战，需要各国携手合作共同应对。中国本着为本国和世界人民负责任的态度，为应对气候变化作出了巨大努力。在过去 4 年中，中国单位 GDP 能耗累计下降 14.38%。中国政府计划到 2020 年，使单位 GDP 碳排放比 2005 年下降 40%—45%。但受制于中国现有的发展阶段以及中国特有的能源结构，预计中国未来的能耗总量仍将继续增长，资源环境对发展的硬约束以及国际压力也会越来越大。

（四）新一轮技术革命带来的挑战

尽管经过长期的发展，中国的科技水平已经有了很大提升，但与发达国家相比还有很大差距。主要体现在研发投入总量和强度依然偏低，科研成果和科技人才质量和结构亟待改善，自主创新能力和高新技术产业化还有待于进一步增强。在这种情况下，如果发达国家主导了新一轮技术革命并成功实现突破，中国将面临在传统科技领域和在新技术领域同时赶超发达国家这一艰巨任务。如果中国不能及时调整经济结构、转变发展方式、提升创新能力，中国的技术水平与发达国家的差距将会扩大，未来国际竞争力可能会不升反降。

三、在开放条件下中国转变发展方式面临的机遇

从上面的分析可以看出，未来中国的发展面临诸多来自国际上的挑战。但是，如果应对得当，挑战也可以转化成为机遇，压力转化为发展的动力。因此，加快调整经济结构、转变发展方式，将为中国新一轮的腾飞提供不竭的动力。

（一）促进内需与外需的协调

经济全球化的深入发展，为中国进一步扩大对外开放、提升对外开放水平带来了机遇。当前的中国对外开放格局是 10 年前"入世"谈判时确立的，随着中国综合国力和国际分工地位的显著上升，这一开放格局已显滞后。据我们的最新研究，中国经济的综合对外开放度与其他国家相比并不高。[①] 因此，中国有必要实施新一轮的对外开放战略，其重点应包括扩大服务业开放、提升外资利用水平、优化对外开放布局等等。这些开放措施有助于提升中国国际分工

---

① 综合开放度是指货物贸易开放度、服务贸易开放度、资本流出开放度和资本流入开放度分别与世界平均水平相比后，加权而成的指数，反映一个国家经济的开放程度。据我们的计算，2006 年中国综合开放度指数在世界 128 个经济体中排在最不开放的前 5 位。

地位，优化产业结构，促进区域协调发展，是转变发展方式的重要推手。

外部需求放缓和保护主义上升将促使中国积极扩大内需，使中国的增长更加平衡，但扩大内需并不是以压缩外需为代价。扩大对外开放的最终目的是要更好地利用"两个市场"、"两种资源"。随着经济发展水平和国际竞争力的上升，未来中国进口和出口的数量和质量都会不断增长。而作为世界主要的经贸大国，中国实施新的对外开放战略，有利于推动国际贸易和投资的回升，反击正在上升的保护主义，为世界经济增长作出贡献。

（二）推动对外经贸合作的多元化

在后危机时期，新兴经济体将成为推动世界经济增长的主要力量，这为中国加强与新兴经济体的经贸合作提供了新的机遇。新兴经济体的快速增长为中国产业结构升级、提高国际分工地位带来了新的市场机会，而中国积极扩大内需也可以带动新兴经济体和其他发展中国家的出口和经济增长。

更重要的是，新兴经济体和中国都处于工业化和城市化快速发展时期，在诸多国内国际问题上面临相似的挑战，对改变当前不合理、不公正的国际经济秩序有共同的利益诉求。中国与新兴经济体加强合作，在重大国际问题上协调立场，有助于提升发展中国家在国际事务中的话语权，推动全球经济治理机制的改革，为中国转变发展方式、实现和平发展创造良好的外部环境。

（三）推动技术进步与产业结构升级

后危机时期，全球供应链的整合调整和新技术革命的启动，为中国产业结构升级、提升国际分工地位带来了新的机遇。我们近期的调查研究结果显示，由于中国兼具低成本和大市场的双重优势，后危机时期全球产业转移可能进一步向中国集聚，并且是以高附加值和高端产业活动为主，跨国公司的技术"溢出效应"将增强中国技术创新的能力。危机还为中国企业通过对外投资获取海外人才与研究能力提供了机遇。中国在全球供应链中的地位因此将进一步得到提升。而发达国家大力发展新能源和低碳技术，也给中国承接相关国际产业转移带来机遇。相关产品及设备的制造，仍很有可能放在兼具市场优势和成本优势的中国，有助于提升中国在相关产业的发展水平，推进产业结构升级。

总之，后危机时期国际经济环境的变化给中国转变发展方式带来了挑战和机遇。如果应对得当，外部的压力可以转化成为发展的动力。但归根结底，内部因素的变化和来自内部的要求是推动中国转变发展方式的主要原因，而转变发展方式的根本目的也是为了实现国内经济的可持续发展。本报告的第二部分将对当前中国发展方式中存在的结构性问题和矛盾进行深入分析。

第二部分　中国经济的结构性问题

一、转变发展方式的内在紧迫性

（一）现行发展方式成功适应了特定发展阶段的要求

改革开放以来中国经济社会发展取得了巨大成就。1978 年中国的 GDP 是 0.36 万亿元，2009 年则超过 33 万亿元，年均实际增长 9.8%，比同期世界经济增速快 6.8 个百分点。1978 年中国经济总量占世界的比重仅 1.8%，2008 年已经达到 6.4%，居世界第 3 位。人均国内生产总值在由 1978 年的 381 元，提高到 2008 年的 2.3 万元，年均实际增长 8.6%。1978—2008 年人均 GNI（Gross National Income，国民总收入）水平与世界平均水平的差距逐渐缩小，从相当于世界平均水平的 10.1% 上升到 32.3%；城镇居民家庭恩格系数从 57.5% 下降为 36.5%，农村居民家庭恩格尔系数从 67% 降低到 41%，人民生活水平显著改善。1978 年中国外汇储备仅 1.67 亿美元，2009 年已经达到 2.4 万亿美元。进出口贸易总额居世界位次由 1978 年的第 29 位跃升到第 3 位，仅次于美国与德国，占世界贸易总额的比重也由 0.8% 提高到 7.9%，2009 年在金融危机中中国超过德国成为最大货物出口国。

这些令人瞩目的成绩，是因为中国适应国际国内经济发展的趋势，制定了正确的发展战略。自 20 世纪 70 年代末以来，中国推行市场化改革与对外开放，实行出口导向与进口替代相结合的工业化战略。中国拥有的丰富劳动力，相对完备的工业体系，广阔的国内市场，及稳定的政治社会环境等优势，随着改革开放和市场经济体系的建立，其潜力得以充分释放和发挥。而且在全球化浪潮推动下，中国广大的劳动力和资源要素得以积极参与全球分工体系，不仅为国内快速增长的需求生产，而且为全世界的需求而生产。正是在市场经济和全球分工两股重要力量的推动下，中国经济发展以要素投入规模迅速扩张为特征，取得了让世界瞩目的成就。

（二）现行发展方式到了必须调整的时刻

现行发展方式的阶段性成功不等于其可以持续成功、永远成功。支撑传统发展方式的国内外因素正在发生改变，金融危机的爆发，加快了这种改变，迫切要求中国转变经济发展方式。

第一，随着中国"人口红利"的削弱，原有低成本优势明显减弱，而且来自印度、越南等新兴地区的竞争压力则不断增加，传统比较优势逐步减弱。

第二，随着经济规模的不断扩张，中国面临的资源环境约束迅速加大，受资源环境容量的限制不断增强，特别是来自全球减排的压力日益突出。第三，随着中国人民生活水平的不断提高，温饱和基本需求已经解决以后，人们的行为偏好发生了调整，对更清洁的水、更好的环境、更好的公共服务、更公正的社会秩序提出了更高的要求。第四，在长期追赶式发展中，模仿、学习和借鉴国外先进技术和经验推动了快速发展，当前这种后发优势的潜力正在缩小，而需要自我创新和突破的瓶颈则越来越明显。

原有发展模式延续的时间越长，会使中国当前存在的投资与消费、内需与外需、城乡和区域、收入分配、人与自然等重大经济结构存在的矛盾日益加剧，必将损害中国经济社会的进一步发展和长期健康。中国必须抓住现行发展模式的弊端尚未全面集中爆发前这段机遇期，加快推进发展方式实质性转变，否则中国未来的中长期增长将失去动力和源泉。

二、对中国经济的结构性问题的认识

（一）内需外需结构

近年来中国贸易顺差不断增长，外汇储备更是快速积累。部分西方经济学者提出，正是中国强劲出口和内需不足造成了世界失衡，认为全球再平衡的关键是中国压缩顺差、增加消费。这种观点有一定迷惑性，但它没有将这种贸易结果放在全球分工体系和全球南北经济格局中去分析，只是简单针对中美贸易的局部视角，试图用中美贸易的不平衡来掩盖南北发展不平衡和全球价值链分工的不平衡。

1. 全球化和全球分工体系使外需普遍上升

二战以来，世界上绝大多数国家和地区均呈现出内需占比下降、外需占比上升的趋势。尤其是小国经济、新兴经济体以及区域经济一体化程度较高的国家或地区，外需占比大幅度提高。经济全球化是推动外需占比普遍上升的主要原因。在经济全球化时代，全球价值链分工不断深化，跨国公司在全球范围内配置资源，使得大量中间投入品反复在国家间转移，世界贸易增长速度明显快于同期经济增长速度。1960—2008 年间，国际贸易与全球 GDP 的平均弹性为1.7，全球非能源货物贸易中 40% 为中间投入品。改革开放以来，中国外需占比不断上升，在大国经济中高于美国和日本，低于德国。这种趋势既符合经济全球化的一般规律，也与加工贸易快速发展有关。中国货物出口中近 50% 为"两头在外"的加工贸易，推高了中国外需所占比重，但加工贸易增加值率低于 30%。

2. 中国经济一直以内需为主

不可否认，出口对中国创造就业机会、增加居民收入、拉动投资和消费都发挥了重要作用，也是现阶段中国多种比较优势有机结合、国际竞争力不断提高的结果。即便如此，中国经济发展总体呈现出以内需为主的基本特征。无论从支出法三大需求对经济增长的拉动，还是用投入产出表测算增加值贡献率，内需对经济增长的平均贡献都超过 70%。仅就居民消费需求而言，1990—2008 年中国居民消费实际年均增长达到 8.3%，远远高于同期世界 2.9% 的平均水平，比高收入国家高近 6 个百分点。中国表现出来的所谓"居民消费不足"，是与增长更快的 GDP 相比而言的。

3. 降低体制性障碍有助于内外经济平衡

由于体制性因素的影响，劳动力、土地、资源、资金等要素价格不能反映市场稀缺程度和供求关系，生态环境成本没有充分体现，再加上地方政府给予外向型企业的优惠政策等，一定程度上确实造成中国出口产品竞争力虚高，影响了要素、资源的合理配置。中国已经成为世界货物贸易大国，但依然是服务贸易和对外投资小国。考虑到贸易保护主义抬头和贸易摩擦日渐增多，现阶段消除或降低体制性因素造成的价格扭曲，促进产业转型与升级，同时加快走出去步伐，多层次、多方式参与国际经济竞争，中长期看将有助于内外经济平衡。但调整内外需关系，关键是扩大内需，而不是压缩出口。

（二）投资消费结构

消费率与投资率反映的是一个问题的两个方面，储蓄是连接二者的中介。投资率随着工业化和城市化的加速推进而提高，随工业化、城市化任务的逐步完成而下降。消费率的变化则与之相反。特别是在重化工业阶段，投资率和工业增加值占 GDP 比重相对较高的特征更加明显。国际经验表明，这两项指标的峰值一般出现在重化工业阶段的末期。2008 年，中国城市化率为 45.7%，与 2006 年世界平均水平 49% 相比，尚差 3.3 个百分点，与中等收入国家的差距达到 9.3 个百分点以上。中国正处于工业化中后期和城市化加速推进阶段，投资率上升符合工业化和城市化一般规律，[1] 高投资率特征有望持续到 2020 年左右。

从世界各国横向比较看，居民消费率（居民消费占 GDP 比重）的世界平均水平在 60% 左右。其中，高收入国家为 60%—65%，中等收入国家约为

---

[1] 当然，中国投资率高与现行投资体制和国有企业改革滞后也有很大关系。加快投资体制和国有企业改革，以及政府财税体制调整，都将有助于适当降低投资率。

55%—60%，低收入国家一般高于 65%。而中国 2008 年仅为 35.3%，明显低于世界平均水平，也低于中等收入国家水平。中国居民消费率变化符合中低收入国家下降阶段的规律，但确实存在下降速度过快、幅度过大的问题。2000年到 2008 年，中国居民消费率从 46.4% 下降到 35.3%，降低了 11.1 个百分点，平均每年降低 1.4 个百分点。需要强调的是，从绝对量上看，中国居民消费增速并不低。1978—2008 年，中国居民消费增长了 9 倍，社会消费品零售总额年均实际增长 9.2%。但是，相对于 30 年来 GDP 累计增长 14 倍和年均增长 9.8% 而言，消费增长明显偏慢。现阶段中国消费需求中增长最快的是汽车与住房，均为重化工业产品，这类消费增长，不仅会直接带动对汽车、建材等产业的投资，而且会带动交通、电力等基础设施和相关产业的投资，从而推动投资的更快增长。

很多人认为，只要大力发展服务业，就可以降低投资率，提高消费率。我们的研究则发现，在服务业加速发展初期，对投资的拉动作用也十分明显。一方面，服务业基础设施的建设和完善需要大规模的投资；另一方面，生产性服务业的发展有助于其他相关行业投资的增长。中国自 1995 年以来，第三产业的投资规模一直高于第二产业。所以，加快发展服务业，短期内对于降低投资率和提高消费率的效果不一定十分明显，但会同时取得促进消费和提高投资质量的作用，长期内有利于投资与消费关系的改善。

（三）区域城乡结构

区域发展不平衡，城乡差距大问题，一直是制约中国平衡发展的基本问题。近年来，在各种政策和措施的作用下，中国扭转了区域发展差距变化的方向，2004 年以来，各地人均 GDP 的差异呈现了逐年下降的态势，区域间基本公共服务供给差异有所缩小。省际人均财政支出的变异系数和基尼系数则分别从 0.739 和 0.325 减小为 0.662 和 0.296。加上中国政府十分重视"三农"问题，先后出台了一系列支农、惠农政策，城乡差距拉大的趋势得到了一定遏制。但问题依然比较突出：

第一，城乡差距依然是造成居民收入差距的主因。1985 年城镇居民人均可支配收入为农村居民人均纯收入的 1.86 倍，到 1995 年时上升为 2.71 倍，2007 年时达到 3.33 倍的高位，2008 年略有下降但仍为 3.31 倍。从分组数据看，城镇高收入户人均可支配收入则是农村低收入户人均纯收入的 23.1 倍。另外，从衡量收入分配的基尼系数看，农村和城镇各自的基尼系虽然近年来都有所上升，但都明显低于 0.4 的水平，也低于全国的基尼系数。这说明，中国居民收入分配差距很大程度上依然反映的是城乡差距问题。

第二，资源跨区域配置效率面临不少障碍。由于户籍、社保、基本公共服务等方面的制度性缺陷，劳动力要素在空间上的流动不畅，影响了资源配置效率的提高。而且于区域倾斜性优惠政策名目繁多，使区域政策存在碎片化倾向，一定程度上扭曲价格信号，导致资源难以真正按照效率最优的原则进行配置。另外，由于区域之间在发展规划、基础设施和基础产业发展等方面往往缺乏必要的协调与合作，造成大量的重复建设和资源浪费现象。区域之间在经济发展的相关政策上缺乏有效协调，往往导致恶性竞争，使整体利益受损。

第三，生产力和人口空间布局与生态承载力不协调。区域规划协调不足造成生产力布局和各地环境承载力不匹配。一方面，有些环境承载力高的地区，经济活动聚集度不够高；另一方面，有些环境承载力弱的地区，却过多地承载了经济活动。这既造成了资源和要素配置效率的损失，也带来了严重的环境污染和生态问题。这种情况不仅表现在大的区域板块之间，也表现在一些区域板块内部。

（四）收入分配结构

当前中国收入分配结构不合理，主要表现在以下三个方面：首先，劳动者报酬在初次分配中占比偏低。从收入法 GDP 看，在初次分配中劳动者报酬占收入的比重 2005 年为 41.4%，2007 年下降为 39.7%。其次，收入分配不公平导致收入差距明显偏大。行业间、人群间收入不公平问题依然比较突出，而且二次分配的调整效果不明显。中国的基尼系数从 1990 年的 0.35 上升到 2005 年的 0.45，2008 年进一步上升到 0.48。再次，公共服务支出在政府总支出中占比偏低。随着中国人民生活水平的不断提高，特别是人均 GDP 达到 3000 美元以后，居民日益增长的公共服务需求与公共服务供给不足的矛盾日渐突出。政府公共服务支出总体不足，迫使居民用自身的收入来支付快速增长的教育、医疗、社保等支出，不仅挤压了居民的其他消费增长，而且增加了居民对未来支出的预期，降低了居民当期消费倾向。

要处理好中国的收入分配关系，必须在继续坚持按劳分配为基础、多种分配方式并存基本分配制度的基础上，优化收入分配格局，要以改善民生、维护稳定和促进和谐为根本出发点，以提升居民消费能力和消费意愿为直接目标；进一步处理好个人、企业和国家在收入分配中的关系，遏制并扭转初次分配中劳动者报酬占比下降趋势；继续实施工业反哺农业、城市支持农村的政策，不断提高城镇化水平和质量，以推进新型城镇化和农业现代化为基本途径，遏制并扭转城乡差距拉大趋势，促进城乡一体化发展；加快推进政府职能转变，切实加大二次分配调节力度，增加公共服务供给，改善居民长期预期，遏制并扭转居民收入差距不断扩大趋势。

（五）经济发展与社会发展

"十一五"时期是中国社会建设大力推进时期，各项社会事业取得较大进步。但相对于快速发展的经济而言，经济社会发展不平衡，社会建设滞后的问题依然比较突出。教育、医疗等社会事业发展仍然比较滞后，就业压力加大，社会矛盾不容忽视。教育公共投入不均衡，基础教育均等化进程推进缓慢。中西部边远地区的义务教育水平低，教育经费不足问题依然突出。公共卫生资源过分向城市倾斜，农村缺医少药现象仍比较普遍。受国内产业结构调整及当前全球金融危机等因素影响，一些行业裁员增多，致使就业压力不断加大。新毕业大学生就业问题凸显，农村剩余劳动力转移步伐减缓。一些涉及人民群众切身利益的问题没有很好解决，在征地补偿、社会保障、教育、医疗、收入分配、社会治安等领域存在诸多矛盾，一定程度上削弱了社会稳定的基础。

（六）资源环境问题

随着中国经济规模的快速扩张，粗放的经济增长方式导致的资源与环境压力日益凸显。单位 GDP 消耗的土地、水、能源均高于世界先进水平，对外资源能源依赖程度迅速上升。环境问题日益突出：一是总体来看地表水的污染依然严重，七大水系水质总体为中度污染，湖泊富营养化问题突出，近岸海域水质总体为轻度污染。二是部分城市空气污染仍然较重，重点城市未达到空气质量二级标准的城市比例较高，城市空气质量优良率天数没有很大的提高。三是农村环境问题日益突出，生活污染加剧，面源污染加重，工矿污染凸显，饮水安全存在隐患，农村环境呈现出"小污易成大污、小污已成大害"的局面。四是全国荒漠化土地面积仍高达 263.62 万平方公里，森林覆盖率仍然未达到世界平均水平。五是污染物排放总量有所减少，但规模仍然很大，主要污染物（二氧化碳、二氧化硫、甲烷、烟尘、污水等）排放量已居世界前列。另外，值得警惕的是，在中国人群总体健康水平显著提高的大背景下，"十一五"期间一些与环境污染相关的疾病的死亡率或患病率出现了持续上升趋势，中国已进入环境污染导致健康损害高发期。人与自然不能协调发展，必将阻碍影响经济、社会持续和稳定发展。

三、结构性、体制性问题阻碍发展方式转变

中国经济中的结构性问题，既源于中国发展的阶段性特征、中国的比较优势与国际分工地位，又源于中国的发展战略与相应的体制机制。结构性问题与体制性问题相互交织，对经济发展方式转变产生阻碍作用。

一是资源要素价格改革滞后强化了主要依靠要素大量投入的增长方式。中国社会主义市场经济体制虽已建立但仍存在许多不完善之处，其中首要的是要素价格改革不到位，土地、劳动力、能源资源等要素价格偏低，既未能合理反映稀缺状况，也未能合理反映市场供求格局。要素价格偏低导致生产的低成本，诱发国内生产的盲目大量投入。地方政府之间的同质竞争进一步强化了主要依靠大量投入的发展方式。这导致了规模扩张与高耗能、资源浪费和环境污染间的恶性发展。

二是收入分配结构问题助推了主要依靠投资而非消费的增长。在中国国民收入分配中，资本所得与政府收入不断上升，劳动所得偏低且不断下降。国有企业的强势垄断地位未根本改观，企业储蓄不断增长，其分配所得主要用于投资而非消费，支撑了低效率规模扩张。税率与行政性收费过高。再分配体制尚不完善，社会保障体系不健全，公共服务严重不足，地区差距、城乡差距、人群差距较大。从需求看，低收入者消费意愿较高但消费能力不足，高收入群体有消费能力但消费倾向偏低，有效需求总体不足；从供给看，中国金融、医疗、教育等服务业管制过度，发展不足，有效供给不足问题同样突出。"没钱可花"、"有钱不敢花"与"有钱不方便花"同时并存，居民消费整体发展不足，进而加剧了对投资拉动的增长方式的依赖。

三是产业结构不合理影响了发展方式的转变。目前中国整体处于工业化中期阶段，自然资源禀赋一定程度影响了产业发展的技术路线选择。农业基础薄弱，产业化水平低。制造业占比过高，但主要处于产业链低端，生产效益低，附加价值不高。第三产业发展滞后，不能适应经济发展的需要，也不能满足人民群众的需求，其吸纳就业能力弱，对提高收入形成制约，从而抑制着消费。产业结构不合理不仅使经济增长方式难以转变，也导致了资源消耗多、环境污染重、经济整体素质不高等一系列问题。

四是金融改革滞后与结构不健全影响发展方式转变。中国金融体系层次不健全、结构不合理，仍然是一个以大银行为主导的金融体系，缺少为广大中小企业服务的中小金融机构和市场。加上垄断格局下的金融机构效率整体偏低，风险管理和价值发现能力不足，使国内储蓄不能充分转化为有效投资。造成金融体系中"三个并存"特征十分突出：资金供给整体充裕与国内实业发展信贷约束仍然严重并存；大型企业低成本资金充裕与中小企业资金高成本且短缺状况并存；国内资金大量剩余与依然依赖国外资金的状况并存。金融体系对经济中最有活力的民营经济、中小企业和新兴行业的发展支持力度明显不足，必然影响中国经济发展方式的转变。另外，金融改革和发展的滞后，使居民消费也面临明显的流动性约束，一定程度上也制约了居民消费的增长。

五是城乡分割体制抑制着新型发展方式的形成。中国长期以来形成的城乡分割的二元体制未根本改观，户籍制度、土地制度、公共财政制度和就业制度等二元格局，不仅使城镇化的速度和水平落后于经济发展需要，也使得农民工主要以"流动大军"形式存在而未实现真正市民化；政府公共服务供给不足，进一步阻碍了农民工市民化进程。另外，农村土地制度和产权改革的滞后，也阻碍了农业产业化的进程，影响了农业劳动生产率的提升和农业劳动力的进一步转移释放的速度。城镇化和市民化进程缓慢，直接影响着总需求结构，导致总需求不足和内需启动乏力，进而制约着新型发展方式的形成。

六是创新乏力制约着发展方式的转变。科技创新体制不完善，政府行政干预过重，市场导向、企业主体、产学研结合的技术创新体系未真正建立。国企和垄断行业创新动力不足。中小企业创业与发展环境不好，未能发挥出应有的创新作用。企业创新主体地位不突出，中介服务机构发展滞后，收益分配与激励机制不健全，创新成果转化能力不足。国家科研管理体制落后，重投入轻产出，科研资源浪费比较严重。知识产权保护的法律法规不健全，保护意识不强，行政和司法保护力度不够。这些都影响着以科技、管理、人才为特征的新型发展方式的形成。

七是对内开放不足影响着发展方式的转变。国内很多领域尤其资源、能源、金融等领域准入限制较多，竞争不足。旨在鼓励支持和引导非公有制经济发展的"非公经济三十六条"，尚需有效落实。对民营企业的准入存在诸多限制；虽然有关规定或文件没有明确的限制准入条件，但实际上仍在各种各样的障碍和限制，民营经济面临的"玻璃墙"问题广为存在。对内开放不足问题，已经影响了经济发展的活力，妨碍了经济发展方式的转变。

八是政府改革滞后延缓了发展方式的转变。中国政府职能转变滞后，越位缺位现象严重，对经济领域行政干预过多、过细，对公共领域支持不够，教育、医疗、卫生、社会保障等公共服务供给不足。政府过多参与竞争性领域，加上地方政府间竞争，强化了各地规模扩张的动力。政府管理体制尚未根本理顺，政府层级过多，部门利益强化固化，整体运行效率不高。各地政府重发展和在原有体制下的规模扩张，轻改革和新增长模式的培育，关键领域的改革未取得应有进展。在促进发展方式转变中，过于偏重行政手段的干预，经济、法律等更为有效和可持续的手段应用不够。政府绩效考核和问责机制尚不完善，唯GDP论依然突出，对公共服务、生态环境的重视明显不足。政府自身改革滞后已经成为影响中国发展方式转变重要原因。

推进经济发展方式转变切实取得进展，必须深化改革，建立与科学发展相配套的体制机制。在现在的体制机制弊端中，正孕育着中国中长期经济社会持续发展的强大动力。必须坚定不移地推进改革，坚定不移地完善社会主义市场经济体系，倒退和动摇没有出路。以加快结构调整为主要手段，促进发展方式转变，探索建立适应新发展环境和阶段的发展战略模式，实现经济、环境和社会协调可持续发展。

第三部分　迈向新的发展方式

国际经验表明，一国如果不能根据其发展阶段的变化，和各个阶段主要矛盾与任务的变化，相应转变发展方式、调整经济结构，则其现代化进程可能陷入反复、停顿，甚至倒退。只有按照国际国内新形势的要求，着力解决各种深层次的结构性矛盾，转变发展方式，中国经济才能实现长期、平稳较快的持续发展。

一、新时期转变发展方式的主要目标

综合对国内外发展环境的分析，新时期转变发展方式，实现经济社会又好又快地发展，必须着力解决好以下四个方面的突出问题。一是着力改善一系列经济结构，充分释放中国巨大的需求和增长潜力，保证经济增长良好势头延续更长时期。二是着力解决技术创新动力不足的问题，在要素成本上升、传统竞争优势减弱的背景之下，巩固传统的竞争优势，培育新的竞争优势，提高综合竞争力。三是着力解决经济发展和环境保护不协调的问题，化解环境和应对气候变化带来的压力，为培育新经济增长点的契机，大力发展绿色经济，提高碳排放生产率，实现减排与发展的双赢。四是着力解决经济发展与社会发展不协调的问题，加快社会建设，促进社会和谐稳定。

解决四个方面的问题，迈向新的发展方式，就是要实现协调发展、创新发展、绿色发展与和谐发展。协调发展，旨在理顺经济结构，进一步释放发展潜力。创新发展，旨在提高经济持续平稳发展的动力。绿色发展，旨在实现经济发展与自然生态环境相协调。和谐发展，旨在实现发展成果共享、保持社会稳定。

（一）协调发展和创新发展

协调发展和创新发展，就是要实现如下几方面的目标：

第一，持续而稳健的增长；第二，重大经济结构协调；第三，更强的综合

竞争力；第四，国际分工地位更高。

（二）和谐发展

和谐发展，就是要实现如下几方面的目标：

第一，充分就业；第二，协调的城乡和区域关系；第三，合适的收入差距；第四，均等的公共服务与社会保障；第五，高效有序的社会管理。

（三）绿色发展

绿色发展，就是要实现如下几方面的目标：

第一，改善生态环境；第二，节约型生产和消费模式；第三，有利于资源节约和环境保护的持续的技术创新；第四，与自身能力相称的国际责任。

二、新时期发展方式转变的原则

转变经济发展方式，调整经济结构，实现协调发展、创新发展、和谐发展和绿色发展，需要遵守以下原则。

第一，抓住机遇、迅速行动。利用金融危机带来的压力，凝聚共识，切实推进转变发展方式。对于各界已经形成共识的、制度体系和财力条件成熟、试点效果较好的措施，要加快实施，加快推广。对于理论界和决策层形成基本共识的措施，要加紧宣传说明，创造条件，加快实施。对于影响面广、政策效应复杂的措施，要加快研究和试验。

第二，设立可控可及的目标。转变发展方式，并不宜追求过度超前于目前发展阶段的现阶段难以达到的过高的产业结构和技术结构，而应该立足自身现有的要素禀赋条件，小步快跑。各种要素价格的调整要和社会的心理与经济承受力相互照应。

第三，在保持经济增长中实现发展方式的转变。一方面，转变发展方式根本目标是实现长期持续平稳发展，是为了更好地发展，所以，发展方式转变要在保持一定经济发展速度的前提下推进。另一方面，许多转变发展方式的措施，也只有随着人们收入水平的提高才能够取得社会共识，降低实施的阻力。

第四，通过体制创新来推动发展方式的转变。体制创新是保障发展方式转变的关键因素，没有体制创新，就不会有发展方式的实质性转变。

第五，在对外开放中实现发展方式的转变。通过提高对外开放的水平和质量，为发展方式转变提供要素支撑（包括技术要素支撑）和市场支撑。对外开放战略要实现四个转变，即从以往的以出口创汇为核心目标转变为以促进经济发展模式转变为目标；从以往追求外资外贸规模与速度转为讲求质量与效益；从以往的以"引进来"为主转变为"引进来"与"走出去"并重；从以往的制造业开放为主转变为制造业与服务业开放并重。在提高开放型经济质量的进程中转变发展方式，还要秉持共同发展的理念，通过参与国际交往而在更大范围内优化资源和要素优化配置，形成与驻在国共同发展和生产率普遍提高的和谐局面。

三、发展方式转变的近期的思路与政策建议

（一）改革价格形成机制

要提高资源配置效率，必须有反映资源稀缺程度的价格信号。为此，可贸易要素的价格，要逐步和国际接轨。土地、淡水、环境、排放权、频道等等不可直接贸易的、非传统的、隐形的要素和资源，要在明晰界定产权的基础上，使其从最初开发利用到最终产品消费的直接的私人和间接的社会成本，都反映到相应环节的价格上，内化到微观主体的成本内。还要在普遍提高资源产品价格的同时，实行阶梯价格，对超过定额的消耗和使用，收取几倍、十几倍乃至几十倍于基本价格的价格。

逐步完善资源的税费制度，改变税费征收的方式，促使企业减少开采过程中的浪费。

完善知识产权和技术市场，严格实施知识产权的保护和付费使用制度，以使得其研发者能够获得应有报酬，为创新提供长效机制。

（二）促进各种要素的充分流动

消除不利于生产要素，特别是人口和劳动力充分流动的体制和政策因素，促进人口和劳动力充分流动，对于全面建设小康社会、转变发展方式与实现和谐发展，都具有无可替代的重大意义。

为此，首先，需要在法律层面切实保障人口在全国自由流动，明确限制各级地方政府出台歧视性就业法规和政策。完善外来人口对各地排斥性政策和法规向上级政府或者人大申诉的机制。地方人大中要有外来务工人员规模相称的代表名额。

其次，逐步统一全国的基本公共服务和社会保障体系。按照快速可控的原则，把公共服务和社保享受资格以及劳动力市场准入资格，彻底户籍脱钩，使得户籍制度更好地专司其本来户政信息管理之责。完善户政信息系统的基础上，建立全国贯通和功能完善的就业和社会保障信息系统，实现社会保障"一卡通"，并按照"全覆盖、保基本、多层次、调差距、易转续"的原则，健全以基本养老、基本医疗和最低生活保障制度为重点的社会保障体系和以基础教育、基本卫生服务、廉租住房为核心的公共服务保障体系。

还需要逐步修改完善地方税种体系，逐步实施跨地区的土地占补平衡，改善对地方政府的绩效考核办法，激励相对发达的地区在承载经济和产业的同时，积极承载外部流入的人口。

（三）创新生态环境等公共物品管理方式

实现绿色发展，既需要严格执行传统的社会性管制措施，更需要根据客观条件的变化，探索新的生态环境管理方式和手段。

目前常用的生态环境管制措施是对工商企业制定各种技术标准。这些措施执行情况参差不齐。为此，应该严格执法，保证现有的法规和技术标准能够得到落实。特别要避免短期调控政策考虑对管制政策的影响，或将社会性管制政策作为短期调控政策加以使用的做法。无论在经济上行期，还是在经济下行期，都要严格执行相关的法律法规，既不能因为经济的暂时困难而放宽执行标准，也不能因为经济形势的好转而提高法律标准。

另外，对法规和标准存在空白的领域，要加快制定相应的标准体系并予以实施。

还应根据绿色发展的新要求，以及市场体系逐步完善的客观条件，综合考虑公平、效率两种效应，探索界定生态环境等相关的初始产权，并允许微观主体开展交易的新的生态环境管理方式。目前许多地方政府建立了这样的平台和机构，应该予以鼓励。同时要及时总结经验教训，加以推广。

（四）转变政府职能

第一，理顺中央地方政府的公共财政关系。（1）完善基本公共服务均等化的评价指标体系、标准和信息公开制度，设置全国统一的各类基本公共服务的最低标准，并作为强制性标准在全国各地普遍推广。（2）明确划分各级政府在提供基本公共服务方面的事权，保证责任归属清晰、合理。（3）合理调整政府间财权配置，培育地方税收。适当调高共享税中各级地方政府分享的比重，培育完整的地方税收体系，如适时开征物业税等，增强地方政府提供公共服务的能力。（4）按照基本公共服务均等化的要求，完善财政转移支付制度。优化财政转移支付结构，减少税收返还、扩大一般性转移支付、清理合并专项转移支付。继续规范一般性转移支付分配方法，以因素法取代基数法，使转移支付资金的分配更加公平。改进财政转移支付分配方法，实现从"养机构、养人"向"供事"的转变。实现以总人口（常住人口）而不是财政供养人口作为测算标准财政支出和基本公共服务可用财力均等化。

第二，"投资建设型政府"转为"投资建设和公共服务并重的政府"。一方面，要实施发展型人力资本政策，提高财政支出中公共服务和社会保障支出的比重，全面改善人口的健康和技能素质，为创新发展与和谐发展提供坚实基础。改进二次分配，提高其在缩小收入差距方面的有效性。全面加强社会运行管理水平，根据"十二五"末期城镇化率超过 50%、城镇人口超过农村人口的重大国情变化，改善城市日常管理的软硬件条件，提升应对重大突发自然和社会性公共事件的综合能力。

第三，鼓励创业和创新活动。加快构筑基础性、共用性的技术平台，增加政府在共性技术领域的资金投入，强化政府整合科技资源和组织重大科技攻关项目的作用。在广泛应用高新技术改造传统产业的同时，着力培育新的经济增长点，加快发展新能源、节能环保、新材料、新一代信息技术、生物工程等战略性新兴产业。同时，放宽准入，促进中小企业和服务业发展，在活跃的创业活动中，激发全社会亿万普通劳动者所蕴涵的创新活力。

第四，进一步改善宏观经济管理。要根据全球市场的情况，把总需求管理和总供给管理结合起来，统筹考虑。同时，吸取金融危机和经济危机的教训，在短期反周期的财政和货币政策操作中，全面考虑这些政策对虚拟经济的直接影响，以及经由虚拟经济而对实体经济的产生的反作用。此外，还要考虑短期反周期经济政策的长期累积效应，当前的调控不造成未来更大波动的隐患。

第五，加强对产品质量、安全生产等方面的社会性管制。首先，要进一步完善有关产品质量安全和安全生产的法律法规和相关制度。其次，增强社会性管制执法的约束力和严肃性。再次，要进一步规范和发展信用评级、调查审计、认证认可、公正仲裁等专业性中介服务，充分发挥其在增强社会性管制政策有效性方面的重要作用。最后，要把对资源环境、质量安全等的管理纳入对各级干部的考核当中，从体制机制上保障相关法律法规得到切实贯彻。

（五）提升开放型经济的水平

第一，大力实施互利共赢的开放战略，实施可持续外贸发展战略，实现外贸在经济、社会、环境效益的有机统一。一是实现对外贸易在经济上的可持续性。继续保持外贸发展的合理速度与规模，大力增强服务业国际竞争力，实现制造业出口与服务业出口的协调发展；大力开拓新兴市场，实现出口市场的多元化；大力提升中国在全球供应链的地位，改善进出口商品结构，推进研发创新、培育与收购国际品牌、掌控国际营销渠道；增强高附加价值产品的国际竞争力，加大先进技术、设备和战略性资源能源的进口；增强零部件产业和与贸易相关服务业的竞争力，延长加工贸易的国内增值链。二是实现外贸在社会发展方面的可持续性。继续发展劳动密集型出口，创造就业机会；增强出口企业的社会责任意识，创造安全、健康的工作环境；切实落实《劳动合同法》，改善劳动者的社会保障；改进外贸的空间布局，促进城乡区域协调发展。三是实现外贸在环境方面的可持续性。继续严格限制"两高一资"商品的出口；应对气候变化问题规则化的挑战，超越技术性贸易壁垒；加大环境友好型的技术与设备进口力度，加强环境技术的国际合作；理顺资源、能源价格，加强环境保护，使出口产品价格充分体现资源能源环境成本。

第二，利用全球资源，推进自主创新与产业结构升级，建设创新型国家。一是要大力引进先进技术与设备，提升国内技术水平；二是要大力引进外资研发机构；三是开放外资并购，引进先进制造业，提升外资技术含量；四是要扩大外资技术溢出效应，充分发挥外资促进自主创新的作用；五是要进一步利用国际风险投资、资本市场等金融资源促进创业投资；六是要抓住后危机机遇，大力引进高端技术人才；七是要大力扶持国内企业在海外并购研发机构、技术创新型企业，建立研发基地，主动利用境外研发资源。

第三，扩大服务业对外开放，增强服务业竞争力。一是要以生产性服务业为重点，循序渐进地推进服务业对外开放，引进先进的服务理念、产品和管理；二是大力承接国际服务外包；三是要着力吸引服务业专业人才，在工作签证、出入境、家属就学就医等方面，改善管理与服务；四是积极探索，扩大知识密集型服务业如医疗服务、教育服务等领域的对外开放；五是加强服务贸易的统计工作。

第四，大力推进"走出去"战略，打造一批具有国际竞争力的跨国公司。一是要研究制订对外投资的中长期规则，明确对外投资的目标、重点地区与重点产业和政策手段；二是大力改革对外投资的审批管理体制，下放权力，简化程序，提高效率，从注重事前审批转变为事后监管；三是建立与完善对外投资服务体系、统计体系和监测体系，强化对"走出去"企业在投资机遇、市场开拓、风险警示等方面的指导；四是加大对企业"走出去"的扶持力度，综合运用财政政策、政策性金融、政治外交等多种扶持手段，运用外交、经济等手段，增强对"走出去"企业合法权益的保护；五是建立企业跨国经营的体制环境，在外汇管理、资金管理、税务制度、人员出入境管理等方面采取综合改革；六是完善对外投资风险防范机制，降低境外投资风险；七是推进境外投资管理的法制化进程，在条件成熟时制订《对外投资促进法》；加强双边投资保护，避免双重征税；八是加强部门间、各级政府的协调，整合官、产、学、研资源，形成对外投资的合力。

第五，优化对外开放布局，促进区域协调发展。一是要因地制宜地制订不同地区的对外开放战略。沿海发达地区要着力提高开放质量与水平，提升在国际分工中的地位；沿海欠发达地区着力承接加工贸易，发展临港工业，以开往促发展；中西部地区要扩大开放，重点吸引市场寻求型的外资，加速本地经济发展；沿边地区要大胆探索开放的新方式，大力发展边境贸易与口岸经济，实现富民安边。二是要高度重视发挥特殊功能区的独特作用。针对不同地区对外开放的新目标，大胆探索新型经济特区，实行针对特定目标活动的优惠政策，打造综合服务平台，形成国际一流的投资软、硬环境。

课题组负责人：卢中原（国务院发展研究中心副主任）

报告执笔人：隆国强、方晋、陈昌盛、刘培林

（国务院发展研究中心）

参考文献

[1] 罗荣渠，2004，《现代化新论：世界与中国的现代化进程（增订版）》，商务印书馆。

[2] 王梦奎主编，2005，《中国中长期发展的重要问题（2006—2020）》，中国发展出版社。

[3] 张玉台、刘世锦等，2010，《新形势下我国经济发展方式转变的战略重点》，国务院发展研究中心研究报告。

[4] 张玉台、卢中原等，2010，《"十二五"规划预研究：我国中长期经济增长与结构变动趋势分析》，国务院发展研究中心研究报告。

[5] 侯云春、韩俊等，2010，《中国特色城镇化战略和政策研究》，国务院发展研究中心研究报告。

[6] 张军扩等，2010，《新时期的区域协调发展政策研究》，国务院发展研究中心研究报告。

[7] 国务院发展研究中心课题组，2009，《全球温室气体减排：理论框架和解决方案》，《经济研究》，第3期。

[8] 余斌、陈昌盛等，2010，《"十二五"时期我国优化收入分配格局的主要思路和途径》，国务院发展研究中心报告。

[9] 卢中原、余斌等，2010，《关于扩大内需战略的研究》，国务院发展研究中心报告。

[10] 任泽平、陈昌盛，2010，《出口对我国经济增长的贡献》，国务院发展研究中心调研报告2010年第24号（总3555号）。

[11] 卢中原、侯永志等，2010，《"十二五"时期至2020年中国经济发展的总体思路》，国务院发展研究中心"十二五"预研究总报告。

"十二五"至 2030 年我国
经济增长前景展望*

国务院发展研究中心　李善同　刘云中　许召元　何建武

一、当前中国经济社会发展所面临的机遇与挑战

展望"十二五"以至 2030 的发展环境，影响中国经济发展的制度、技术和要素等各个层面的国际国内环境都将发生重要的变化。

（一）国家干预主义和贸易保护主义可能在较长一段时间盛行，但从长期看，经济自由化和全球化还将占据主导地位

本轮由美国次贷危机引发的全球金融危机对全球经济造成了重要的冲击，许多发达国家甚至出现了经济的衰退，总体来看全面的经济复苏尚待时日。在经济复苏过程中，各国为了救助本国的经济和就业，很可能倾向于出台各种国家干预主义和贸易保护主义措施以保护本国的市场和就业，[①] 另外全球气候变化以及与此相关的工业化和城市化的变化所带来的不确定性，也很有可能将导致国家干预主义和保护主义的强化。当然，过多的国家干预和贸易既不能快速解决危机所带来的后果，也不利于促进全球的经济增长，因此，从长期看，经济的自由化和全球化还将主导全球经济的增长。但短期内，贸易保护主义抬头可能损害国际贸易的发展，由于中国是出口大国，针对中国的反倾销和保护措施可能特别增加，从而对中国出口产生不利的影响。

（二）全球气候变化以及与之相关的资源和环境问题将成为全球经济增长的重要约束，并对国际社会产生较大的影响

全球气候变化对人类生活的很多方面产生了威胁，包括海平面的抬升、水资源的获得、粮食生产、生物物种的变化、健康、土地使用和环境等，这些方

---

* 本文为中国发展高层论坛委托研究的课题报告，旨在为与会者提供关于论坛议题的背景资料。

① 例如美国政府推出的经济刺激计划中，即要求尽量采购美国本土生产的钢铁，再如美国对中国采取的轮胎特保案等。

面对于人类的生活和财富将带来重大影响。气候变化是迄今为止规模最大、范围最广的市场失灵现象。①

减轻气候变化所产生的不利影响，需要国际间的协调行动，就气候政策的长期目标达成共识、建立有效合作的机构、一些主要国家需要表现出负责任的形象、努力建立对其他方的信任。但是就这些问题达成共识并采取协调行动无论是在政治方面还是经济方面都具有很大的困难，相关的争议将可能成为国际上一个不稳定的因素。

能源和资源的利用种类和方式也将成为影响未来发展环境的重要因素，传统的化石能源由于其储量的限制以及对于环境和气候影响，未来对于新能源的需求越来越大，这将改变传统的能源供给格局和地缘政治，并将影响到中国未来 20 年的经济发展方式。

（三）新的技术革命领域将是未来经济的新增长点，技术扩散效应加强

未来全球科技将发生一系列突破，并表现出新的竞争特点，对综合国力、社会经济结构和人民生活产生深远影响，全球科技产生跨越式发展的主要领域将可能主要集中在以下几个方面：（1）生命科学和技术将是新的战略突破口，将可能在 2010 年形成新的主导地位，成为 21 世纪最值得关注的主导技术群；（2）信息科学和技术在未来 20 年内仍将具有广阔的发展空间，将表现出以技术应用和市场需求为主导，通信、计算机与其他产业不断融合的发展趋势；（3）在信息技术等的推动下，先进制造技术将得到迅速发展和广泛应用，未来的发展方向是集成化、智能化、柔性化，并将在产业结构调整和转移中发挥重要作用；（4）纳米科学和技术前景看好，将仍然是新一轮世界科技竞争的热点，并具有重大的产业化前景；（5）在纳米技术等物质科学的推动下，材料科学和技术也将是现代高科技前沿最为活跃的领域；（6）资源、环境、空间科学和技术得到更大发展，节能、储能及新能源技术将备受关注，以解决不断突出的供需矛盾；（7）航空航天技术将更加成熟，活动空间更为广阔。地球和海洋科学将不断拓展人类新的生存和活动空间，帮助人类更彻底地了解并掌握我们所居住的地球。

未来由于发展中国家经济地位的提升以及全球化的效应，世界科技将呈现多极化的趋势。在全球化效应的持续驱动下，人才、资金、技术、信息、货物等要素流动的边界壁垒不断下降，科技资源全球流动，科技活动规范和标准逐步统一，跨国公司研究与开发全球布局，以"大科学"项目为标志的国际科

---

① 参见《斯特恩回顾：气候变化的经济内涵》，《经济管理文摘》，2007 年第 4 期。

技交流与合作加强。21 世纪的世界科技和经济政治形势一样，可能呈现多中心或多极化的局面。美国继续保持科技领先地位。欧盟科技一体化趋势加强。中、日、韩、新加坡等亚洲国家科技发展势头迅猛。

（四）全球大宗资源能源类商品供需将呈现基本平衡状态，但受其分布不均衡的影响，大宗资源能源类商品全球化战略将成为各国必然选择

大宗资源能源类商品是人类社会发展的重要基础，是国民经济的命脉。未来随着全球经济规模的不断扩大，全球大宗资源能源类商品的需求将持续增长，大宗资源能源对人类经济社会发展的制约和影响也将越来越明显。综合国际能源署和美国能源署对未来能源需求的预测结果，2005—2030 年间，全球能源需求年均增长率将达到 1.75% 左右，发展中国家将成为世界能源需求增长的主要源泉，发达国家能源需求将持续在高位徘徊。虽然未来全球对大宗资源能源类商品需求不断增长，但根据全球大宗资源能源类商品的已探明储量或预测产量，大宗资源能源类商品供给总体能满足需求，呈现基本平衡状态。

尽管未来全球大宗资源能源类商品供需将基本平衡，但其分布极不均衡。目前世界 40 种主要矿石中，有 13 种矿产 75% 以上的储量集中在三个国家，有 23 种矿产 75% 以上的储量集中在 5 个国家。世界石油储量 57% 集中在中东地区；天然气储量 72% 集中在中东、东欧及苏联地区；煤探明可采储量 53% 集中在美国、中国和澳大利亚。有色金属中，铜、铅、锌、铝、金、银等 50% 以上储量集中在 3 至 5 个国家。非金属矿产资源中，钾盐近 75% 的储量分布在加拿大和俄罗斯。由于矿产资源在地域分布上的不均衡性，使得世界上没有一个国家可以完全依靠自身资源满足经济发展的需要，因而，大宗资源能源商品全球化战略将成为各国的必然选择。在这种全球化战略的影响下，各国为促进经济发展，对大宗资源能源类商品的争夺将更为激烈。

（五）真正的多极化国际格局将形成

冷战结束之后，多极化的国际局面并没有实现，实际上是美国一极独大，美国在政治、经济和军事等方面的地位得到加强。但是，随着近年来发展中国家和转轨制国家的发展，尤其是"金砖四国"的发展，国际格局多极化的趋势逐步显现，在未来的 20 到 30 年内，真正的多极化国际格局将形成。在此背景下，国际事务以及各种体制安排将不再是由一两个或几个大国所控制，而将越来越多地由拥有和行使多种权力的许多个国家或非国家行为体来共同主导。随着我国经济实力的增强和国际地位的提升，我国在国际社会中的话语权会相应增大。但与此同时，国际社会对我国承担国际责任和义务的期望和要求，也会不断提高。

（六）中国国内的改革将遇到严峻挑战，利益分配格局调整的难度加大

由于地区、城乡以及要素间利益分配差异的扩大，中国各地区之间、城乡之间以及社会各个阶层之间的收入差距也在扩大。城乡居民之间的收入比率 1990 年为 2.6 倍，而 2007 年是 3.33 倍，2008 年估计会扩大到 3.36 倍。中国的地区差距从 20 世纪 90 年代开始显著扩大，未按人口加权的人均 GDP 计算的 GINI（基尼）系数从 1990 年的 0.276 增长到 2000 年的 0.347，在 2003 年达到峰值 0.35 之后略为下降至 2007 年的 0.316，[①] 地区之间的差距是中国当前以及未来相当长一个时期发展不和谐的重要现象。

从要素间的分配看，中国劳动力报酬占 GDP 的份额偏低，1990—2006 年间劳动力报酬的份额持续下降，由 1990 年的约 53% 下降到 2006 年的约 40%。根据国际比较的数据看，中国的劳动力报酬份额也是偏低的，[②] 以 1960—2005 年的平均份额计算，中国是 52%，低于美国的 61%，日本的 56%，加拿大的 58%，与俄罗斯相同，劳动力份额偏低会扩大收入差距。

城乡差距、地区差距以及要素间的利益分配差异既与中国的发展阶段和发展水平有关，也与中国的收入分配体制、投资体制、行政管理体制、国有资产（资源）管理体制等有关，这些攻坚式的改革涉及的利益关系更加复杂，改革的难度更大，难以立竿见影。

（七）促进中国经济增长的要素结构将发生重要变化

中国的人口自 21 世纪初以来，进入了"低出生、低死亡、低增长"的现代型人口增长阶段。有研究表明，中国人口数量将在 2030 年前后达到高峰，此后，人口总量开始逐步下降，由低水平增长阶段过渡到负增长阶段。[③] 2015 年之后，中国劳动年龄人口数量处于不断下降趋势，因此，在未来 20 年内，中国的劳动力供给将出现一个转折点，劳动力的供给量将会由增加转为逐步下降。

劳动力的受教育程度的上升将在一定程度上弥补劳动力数量增速减缓甚至下降所带来的后果，例如，1978 年我国劳动年龄人口的平均受教育年限为 3.9 年，2007 年为 7.5 年。考虑到未来义务教育和职业教育的发展，我国劳动年龄人口的平均受教育年限应该可以达到 10 年。

---

① 参见李善同、许召元，《中国区域差距的现状与趋势》，《中国发展研究基金会报告》，第 50 期。

② 李稻葵等，《GDP 中劳动份额演变的 U 型规律》，《经济研究》，2009 年第 1 期。

③ 王德文，《人口低生育率阶段的劳动力供求变化与中国经济增长》，中国社会科学院人口与劳动经济研究所工作论文。

资本积累方面，改革开放前（1952—1978 年）为 9.3% 的增长速度，1979—1998 年为 10%，1999—2007 年为 13.5%[1]，这样高的资本积累速度主要是源于中国较高的储蓄率，但人口老龄化的来临，有可能增加国内储蓄率的不确定性。中国正在经历一个迅速的老龄化过程，使得这个问题尤其突出。根据联合国的预测，2020 年中国 65 岁及以上的老年人口总数将高达 1.69 亿，占总人口的比例达到 11.9%，老年抚养比（即老年人口与劳动年龄人口的比例）为 17.1%。[2] 接近经合组织国家 1990 年 18.6% 的水平，高于 2020 年周边国家的水平。人口老龄化影响国民整体储蓄水平，对于经济发展和社会保障体系将会产生巨大的压力。

另外，在过去的一段时间内，中国劳动力的低成本一直是吸引外资流入的重要因素。然而，随着经济的发展，中国劳动力成本会在一些地区、一些行业呈现明显上升的趋势。同时，在沿海地区土地成本的快速上升，也会抵消劳动力廉价的优势。这可能导致外资转向印度及亚洲其他国家、拉美等国家和地区，从而进一步加大中国资本积累的不确定性，可能导致经济增长的波动。

战略性资源储量（包括水资源、矿产资源和能源）以及环境容量的不足将对经济增长产生越来越大的制约。中国人口众多，人均资源量少，中国的经济增长将受到越来越严重的资源和环境约束，将面临能源供给、生产能力、运输能力和废气排放的环境容量不足的困难。同时，资源价格的提高将增加经济发展的成本。

随着中国距离世界技术前沿的接近，后发优势逐渐缩小，迫切需要更多的自主创新投入和创新体制改革，如果这些措施能够顺利到位，预计未来还将可以保持过去的技术进步速度。

（八）中国快速工业化和城市化的进程将逐步完成

1978 年中国城市化率为 18%，2008 年已经上升为 45.68%，约 3.5 亿农村人口转为城市人口，过去 10 年基本上每年上升 1.2 个百分点，未来可能只会保持每年 0.7—0.9 个百分点的速度增长，预计到 2030 年城镇化率将达到 65% 左右。城市化及其带来的城市人口规模扩大，一方面将直接带来消费需求的增长，另一方面，也通过对城市基础设施提出更多的要求而带动投资需求的增长。

---

① 王小鲁等，《中国经济增长方式转换和增长可持续性》，《经济研究》，2009 年第 1 期。
② 蔡昉、王美艳，《"未富先老"与劳动力短缺》，中国社会科学院人口与劳动经济研究所工作论文。

有关研究表明,中国各个区域的工业化程度差异很大,① 如到 2005 年东部的工业化水平综合指数已经达到了 78,进入工业化后期的前半阶段,东北地区工业化水平综合指数为 45,进入工业化中期前半阶段,而中部和西部的工业化水平指数为 30 和 25,还处于工业化初期的后半阶段。东部、东北、中部、西部工业化水平递减,区域发展不平衡性明显。未来 20 年内中国的工业化进程将逐步完成,各个区域之间的工业化程度差异将缩小。

未来的工业化和城市化也会加剧一些结构性矛盾。如:(1)工业化过程中资本和技术密集型产业比重的上升,有可能加剧劳动力总量关系的失衡。(2)城市化过程中对土地资源的占用,可能导致更多"三无"农民的产生等。(3)随着城市化和工业化的发展,经济增长的成本有可能上升,例如劳动力、土地、自然资源以及各项社会事业的成本都将提高,城市化和工业化的成本也会增加。

二、"十二五"到 2030 年中国经济增长前景分析

根据前面的分析,"十二五"以至未来 20 年左右将是中国全面确立经济大国和经济强国的关键时期,在这期间中国不仅面临国内继续深化改革和能源资源约束,也面临国际上各种不确定性的影响,但也存在很多机遇和挑战。受制于这些不确定性因素的共同作用,未来中国经济的发展也存在很大的不确定性。在这种复杂的情境下,不同的发展战略选择显得尤为重要。本节我们采用情景分析法对"十二五"至 2030 年中国经济发展前景进行模拟分析,从而揭示影响中国经济增长的主要风险及可能的政策选择。

(一)模型介绍

这里我们所采用的分析模型是由国务院发展研究中心开发的动态递推中国经济可计算一般均衡模型(DRC—CGE)。这一模型是递推动态的,它通过求解一系列的静态均衡来模拟经济发展的动态特性,模型的模拟时间段为 2008—2030 年。

在本研究中的模型包括 41 个生产部门(1 个农业部门,23 个工业部门,1 个建筑业部门和 16 个服务业部门)、12 组居民(7 组城镇居民,5 组农村居民,按居民收入分组)和 5 种生产要素(农业劳动力、生产工人、技术工人、资本、土地)。模型的基准年份为 2007 年,数据主要源于基于 2007 年中国投

---

① 中国社会科学院工业经济研究所,2007,《中国工业化进程报告——1995—2005 年中国省域工业化水平评价与研究》,社会科学文献出版社。

入产出表编制的 2007 年社会核算矩阵（Social Accounting Matrix，SAM）。

（二）情景设计

本研究采用情景分析法对中国经济增长前景进行分析，首先根据中国经济的发展和结构特点给出基准增长情景。基准增长情景是以过去和当前的发展特点为基础，并考虑最有可能的一些变化，包括人口、要素禀赋和技术进步的变化等，从而推导出来的可能情景。它反映了经济发展可能趋势，也提供了与其他情景比较的参照系。在此基础上，根据中长期中国经济发展所面临的主要风险和调整方向设计了两个对照情景。

1. 对照情景设计的主要考虑

正如本书总报告中指出，改革开放 30 多年来，我国经济社会取得了巨大的发展，但也面临着资源环境压力日益加大、产业结构和投资消费比重不协调、社会不和谐程度有所加深、体制和科技创新活力尚待释放等矛盾，当前我国经济社会发展中之所以存在这一系列矛盾和问题，根本原因是发展方式转变过于缓慢，是没有根本改变主要依靠低成本要素投入驱动增长的格局，因此在对照情景中我们主要设计了发展方式转变较快的情景和转变缓慢的情景，以重点考察发展方式转变对中国经济社会发展的综合影响，也为进一步分析国内的改革方向和重点奠定基础，各种情景的具体设定如表 1 所示：

表 1　未来中国经济增长前景分析的情景设计

情景类别	情　景　设　定
基准情景 （A）	设定如下： 1. 人口总量的变化趋势外生，直接利用联合国的预测数据 2. 城市化水平及城乡人口外生，2007—2020 年城市化率年均提高 0.9 个百分点，2021—2030 城市化率年均提高 0.7 个百分点 3. 劳动力总量的增长外生，农业土地的供给变化外生 4. 各种国内税率保持不变，各种转移支付外生 5. 2010—2030 年国际收支将逐步调整到收支平衡 6. 政府消费增长率外生 7. 全要素生产率（TFP）外生，假设 2005—2020 年的全要素生产率的增长率仍然保持过去 25 年的平均水平，即整体保持在 2% 左右的水平① 8. 技术进步的偏向性及中间投入率的变化外生

---

① 基准情景中制造业的 TFP 要比服务业高 0.5—1 个百分点。

续表

情景类别	情 景 设 定
发展方式 转变较快 情景(B)	设定如下: 1. 征收能源税/碳税、提高能源利用效率 　2010—2015 年资源税税率在基准情景的基础上逐步提高 10%,2010 年开始征收碳税,税率从 10 元每吨 CO_2 逐步提高至 50 元每吨 CO_2。2010—2030 年间能源体用效率平均比基准情景高 1 个百分点 　碳税收入主要用于企业能源效率改进、高技术行业创新的税收激励 2. 加大政府对于教育、医疗及科研及社会福利的投入 　调整政府公共支出的结构,增加教育、医疗及科研及社会福利方面的支出比重 3. 加快城市化进程,逐步消除劳动力转移的壁垒 　2010—2030 年城市化率比基准情景每年提高 0.25 个百分点,加快城乡劳动力的转移 4. 调整国有企业、垄断企业的分配体系 　提高国有企业回报上缴比重,2010—2030 年间逐步提高三成到四成,增加政府公共支出;提高政府对于贫困地区和贫困人群的转移支付 2010—2030 年比基准情景提高 10%—15% 5. 完善服务业规制改革,降低服务业税负 　2010—2030 年服务业 TFP 比基准情景高 0.9 个百分点,逐步使服务业的税负降低 10%
发展方式 转变缓慢 情景(C)	设定如下: 1. 城市化进程缓慢,劳动力转移变缓 　2010—2030 年间城市化率比基准情景每年低 0.2 个百分点,城乡劳动力的转移速度也比基准情景缓慢 2. 世界经济缓慢恢复,贸易保护日趋严重 　与基准情景中出口需求短期即可恢复正常增长不同,国际市场对中国出口的需求"十二五"以后方可恢复正常,2015—2030 年间受贸易保护主义增强等因素的影响,出口增速低于基准情景 3. 国际能源价格攀升,能源进口受到限制,国际原油价格回归 100 美元每桶以上 4. 技术创新、效率改进变缓,TFP 比基准情景低 0.4 个百分点左右

2. 各情景的具体设定

A. 基准情景

在基准情景中,模拟结果显示中国经济将继续过去的发展趋势,劳动力仍然继续稳步转移,人力资本水平不断积累,科技进步继续发展,体制改革进一步深入,这些都将促进要素在不同部门之间更加合理有效配置,这些因素共同作用,将促使 2008—2030 年 TFP 年均增长率保持在 2% 左右的水平。城市化和工业化将继续推进,城市化水平将每年提高 0.55—0.85 个百分点,"十一五"末期城市化率预计略高于 47%,到 2015 年城市化率提高到 52% 左右,

2030年达到65%左右。考虑到国际经济环境和中国比较优势的变化，基准情景中出口的增长速度将逐步降低，贸易顺差仍将在较长时间内存在，但也呈逐渐缩小的趋势，到2030年左右实现外贸进出口基本平衡。

基准情景中其他一些影响中长期经济增长和结构变化的一些重要设定参见附录1—附录4。

B. 发展方式转变较快情景

党的十七大报告指出，经过新中国成立以来特别是改革开放以来的不懈努力，我国取得了举世瞩目的发展成就，但生产力水平总体上还不高，自主创新能力还不强，长期形成的结构性矛盾和粗放型增长方式尚未根本改变，缩小城乡、区域发展差距和促进经济社会协调发展任务艰巨；必须要深入贯彻落实科学发展观，坚持全面协调可持续发展，建设资源节约型、环境友好型社会，实现速度和结构质量效益相统一、经济发展与人口资源环境相协调，使人民在良好生态环境中生产生活，实现经济社会永续发展，这其中加快转变经济发展方式，推动产业结构优化升级，是关系国民经济全局紧迫而重大的战略任务，据此我们设计了这个情景。

在发展方式转变较快情景中，我们考虑到各项体制改革快速顺利推进，市场在配置资源方面的作用进一步增强，结构调整大力推进，经济增长方式转变取得进展。具体假设包括：（1）各种资源的价格得以理顺，资源的配置更加合理化，通过税收手段使经济活动的外部性成本内部化，企业能源和资源的利用效率得以提高。（2）调整政府公共支出的结构，增加对教育、医疗及科研及社会福利方面的支出比重。许多研究发现，政府对公共服务支出比重偏低是导致居民消费意愿较低的重要原因，因此调整政府支出结构，有助于扩大居民消费，促进消费和投资结构协调发展。（3）政府进一步消除劳动力转移的壁垒，加快城市化进程。城市化是促进资源优化配置、促进经济增长和产业结构调整的重要动力。2009年12月的中央经济工作会议精神即将把解决符合条件的农业转移人口逐步在城镇就业和落户作为推进城镇化的重要任务，决定要放宽中小城市和城镇户籍限制。（4）调整国有企业、垄断企业的分配体系，近年来中国国民储蓄率不断上升，其中很重要的原因在于企业储蓄率不断提高，这是造成经济结构不协调的重要原因之一，而企业储蓄率提高与我国国有企业和垄断企业的分配体系不合理有关，在模型中，我们假设国有企业利润上缴国家的比重逐步所提高，从而国民经济分配结构更高合理。（5）更加支持服务业发展，从而产业结构进一步升级。长期以来，我国服务业比重提高较慢，这既与我国当前所处的阶段和发展环境有关，也与许多制度性约束有关。2009

年的中央经济工作会议即提出，要增强非公有制经济和小企业参与市场竞争、增加就业、发展经济的活力和竞争力，放宽市场准入，保护民间合投资合法权益。目前存在市场准入限制的主要是服务业，例如金融、铁路、公路、航空、电信、电力及城市供水等基础和垄断行业。在模型中，服务业加快发展体现在TFP增长率更高和税负水平有所降低上。

C. 发展方式转变较慢情景

考虑到未来发展中所面临的国内外各种风险和挑战，特别是国内增长方式转型和产业结构调整的任务非常艰巨，我国资源、环境压力已经非常大，目前的经济增长方式难以持续，因此如果调整和转型不顺利，可能对经济发展带来较大的风险，因此我们考虑了发展方式转变较慢情景。与发展方式转变较快情景相对应，在此情景中主要考虑以下几个方面的变化：（1）城市化发展速度较慢。在城市化发展速度较慢不仅制约着劳动力的有效转移，限制了城市集聚效应的发挥，也制约了消费结构的升级和产业结构的优化，从而不利于经济又好又快地发展。（2）世界经济缓慢恢复，贸易保护日趋严重，出口增长缓慢。对外出口是推动经济增长的重要动力，2000年以来，中国出口每年增长速度都在20%以上，出口占GDP比重也逐渐提高。2000年，出口占GDP比重（包括货物和服务）为23.3%，2008年，中国出口占GDP比重达到36.9%，8年间上升了13.6个百分点。在世界经济缓慢恢复而且贸易保护日趋严重的情况下，出口增长速度很可能进一步减缓，这将对经济增长、就业和人民收入水平提高产生很大的不利影响，在经济增长大幅度放缓的情况下，产业结构的调整和优化也将更加困难。（3）国际能源价格攀升，能源进口受到限制。随着近年来中国经济的快速发展，我国对部分资源的国际依赖程度也在不断提高，特别是原油和铁矿石的进口依存度已经很高。2007年，中国生产原油1.86亿吨，进口原油2.11亿吨，进口原油已经超过国内生产量。其他资源方面数量较大的是铁矿石，1990年我国进口铁矿石1419万吨，到2008年已经增加到44413万吨，我国铁矿石消费量则由1990年的1.935亿吨增加到2007年的10.904亿吨，2008年我国对进口铁矿石的依存度达到49.5%的创纪录水平。因此如果国际能源价格上升，能源进口受到限制，就会使经济发展受到较大的约束。（4）技术创新、效率改进变缓。改革开放以来，我国生产效率改进明显，对经济增长的促进作用很大，这得益于多个方面的原因，其中特别重要的两点是我国技术和管理水平与国际差距较大，因此通过模仿和学习可以较快地提高技术水平，缩小同发达国家的差距，另一个原因是通过国有企业改革和市场经济建设，企业管理效率有了极大提高。但在"十二五"及更长的时期内，通过体制改革促进效率提高的空间仍然存在，但改革的难度和阻力也越来越大，我国企业与发达国家的技术差距也越来越小，进一步创新更多地依赖于自主创析，因此如果在创新方面转变不好，就可能造成效率改进缓慢，从而造成发展方式转变缓慢和增长速度下降。在模型中直接表现为 TFP 值比基准情景降低 0.4 个百分点左右。

3. 模拟结果分析

在前面分析和各种设定基础上，通过中国经济可计算一般均衡模型的计算，我们给出了各种情景下中国的经济增长前景。

A. 基准情景

在基准情景的各项设定下，中国今后仍将保持较快的经济增长速度，根据目前的经济增长态势，"十一五"期间平均经济增长速度预期接近10%（其中2008—2010 年平均约8.7%），"十二五"期间 GDP 增长速度为7.9%左右，2016—2020 年约7.0%，到2021—2030 年期间，经济增长速度预期在6.2%左右。

表2　2008—2030 年的经济增长及其源泉

单位：%，基准情景

	2008—2010	2011—2015	2016—2020	2020—2025	2026—2030
GDP 增长率	8.7	7.9	7.0	6.6	5.9
其中：					
劳动力增长率	0.4	0.5	0.0	0.0	-0.3
资本增长率	12.6	9.4	8.4	7.8	6.7
TFP 增长率	0.9	2.0	2.0	1.9	2.0
增长的源泉：					
劳动力	0.2	0.2	0.0	0.0	-0.1
资本	7.6	5.7	5.0	4.7	4.0
TFP	0.9	2.0	2.0	1.9	2.0

数据来源：DRC　CCE 模型计算结果。[①]

从经济增长的源泉看，"十二五"至2030 年，中国经济增长的主要动力仍然在于资本积累。资本贡献率对 GDP 增长的贡献率超过65%以上。"十二五"期间，在 GDP 平均增长7.9%中，由于投资拉动5.7 个百分点，占 GDP

---

① 后面的表格中，凡没有特别指出的数据均来源于 DRC – CGE 模型计算结果。

增速的 71.6%。2016—2020 年间，由于投资拉动经济增长 5.0 个百分点，到 2030 年前约为 4.0 个百分点。相对于资本来说，劳动力数量增长对经济发展的贡献很小，"十一五"和"十二五"期间劳动力总量上还是有所继续增加（每年增长 0.5%—0.6%），2026—2030 年间，由于劳动力总量开始下降，其对 GDP 增长的贡献开始为负。①

从各要素对经济增长的贡献看，从"十二五"开始，劳动力数量增加对经济增长的贡献逐渐减少，资本积累的贡献逐渐减少，而全要素生产率所占的贡献逐渐增加，从"十二五"期间的 25.6% 左右增长到 2030 年的 34% 左右。

在模拟期间内，经济增长速度有逐渐降低的趋势，除了劳动力和资本以及 TFP 本身的变化以外，还有一个重要原因就是由于劳动力的增长速度显著慢于资本积累速度，这样在经济规模很大而生产效率没有显著提高的情况下，由于边际产出递减规律，资本投入的边际产出递减，因此经济增长速度有所降低。

从经济规模看，到"十二五"末的 2015 年，按 2008 年价格计算，GDP 总量达到 51.86 万亿元，合 7.46 万亿美元。到 2020 年，我国 GDP 总量增加到 72.84 万亿元，合 10.48 万亿美元，到 2030 年将达到人民币 133.69 万亿元，美元 19.2 万亿的规模。2007 年，美国和日本的 GDP 分别为 13.75 万亿和 4.38 万亿美元。

从人均 GDP 发展水平看，我国人均 GDP 在 2014 年接近 5000 美元，2015 年超过 5000 美元（5371 美元），2020 年超过 7000 美元，2025 年接近 1 万美元，2030 年约为 1.23 万美元。

表3　基准情景下的经济规模和人均 GDP 水平

指　标	2008	2010	2015	2020	2025	2030
GDP(万亿元)	30.07	35.44	51.86	72.84	100.21	133.69
人均 GDP(万元)	2.27	2.63	3.74	5.12	6.94	9.19
GDP(万亿美元)	4.33	5.10	7.46	10.48	14.42	19.24
人均 GDP(美元)	3263	3784	5371	7358	9971	13217

注：均采用 2008 年不变价计算，汇率按 2008 年人民币汇率 1 美元兑 6.956 元人民币计算。

---

① 需要指出的是，这里的劳动力贡献仅指数量，对于人力资本的提升对于增长的贡献体现在 TFP 的增长之中。

从需求的角度看，在基准情景下，随着国际贸易逐渐趋于平衡和投资率的下降，居民消费比重逐渐上升。2008 年，居民消费占 GDP 比重为 35.3%，政府消费所占比重为 13.3%，两项合计总消费率为 48.6%，到 2015 年，居民消费所占比重提高到 47.5%，比 2008 年增长了 12.2 个百分点，到 2020 年居民消费比重提高到 48.3%，比 2015 年略有提高，到 2030 年进一步提高到 49.8%。居民消费比重的提高，是城乡居民生活水平提高的重要表现。促进居民消费增长的因素主要有三个，一是居民消费倾向有所提高，二是劳动者报酬在国民收入中所占份额逐渐提高，三是居民非工资收入水平的提高，在模型中，我们假设居民收入来源中，财产性收入比重逐渐提高，这是近年来党和中央政策调控的方向之一。当然居民消费比重上升还有一个比较重要的原因就是随着人口老龄化状况的加剧，具有较强储蓄能力的人群比重将有所下降，居民的整体储蓄率将会下降。

表4　2007—2030 年的支出法 GDP 结构

单位：%，基准情景

	2007	2010	2015	2020	2025	2030
支出法 GDP 结构						
居民消费	36.1	40.3	47.5	48.3	49.9	49.8
政府消费	13.2	13.7	15.0	16.3	17.9	19.7
资本形成总额	42.2	41.3	35.5	34.1	31.2	29.6
净出口	8.6	4.8	2.0	1.3	1.0	0.8

从三次产业结构看，基准情景中，第一、第二产业比重不断降低而第三产业的比重不断增加，如表5所示。在经济发展的较低阶段，第一产业比重不断降低是一个普遍规律。在基准情景中，到 2015 年，我国第一产业的比重约降低到 7.8%，到 2020 年进一步降低到 5.7% 左右，这与世界各国发展的一般规律是相同的。

表5　2007—2030 年间的产业结构

单位：%，基准情景

	2007	2010	2015	2020	2025	2030
第一产业	11.3	10.4	7.8	5.7	4.5	3.5
第二产业	50.0	48.8	47.3	47.1	46.2	45.6
第三产业	38.7	40.8	44.9	47.2	49.3	50.9

从模拟结果看，我国第三产业比重会逐渐提高。2007 年，我国第三产业比重为 38.7%，显著低于大多数世界上同等发展程度国家的水平。到 2015 年，约提高到 44.9%，"十二五"期间第三产业比重提高 4.1 个百分点，2015 到 2020 年期间提高 2.3 个百分点，到 2030 年间，约可达到 51% 的水平。但与世界各国的一般经验相比较，这一比重仍然较低，在人均 GDP 1 万美元左右，世界各国第三产业比重平均约为 63%。

从各国经济增长的经验看，随着发展水平提高，非农产业比重逐渐上升，特别是第三产业比重不断上升是个普遍规律。推动第三产业比重上升的主要因素在于居民消费结构变化、服务出口比重增加，以及对各部门中间投入中对服务业需求增加，另外政府消费比重提高也会提高第三产业比重。出口增长速度放缓也对三次产业结构有重要影响，因为我国出口商品主要是制造品，因此在其他条件不变的情况下，出口增长较快必然会相应提高第二产业比重。

从细分产业结构变化看，在三次产业内部特别是工业内部和第三产业内部，各行业所占比重也有所变化，表 6 显示了细分产业结构的变化情况。

表 6　2007—2030 年间各细分产业结构变化

单位：占 GDP 比重 %，基准情景

	2007	2010	2015	2020	2030
第一产业	11.29	10.35	7.81	5.69	3.53
农业	11.29	10.35	7.81	5.69	3.53
第二产业	49.96	48.83	47.27	47.09	45.58
采掘业	5.26	4.99	4.88	4.81	4.64
煤炭采掘业	1.72	1.51	1.47	1.42	1.26
石油天然气开采	2.15	2.09	2.10	2.10	2.11
金属矿采掘业	0.83	0.83	0.79	0.78	0.79
非金属矿采掘业	0.55	0.55	0.52	0.51	0.48
制造业	39.36	38.19	37.08	36.66	35.32
消费品	9.07	8.96	8.58	8.25	7.76
食品	3.52	3.47	3.34	3.19	2.95
纺织	1.79	1.65	1.45	1.31	1.14
服装	1.49	1.54	1.57	1.56	1.56
木制品	0.96	0.97	0.90	0.87	0.81
纸及文化体育用品	1.31	1.32	1.32	1.32	1.30
中间投入品	16.61	15.57	15.10	14.89	14.13
石油加工及炼焦	1.35	1.23	1.23	1.22	1.16

续表

	2007	2010	2015	2020	2030
化工	4.77	4.57	4.29	4.05	3.64
非金属矿物制品业	2.27	2.21	1.99	1.95	1.76
冶金	4.36	4.00	3.69	3.57	3.26
电、气、水	3.87	3.56	3.90	4.10	4.31
资本品	13.68	13.66	13.40	13.52	13.43
金属制品	1.40	1.32	1.26	1.26	1.20
机械	3.34	3.38	3.22	3.27	3.31
交通设备	2.32	2.50	2.53	2.67	2.94
电气设备	1.72	1.73	1.72	1.72	1.62
电子及通信设备	2.54	2.50	2.52	2.54	2.51
仪器仪表	0.40	0.38	0.39	0.40	0.38
其他工业	1.96	1.86	1.76	1.67	1.47
建筑业	5.34	5.65	5.31	5.61	5.61
第三产业	38.75	40.82	44.91	47.23	50.89
运输电信及金融保险	12.88	12.84	13.79	14.38	15.14
其他服务业	25.86	27.98	31.12	32.85	35.75

首先，随着随着技术进步能源、资源的利用效率不断改进，能源消耗强度不断降低，加之能源、资源对外依存度的不断提高，因此采掘业占 GDP 比重稳步降低。到 2015 年，采掘业增加值占 GDP 比重为 4.88%，比 2007 年下降 0.38 个百分点，比 2010 年估计下降 0.11 个百分点。而到 2020 年，采掘业比重为 4.81%，比 2015 年进一步降低。

其次，在工业内部，消费品和中间品占 GDP 比重都有显著降低，而资本品下降幅度较小，资本品相对于消费品的比重显著提高。2007 年，工业内部资本品占 GDP 比重为 13.68%，高于消费品的 9.07%，随着经济不断发展，资本品比重略有降低，而消费品和中间投入品比重显著降低，按霍夫曼标准，到 2030 年我国资本品比重显著高于消费品，基本完成了工业化过程。[1]

---

[1] 德国经济学家霍夫曼总结了第二产业内部结构的变化，得出任何国家工业化进程都要经历四个阶段，被经济学界称为霍夫曼工业化经验法则的四个阶段：(1) 消费品工业占主要地位；(2) 资本品工业快于消费品工业的增长，基本达到消费品工业净产值的 50% 左右；(3) 资本品工业继续快速增长，达到与消费品工业相平衡的状态；(4) 资本品工业占主导地位。可以用资本品工业产值与消费品工业产值的比例来研究一个国家和地区的工业化所处阶段，这个比例也被称为霍夫曼比例。

随着产业结构调整，制造业内部高能耗产业比重有所降低。长期以来，中国经济所面临的一个重要问题是经济增长方式没有根本性转变，高污染高耗能行业比重较大。但是从"十一五"期间以来，中央政府明显加大了对节能环保问题的关注，"十一五"期间制定了单位 GDP 能源消耗量降低 20% 的约束性指标。"十二五"期间至 2020 年中央政府又制定了温室气体减排的目标，这必然要求产业结构有所调整，高耗能产业比重有所下降。在基准情景中，2015 年与 2007 年相比，高耗能产业比重降低了约一个百分点，2020 年与 2015相比基本稳定，如表 7 所示：

表 7　2007—2030 年按能耗分产业结构变化①

单位：占制造业增加值比重 %，基准情景

	2007	2010	2015	2020	2030
高耗能	45.54	44.21	44.29	44.20	43.67
低耗能	54.46	55.79	55.71	55.80	56.33

伴随着产业结构的调整，就业结构也相应出现很大的变化，主要表现在"十一五"期间一直到 2030 年劳动力持续的从农业向非农产业转移，第一产业的就业比重在"十一五"期末下降到 38.4% 左右，到"十二五"末期下降到 33.8%，到 2030 年降到 20.6% 左右。与此相对应，城市化水平也在相应提高，不过城市化速度很大程度上取决于政策支持程度，模型中，我们假定在每年的转移劳动力中，约有 3.5%—6% 转化为城市人口，按这样的速度，到2015 年，城市化率约为 51.1%，"十二五"期间约提高 4.5 个百分点。2020年城市化率提高到 56.5%，"十三五"期间约提高 5.4 个百分点，到 2030 年，城市化率为 64% 左右，比 2010 年提高近 16 个百分点，2010—2030 年间平均每年提高 0.8 个百分点。

---

① 各种能耗水平划分根据 2007 年中国统计年鉴公布的各工业能源消费总量和总产值计算出来的单位产值能源消费量排序。低耗能工业部门包括：农副食品加工业、烟草制品业、纺织服装、鞋、帽制造业、皮革、毛皮、羽毛（绒）及其制品业、家具制造业、印刷业和记录媒介的复制、文教体育用品制造业、通用设备制造业、交通运输设备制造业、电气机械及器材制造业、通信设备、计算机及其他电子设备制造业、仪器仪表及文化、办公用机械制造业；中能耗工业部门包括：有色金属矿采选业、食品制造业、饮料制造业、纺织业、木材加工及木竹藤棕草制品业、医药制造业、化学纤维制造业、橡胶制品业、塑料制品业、金属制品业、专用设备制造业、工艺品及其他制造业；高耗能部门包括：煤炭开采和洗选业、石油和天然气开采业、黑色金属矿采选业、非金属矿采选业、其他采矿业、造纸及纸制品业、石油加工、炼焦及核燃料加工业、化学原料及化学制品制造业、非金属矿物制品业、黑色金属冶炼及压延加工业、有色金属冶炼及压延加工业、燃气生产和供应业、水的生产和供应业。

表8 2007—2030年就业结构变化

单位：%，基准情景

年　份	2007	2010	2015	2020	2025	2030
第一产业	40.8	38.4	33.8	28.9	24.9	20.6
第二产业	26.8	27.1	27.4	28.9	29.8	31.0
第三产业	32.4	34.5	38.8	42.2	45.3	48.4

随着经济较快增长，居民收入水平也将相应提高。在基准情景中，到"十二五"末，城市居民人均收入将达到3.35万元，比2007年增长近70%，农村居民人均纯收入将达到7200多元，比2007年增长近60%，不过城镇和农村居民的收入差距仍将继续扩大，2015年城市农村收入比从2010年的4.29上升到4.61，2020年进一步提高到4.91，这也反映按目前的增长方式，城乡差距可能继续扩大，经济增长的协调性仍然较差。

表9 基准情景下城乡居民收入的变化

单位：元

	2007	2010	2015	2020	2025	2030
基准情景						
城市	19821	24547	33496	44227	57743	73836
农村	4602	5723	7268	9010	11564	14675
城市/农村	4.31	4.29	4.61	4.91	4.99	5.03

注：按2007年不变价格计算。

表10 基准情景下能源消费和温室气体排放情况

	2005	2007	2010	2015	2020	2025	2030
温室气体（CO_2）							
排放量（百万吨）	5625.6	6623.9	7242.3	9620.9	12270.3	15170.3	18205.6
排放强度（吨/万元 GDP）	3.07	2.86	2.44	2.22	2.01	1.81	1.63
能源							
消费量（万吨标煤）	224682	265583	301995	412496	539889	686634	842121
能源强度（吨标煤/万元 GDP）	1.23	1.15	1.02	0.95	0.89	0.82	0.75

注：GDP 为 2005 年价格。

最后，在基准情景中，我国的能源消费仍将有显著增长。由于相当长时间内，我国工业比重仍然相对较高，而且经济增长速度较快，因此，尽管能源利用效率有较大提高潜力，单位 GDP 能源消费从 2005 年的 1.23 吨标煤/万元产值持续降低到 2015 年的 0.95 和 2020 年的 0.89，但能源消费总量仍将从 2007 年的 26.56 亿吨增加到 2015 年的 41.25 亿吨，2020 年约在 54 亿吨。在"十二五"期间，能源消费总量约增长 36.6%（2010 年估计为 30.2 亿吨）。与能源消费总量持续扩大相应，温室气体排放量也将持续增长，排放总量从 2007 年的 66.24 亿吨增长到 2015 年的 96.20 亿吨，到 2020 年将比 2015 年再增加约 26 亿吨达到 123 亿吨，而到 2030 年达到 182.6 亿吨。根据基准情景，2005 年至 2020 年单位 GDP 温室气体排放从 3.07 吨/万元下降到 2.01 吨/万元，排放强度下降了 34.5%。这也说明如果按照目前的经济发展趋势，我国的能源需求总量越来越大，能源供给和相应的污染特排放将大大超过我国的资源环境承载能力，因而这种增长必然是低质量不可持续的。

B. 发展方式转变较快情景

与基准情景相比，发展方式转变较快情景在增长速度，增长的源泉和产业结构等多方面都有显著的差别。

表 11　发展方式转变较快情景下的 GDP 增长速度

单位：%

	2008—2010	2011—2015	2016—2020	2021—2025	2026—2030
GDP 增长率	8.7	8.4	7.2	6.6	5.8
其中：					
劳动力增长率	0.4	0.5	0.0	0.0	−0.3
资本增长率	12.6	9.2	7.5	6.8	5.5
TFP 增长率	0.9	2.7	2.7	2.6	2.6
增长的源泉：					
劳动力	0.2	0.2	0.0	0.0	−0.1
资本	7.6	5.5	4.5	4.1	3.3
TFP	0.9	2.7	2.7	2.6	2.6

注：括号中的数据表示与基准情景相比的变化值。

由表 11 可见，在发展方式转变较快情景下，我国仍然可以维持较高的增长速度，"十二五"期间增长速度约可比基准情景高 0.5 个百分点，2010—2030 年间整体增长速度略高于基准情景。在发展方式转变较快情景下，按 2008 年价格计算，到 2015 年 GDP 达到 53.0 万亿元（7.63 万亿美元），2020 年为 75.0 万亿元（10.79 万亿美元），2030 年达到人民币 137.0 万亿（19.71 万亿美元），分别比基准情景高 1.18 万亿、2.14 万亿和 3.28 万亿元。另外也可以发现，发展方式转变较快情景下 GDP 增长的源泉开始发生本质性转变，由过去单纯依靠高投资的拉动转变为投资拉动与技术和效率改进并举，而且技术改进的贡献越来越高。这正体现了可持续发展的要求，也是发展方式转变的一个重要特征。模拟结果显示，到 2030 年一半的 GDP 增长将来源于全要素生产率的改进。全要素生产率的改进综合反映了技术的创新、生产效率的改进、能源资源利用效率的提高和人力资本的提升等各种因素。

表 12　发展方式转变较快情景下的三次产业结构

单位：%

年　份	2007	2010	2015	2020	2025	2030
第一产业	11.3	10.4	8.2	6.1	4.9	3.9
第二产业	50.0	48.8	45.0	43.1	40.7	38.7
第三产业	38.7	40.8	46.8	50.8	54.4	57.4
合　计	100	100	100	100	100	100

与基准情景相比，发展方式转变较快情景下的服务业比重更高，例如到"十二五"末期，第三产业比重达到46.8%，比基准情景高1.9个百分点，到2020年，第三产业比重达到50.8%，比基准情景下高3.6个百分点，可见服务业增长的速度要明显快于基准情景，这也反映了发展方式转变的一个重要特征，即由过去的过分依赖制造业的快速发展转变为制造业和服务业同步发展，产业结构不断优化升级。随着三次产业结构的变化，劳动力就业结构也相应改变，在各个时期第三产业就业比重都比基准情景有所提高，2015年和2020年分别高2.0和4.0个百分点。快速发展的服务业为农村劳动力提供了就业机会，加速了农村劳动力向城市的转移，促进了城市化水平快速提高。

同时，发展发式转变较快情景下，制造业内部的产业结构也更加优化，高耗能产业比重下降而低耗能产业比重上升的幅度更大，逐渐从过去主要依赖低成本、低附加值的产业转变为更多依赖技术不断创新的高增加值行业，不断提升在全球产业链中的层次，摆脱对于资源的过分依赖和对环境的加速破坏。

表 13　发展方式转变较快情景下制造业内部产业结构

	2007	2010	2015	2020	2030
高耗能	45.5	44.2	44.0	43.6	42.4
低耗能	54.5	55.8	56.0	56.4	57.6

发展方式转变较快情景下,投资消费进出口的结构也更加均衡。如表14所示,在此情景下,到2015年,居民消费比重达到49.7%,比基准情景高3个百分点,到2020年,居民消费比重达到51.9%,比2010年提高11.8个百分点,而投资的比重则从2007年的42.2%降低到2015年的33.3%和2020年的31.4%,2015年和2020年的投资比重分别比基准情景下低3.4和5.5个百分点,由此可见,在发展方式转变较快情景下,消费对经济的拉动作用显著增强,三种需求的比重也更加均衡,居民从经济增长中得到的实惠更多。这则反映了发展方式转变在需求方面的又一个重要的特征,即由过去主要依靠投资和出口拉动转变为消费、投资和出口"三驾马车"起头并进,尤其是消费的拉动作用越来越重要。

表14 2007—2030年的支出法GDP的结构

单位:%,发展转变较快情景

	2007	2010	2015	2020	2025	2030
支出法GDP结构						
居民消费	36.1	40.1	49.7	51.9	54.5	55.6
政府消费	13.2	13.7	14.8	15.8	17.0	18.2
资本形成总额	42.2	41.4	33.3	31.4	27.8	25.7
净出口	8.6	4.8	2.3	1.0	0.7	0.6

城乡差距扩大的趋势得到扭转甚至有所缩小是发展方式转变的重要要求,由表15可见,在发展方式转变加快情景下,农村居民的收入水平提高更快,城乡居民收入比从2007年的4.31先提高到2015年4.39和2020年的4.45,但到2030年降低到4.04,显著低于基准情景中的5.03。

表15 发展方式转变较快情景下的城乡居民收入情况

单位:元

	2007	2010	2015	2020	2025	2030
发展方式转变较快情景						
城市	19821	24547	35145	46776	61223	78010
农村	4602	5723	8011	10519	14273	19318
城市/农村	4.31	4.29	4.39	4.45	4.29	4.04

发展方式转变较快情景不仅保持了较高的增长速度,而且由于实现了产业结构的优化调整和生产效率的提高,因此更有利于能源的节约和污染物的减排,有利于保护环境。这体现了发展方式转变的又一个特征,即由过去的单纯注重经济发展转变为重视经济、资源和环境的协调发展。与基准情景相比,"十二五"

末期，能源消费总量为 35.5 亿吨标准煤，减少了 5.7 亿吨标准煤。而到 2020 和 2030 年，能源消费总量分别为 40.39 亿和 51.1 亿吨，比基准情景分别少了 13.6 亿和 33.1 亿吨。从温室气体排放看，2020 年排放强度约降低到 1.36 吨/万元，比 2005 年下降 55.7%，可见如果能够加快发展方式转变的步伐，我们可以更大限度地降低经济发展对于资源和环境的破坏，更好地保护我们赖以生存的地球。

表 16　发展方式转变较快情景下的能源消费和温室气体排放

	2005	2007	2010	2015	2020	2025	2030
温室气体（CO_2）							
排放量（百万吨）	5625.6	6623.9	7242.3	7815.1	8286.8	8899.8	9628.5
排放强度（吨/万 GDP）	3.07	2.86	2.44	1.80	1.36	1.06	0.86
能源							
消费量（万吨标煤）	224682	265583	301995	355235	403889	458489	510692
能源强度（吨标煤/万元 GDP）	1.23	1.15	1.02	0.82	0.66	0.55	0.46

注：能源强度和排放强度均以 2005 年价格计算。

　　总之，由模拟结果可见，如果能真正落实科学发展观，实现发展发式实质性转型，则不仅可以保持较快的经济增长速度，而且经济发展持续性动力更强，产业结构更加优化，消费投资结构、城乡发展更加协调，经济发展与资源、环境更加和谐。

　　C. 发展方式转变较慢情景

　　表 17 给出了发展方式转变较慢情景下的经济增长情景，从"十二五"开

表 17　发展方式转变较慢情景下的 GDP 增长速度

单位：%

	2008—2010	2011—2015	2016—2020	2021—2025	2026—2030
GDP 增长率	8.7	7.0	5.7	5.1	4.3
其中：					
劳动力增长率	0.4	0.5	0.0	0.0	-0.3
资本增长率	12.6	9.2	6.9	6.1	4.9
TFP 增长率	0.9	1.3	1.6	1.4	1.5
增长的源泉：					
劳动力	0.2	0.2	0.0	0.0	-0.1
资本	7.6	5.5	4.1	3.7	2.9
TFP	0.9	1.3	1.6	1.4	1.5

注：括号中的数据表示与基准情景相比的变化值。

始经济增长速度显著降低，2011—2015 年间平均增长速度低 0.9 个百分点左右，而 2016—2020 年间平均增长速度每年低 1.3 个百分点，2020—2030 年间平均每年低 1.5—1.6 个百分点。经济增长速度降低的原因主要在于全要素生产率和投资率的下降。

在发展方式转变较慢情景中，三次产业结构的变化也与基准情景有所不同，到 2015 年，三产结构为 9.7∶46.8∶43.5，而基准情景下为 7.8∶47.3∶44.9，由此可见，发展方式转变情景下，农业比重更高而服务业的比重更低。

不仅三次产业结构与基准情景相比有所变化，制造业内部的产业结构调整也更加缓慢。到 2015 年，高耗能行业占制造业的比重为 45.21%，高于基准情景 0.92 个百分点。到 2020 年，高耗能行业比重降低为 45.12%，但却高于基准情景 0.9 个百分点。

表 18　发展方式转变较慢情景下制造业内部的产业结构

单位：%，占制造业总产值的比重

	2007	2010	2015	2020	2030
高耗能	45.54	44.26	45.21	45.12	44.81
低耗能	54.46	55.74	54.79	54.88	55.19

最后，尽管经济增长速度较低，但由于能源利用效率较差，发展方式转变较慢情景下的能源消费总量增长速度较快。能源强度显著高于发展方式转变较快情景。"十二五"末期，发展方式转变较慢情景下的能源强度为 0.92 吨标准煤/万元，比发展方式转变较快情景下的 0.82 高了 0.1 吨标煤/万元。

表 19　发展方式转变较慢情景下的能源消费和温室气体排放

	2005	2007	2010	2015	2020	2025	2030
温室气体(CO_2)							
排放量(百万吨)	5625.6	6623.9	7244.1	9299.7	11073.8	12652.6	13880.0
排放强度(吨/万元 GDP)	3.07	2.86	2.44	2.14	1.82	1.51	1.24
能源							
消费量(万吨标煤)	224682	265583	301867	400025	488702	574140	644187
能源强度(吨标煤/万元 GDP)	1.23	1.15	1.02	0.92	0.80	0.68	0.58

三、结论和建议

经过改革开放以来 30 多年的快速发展，中国的经济总规模已经位居世界第三，人均GDP达到了3000美元，非农产业比重已经提高到较高的水平，工业化和城市化有了显著的发展，产品在世界上已经有了一定的竞争能力，各种基础设施建设有了相当的发展和改善，为今后的发展奠定了坚实的基础。中国的经济增长已经进入到一个新的阶段，本文通过DRC—CGE模型，对"十二五"至2020年和2030年的经济发展情景以及有重要影响的关键问题进行了模拟分析，主要有以下结论和建议：

（一）中长期内中国经济仍然有保持较快增长的潜力

尽管2008年国际金融危机对中国经济发展造成了重要不利影响，但促进中国经济持续较快增长的主要动力依然存在，"十二五"期间预计经济增长速度可望达到7.9%，接近8%左右。2016—2020年年均增长速度可望保持在7.0%左右，2030年前可望保持在6%左右的增长速度。按照2008年不变价格计算，到2015年中国GDP总量将达到7.46万亿—7.63万亿美元的规模，是世界上GDP总量第二大的国家。2015年人均GDP超过5千美元，到2020年人均GDP将超过7千美元，到2025年达到1万美元左右。从横向比较看，美国2008年GDP总量为14.20万亿美元，中国GDP为美国的23.8%，如果今后美国维持年均2.8%左右的增长速度，[①] 则到2015、2020、2030年中国GDP同美国的比重将分别上升为43.3%、53.0%和73.8%（不考虑汇率的变化因素）。

（二）中长期内制约经济增长的因素主要是资源环境压力不断加大，经济发展的协调性较差

如果发展方式不能较快取得转变，按照目前的发展趋势，则尽管中长期中国经济仍然能够取得较快的增长速度，但能源消费总量将仍然持续增加，相应的温室气体减排和污染特排放对环境的压力将越来越大。基准情景下，我国能源消费总量在2015年将超过40亿吨标准煤，比2007年增加50%以上，到2020年达到54亿吨标准煤，到2030年达到84亿吨标准煤，是2007年的3倍以上。由此带来的SO_2、粉尘、烟尘等各种污染物排放将进一步增加，这将给国内环境带来更大的压力。另一方面，不断增加的能源消费特别是石油消费也给资源供应带来压力，增加了经济安全的风险。

按照目前的增长趋势，中国的产业结构将较慢升级，消费投资结构调整的速度也较慢，城乡居民收入差距仍将有所扩大，经济增长的协调性较差。

---

① Deutsche Bank（2006），World Bank（2006）预测为3.1%，sandra Poncert（2006）预测为2.8%，John Hawksworth（2006）预测为2.4%。

协调性较差主要体现在以下几个方面：推动经济增长的最主要动力仍然是固定资产投资；由于资源价格较低，资源的利用效率提高较慢；政府对公共服务的支出调整不够，因此居民储蓄率持续较高，消费水平提高较慢，消费对经济增长的拉动作用不够；劳动力转移、农民工市民化仍然存在许多障碍，城市化的步伐相对较慢，限制了城市对经济增长促进效应的发挥。协调性较差的表现多种多样，但根源在于目前的粗放式经济发展方式，因此从中长期看，能否推动发展方式实现实质性转型是决定经济能否又好又快发展的关键问题。

如果配套采取多种综合措施，实现发展方式较快转变，则不仅经济增长速度有所提高，而且发展的协调性显著增强，产业结构更加优化，城乡差距有所缩小，资源消耗和污染物排放显著降低。反之，如果发展方式转变较慢，则不仅经济增长速度不高，而且增长质量较低，协调性更差。

（三）进一步深化改革、促进发展方式实质性转型是实现又好又快发展的关键

从长期来看，要抵御各种内外部不利影响和风险因素，很重要的方面在于进一步深化改革，促进经济增长方式实现实质性转型，建立起能源资源节约高效的新型增长模式，从而降低经济社会发展对于资源的依赖和对环境的压力。

首先，要采取多种措施特别是利用税收等价格调节手段，促进资源利用效率持续提高。我国是人口特别多、人均资源储量不足、资源环境承载力相对低的国家，要特别注意提高能源资源的利用效率。提高能源效率要多方面配合，包括压缩落后产能、优化产业结构、加强宣传教育等，特别重要的是利用税收和价格手段，包括征收碳税和调整污染费等，要通过价格引导企业和居民自觉节能降耗，也促进各种相关技术创新的研究和市场化推广。进一步理顺、完善重要资源的价格体系，通过对重要资源特别是稀缺资源价格调整，发挥价格机制对调节资源开发和使用的市场引导作用，还要建立有利于促进循环经济发展的法律法规和政策支持体系，通过发展循环经济提高资源利用效率。

其次，调整政府支出结构，增加政府对教育、医疗、卫生等公共服务的支出比重，完善社会保障体系，提高社会保障水平。通过提高社会保障的水平，一方面可以直接提高对居民相关的服务水平，另一方面也可降低居民对未来的不确定感，从而降低储蓄率增加消费，提高居民生活质量，促进消费投资协调发展。

再次，要不断提高城市化质量，适当加快城市化进程。经过多年的发展，我国农村剩余劳动力不断减少，劳动力转移的难度逐渐增加，劳动力转移和优化配置以及城市化对经济增长的促进作用正在降低。但我国城市化的质量较低，农村剩余劳动力的绝对数量仍然很大，因此需要加快农民工市民化步伐提高城市化质量，进一步降低劳动力转移壁垒促进就业增长，不仅提高居民生活质量，也促进经济持续发展。

进一步，需要深化国有企业和垄断行业改革，调整不合理的分配体系。近年来我国储蓄率不断提高的一个重要原因是企业特别是国有企业的赢利水平上升而上缴很少，大量本该由全民或政府使用的国有资本收益都被国有企业内部占有和使用，从而不适当地提高了企业的储蓄率，因此要提高国有企业向财政上缴利润的比重，降低企业储蓄，促进经济结构调整。

最后，要进一步完善服务业规制改革，加强对服务业的支持，促进服务业加速发展。服务业的发展对于优化经济结构、促进就业降低资源消耗都有重要的意义。在市场准入方面，要允许民营资本和社会资金进入金融、铁路、公路、航空、电信、电力及城市供水等基础和垄断行业等行业；在财政税收方面，要进一步减免各种不合理的收费，推进税制改革，降低服务业税负水平；要进一步加快生产性服务业，例如金融、电信、交通运输行业的改革与发展，还要积极承接国际服务业转移、促进服务业出口。

附录1：模型设定——人口和劳动力的增长

人口总量及相应的年龄结构、劳动力总量变化对劳动力转移有着重要的影响，人口增长受计划生育政策、人民生活水平提高、生活方式变化等众多因素的影响，但主要是国家人口政策的影响。在本研究中，人口增长被作为模型的外生变量，我们选用世界银行对人口和劳动年龄的预测数据，按照本预测，中国的人口顶峰出现在2032年左右，那时人口约为14.63亿人，劳动年龄人口的高峰出现在2017—2027年，劳动年龄人口约10亿人，按2006年劳动力占劳动年龄人口比重计算，劳动力高峰时全国劳动力资源总量约8.2亿人，比2006年增加4000万劳动力。

附录2：模型设定——居民储蓄率变化

国民储蓄对经济增长有着重要的影响，国民储蓄又可分为居民储蓄、企业储蓄和政府储蓄三部分，其中居民储蓄是最重要的组成部分之一，也是变化较大的部分。根据现有研究，有许多因素影响着居民储蓄率的发展变化。

附表1　中国1992—2005年各部门储蓄占GDP的百分比

单位：%

年　份	居民储蓄率	企业储蓄率	政府储蓄率	国民储蓄率	居民储蓄占可支配收入之比
1992	21.14	13.37	5.90	40.41	31.12
1993	19.32	16.15	6.24	41.71	29.91
1994	21.50	16.03	5.22	42.75	32.57
1995	19.75	16.45	4.81	41.01	30.00
1996	21.05	13.39	5.36	39.81	30.77
1997	20.43	15.93	4.13	40.49	30.46
1998	20.13	14.14	5.20	39.46	29.93
1999	18.30	14.12	5.68	38.10	27.63
2000	16.38	15.53	6.31	38.22	25.45
2001	16.03	15.00	7.50	38.54	25.37
2002	18.60	14.30	7.23	40.14	28.59
2003	18.23	15.58	9.38	43.20	28.89
2004	18.49	22.00	6.08	46.57	31.65
2005	21.50	20.36	6.36	48.22	35.61
2006	21.73	18.83	8.92	49.48	36.40
2007	22.24	18.77	10.84	51.85	37.94

注：1992—2001年数据来源于任若恩、覃筱，2006。

2002—2007年数据来源于2005—2009年中国统计年鉴的资金流量表（实物交易）。

为对中国居民储蓄率的可能变化进行预测和设定，我们首先分析了影响储蓄率变化的主要因素：

居民财富约束和对未来支出的不确定性影响居民储蓄行为。高梦滔、毕岚岚、师慧丽（2008）利用中国8个省份的农村家庭收入消费的微观数据研究发现，中国农户的储蓄行为受到流动性约束和预防性动机的显著影响，二者都显著地提高了农户的储蓄，降低了农户消费水平。对于低收入人群，流动性约束提高储蓄的效应更加明显，因此，可以预计，随着农村居民收入水平的提高和中国社会保障体系的改善，农村居民的消费水平会有进一步上升，储蓄率会有一定的降低。

社会保障水平也影响居民储蓄率：在社会保障体系不健全的国家，储蓄是养老保险的一种重要补充形式。比如2000年中国居民储蓄中的平均养老动机高达21.4%（任若恩、覃筱，2006），因此，可以预计，随着中国社会保障体系逐步发展，居民用于养老的那部分储蓄会逐步降低。

居民年龄结构的变化影响储蓄率，一般来说，未成年人口无力储蓄，老年人口减少投资并开始动用储蓄，人口老龄化会使低储蓄率的老龄人口比重增加，这将会导致储蓄率下降。

世界其他国家居民储蓄率的变化也对设定中国居民储蓄率有一定的参考作用，附图1显示了部分国家的居民储蓄率情况，由该图可见，很多国家的居民储蓄率都经历了先上升后下降的阶段，相对来说，东亚的韩国居民储蓄率较高，在20世纪八九十年代达到25%左右的水平，与这些发达国家相比，中国的居民储蓄率显著高得多，综合以上分析，我们预测中国居民储蓄率会随着经济发展和社会进步而逐步下降，在模型中，我们设定到2030年居民储蓄率由目前的38%左右下降约18个百分点，达到20%左右的水平。

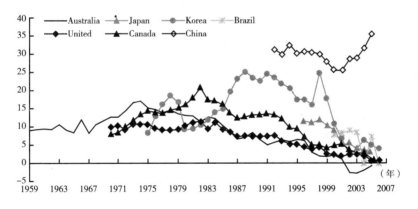

附图1　部分国家居民储蓄率的变化情况

数据来源：OECD Factbook 2008：Economic，Environmental and Social Statistics。

附录3：模型设定——全要素生产率

全要素生产率是长期影响经济增长的最重要因素，为此，我们对改革开放以来有关中国经济增长增长因素进行了分解，附表2给出了核算的结果。

附表2 中国经济增长的因素分解

单位：%

时　期		1978—1990	1991—2000	2001—2008	1978—2008
GDP 增长率		9.02	10.56	10.46	9.80
各要素的贡献	资本	4.29	5.25	6.02	5.27
	劳动	2.13	0.54	0.36	1.02
	TFP	2.60	4.77	4.08	3.51
	其中:劳动力转移的贡献	0.474	0.696	0.701	0.566

注：1. GDP 的数据来自中国统计年鉴的 1978 年价格的 GDP 数据。

2. 资本存量的估计采用永续盘存法，本年的资本存量等于上一年的资本存量减去折旧加上上一年的固定资本形成（用固定资产投资价格指数平减）。

3. 劳动力的数据来自中国统计年鉴的就业人数。

4. TFP 根据索洛的增长核算的公式，TFP = GDP 的增长率 − α × 资本的增长率 − (1 − α) × 劳动力的增长率，α 为资本产出弹性。

　　国内外许多学者也对中国的 TFP 进行了估计，由于采用数据和估计方法差异，得出的结果有很大不同，在改革开放以来，中国 TFP 的年平均增长率在 2% 到 4% 之间（附表3），一些主要研究如下表所示：

附表3 对中国 TFP 增长率的部分经验估计

郭庆旺、贾俊雪	1979—2004	0.89
孙琳琳、任若恩	1981—2002	3.14
王小鲁、樊纲、刘鹏	1999—2007	3.63
Jefferson and Rawski(1994)	1980—1992	2.4
Hu and Khan(1997)	1979—1994	3.9
Wang and Hu(1999)	1978—1995	2.9
Chow(2002)	1978—1998	2.7
Heytens and Zebregs(2003)	1990—1998	2.7
CSLS(2003)	1980—2000	1.7
Wu(2004)	1982—1997	1.4
Kuijs and Wang(2006)	1993—2004	2.7
Hong Kong Monetary Authority(2006)	1978—2003	2.9
CEM update of Kuijs and Wang*	1993—2005	3.0
Hofman et al		3.0
Bosworth and Collins(2007)**	1993—2004	4.2

* 这里是国有企业的 TFP 增长率。

** 使用重新修订的 GDP 数据。

对于中国未来 TFP 增长的趋势，一方面取决于国内各种影响 TFP 因素的发展和变化，另一方面也取决于中国和世界技术差距的变化，从国内影响因素看，王小鲁等 2009 年的研究发现，有许多方面因素对 TFP 有显著影响，包括人力资本溢出效应、科技资本、市场化改革、城市化、外资效应、外贸效应、基础设施、行政管理成本、最终消费率等，基于这些贡献因素当前变动趋势的延伸，并根据最可能的情况进行了适当改变，包括考虑到当前世界经济危机可能带来的影响等，认为 2008—2020 年 TFP 可能平均在 1.79 左右，而如果加强体制改革、抑制政策管理成本，加强教育培训、完善社会保障和公共服务体系以及抑制收入差距扩大方面做得较为成功，则 2008—2020 年 TFP 有望达到3.95 的较高水平。

从世界各国 TFP 增长率变化的一般规律看（附表 4），当经济发展到一定水平，TFP 增长率也有不断降低的趋势，例如附表 4 中的日本、德国和美国，近年来 TFP 都有所降低，韩国从 20 世纪 90 年代以来也有所下降，仅新加坡有所提高。

附表 4　各国 TFP 增长率变化的一般趋势

单位：%

时　　间	1951—1960	1961—1970	1971—1980	1981—1990	1991—1995
泰　　国	—	2.61	2.13	2.62	2.05
新加坡	—	3.88	2.74	3.35	4.81
韩　　国	—	3.22	2.46	5.01	3.18
日　　本	2.80	2.64	0.58	0.63	−0.13
德　　国	4.43	1.53	0.82	0.71	−2.05
美　　国	1.52	1.78	0.26	0.51	0.53

资料来源：Mercer Melbourne Institute，1997，转引自郭庆旺、贾俊雪，2005。

参考世界各国 TFP 发展的一般规律，以及本国和技术前沿国家技术差距是影响 TFP 变化重要因素的情况，我们认为总体来看，中国全要素生产率长期可能呈一个较为下降的趋势，本研究基准情景中，设定到 2030 年 TFP 增长率整体保持在 2.0% 左右。

除综合全要素生产率外，经验研究发现，不同产业的 TFP 增长率往往有较大差别，这将对产业结构的变动产生重要影响，从欧洲各国的经验研究看（附表 5），总体而言，制造业的 TFP 增长率要显著高于服务业，在制造业中，电子设备生产和邮电通讯业 TFP 增长率更高一些，反映了近年来电子技术水平的快速发展，而在服务业中，贸易、零售和交通运输业又要高于普通的服务业，对中国的研究也有大致的趋势，不过由于缺乏对中国分行业 TFP 研究的权威估计，在本研究的基准情景中，仍然采用了各部门统一的 TFP 增长率估计。

附表5　各国分部门 TFP 增长率变化的经验研究

	年　份	日本	德国	法国	英国	意大利	美国
电子设备生产和邮电通讯业	1980—1995	5.8	2.1	3.2	4.2	2.5	4.6
	1995—2004	7.3	5.2	6.9	4.1	3.6	6.8
除电子设备生产业以外的其他制造业	1980—1995	0.9	1.1	1.2	2.9	1.9	0.9
	1995—2004	-0.1	1.2	1.7	0.6	-1.1	1.1
金融和商业服务业	1980—1995	1.1	1.0	-1.5	-1.6	-1.9	-0.3
	1995—2004	0.4	-3.4	-1.2	-0.6	-0.2	0.9
贸易、零售和交通运输业	1980—1995	2.8	1.9	2.1	2.0	0.9	1.4
	1995—2004	-0.3	1.6	0.5	1.7	-1.4	2.8
居民和社会服务业	1980—1995	-2.2	0.1	-2.0	-0.7	-1.7	-0.2
	1995—2004	-0.8	-0.7	0.8	-1.1	-1.8	-0.0

资料来源：Kyoji Fukao and Tsutomu Miyagawa，EU KLEMS，Working paper nr. 18。

附表6　对中国全要素生产率的一些研究

单位：%

作　者	行　业	年　份	TFP
刘洋,吴育(2008)	农业	1995—2000	-0.2
		2000—2005	5.3
李丹、胡小绢	制造业(内资企业)	1999—2005	9.5
	制造业(外资企业)	1999—2005	7.6
原毅军、刘浩、白楠	生产性服务业	1997—2005	-4.8
史修松、徐康宁、司增绰	服务业	1992—2005	0.1
王亚华、吴凡、王争	交通行业	1980—1990	5.5
		1990—2000	3.1
		2000—2005	7.2

附录4：中间投入率的变化

对于国民经济绝大多数部门而言，中间投入往往占部门总产出的一半以上。因此，中间投入变动所产生的结构变化效应有时甚至比初始投入和最终消费的作用更大，它也是国民经济结构的一个重要组成部分。随着经济发展和技术进步，各产业的中间投入率也会发生变化，在本文的 CGE 模型中，我们根据中国 1992—2005 年投入产出表的变化情况，并参考美国和日本的中间投入率变化规律（参见附表 7），对 CGE 模型中中长期的中间投入率变化进行设定。

具体而言，对中长期中间投入率的变化设定有以下几点：

（1）农业部门的中间投入率会继续提高，这是因为随着劳动力转移和机械化及规模生产的变化，农业对农机、化肥等方面的投入会继续增加，日本和美国也表现出类似的趋势。

（2）能源和资源部门的中间投入率会略有降低。随着能源资源价格逐渐提高，对资源的利用更高节约，因此以不变价计算的中间投入率会略有降低。

（3）劳动密集型部门的中间投入率会有一定的下降，这主要考虑"十二五"及中长期，工资水平会有显著提高，因此劳动报酬部分所占比重会相应增加。

（4）在中间投入中，生产性服务业所占比重有所提高，这主要是考虑从各国的发展经验看，工业部门对服务业的使用率都会有一定程度的上升。

附表 7　中国和日本、美国中间投入率的变化

中间投入率的变化	中		国		日		本		美	国
	1992	1997	2002	2005	1970	1980	1990	2000	1995	2000
农业	35.7	40.4	41.8	41.5	36.9	46.4	43.0	46.3	60.3	61.5
煤炭开采和洗选业	56.1	48.6	43.1	56.0	36.4	49.7	48.4	43.3	52.5	41.1
石油和天然气开采业	37.8	26.2	28.9	30.7						
金属矿采选业	60.7	64.6	56.9	66.0					48.6	48.5
非金属矿采选业	60.6	58.6	53.5	69.6						
食品制造及烟草加工业	74.3	72.3	68.9	72.3	73.1	71.8	67.8	76.2	66.9	72.2
纺织业	79 4	71.8	75.2	79.1	73.9	70.9	66.1	66.9	66.4	65.9
服装皮革羽绒及其制品制造业	78.8	68.8	75.4	75.0						
木材加工及家具制造业	74.7	72.1	72.7	76.7	72.7	71.6	65.5	67.1	61.9	66.6
造纸印刷及文教用品制造业	73.0	68.5	66.3	75.4	66.7	68.4	60.8	62.3	53.5	56.4
石油加工、炼焦及核燃料加工业	72.0	77.9	82.8	81.2	58.7	84.8	62.5	79.9	85.9	88.6
化学工业	72.1	73.1	73.1	78.2	69.7	79.7	72.1	76.2	63.9	64.1

· 283 ·

续表

中间投入率的变化	中国				日本				美国	
	1992	1997	2002	2005	1970	1980	1990	2000	1995	2000
非金属矿物制品业	65.3	68.4	67.1	73.2	61.4	68.4	59.6	61.3	77.3	
金属冶炼及压延加工业	69.3	79.6	75.6	79.4	80.3	80.0	75.9	76.7	70.1	80.9
金属制品业	76.0	76.7	76.3	78.0	57.9	62.5	57.6	58.6		
通用、专用设备制造业	71.7	66.4	71.9	76.0	64.8	67.0	60.9	68.6	54.5	61.2
交通运输设备制造业	73.3	73.8	73.8	78.6	64.6	64.1	66.3	71.6	62.8	
电气机械及器材制造业	74.6	77.7	75.9	79.2	66.7	67.6	64.1	68.5	55.3	58.4
通信设备、计算机极其他电子设备制造业	75.0	74.6	79.0	84.3	65.9	66.9	69.1	71.3	51.2	
仪器仪表及文化办公用机械制造业	66.1	68.7	74.3	78.4	46.3	56.4	57.9	65.3	73.7	62.9
其他制造业	75.6	65.7	71.9	73.5	66.7	64.3	64.8	75.7		
废品及废料	66.7	0.0	0.0	0.0						
电力、热水生产和供应业	51.2	56.8	49.9	69.1	35.1	57.9	44.9	48.1	44.7	40.7
燃气生产和供应业	83.1	73.7	79.6	74.2					75.8	
水的生产和供应业	51.1	50.0	50.0	55.2					39.5	
建筑业	70.4	71.3	76.6	74.6	64.8	60.1	55.8	56.8	53.7	49.4
交通运输及仓储业	44.2	44.8	51.6	56.9	40.6	52.9	46.7	43.7	51.7	50.6
邮政业	31.2	58.6	60.0	53.8	16.1	21.9	22.4	45.6	39.8	51.1
信息传输、计算机服务和软件业		40.7	43.9	52.1						
批发和零售贸易业	54.9	49.0	45.9	30.0	32.3	33.4	32.9	36.3	34.8	33.2
住宿和餐饮业	59.8	57.7	59.5	62.6	59.2	54.1	52.1	55.6	51.3	47
金融保险业	47.8	39.0	36.1	38.5	20.7	28.7	32.9	35.4	47	46.7
房地产业	24.8	24.1	26.9	19.6	26.7	24.3	27.7	15.4	19.4	26.7
租赁和商务服务业		75.4	58.8	71.8	44.1	45.9	38.1	40.6	42.3	37.4
科学研究事业	51.6	61.2	53.4	64.2					38.5	39.4
居民服务业	50.2	50.0	50.9	57.8						
教育事业	28.2	45.9	38.7	38.1					25.6	43.7
卫生、社会保障和社会福利业	57.2	66.6	50.1	68.9					37.4	38.2
文化、体育和娱乐业	53.7	52.0	53.4	56.5					49.4	43.9
公共管理和社会组织	52.2	54.9	49.2	46.7					39.2	36.7

附录5：若干国际比较数据

附表8 GDP 居世界前十位的国家

单位：十亿美元

	1998		2000		2006		2007		2008	
	国家	GDP	国家	GDP	国家	GNI	国家	GNI	国家	GNI
1	美国	8720	美国	9810	美国	13446	美国	13886	美国	14466
2	日本	3940	日本	4765	日本	4900	日本	4828	日本	4879
3	德国	2144	德国	1866	德国	3018	德国	3270	中国	3899
4	法国	1452	英国	1429	中国	2641.6	中国	3126	德国	3485
5	英国	1424	法国	1305	英国	2425.2	法国	2466	英国	2787
6	意大利	1196	中国	1080	法国	2297.8	英国	2464	法国	2702
7	中国	946	意大利	1073	意大利	1875.6	意大利	1988	意大利	2109
8	巴西	787	加拿大	706	西班牙	1200.7	西班牙	1314	西班牙	1456
9	加拿大	607	巴西	594	加拿大	1177.4	加拿大	1307	巴西	1411
10	西班牙	588	墨西哥	580	印度	906.5	巴西	1122	加拿大	1390

资料来源：历年《世界发展报告》，世界银行。

附表9 世界银行历年按收入分类的标准

	中 国	发 展 中 国 家			高收入国家
		低收入国家	下中等收入国家	上中等收入国家	
1980	$290	$410	$420—$1410	$1420—$4500	$4510—$26850
1990	$370	$610	$611—$2465	$2466—$7619	$7620—$32680
2000	$780	$755	$756—$2995	$2996—$9265	$9266—$40080
2002	$940	$735	$736—$2935	$2936—$9075	$9076—
2003	$1100	$765	$766—$3035	$3036—$9385	$9386—
2004	$1676	$825	$826—$3255	$3256—$10065	$10066—
2005	$1740	$875	$876—$3465	$3466—$10725	$10726—
2006	$2010	$905	$906—$3595	$3596—$11115	$11116—
2007	$2370	$935	$926—$3705	$3706—$11455	$11456—
2008	$2940	$975	$976—$3855	$3856—$11905	$11906—

资料来源：历年《世界发展报告》，世界银行。

附录 6：本研究所采用的 DRC—CGE 模型结构

DRC—CGE 模型主要由生产模块、收入分配及居民消费、政府模块、贸易模块、要素模块等几个方面组成。[①]

1. 企业（生产行为）

主要描述企业如何决定其产品供给的数量和价格，以及如何确定其购买各种投入要素（包括中间投入如各种原材料，以及对劳动力、资本、各种能源的投入数量），在模型中，所有的生产部门采用规模报酬不变的生产技术，并按成本最小化的原则决策。生产过程是用多层嵌套的常替代弹性（CES）生产函数描述的。在第一层次，根据 CES 生产函数，总产出由中间投入与增加值的组合共同决定。在第二层次，中间投入合成按里昂惕夫结构分解为各种中间投入，即它们之间不存在可替代性。在同一层次上，增加值被分解为总劳动与资本束，前者可进一步分解不同种类的劳动力。

2. 收入分配及居民消费

要素收入被分配到模型中的 3 个主要机构：企业、居民、政府部门。

居民收入包括资本收入、劳动力收入。同时还包括企业分配的利润和从政府和国外获得的转移收入。农村居民的劳动力收入来源于农业劳动力和生产工人的收入，而城镇居民的劳动力收入则来源于生产工人和技术工人的收入。对于农业劳动力与生产工人间劳动力的转移，如果一部分农业劳动力转移到非农业部门而成为生产工人，其作为生产工人的收入将分配给农村居民；反之亦然，即如果生产工人转移到农业部门而成为农业劳动力，其工资收入将依据生产工人收入的分配比例在农村居民和城镇居民间进行分配。

资本收入在居民和企业间进行分配。企业收益（盈余）是总资本收益减去企业所得税（净资本收益）的一部分。企业税后收入中有一部分以固定份额分配给居民，此固定份额由居民拥有的资本比例所决定。税后企业收益减去前面已分配的两部分即为企业留成，即企业储蓄，用于新的投资和折旧。

居民的可支配收入从支出的角度来看包括两部分：居民对商品和服务的消费以及居民储蓄。

与以往的 DRC—CGE 模型不同的是，该模型采用 AIDADS 消费支出函数替代了以前的 ELES 支出函数。AIDADS 函数可以看成是线性支出函数（LES）

---

① DRC—CGE 是国务院发展研究中心发展部开发的动态递推中国经济可计算一般均衡模型，关于模型的具体描述参见李善同、翟凡（1997）。

的扩展，或者说 LES 函数是 AIDADS 函数的特例。AIDADS 函数将 LES 函数中固定不变的边际消费倾向改变成收入的函数，即边际消费倾向内生与收入的变化，因此可以更好地反映消费结构/方式的变化。

3. 政府行为

主要在描述政府的各项政策行为，CGE 模型通常将这些政策变量作为外生给定的变量，以研究政府改变政策变量时，对于整个经济系统的影响。同时，政府也是 CGE 模型中的消费者。政府行为的主要要求是预算平衡约束，即政府的总收入等于总支出 + 总储蓄（赤字）。政府收入包括企业所得税、进口关税和各种间接税，如增值税、营业税等，模型中，假定政府税率保持不变，政府消费保持为政府收入的固定比例。

4. 国际贸易和国内区域间贸易

企业生产出的产品首先在国内市场与国际市场之间分配以最大企业的利润，在这两者间的转换不是完全弹性的，即允许出口价格和国内销售价格之间差异。在国内市场的销售同样也存在一个分配的问题，即在本地销售和销往国内其他区域，这一过程也需要依据各个市场之间的相对价格来确定一个销售比例以实现利润的最大化。整个销售过程在模型中的描述采用三层嵌套的 CET 函数：第一层，依据国际价格和国内价格的相对关系确定出口和内销的比例；第二层，依据本地市场和国内其他地区的价格相对关系确定本地销售和销往国内其他地区的比例；第三层，依据国内其他不同地区的相对价格确定在不同地区市场销售的比例。

模型在处理国内市场的产品需求时，采用了传统的 Armington 假设，即假设不同货源地的物品存在非同质性，也就是两者不是完全替代的，依据不同市场上产品的相对价格选择相应的产品组合来达到成本的最小化。与商品的供给一样，产品的需求也采用了三层嵌套的结构，不同的是这里采用三层嵌套的 CES 函数；第一层，依据国内和国际产品的相对价格确定各自的比例；第二层，国内市场依据本地产品和国内其他地区产品的相对价格确定各自比例；第三层，依据国内地区各个市场之间的相对价格确定各自比例。以第一层为例，国内市场需求通过选择不同的国内产品和进口的组合来达到成本的最小化。

5. 要素市场

模型中主要生产要素包括土地、资本和劳动力，假设土地供给是外生给定的，每期资本的供给等于上期资本总量减去折旧再加上当年新增投资，劳动力总量的供给也是外生给定的，但随着经济发展，农业劳动力不断向非农业转移，因此，不同种类劳动力的总供给是变化的，模型假设工资自由调整，因此没有失业问题。

6. 投资与储蓄

模型中总投资是由各储蓄组成部分的和内生决定的，即模型由"储蓄驱动"。这一特性在 CGE 方面的文献中通常称为新古典闭合原则。对于投资支出采用固定支出份额函数描述，即对于各种投资品的需求的比例固定。另外对于投资品的需求也采用的是 Armington 商品的模式，即投资品既有本地的，也有外地的，还有一些来自于进口。

7. 模型的动态

DRC—CGE 模型具有递推动态结构，它假设经济主体基于对价格和数量的静态预期作出决策。模型中动态特性来源于生产要素的积累和生产率的变化。模型的基年是 2005 年。在动态模拟中，静态模型解出 2005—2030 年间数个单时期均衡。各时期之间由生产要素的增长（劳动力/土地）和积累（资本），以及生产率的变化所联系。

在本模型中，人口、劳动力和劳动生产率的增长率是外生的。资本增长率由模型的储蓄/投资关系内生决定。在总量水平上，当期的资本存量等于前一时期的资本存量减去折旧加上总投资。

8. 模型的闭合

在投资与储蓄的关系上，由于本文是一个长期增长模型，而根据一般经验，长期中一国的投资是等于其国内储蓄的，因此本模型假设投资总是等于储蓄，即采用新古典闭合方法。在国际收支账户的平衡中，本模型采取外贸易盈余外生变化而汇率内生变动的闭合方式。

参考文献

［1］高梦滔、毕岚岚、师慧丽，2008，《持久收入与农户储蓄：基于八省微观面板数据的经验研究》，《数量经济技术经济研究》，2008 年第 4 期，40—52。

［2］任若恩、覃筱，2006，《中美两国可比居民储蓄率的计量：1992—2001》，《经济研究》，2006 年第 3 期，67—81。

［3］郭庆旺、贾俊雪，2005，《中国全要素生产率的估算：1979—2004》，《经济研究》，2005 年第 6 期。

［4］孙琳琳、任若恩，2005，《中国资本投入和全要素生产率的估算》，《世界经济》，2005 年第 12 期。

［5］王小鲁、樊纲、刘鹏，2009，《中国经济增长方式转换和增长可持续性》，《经济研究》，2009 年第 1 期，4—16。

［6］Kyoji Fukao and Tsutomu Miyagawa，"Productivity in Japan，the US，and the Major EU，Economies：Is Japan Falling Behind?"，EU KLEMS，*Working paper nr. 18.*

［7］刘洋、吴育华，2008，《中国农业全要素生产率变动：1995—2005》，《中国农机化》，2008年第6期，41—44。

［8］李丹、胡小绢，2008，《中国制造业企业相对效率和全要素生产率增长研究——基于1999—2005年行业数据的实证分析》，《数量经济技术经济研究》，2008年第7期，31—41。

［9］原毅军、刘浩、白楠，2009，《中国生产性服务业全要素生产率测度——基于非参数Malmqui st指数方法的研究》，《中国软科学》，2009年第1期，159—167。

［10］史修松、徐康宁、司增绰，2008，《中国服务业全要素生产率增长及空间差异分析》，《徐州师范大学学报》，2008年11月，101—106。

［11］王亚华、吴凡、王争，2008，《交通行业生产率变动的Boot st rap-Malmquist指数分析（1980—2005)》，《经济学》（季刊），2008年4月，891—912。

后危机时期的中国财政政策[*]

财政部财政科学研究所　贾　康　刘　薇

一、引言

两年前不期而至的世界金融危机的巨大冲击，向各国宏观调控当局提出了严峻的挑战，财政政策的运用成为重要的应对措施。中国在 2008 年 11 月明确宣布宏观政策转型为适度宽松的货币政策和积极的（即扩张性的）财政政策之后，已经取得明显成效，经济运行态势在 2009 年比较顺利地从"前低"转入"后高"，年度 GDP 增速为 8.7%，其中第四季度的增速达 10.7%。一般预计，2010 年中国经济将有望实现较高速的增长，并将在优化结构方面有所进展。在世界范围内的各方不约而同使用"后危机时期"这一用语的新阶段，总结回顾中国财政政策的实践并探讨"后危机时期"财政政策的目标与相关重点问题，是很有必要的。

二、国际金融危机下的中国财政政策

2007 年后，由美国次贷危机引发的全球金融危机迅速由发达国家扩散至发展中国家，由金融层面扩散至实体经济层面。这场金融危机是在经济全球化深入发展、国与国相互依存关系日益紧密的大背景下发生的，任何国家都不可能独善其身。为应对金融危机带来的负面冲击，2008 年 11 月，中国政府审时度势、果断决策，实施宏观政策转型，启动了适度宽松的货币政策和扩张性的积极财政政策，出台扩内需、保增长的多项措施，做出了"4 万亿元投资"安排和促进经济平稳较快增长的一揽子经济刺激计划。本轮积极财政政策将应对世界金融危机和解决国内突出的矛盾和困难很好地结合起来，政策措施彰显中国特色。概言之，扩内需、保增长、促就业、维稳定是本轮积极财政政策的首要内容；调整结构、支持创新、深化改革是本轮积极财政政策的重要特征；强化保

---

[*] 本文为中国发展高层论坛委托研究的课题报告，旨在为与会者提供关于论坛议题的背景资料。

障、改善民生是本轮政策调控的基础支撑（详见表1）。经历 2009 年又进入
2010 年，积极财政政策措施成效日益显现，对经济企稳回升发挥了重要作用。

表1 一揽子经济刺激计划重点和数据

四个重点	大规模增加政府投资,实施总额 4 万亿元人民币的两年投资计划,其中中央政府拟新增 1.18 万亿元,实行结构性减税,扩大国内需求
	大范围实施调整振兴产业规划,提高国民经济整体竞争力
	大力推进自主创新,加强科技支撑,增强发展后劲
	大幅度提高社会保障水平,扩大城乡就业,促进社会事业发展
七个方面	加强和改善宏观调控,要坚持灵活审慎的调控方针,实施积极的财政政策和适度宽松的货币政策
	积极扩大国内需求特别是消费需求,增强内需对经济增长的拉动作用
	巩固和加强农业基础地位,促进农业稳定发展和农民持续增收
	加快转变发展方式,大力推进经济结构战略性调整
	继续深化改革开放,进一步完善有利于科学发展的体制机制
	大力发展社会事业,着力保障和改善民生
	推进政府自身建设,提高驾驭经济社会发展全局的能力
十四个年度经济目标数据	8%:GDP 增长 8% 左右
	900 万:城镇新增就业 900 万人以上
	4.6%:城镇登记失业率 4.6% 以内
	4%:居民消费价格总体水平涨幅 4% 左右
	9500 亿:全国财政赤字 9500 亿元人民币,其中包括地方债券 2000 亿元
	5 万亿:新增贷款 5 万亿元以上
	5500 亿:企业、居民税负减轻约 5500 亿元
	9080 亿:中央政府投资总额 9080 亿元
	420 亿:中央财政拟投入 420 亿元促进就业
	3318 亿:今后三年各级政府拟向医改新增投入 8500 亿元,其中中央财政投入 3318 亿元
	7161 亿:中央财政拟安排"三农"投入 7161 亿元,比上年增加 1206 亿元
	1461 亿:中央财政科技投入 1461 亿元,增长 25.6%
	2930 亿:中央财政拟投入社会保障资金 2930 亿元,比上年预计增加 439 亿元
	1300 亿:中央财政今年再安排 1300 亿地震灾后重建资金

（一）积极财政政策的主要内容与相关举措

1. 扩大国内需求，保证一定水平的经济增长，进而促进就业、维护稳定
与和谐，是中国本轮积极财政政策的首要内容

主要的举措有：

（1）扩大公共投资

面对外部需求的急剧下滑，努力扩大国内需求便成为政策的着力点，扩大

公共投资被设定为首选。2008年四季度实施积极财政政策以来，党中央、国务院推出了总规模达4万亿元的扩大内需项目投资计划，其中新增中央政府公共投资1.18万亿元（包括2008年四季度增加安排1040亿元，2009年安排4875亿元，2010年预计安排5885亿元），其余主要为地方政府和银行信贷的配套资金（4万亿元公共投资结构上分为七大方面，详见图1）。2009年中央预算安排公共投资共为9080亿元，增加了4875亿元，用于加快保障性住房建设、农村"水电路气房"等民生工程、重大基础设施建设、卫生教育等社会事业建设、节能减排和生态环境建设、自主创新和结构调整、汶川大地震灾后恢复重建等方面。截至2009年11月底，2009年中央政府公共投资已累计下达了投资预算8626亿元，预算执行进度为95%。

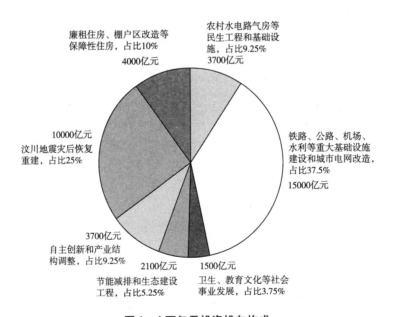

图1　4万亿元投资投向构成

（2）促进消费

消费需求是最终需求，以多种手段促进消费也是一揽子计划的重要着力点。具体措施包括进一步减轻企业和个人税费负担，以财政补贴鼓励家电下乡、农机下乡、汽车摩托车下乡，2010年又将新增建材下乡；积极扩大住房、汽车、耐用消费品和农村的消费信贷市场，推进医药卫生体制改革减轻居民医疗负担，并积极改进、健全社会保障体系试行农村基本养老制度、提高城乡最低生活保障标准等，以解除城乡居民"后顾之忧"而提高边际消费倾向；改善中小学教师待遇；提高退休人员基本养老金。这些成为中国应对国际金融危机、扩大内需的重要方面。为支持家电、汽车摩托车下乡工作，2009年中央财政预算安排了250亿元补贴资金。

（3）支持出口

在扩大内需的同时，支持出口、争取外部需求仍是政府一直努力的重要方面，业已提高出口退税率，在区别不同产业、产品确定不同退税水平的同时，总的导向是尽可能支持外向型企业在金融危机冲击下"抗寒过冬"。中国海关总署2009年11月发布的统计结果显示，11月中国外贸进出口总值2082亿美元，比去年同期增长9.8%，环比增长5.4%，实现了年内首次月度同比正增长。其中出口1136亿美元，实现连续5个月超千亿美元，同比下降1.2%，环比增长2.6%。外贸形势明显好转。通过着力调整内需和外需结构，中国将加快形成以内需为主和积极利用外需共同拉动经济增长的格局，力求使经济向更加均衡的发展方式转变。

（4）实行结构性减税和税费改革

继2008年内外资企业所得税"两法合一"和调低证券交易印花税税负等举措之后，2009年国家又陆续出台了一系列旨在减轻企业和居民负担的税费改革措施，实行结构性减税。比如，以增值税由生产型向消费型的全面转型促进企业扩大投资；适当从低调整房地产税费政策；暂时减征小排量乘用车车辆购置税。仅全面实施增值税转型改革一项，企业因此一年可减负约1200亿元。据测算，大规模的结构性减税和减少行政事业收费政策，总计可在2009年减轻企业和居民负担约5000亿元。实施适度的减税政策，虽然在短期内会加大财政减收的压力，但从中长期来看，能够促进经济平稳较快发展，在服务于"反周期调控"大局的同时，也为财政增收奠定长远基础。

（5）大幅增加财政赤字和举债的规模

面对国际金融危机带来的经济下行压力，扩大财政赤字规模以求刺激经济增长，可以说是世界通行做法，中国也不例外。为弥补财政减收增支形成的缺口，2009年中国安排了中央财政赤字7500亿元，比上年增加5700亿元，同时国务院首次同意地方发行2000亿元债券，由财政部代理发行，列入省级预算管理。全国财政赤字合计9500亿元，绝对规模为建国以来之最，这体现了为反周期调控大局服务的"积极"特点。另一方面，虽然年度赤字增加较多，但由于前几年连续减少赤字，发债空间较大，从国际上为人们所关注的欧盟设定的两个指标即财政赤字占GDP的比重和国债余额占GDP的比重来看，仍然分别可以控制在 3% 以下和 20% 左右（后一指标如加上地方的隐性负债，一般估计也仅在 40% 上下），所以 9500 亿元的赤字相对我国综合国力来说，总体上是安全的，年度赤字安排，在"积极"的同时也体现了"稳妥"的特点。

2. 加快结构调整、优化产业布局、推进自主创新和深化改革是本轮政策调控的主要特征

（1）调整产业结构

在一揽子计划中，十项重点产业调整和振兴规划令人瞩目。外部危机压力客观上使中国一些行业产能过剩的矛盾进一步凸显，不失时机地发力推进产业结构调整和优化升级，成为关系经济全局的战略任务。基于此，2009 年 1 月 14 日至 2 月 25 日的 40 天内，国务院连续召开 6 次常务会议，相继审议通过了汽车、钢铁、纺织、装备制造、船舶、电子信息、轻工、石化、有色金属、物流等十项重点产业调整和振兴规划，涉及范围之广、决策效率之高，前所未见。其后，受益于投资、消费拉动和调整振兴规划，一些主要产业很快出现积极变化。比如，主要化工产品价格稳步上涨。在石化协会重点跟踪的 168 种产品中，3 月份平均价格比上月上升的有 81 种。节能减排工作也得到了进一步的加强，国家发展和改革委 8 月 2 日发布的数据显示，2009 年上半年，全国单位 GDP 能耗累计下降 3.35%，为"十一五"以来同期最大降幅，同比提高 0.47 个百分点。2009 年六大高耗能行业规模以上企业，工业增加值同比增长 4.2%，增幅同比回落 10.3 个百分点，低于规模以上工业 2.8 个百分点，节能占上半年节能量的三分之一左右。

（2）加大财政支农力度

政府支农力度显著加大，中央财政 2009 年全年安排的"三农"支出 7161.4 亿元，比上年增长 20.2%；粮食直补、农资综合补贴、良种补贴、农机具购置补贴等四项与农民生产生活直接相关的补贴合计 1230.8 亿元（详见表 2），比上年增长了 19.4%。在四批扩大内需投资中，安排农村沼气、优粮工程、标准粮田等农业投资 200.5 亿元。这些预算支出 90% 已于 2009 年一季度下拨完毕，力度之大为历年之最，彰显了政府努力提高农民收入、改善农民生活、优化国民经济结构的决心与工作的进展。

（3）优化产业布局和加强区域发展指导

协调区域发展，优化生产力布局，也是中国决策层高度重视的调控重点之一。继前面两年已部署的打造北方经济中心——滨海新区、加快建设广西北部湾经济区等重大举措，过去一段时间里，综合配套推进珠江三角洲地区改革发

展，在重庆市实行统筹城乡改革和发展，在上海加快发展现代服务业和先进制造业、建设国际金融中心和国际航运中心，以及加快建设福建的海峡西岸经济区、关中—天水经济区等等区域振兴的重要部署，相继推出，旨在进一步培育新的经济增长极、发挥比较优势和提升区域间协调发展水平，这些将对国家的长远发展产生重要影响。

表 2　中央财政"三农"支出 2009 年预算草案与 2008 年执行情况比较

单位：亿元

	2008 年	2009 年	
	执行数	预算数	增长率
农林水事务	2702.20	3446.59	27.5%
良种补贴	123.45	154.80	25.4%
农资综合补贴	715.91	756.00	5.6%
农机具购置补贴	39.95	130.00	225.0%
粮食直补	151.09	190.00	25.8%
农业保险保费补贴	60.50	79.80	31.9%
农业基础设施	1137.60	1295.10	13.8%
农业综合开发	127.00	147.00	15.7%
扶贫开发	167.30	197.30	17.9%
现代农业生产	53.99	65.00	20.4%
"三农"支出合计	5955.50	7161.40	20.2%
农业生产	2260.10	2642.20	16.9%
四项补贴	1030.40	1230.80	19.4%

注：2008 年农林水事务执行数数据在《2009 年财政预算草案》附表中提供了两组数，其中一组为1821.74 亿。

资料来源：财政部《2009 年预算报告》。

（4）支持科技创新

历史经验表明，危机往往会刺激新一轮科技革命，科技革命又会成为新一轮经济增长和繁荣的重要引擎。在前面几年实施加快走创新型国家道路的中长期科技发展规划的基础上，结合应对金融危机，国务院部署近两年中央和地方财政集中投入 1000 亿元，加快一批能够支撑经济增长的重大科技专项的实施，并以贴息等方式支持企业发展和科技创新（据工业和信息化部不久前的统计结果显示，2009 年国务院常务会议明确用于加强技改的 200 亿贴息资金作用明显，启动技改项目共 4441 项，带动社会资金 6326 亿元，拉动效果达到 28倍），加快推广应用先进技术，加强重点产业振兴的科技支撑，并强化科技人力资源建设。

（5）继续深化改革

应对国际金融危机，也是中国深化改革的契机。决策层要求加大改革力度，以继续深化改革，破解发展难题，赢得发展机遇，增强发展的动力和活力。酝酿多年的成品油价、税、费改革从 2009 年初开始实施，医药卫生体制改革业已启动，国家还取消和停征了 100 项行政事业性收费，进一步清理整顿不规范的"小金库"。2009 年 4 月，国务院常务会议部署重点推进的改革任务，包括转变政府经济管理职能，深化国有企业改革和农村综合改革，推进资源性产品价格改革和服务业体制改革，加快就业和收入分配制度改革，推进科技体制改革，深化财政、税收、金融体制改革和涉外经济体制改革等。这些改革举措，着眼于解决经济社会发展中的突出矛盾和问题，对提振市场信心和扩大内需发挥了积极作用，并把短期调控与中长期化解深层矛盾的制度创新与建设结合起来，旨在促进中长期的机制转换、实现可持续发展。

3. 完善社会保障体系、改善民生是本次政策调控的基础支撑

（1）加大民生投入力度

2009 年中央财政预算安排的民生支出中，所安排的促进就业资金增长66.7%，保障性安居工程资金增长 171%；医疗卫生支出增长近四成；教育支出增长 23.9%。上半年，又有一批批保障性安居工程开工建设，一个个农村沼气、饮水安全工程开始启动，一座座基层医疗卫生服务设施和中西部农村中小学校舍得到改造，一项项地震灾区灾后重建工作正在加快，城镇污水、垃圾处理设施建设明显加快，低收入群体的福利待遇水平进一步提高。

（2）加强社会保障体系

加快完善社会保障体系，扩大社会保障覆盖范围，努力提高社会保障水平。2009 年 1 月 1 日起，调整企业退休人员基本养老金的政策已向全体企业退休人员兑现；破产关闭的国有企业的退休人员将全部纳入城镇职工医疗保险；进一步开展新型农村社会养老保险试点，覆盖面达到 10% 的县区。近两年，保障性安居工程被摆在更加突出的位置，廉租房等保障性住房建设明显提速。2008 年中央财政安排保障性安居工程补助资金 184 亿元，2009 年增加到493 亿元，增长 1.7 倍。3 年内，约 750 万户城市低收入家庭，林区、垦区、煤矿区等地 240 万户棚户区居民的住房困难将得到解决。

（3）促进和扩大就业

就业是民生之本，面对金融危机带来的就业困难，国家千方百计保障和扩大就业。国务院办公厅专门就加强高校毕业生就业和农民工就业工作发出通知，通过一系列的政策杠杆，努力帮助高校毕业生实现就业，支持农民工返乡

创业和再就业。人力资源和社会保障部公布的数据显示，2009 年 1 至 11 月，全国城镇新增就业 1013 万人，月均 92 万人，已超额完成全年 900 万人的目标任务，基本恢复到正常水平，稳定就业取得初步成效。面对金融危机给农民工就业和生活带来的困难，国家采取了一系列政策措施加强农民工培训，加快建立包括农民工工伤、医疗、养老在内的比较全面的保障体系，养老保险及转移接续制度正在试行。2009 年 12 月中央经济工作会议强调加强农民工培训和推进户籍制度改革，2010 年初中央一号文件又鲜明地强调了对新生代农民工有针对性地解决培训与引导等问题。这些将明显改善广大进城务工人员的工作和生活条件。

（4）深化医药卫生体制改革

2009 年 4 月 6 日，国务院正式公布《中共中央国务院关于深化医药卫生体制改革的意见》，拉开了新医改的序幕。将全体城乡居民纳入基本医疗保障，成为党中央、国务院在应对金融危机冲击阶段上从经济社会发展全局出发作出的重大决策，也是加快完善社会保障体系和完善社会主义市场经济体制、改善民生的一项重要举措。根据规划，今后三年，将着力推进包括基本医疗保障制度、国家基本药物制度等在内的五项改革，目标是到 2011 年，基本医疗保障制度全面覆盖城乡居民，基本医疗卫生的可及性和服务水平明显提高，居民就医费用负担明显减轻，"看病难、看病贵"问题明显缓解。为此，各级财政将新增投入 8500 亿元左右。

（二）财政政策的实施效果

自 2008 年秋季以来，不断出台的调控与改革举措，已勾勒出中国新一轮宏观调控的路径和格局。财政政策是这种调控中的主力手段之一，它在配合货币政策扩张总量以提升经济景气的同时，还特别着重优化结构增加经济、社会中的有效供给。一揽子经济刺激计划注重短期保增长、保就业和长期调结构的通盘考虑，是扩大内需和稳定外需相结合、振兴产业和加强科技支撑相结合、改善民生和加强社会保障体系建设相结合、加大信贷投放与扩张财政支出与优化支出结构相结合、深化改革与转变发展方式相结合的一揽子计划。

一年多来的经济运行和社会生活表明，这种一揽子计划已初见成效，使经济形势出现积极变化，并有利于进一步提高经济发展质量。主要表现在：

一是较快扭转了经济增速明显下滑的局面，实现了国民经济总体回升向好。2009 年中国经济增长"保八"成功。全年国内生产总值（GDP）实现 33.54 万亿元，按可比价格计算比上年增 8.7%，增速比上年回落 0.9 个百分点。分季度看，一季度增长 6.2%，二季度增长 7.9%，三季度增长 9.1%，四季度增长 10.7%。

二是政府投资对经济的拉动效果明显，随着投资持续快速增长，涉及民生领域的投资增长明显加快。全年全社会固定资产投资 22.48 万亿元，比 2008 年增长 30.1%，增速比 2008 年加快 4.6 个百分点。其中，城镇固定资产投资增长 30.5%，加快 4.4 个百分点；农村固定资产投资增长 27.5%，加快 6.0 个百分点。特别是涉及民生领域的项目投资规模大幅增长，全年基础设施（扣除电力）投资增长 44.3%，其中，卫生、社会保障和社会福利业方面增长 58.5%，有利于为经济的后续稳定上升与社会的和谐夯实基础。

三是工业生产逐季回升，实现利润由大幅下降转为增长。全年规模以上工业增加值比上年增长 11.0%，增速比上年回落 1.9 个百分点。其中，一季度增长 5.1%，二季度增长 9.1%，三季度增长 12.4%，四季度增长 18.0%。分行业看，39 个大类行业全部实现同比增长。工业产销衔接状况良好，全年规模以上工业企业产销率达到 97.67%。

四是国内消费稳步增长。全年社会消费品零售总额 12.53 万亿元，比上年增长 15.5%；扣除价格因素，实际增长 16.9%，实际增速比上年同期加快 2.1 个百分点。居民消费能力稳步增强。2009 年，全国商品房销售面积 9.37 亿平方米，比上年增长 42.1%。

五是居民收入持续增加，大量的民生投入、一系列民生政策正在变为人民群众看得见摸得着的实惠。2009 年，城镇居民人均可支配收入比上年增长 8.8%，扣除价格因素，实际增长 9.8%。农村居民人均纯收入比上年增长 8.2%，扣除价格因素，实际增长 8.5%。

（三）经验与反思

1. 中国财政政策实践的基本经验

本轮积极财政政策注重处理好扩张总量与调整结构、应对当前困难和实现经济长期平稳较快发展的关系。政策措施更加注重经济发展方式转变和结构调整，提高经济增长质量和水平。简要总结经验的要点，一是把应对金融危机冲击放在"反周期"的操作框架内，充分认识其近乎"百年一遇"的严重性，及时、坚决、有力度地实施总量扩张。二是结合中国的国情与发展阶段，特别注重"供给管理"角度的区别对待、优化结构，着力增加有效供给、促进升级换代和方式转变。三是在"积极"的同时也注重防范风险、加强制度建设。总体上看，本轮积极财政政策的实施，无论是增支规模还是减税规模，无论是对经济增长速度的推动还是对经济增长质量的关注，都体现了贯彻以人为本、全面协调可持续科学发展观、为经济社会发展大局服务的理念，也体现了财政宏观调控日趋成熟的思路和技巧，这将为应对后危机时期复杂多变的外部环境，促进经济平稳较快发展提供更为坚实的保障。

2. 中国财政政策实践的几点反思与优化要领

任何政策设计与实践都不可能是十全十美的。从还需在 2010 年继续实行的积极财政政策有必要力求优化的视角来看，可提出三个方面的反思与优化的取向性要领：

（1）在实施总量扩张、安排政府投资时，更加注重抓好结构调整和项目质量

政府实施的"一揽子"经济刺激计划中，扩大内需的首要事项，如前所述是以政府投资实施总量扩张，"4 万亿元"投资陆续具体化到各个建设项目上，其中以 1.18 万亿元中央财政资金拉动银行、地方、企业等的配套资金。在这种总量扩张的同时，极为需要精心把握结构优化调整的导向，把基础设施、灾后重建、农村建设、安居工程、生态保护、自主创新和教文卫七大方向上的各个项目选择好，其中突出的要点，在保民生、培育新的经济增长点（如新能源）和努力拉动社会、民间投资之外，还要把调结构、促方式转变放在更突出位置并贯穿于各个项目，直到落实于对施工质量的保证。这方面相关的应抓住不放的制度保证因素，一是要实行十分严格、尽可能充分的可行性论证（而非"可批性论证"），切实体现结构优化原则；二是要实行从头到尾的严密的全程监督和内部、外部的多重审计，防止资金挪用等不良现象；三是要实行规范、到位的工程监理，保证项目质量，防止出现"豆腐渣"工程。根据中国上一轮积极财政政策实施中的经验和教训，应通过检查巡视工作等方式对各地已开工和拟开工的政府投资，和拉动社会资金的"拼盘"投资项目，作审计检查和必要指导，及时发现可能发生的偏差，防患于未然。

（2）在加大财政公共支出和补助力度时，更加注重抓好机制转换

政策扩张期，对于"三农"、社会保障、社会事业、研发创新等方面的公共财政支出和补助，是重要的政策工具，加大其力度是客观要求。但加大力度并非是相关工作中的唯一要领，另一个相伴随的、不可忽视的要领，就是努力实行支出、补贴中的机制转换，以力求提高资金使用效益和提升政策的绩效。实践证明，机制不同，政策的效应与绩效会大相径庭。比如，中国政府有关"三农"的各种支持项目和支持资金，名目已甚多，但使用中还带有"撒胡椒面"的特征，所以应当鼓励地方积极探索统筹协调、适当整合使用这些资金的新机制——在一些地方的实践中，这已表现出较好的效果，值得进一步总结经验。又如，在不同的地方政府辖区，亟需根据安居住房和房地产市场的实际情况，制定在本地现发展阶段，落实"住有所居"的政策目标，是应以"补

砖头"还是以"补人头"为侧重点使用政府资金，或两者如何结合，如何运用有限财力首先托好"廉租房"这个基本住房保障的"底"，如何注重引导和支持"适租房"供给的增加以适应收入"夹心层"和年轻就职者的现实需要，等等，都需要形成可操作的合理化的具体方案，以提高政府实现"安居工程"的资金绩效（这方面已有一些较成功的经验）。再如，财政针对猪肉市场价格波动的调控措施，十分有必要在总结经验的基础上，探讨不再补贴生产环节而是直补城乡低保人群的新机制，以及实行逆市场周期的库存吞吐"平准"方案；在基础研发环节的财政支持方面，也应加大促进实验室、大型实验设备实行资源共享、整合运用的机制建设。这些是推进公共财政建设、优化宏观调控的内在要求，也是中国经济社会转轨中不可回避的制度、机制建设问题。

（3）在提升债务规模、用好债务资金时，更加注重抓好改革创新和风险防范

政策扩张期带来了国债和地方债规模的明显上升，除较规范的长期建设国债和2000亿元地方债之外，近期还出现了媒体所称的"地方政府融资的狂欢节"，各种融资平台"遍地开花"、不少新的融资工具（规范程度往往并不高）也被创造出来。地方举债融资的规模正在迅速扩大，并引起了各有关方面的高度重视，也引起了不同意见的争议。

中国地方政府融资的发展，在市场经济和分税分级财政体制模式下，有其必然性，2009年又加上了"4万亿元"项目配套资金的强大需求，对其作出简单禁止是行不通的，所以大思路上应回归大禹治水"堵不如疏"的古老智慧，疏堵结合，重堵更重疏，关键是因势利导，寻求以制度建设实现规范发展。

在这个方面需要"治存量，开前门、关后门、修围墙"，打造一套可控风险和可持续的地方"阳光融资"的制度和法纪。政策扩张期，对此既是挑战，又是机遇。按照公共财政建设和"依法理财、民主理财、科学理财"的要求，地方政府融资应当是有透明度的、受法纪约束的、依托于制度规范和受公众监督的。相关制度、法纪的打造，当然在中国需要渐进，而当务之急，一是应强化国家综合部门自上而下对各地融资规模的监督、指导、协调；二是应强化地方各级人大、政协对政府融资的审批与制约；三是应强化金融市场监管部门、审计部门对于政府融资活动的监控、审计；四是应提倡、鼓励地方政府融资主体内部的自律和加强管理，总结经验教训，在开拓创新中防患于未然。相关的制度内容，可先形成一些粗线条的文本，再于动态中不断完善、细化。地方政府融资无如制度、纪律的有效约束，必然会在分散状态和不透明状态下积累公

共风险，一旦积累到被触发的局面，就会是危机的局面，"救火"的代价损失将是巨大的。唯一的正确方向，应是走向透明化、法纪化的"阳光融资"。这方面我们还有大量的工作要做，还需坚持不懈地推进相关的制度创新和管理创新。

三、财政刺激政策的退出

得力于一揽子经济刺激方案的实施，国内经济已呈现"双升一稳"（投资大幅回升、工业强劲反弹回升、消费稳定增长）的良好势头。国家统计局的数据显示，居民消费价格指数（CPI）自去年 11 月同比涨幅由负转正之后，12 月上涨 1.9%，较 11 月 0.6% 的涨幅明显加快。工业品出厂价格（PPI）去年 12 月在各方预期之内如期转正，上涨 1.7%。这一方面意味着经济触底之后已经过反弹走向全面回升，另一方面需要我们高度关注通胀预期。从外部环境看，2010 年全球经济复苏力度似比一般预期更为强劲，国际货币基金组织（IMF）预测，世界经济 2010 年和 2011 年增幅将分别达到 3.9% 和 4.3%，中国增幅为 10% 和 9.7%。经济复苏和通胀预期的加强，使得积极财政政策的退出问题开始成为关注的焦点。退出策略不仅涉及退出时机、节奏的把握，而且涉及退出机制、工具的选择，更涉及我国与世界其他主要经济体之间政策的协调与博弈，在全球经济复苏还存在不确定性、经济内生增长乏力之时，财政刺激政策退出面临诸多复杂问题，需要审慎处理、全面把握。

（一）退出机制的选择

选择适当的"退出机制"，不仅事关本轮经济刺激政策"功成身退"的必要归宿，也密切联系着解决国内结构性问题和加快发展方式转变。所谓的退出机制，一般是指对由政府主导的、专门旨在抵御金融危机和缓解其不良结果的特殊经济刺激政策的放弃。一般来说，各国政府宏观调控的"三大法宝"，无非是财政政策、货币政策和道义劝说（政府首脑、央行行长等或劝说或威胁或暗示以求引导）。特殊的刺激政策则主要表现为三种形式：大规模财政投资、支出；减税；向银行注资。就中国而言，与此框架无大异。特殊的经济刺激政策势必要具体化为积极财政政策和宽松货币政策配合使用中，在未来作合理的动态调整、适时退出。

当前，中国货币政策在 2010 年内的优化调整，可认为是大框架不变前提下向"适当从紧"单一方向的适当回调，而财政政策在本年度内至少不会在总量上简单比照货币政策，可看做是扩张框架不变前提下突出重点、优化结构、追求绩效等方面的努力。而再往后的"退出"调整，很可能是与 1998 年后应对亚洲金融危机成功之后相仿的"淡出"方式，即低调处理，扩张力度渐降，使社会各方在"不经意"间经历政府政策"退出"的过程。

中国积极财政政策的退出机制可着重考虑三个方面：相对于 GDP 的增长速度控制国债规模和逐步缩小财政赤字；引导和鼓励民间投资，促进经济恢复自主增长；合理掌握对不同产业、产能和不同政策工具区别对待的取向。

1. 比照 GDP 规模与增速，控制国债发行相对规模和赤字率，优化国债发行结构和资金使用结构

2010 年在继续执行积极的财政政策的同时，国债发行规模不可能按急速刹车方式处理，比照 GDP 规模与增速，国债发行规模要配合赤字率继续控制在 3% 以下的要求，并注重国债结构优化。从相对数看，2010 年赤字率仍将维持与上年相仿的水平，绝对数则将超过 1 万亿元，预计中央代发的地方债券也仍和 2009 年一样，约在 2000 亿元。从结构看，对于长期建设国债可按实际需要适当减发，而对于流动性较强的中短期国债要重点发展，并要按市场的要求，适时调整利率、期限、结构以及付息方式，完善国债对财政政策的支撑功能。国债所筹资金的投资方向和重点，2010 年是首先支持已开工项目的续建，严格控制新项目建设，并做好监理工作。

2. 积极引导和鼓励民间投资与居民消费，促进经济恢复内生性、自主性增长

目前看，中国经济还主要表现为政策推动的经济回升。要使经济进一步顺利、稳定发展，只有政府扩大公共投资是远远不够的，还应出台多种措施力求"四两拨千斤"地扩大社会投资，拉动民间资本跟进，引导和鼓励企业投资，以及居民消费。如果民间投资迟迟不能跟进，公众消费疲弱不振，那么就会严重影响未来经济发展的可持续性。财政政策的退出操作，应当是在民间投资和居民消费可支撑经济运行基本态势曲线形成稳定的"拐点"之后。

中央经济工作会议明确提出，增强非公有制经济和小企业的活力和竞争力，放宽市场准入，保护民间投资合法权益。财政政策应在以下几方面作出努力：一是进一步拓宽社会投资的领域和渠道，充分利用应对金融危机的时机对社会资本投资给予国民待遇，除法律特别规定的之外，应允许社会资本以参股等方式进入金融、铁路、公路、航空、电信、电力以及城市供水等多个行业。二是通过税收、财政贴息、政府采购、信用担保等政策扶持中小企业。对规模较小的企业，做好所得税征收按优惠方案处理的贯彻落实。清理行政事业性收费，切实减轻企业负担。加大中小企业发展专项资金规模和支持范围，向受国

际金融危机影响比较大的轻纺等行业的出口企业、科技企业和地震灾区的中小企业倾斜。政府采购也应适当向中小企业倾斜。三是支持发展专为中小企业服务的金融机构，为解决中小企业融资难问题提供便利快捷的政策性金融服务。此外，应考虑通过发展规范的地方融资平台，以市场化方式融资，吸引银行放贷和民间资本跟进，把短期政策调控与利用社会资金与民间资本的长期机制构建两方面的要求较好结合。

在消费方面，提高居民收入、扶助低收入阶层、发展社会保障体系和以消除居民"后顾之忧"减少"预防性储蓄"等方面的一系列措施，都应切实贯彻，细化优化相关方案和加强相关管理。

3. 合理掌握对不同产业、产能和不同政策工具区别对待的取向

一般理解的"退出"，在政府刺激力度上是单向调减的，但考虑到中国经济运行中显著存在的结构问题，在退出中有必要适当加入针对不同产业、不同性质产能的区别对待的处理。比如对一般传统产业的刺激力度，可以顺向调减乃至多减，而对有优化结构作用的新兴产业、事关全局增长后劲有必要加强的支柱产业，以及那些具有强烈技术改造、升级换代需要与空间的门类和领域，则可以实施不减的处理，甚至适当给予更多资金与优惠政策以帮助其扩张的处理。这有益于加快结构调整与发展方式转变。

与中国正处于体制转轨、深化改革过程之中有关，不同政策工具的制度相关性和区别对待，也值得注意。比较直接、行政色彩较重的政府干预政策工具，可随总体刺激力度的调低而顺向调减乃至多减一些。比如，那些一般性扩大政府支出的投资安排，应比较坚决地调减；而那些有条件、有必要更多运用、助其走向健全的经济杠杆手段，却可考虑让其发挥更多刺激作用，比如结构性减税的安排。这样有助于推进制度安排与调控方式的合理化。

（二）退出时机的选择

积极财政政策的退出时机把握，既要考虑到全球主要经济体国家退出政策的操作对我们的联动效应，更要考虑国内经济企稳回升后，何时出现、是否稳定形成经济周期中阶段转换的拐点。从中国过去的经验，特别是20世纪90年代以来的经验看，经济由高涨阶段进入低迷阶段再重回高涨阶段的转换，一般都要间隔数年，是一个由经济下跌和宏观扩张政策启动开始，经历触底——企稳回升——巩固回升态势——企业预期再次普遍向好和自主投资强有力回升而完成的过程，关键是何时市场的内生动力已可以不再依靠扩张性政策而把经济运行稳定在潜在经济增长率的区间。从中国的相关宏观、微观数据看，至少2010年，扩张性的积极财政政策还未到退出的时机。

世界银行预测局局长汉斯·蒂莫指出，假如刺激措施退出过快，经济复苏就可能陷于停滞，虽然出现二次衰退的可能性并不大，但有些国家可能出现一个季度以上的负增长；假如刺激措施撤出得不够快，在财政政策方面将对私营部门投资产生挤出效应并导致通胀，全球失衡的重现将会迫使各国央行突然收紧政策，从而导致二次衰退。可以说目前全球经济正处于敏感而脆弱的关键时期，如何既能维护当前来之不易的复苏基础，又不至于因政策滞后延误退出时机使通胀局面难以挽回，这将是各国决策者面临的考验。从目前情况看，发达国家的经济自主性增长仍然乏力，主要经济体国家的企业生产和个人消费支出短时间内很难有效恢复，特别是美国、欧盟、日本失业率连创10多年来的新高，这将使得私人需求的复苏持续低迷，因此发达经济体很可能在2010年仅仅回归低增长，这意味着不排除"双底衰退"的风险。这也是各国对宽松政策不能轻易退出的顾虑所在。甚至有前量子基金合伙人、著名投资人吉姆·罗杰斯于今年2月间预测，缘于各国政府此前的刺激政策，全球经济的恶化状况在"表象反弹"短暂停歇之后，将出现更为严重的"二次衰退"，其时间可能在2010年晚些时候或2011年，届时情况将比2008年爆发金融危机时更为严重。最近一段时间，欧元区的主权债务危机有愈演愈烈之势，引起广泛关注，在其暴露了欧元区各国之间利益取向协调机制的脆弱和欧元、欧盟发展前景方面的潜在风险的同时，也对中国未来一段时间宏观经济政策的走向带来了更多的审慎要求。中国经济虽目前已进入全面回升，但结构性问题依然严重；通货膨胀虽总体仍只是预期，尚未成为现实，但CPI的年度上涨大局已定，如本年还属柔和，更具"杀伤力"的上涨压力则不排除可能出现于2011年；但万一欧元区出现较大的下滑型动荡并严重影响世界经济，中国也不可能独善其身，通胀压力也不是不可能像2008年下半年那样陡然转为通缩压力的。因此，综合权衡各种预测和各主要相关要素，动态跟踪和及时判断经济上升曲线何时将进入一个新的高涨阶段，以全球视野把握中国经济达到经济内生稳步向上状态的拐点，便是政策退出时机选择的关键所在。

（三）财政刺激政策退出的国际协调

金融危机后，各国政府都将利率水准降至历史低点并斥巨资救助银行系统，导致大量流动性释放。后危机时期，各货币当局开始考虑回收流动性。但在全球流动性过剩风险初现和全球经济复苏前景仍然堪忧的双重不确定之间，要恰当把握"退出"的方式和时机和做好国际协调，显然并不容易。联合国、世界银行、国际货币基金组织等已经不断发出警告，如果各国政府不能合理掌握退出的时机、退出的方式、退出的规模，并不排除二次衰退的可能。索罗斯在达沃斯论坛上直言反对各国政府过早采取"退出政策",认为当前开始削减政府开支还为时尚早,有可能会导致一次"双底衰退",指出"由于经济衰退的调整过程尚未结束,当前仍有必要增加额外的刺激政策",虽然会面临政治压力,但提高政府赤字还有"足够的空间"。

在应对国际金融危机、实施经济刺激政策过程中,中国与欧美等主要经济体加强了交流沟通与协作,在刺激政策退出问题上,必然也要充分考虑国际协调机制。从国际环境看,与主要经济体的政府实施救市计划具有较高的溢出效果相仿,如果政策退出在时间或节奏上各国间大相径庭,就难免在一定程度上影响其他国家的如愿复苏,增加额外的退出成本;如果一国选择率先退出,而他国仍将维持或加大刺激力度,那么该国的退出计划也很难获得理想成效。因此,需要加强全球多边的协同合作和政策的协调一致,相互协调的退出政策有助于保证各国公共财政的稳定性和持续性,能够更好地防范各国之间的政策博弈产生扭曲的、负面的连锁式反应。

四、后危机时期财政政策的目标与挑战

面对复杂多变的国际环境以及国内经济与社会发展的诸多矛盾,2009 年12 月 7 日闭幕的中央经济工作会议为 2010 年中国经济发展定下基调:在中国经济企稳向好之际,保持宏观政策的连续性和稳定性,并强化政策的针对性、灵活性和有效性,2010 年将在"促进发展方式转变上下功夫",并着重保障和改善民生,促进经济结构优化,增强经济发展内在动力。相应的财政政策在目标与措施上,要做出前瞻性的调整。因此,今后一段时期,在继续贯彻落实科学发展观,实施反周期、抵御危机冲击的宏观政策,扩内需、保增长的同时,需要正确处理好保持经济平稳较快发展、调整经济结构和管理好通胀预期的关系,财政政策应在"相机抉择"的同时,需大力促进结构优化,保持扩张形态必要的连续性,并注意优化微调。在抓紧落实好已出台的各项政策的基础上,要提升结构调整、科技支撑和改善民生的力度,培育和带动新一轮经济发展的增长点。为应对依然存在的不确定性,还应研究准备预案。

(一) 财政政策目标与原则

1. 积极财政政策目标

未来一段时间内,积极财政政策存续期内的基本目标,应把握为:配合货币政策寻求总量平衡的同时,大力促进结构优化、方式转变,实现经济又好又快发展和增进社会和谐。

财政政策的着力点有必要更为鲜明地放到充分发挥作用来促进结构优化和

加快经济方式转变上。中国经济在顺利地于 2009 年从"前低"转入"后高"之后，宏观调控中矛盾的主要方面已从"内需不足"更多地转向"结构制约"，而且现实生活中以产能过剩、粗放型发展、低水平重复建设、消费率偏低等为基本特征的结构问题，是中国中长期建设全面小康社会和推进可持续现代化进程的深层拖累，并且其负面效应将随经济社会的发展日趋凸显，亟需利用当前通货紧缩压力已经消退，而通胀压力还在预期状态、尚未在现实生活中真正到来或有一定力度地到来的有利时机，以更多的精力、更大的决心，采取更积极的措施，加大调结构、转方式、促改革的力度，把短期调控政策和中长期目标更好地结合起来。未来一段时间内，财政政策需要在与货币政策配合而继续保持一定的扩张力度的同时，精心把握结构优化导向，把政府"4 万亿元"投资计划中基础设施、灾后重建、新农村建设、安居住房、生态保护、自主创新和文教科卫硬件设施等七大方向上的各个具体项目选择好、落实好，并在其他支出安排、收入分配、政策导向等方面，强化改进民生、促进消费、鼓励自主创新、节能减排、产业振兴、升级换代等方面相关的政策工具、操作与效应。

2. 积极财政政策原则

未来一段时间，政策措施的优化调整除需要审时度势、相机抉择外，应当以经济手段为主，与深化改革紧密结合。

在促进结构优化、方式转变的过程中，非常重要的一个要领，是应当更加强调和注重通过经济手段来调节。如果只用行政手段，在市场经济环境下作用会比较有限，其副作用或实效难到位的情况也是比较明显的。法律手段需要强化，但法律的健全和细化是一种"慢变量"，而且其作用也是框架性的和比较"原则"式的。实践已反复证明，很多具体项目政府不一定能看得很准，往往政府只知道一个方向，比如说要节能降耗，但在千千万万家企业中，到底什么样的企业、什么样的技术路线能在节能降耗中有竞争力，能够站住脚，这要通过竞争才能知道。所以行政手段对此往往无法操作，法律的作用也主要在于维护、保障企业公平竞争的规则与环境。实际上，推进大量的结构优化事项，政府通常只需要给一个正确导向，法律只需要给一个公平竞争框架，再加上经济手段（经济杠杆）的规范化设计和运用，比如有一系列有针对性、体现产业政策和技术经济政策的税收或者支持补助的优惠措施，而后让企业自己在竞争中通过市场来优胜劣汰，形成优化配置，就可以收到很好的效果。

此外，政策措施的调整要与深化改革紧密结合。深化改革、转换机制是在中国经济社会转轨整个历史时期必须与宏观调控紧密结合、配合呼应的重要创新与重大事项。财政政策措施要有助于投资体制、财税金融体制、收入分配制度等方面改革的深化。

（二）财政政策调控的重点领域

1. 淘汰落后产能，促进升级换代

加快淘汰落后产能是转变经济发展方式、提高经济增长质量和效益、有效应对国际金融危机冲击的迫切要求，也是推进节能减排、积极应对全球气候变化的需要。可以肯定，淘汰落后产能工作在部分领域已经取得积极进展，但一些行业落后产能比较重大的问题仍然存在。政府必须采取更加有力的措施，综合运用经济、法律、技术及必要的行政手段，加快淘汰落后产能，特别要注重通过经济手段促进落后产能的淘汰和结构优化调整，通过发挥市场作用，努力营造有利于落后产能退出的竞争环境。这其中，值得特别强调，税收是经济手段中的一种重要的、基于法治的规范形式和工具。在税制方面，要达到淘汰落后产能，优化结构的目的，需要充分利用资源税、消费税、环境税的区别对待措施。为推动经济发展方式转变，无论是生产领域，还是消费领域，资源要素的税负和相对价格都应该上调，从而使各方面更加珍惜而不是挥霍资源，节约使用初级产品而不是粗放地耗费初级产品，刺激各种主体千方百计地开发节能减耗的工艺、产品和技术，促使消费者更趋向于有利节能、环保的消费方式。不论从长远来看，还是从当下的迫切需要来看，这种经济杠杆不但要用，而且要用好、用充分。

2. 健全社会保障体系，促进收入分配合理调整和增加消费

增强消费对经济增长的拉动作用是扩大内需和中国经济实现长远可持续发展的根本要求。在出口没有明显回升的前提下，扩大内需特别是居民消费需求对保持经济的持续稳定增长和解决产能过剩、经济结构不合理等问题都有重要作用。当前，国民收入分配格局不合理和社会保障体系不健全是影响我国居民消费增长、经济平稳发展的重要原因。2010年，应在总结经验的基础上，适当加大力度和加强针对性，特别应注重结合城市化进程和户籍制度改革，加强农村进城务工人员的培训和城乡一体化为导向的社会保障体系建设。财政政策要切实增强城乡居民的消费能力，一是要加大国民收入分配调整力度，增加财政对农民及城乡低收入群体的补助力度，提高其收入水平进而改变低收入者消费不足状况。二是要继续实施并完善已经出台的一系列刺激消费的措施，扩大家电下乡、汽车摩托车下乡、汽车以旧换新、建材下乡的试点范围，保持政策的连续性和稳定性，充分发挥其直接刺激消费的作用。三是要加快全民社会保障体系建设，增加社会保障财政投入，消除城乡居民消费的"后顾之忧"和

减少其"预防性储蓄",为提高城乡居民的持续消费能力创造有利条件。四是要优化、强化税收等实行收入再分配调节的政策工具的作用,抑制不合理的收入。

3. 促进区域协调和减贫

加大对中西部地区转移支付力度,缩小地区间收入分配差距,在中国具有特别重大的意义。转移支付制度的改进要在增加一般性转移支付比重、优化专项转移支付的同时,结合国家与各地主体功能区规划和区域振兴规划方案,细致改进"因素法"的设计方案与计算公式,发展制度化的"生态补偿"转移支付机制,使优化开发区、重点开发区和工商业发展维度上所言的限制开发区(农牧区域为主)和禁止开发区(即自然生态保护区)的居民,都能享受改革开放的成果与基本公共服务均等化的福祉。在减贫事项方面,除加大财力支持之外,特别重要的是培育有"造血"功能的新机制,追求绩效提升。

(三) 财政政策的国际和区域协调

中国在"后危机时期"将充分运用业已建立的与各主要经济体如美、日、欧盟、东盟等的双边与多边对话、协作框架,促进信息交流、观点沟通、矛盾缓和、争端解决,寻求各国、各经济区政策协调、共同发展。贸易保护和财政政策上的以邻为壑都是不符合人类社会的发展潮流的,中国政府在一系列国际事务中,已反复表明立场,即倡导协调、共赢,中国的发展在全球化时代也内在地要求加强国际与区域的协调。在这方面,诚意和利益是一致的:后危机时期某一经济体的贸易保护和不协调态度,最终不仅损人,也不会利己,所以中国应当与各有关经济体共同努力,在财政政策的国际协调方面更多更好地发挥一个负责任大国的作用。

(四) 下一阶段面临的主要挑战

1. 地方融资机制的正确引导与风险防范

政策扩张期带来了中国国债和地方债规模的明显上升,除较规范的长期建设国债和2000亿元地方债之外,还出现了媒体所称的"地方政府融资的狂欢节",早已有之的各种地方融资平台"遍地开花"、不少新的融资工具(规范程度往往并不高)也被创造出来。地方举债融资的规模的迅速扩大,已引起了各有关方面的高度重视,也出现了不同意见的争议,有关部门已在相关指导文件的制定上加紧工作。前已提及地方政府融资的发展,在市场经济和分税分级财政体制模式下,有其必然性,关键是应当因势利导引导其规范发展。在这方面需要"治存量,开前门、关后门、修围墙",打造一套可控风险和可持续运行的地方"阳光融资"的制度和法纪。政策扩张期内,这既是挑战,又是机遇。按照公共财政建设和"依法理财、民主理财、科学理财"的要求，地方政府融资应当是有透明度的、受法纪约束的、依托于制度规范和受公众监督的。相关制度、法纪的打造，当然在我国需要渐进，可先形成一些粗线条的文本，再于动态中不断完善、细化。比如中央级以财政部代理发行方式，实际上提供了对于年度发行 2000 亿元地方债的隐性担保，但明确地列入地方省级预算，意味着接受全套预算程序的约束，由省级政府牵头承担还本付息职责，是地方债制度在我国"登堂入室"的重大进展，比之 1998 年应对亚洲金融危机时中央发行长期建设国债的"转贷"地方使用，规范程度已明显提高，今后还应继续探讨其规范性和操作方案有效性的进一步提高。

另外，在地方融资平台的发展方面，可以探索使用长期建设国债资金的方式。这一设想的要点是：借鉴一些地区已有的经验，将地方可用的专项资金，选择（或组建）合适的企业集团等法人实体作为资本金投入，进而可形成该法人实体获得银行贷款等筹集社会资金的再融资平台，既完成国债专项资金的建设任务，并承担国债资金的还本付息，又在现阶段构建了有一定规范性、功能较强大、适应投融资制度改革和长期发展需要的地方融资平台。

这一方式的好处是，通过使用国债资金注资入股地方性企业集团，形成或增加其资本金，能够进而吸引银行贷款或者是发行债券融资，发挥财政政策应追求的"乘数效应"，利用我国储蓄率明显偏高而形成的银行巨量"存差"和社会可用财力，建立较为顺畅的融通资金机制和较规范的长期性地方融资平台，获得持续不断的建设资金。同时，由于财政资金的使用都有明确的监督办法，财政部门和国资管理部门可以及时对所注资地方企业使用资金的状况进行审查、监督，防止地方企业的内部人控制和督促国债资金的还本付息。这一建议所存在的局限性，主要是启动资金的获得和使用完全是政府行为，对项目选择、法人实体与融资平台构建的决策科学性，要求较高，如果作为地方政府融资平台的法人公司出现较大问题，将会面临日益发展的公共财政绩效考评框架下的问责压力。但这在另一个角度上，正是加强规范性的压力，应是一种积极、健康的压力。

远景上，应是在中国形成中央与地方的公债、各类政策性融资、商业性融资完全为法治所覆盖的透明、规范的全套融资制度体系，依靠法治、制度的力量和公众的监督，有效防范地方融资风险。

2. 减税与增支的合理把握

继续实施积极财政政策要注重处理好减税与增支之间的关系。首先，减税与支出应该依据各自的结构优化要求而综合考虑。运用减税手段刺激经济增长，是扩大需求，但在中国现阶段，主体上是结合税制改革和结构优化导向的"结构性减税"，意在扩张需求时努力增加有效供给和推进结构调整。减税和增支并用，意在使政府扩张需求的财政功能最大化，同时增支也一定是有选择的、带有鲜明结构特征的增支安排。其次，要妥善处理减税与增支之间的数量关系。为了刺激经济增长而两者并用，必然显著增大财政运行压力，如处理不当，可能导致公共风险失控的局面，因此要求稳妥考虑财政承受能力，在数量安全区内设计好减税与增支的最佳组合方案。

（五）主要的对策建议

1. 加强预警，合理控制赤字水平

实施积极财政政策，增加财政赤字和国债发行规模，是我国主动应对国际金融危机的一项重大特殊举措，完全必要。2009 年财政赤字合计 9500 亿元，虽然创出新中国 60 年来全国财政预算安排的赤字规模的最高纪录，但是相对我国经济基础和财政实力而言，赤字率并未达到 3%，风险完全在可控范围之内。

但预警仍然是必要的，持续的赤字财政也会带来问题，弥补赤字意味着扩大政府举债规模和后期要增加税收。应对策略可以考虑，一方面，进一步提高中国公债结构的合理性，降低政府债务的融资成本；另一方面，不断优化财政支出结构，将公债资金用于加强重点领域基础设施建设、优化和改善民生、推进科技创新与节能减排等，着力于提升资金使用绩效，增强经济发展后劲。此外，在宏观综合管理部门，需要建立有效的财政风险预警系统，主动地将财政赤字的规模控制在预警线内。

2. 把握时机，实施结构性增税

我国财政在外部危机冲击下，已进入"过几年紧日子"的新阶段，减税措施加上财政支出的显著扩张，造成很大的财政入不敷出压力。如能利用经济企稳向好的有利时机实行资源、能源税收的向上调整，将在一定程度上带来"结构性增税"效果，对冲财政减收压力，提高财政困难期的承受力，并使减税、增税两个方向上的事情做得更为到位。结构性增税的重点在于调整、优化结构，这样的适当增税应当与结构性减税并行不悖，同样都服务于调控大局。

现在是充分利用资源税经济杠杆的时机。从宏观环境来看，经济生活中的通货紧缩压力已经不复存在，通货膨胀虽有预期，但还没有现实形成较大压力；经济回升后，企业抗压能力有所增强。应该不失时机地推出资源税税负向上调整的改革。资源税负合理调整的设计方案，应该聚焦于以运行机制的力量达到把一些过剩产能和落后企业淘汰出去的效果，同时使得大部分企业经过努力顺应节能降耗的新机制而继续发展。

如放到短期、中期视野上，可考虑：首先，能源开发环节的资源税负应向上调整，具体措施可考虑提高化石能源（不可再生能源）、矿山资源税的从量定额征税标准（在有条件的地方，还应考虑实行与探明储量适当挂钩的征税方案），同时加入有力度的从价定率征收。其次，能源消费环节的消费税，应在我国已出台燃油消费税的基础上，重点考虑择机把煤炭等其他化石能源使用者的税负向上调整，其方案设计可适当借鉴欧洲国家"碳税"概念下的实践经验。而对于可再生能源、清洁能源、循环经济型能源的开发、生产、使用推广，应当制定一套税收减免优惠和适当补助支持的鼓励政策。这包括风能、太阳能、生物质能、地热能、潮汐能、余热收集利用，等等。对支持这些项目的政策性金融机构和融资支持主体，也应配以优惠、激励的支持政策措施。在调高化石能源税负的同时，要考虑两条配套方案：首先需要考虑开发企业增负的其他必要举措，如建立权利金制度、矿业权制度、生态补偿与修复基金制度、安全生产保证金制度等，做出合理的通盘协调设计。其次还要配套考虑对低收入人群的影响。由于这类能源在我国现行能源结构中占绝大比重，其价格的上升和传导效应对低收入人群支出负担的冲击和影响会比较大，在出台时，需要特别考虑对这部分人群进行适当的直接补贴，这可结合城乡低保体系操作。中国的资源、能源税收调整不可能单独设计，而应该作为一揽子环境和能源政策及税制"绿色"优化方案的组成部分。

五、小结

虽然世界金融危机的冲击力和负面影响是巨大的，但中国政策当局及时地做出了应对举措，财政政策在一揽子经济刺激计划方案中发挥了举足轻重的作用，刺激方案取得了明显的成效。

中国在危机挑战前的应对举措和财政政策措施安排，当然是吸取了各市场经济体发展道路上的国际经验，但特别是得到了中国自己于1998年后应对亚洲金融危机冲击时那一轮扩张实践中调控经验的支持。因此，当人们讨论"后危机时期"概念下扩张性财政政策在中国的退出问题时，显然要注意中国的政策当局也会援引上一轮扩张之后顺利"淡出"的自身经验。

在承认复杂的国际、国内不确定性与条件制约的情况下，综合考虑各种相关因素，我们认为2010年中国积极财政政策有理由维持其"继续执行"的框架而不转型，但政策的优化是十分必要的。真正的退出，其机制很可能仍取"淡出"形式，其时机有待民间投资和居民消费的支撑合力，强大到足以内生、自主地维持一个稳定拐点形成后的经济高涨阶段。

不论是当下的"继续"执行还是以后的"退出",中国财政政策在配合货币政策实施总量调控的同时,一个重大的、足以贡献全局的功能和关键性的着力点,是努力优化结构、增加有效供给、促进发展方式加快转变和增进社会和谐,这是把短期调控与中长期化解深层矛盾、实现可持续又好又快发展紧密结合起来的一个基本要求与思路。其中,促进节能降耗、淘汰过剩落后产能的经济杠杆(财税政策工具)的运用和制度改革至关重要;"有堵有疏"地适应市场经济长远要求防范地方融资风险、预警财政赤字风险的一整套法治、制度建设,是中国"后危机时期"乃至更长远的现代化进程中积极回应现实挑战的必然选择。

当然,全球化时代的国际协调在财政政策领域内不可或缺,中国在这方面会更为积极进取,承担好大国责任。

中国 2010—2020 年的节能减排 *

国务院发展研究中心产业经济研究部　冯　飞

面对持续加大的资源环境压力，中国政府在"十一五"规划（2006—2010 年）中提出了单位 GDP 能耗下降 20% 左右、二氧化硫（SO_2）和化学需氧量（COD）排放下降 10% 的约束性指标，以扭转能源消费过快增长、环境污染持续恶化的不利局面，增强可持续发展能力。经过数年的巨大努力，节能减排取得重要进展，既积累了经验，也发现了问题。面向 2020 年中国政府提出了单位 GDP 二氧化碳排放减少 40%—45% 的新目标，积极应对气候变化，将气候变化作为推动经济发展方式转型和经济结构调整的重大机遇，面临新形势和加大的难度，需要有新的思路、重点和政策措施，需要将节能减排、应对气候变化与调整经济结构和发展战略性新兴产业结合起来，实现经济社会的可持续发展。在应对气候变化的国际合作方面，还存在许多重大分歧，应在《联合国气候变化框架公约》（以下简称《公约》）和《京都议定书》（以下简称《议定书》）确立的发达国家与发展中国家"共同但有区别的责任"的原则指导下，在减排义务分担、技术转让、资金机制等诸多关键问题上形成共识，尽快达成新的框架协议。

一、"十一五"时期中国的节能减排

（一）所采取的节能减排政策与措施

一是制定较为系统的综合工作方案和相关法律法规。先后出台了《节能减排综合性工作方案》、《国务院关于加强节能工作的决定》两个综合性节能减排政策性文件；同时修订或制订了《节约能源法》、《水污染防治法》、《循环经济促进法》三个节能减排基础性法律以及《可再生能源法》；发布了《民用建筑节能条例》等 44 个国务院及各有关部委颁布实施的行政法规、部门规

---

* 本文为中国发展高层论坛委托研究的课题报告，旨在为与会者提供关于论坛议题的背景资料。

章和规范性文件则。从而为节能减排提供了制度保障。

二是加快淘汰落后产能，实施大型节能减排工程及行动。针对电力、钢铁、有色金属、煤炭、建材、轻工、纺织等产业，制定了淘汰落后生产能力的具体目标，并分解到地方政府加以落实。从实施效果来看，进展较为顺利。2006 年至 2008 年共淘汰低能效的炼铁产能 6059 万吨、炼钢产能 4347 万吨、水泥产能 1.4 亿吨、焦炭产能 6445 万吨。截至 2009 年上半年，全国累计关停小火电 5407 万千瓦，提前一年半完成了"十一五"期间关闭小火电 5000 万千瓦的目标，2010 年还将淘汰 1000 万千瓦小火电机组。在金融危机发生后产能过剩进一步凸显的背景下，加快了淘汰落后生产能力的步伐。如在原有淘汰落后钢铁生产能力的基础上，自 2009 年起的三年内还将淘汰落后炼铁能力 7200 万吨、落后炼钢能力 2500 万吨。此外，实施了以燃煤工业锅炉改造、区域热点联产、余热余压利用等为主要内容的十大节能工程，还开展了千家企业节能行动。

三是加大产业政策的调控力度，加强监管和提高监管能力。首先实施以节能减排为导向的产业政策，将节能减排的关口前移到项目报批核准阶段，包括制定以节能减排为导向的产业指导目录，实行固定资产投资项目节能评估和审查制度等。其次是出台了"区域限批"政策，加快了区域产业结构的调整和违规项目的整改，提高了环境保护的执行力。最后提高环境监测能力，国控重点污染源新增安装在线自动监测装置 4922 台（套），建成污染源监控平台 363 个，省级环保部门污染源在线监控系统陆续建成，并与脱硫设施、城市污水处理厂和国控重点工业污染源等排污单位实现联网。监测能力的提高保障了建成的节能减排工程投入实际运行，实现了工程减排能力变为实际减排量的政策目标。

四是强化经济激励，加大了价格、财税和信贷政策的支持力度。价格政策方面，实施了包括脱硫电价、差别电价、可再生能源电价附加等在内的电价政策，推动了成品油价格形成机制改革。其中，脱硫电价使得高参数的火电厂投运脱硫设施有利可图，极大地激发了火电厂投运脱硫设施的积极性，事实证明这一政策对于二氧化硫减排十分有效。财税政策方面，引入了燃油税政策，上调了资源税和大排量汽车消费税；下调了高耗能高污染产品的出口退税或征收惩罚性关税；对开发、制造 16 类重大技术装备（能源工业包括大型高效清洁发电设备、石化和煤化工设备、煤矿设备等）而进口的关键零部件和国内不能生产的原材料的进口关税和进口环节增值税先征后退。加大财政支持力度，2008 年仅中央财政节能减排投入就达到 270 亿元，且数额逐年增大。实施

"绿色"信贷政策,银监会要求商业银行调整和压缩高耗能、高污染行业贷款,加强对高能耗、高污染重点企业贷款的持续监测。

五是建立政府节能减排工作问责制。将节能减排目标分解落实到各省、自治区、直辖市,省级政府再逐级分解落实到市、县及重点企业,实行目标责任制。建立和完善国家及地方统计制度,对节能减排工作进展情况进行监测,定期公布各省(区、市)数据。发展改革委、环境部会同监察部、人事部、国资委、质检总局、统计局、能源局等部门组成评价考核工作组,对各省(区、市)节能减排工作及目标完成情况进行评价考核和监督核查。各地区的评价考核结果作为省级政府领导班子和领导干部综合考核评价的重要依据,实行问责制和"一票否决"制。千家企业中的国有独资、国有控股企业的考核评价结果,作为企业负责人业绩考核的重要依据,实行"一票否决"。通过目标分解和工作问责制的建立,保障了节能减排工作的组织领导,调动了不同层级政府和国有企业领导推动节能减排工作的积极性。

六是加快发展非化石能源。2008 年,中国的水电、核电、风电、太阳能等新能源开发利用总量为 2.34 亿吨标准煤,占能源总消费量的 8.9%,其中水电装机 1.7 亿千瓦,风电装机 1215 万千万,核电装机 908 万千瓦,太阳能源热水器总集热面积达到 1.25 亿平方米。近年来,风电等可再生能源发展迅速,风电装机规模连续三年翻番,2008 年我国新增风电装机为 625 万千瓦,占全球风电新增装机的 23%;核电建设速度明显加快,核电在建项目 20 多个,核电在建规模全球最多。对可再生能源发电实行"全额收购,全网分摊"的政策,以鼓励发展可再生能源。可再生能源发电的经济性明显提高,风电上网电价下降到 0.5—0.6 元/千瓦时,太阳能发电价格下降速度更是超出意料。

(二)"十一五"节能减排的成效

一是"十一五"时期单位 GDP 能耗和主要污染物排放指标扭转了"十五"以来持续上升的态势,出现了"双下降"的好局面。单位 GDP 能耗改变了 2002 年以来持续上升的态势,2006 年、2007 年、2008 年、2009 年单位 GDP 能耗分别下降了 1.83%、5.15%、5.20% 和 2.2%;二氧化硫和化学需氧量在 2007 年首次实现排放总量双下降,分别下降 4.66% 和 3.14%,2008 年下降的幅度更大,与 2007 年同期相比分别下降了 5.83% 和 4.45%(参见表 1)。"十一五"前四年单位 GDP 能耗累计下降 14.38%,前三年二氧化硫和化学需氧量分别下降 8.95%、6.61%,我们预计有把握完成"十一五"的减排目标,但完成单位 GDP 能耗下降 20% 的目标仍有一定难度。

表 1　近年来单位 GDP 能耗和主要污染物变化情况

	"十五"变化（2005年与2000年相比）	"十一五"变化（历年相比）			
		2006	2007	2008	完成情况
单位 GDP 能耗	2.52%	-1.83%	-5.15%	-5.20%	完成规划的 60.9%
二氧化硫	27.77%	1.54%	-4.66%	-5.83%	完成规划的 89.5%
化学需氧量	-2.13%	0.98%	-3.14%	-4.45%	完成规划的 66.1%

注：2005—2007 年的 GDP（当年价格）及实际增长率来自中国统计年鉴 2009，2008 年 GDP（当年价格）及实际增长率为国家统计局根据第二次全国经济普查结果修正的数值。

"十一五"前三年单位 GDP 能耗累计下降 12.5%（相当于减少二氧化碳排放近 8 亿吨），二氧化硫和化学需氧量分别下降 8.95%、6.61%，我们预计有一定把握完成"十一五"的减排目标，但完成单位 GDP 能耗下降 20% 的目标仍有难度。

二是节能减排目标的实现主要依靠工业领域。处在工业化中后期阶段的中国，工业是主要的耗能领域（包括能源转换部门在内的工业占全社会能耗的 70% 左右），也是污染物的主要排放源。根据测算，"十一五"上半期，钢铁、有色金属、建材、石油石化、化工和造纸 6 个行业的 12 种产品能耗下降实现的节能量为 9046 万吨标准煤，估算整个制造业的节能量约为 13850 万吨标准煤。如果加上煤炭 947 万吨和电力行业 4650 万吨的节能量，"十一五"上半期工业部门的总节能量约为 1.95 亿吨标准煤，而同期总节能量为 1.92 亿吨。由此可见，工业领域的节能量就超出了总节能量，换句话说，交通、建筑另两个用能领域对节能目标的实现为"负贡献"。交通和建筑领域的能源消耗增速均明显快于全社会能源消费的增速，其在终端能源消耗所占比重也快速上升，由 2005 年的 37% 迅速上升到 2007 年的 41.7%。

污染物减排也有类似情况。二氧化硫减排主要是治理重点排放源，特别是通过实施电厂脱硫来实现减排目标。截至 2008 年上半年，全国新增燃煤脱硫机组装机容量 2.68 亿千瓦，其中新增现役燃煤脱硫机组装机容量 1.15 亿千瓦，完成"十一五"期间新增现役脱硫装机任务的 68.9%。就二氧化硫去除量而言，仅此措施使得去除量增加了 570 万吨，占同期二氧化硫新增总去除量的 67.7%。

三是技术节能减排特别是淘汰落后生产能力发挥了至关重要的作用，结构节能减排的贡献不足。实现节能减排目标，主要有技术、结构这两种途径。技术节能的效果主要体现在产品能耗（如吨钢可比综合能耗、火电供电煤耗等）

的下降。2007 年煤炭、电力、钢铁、有色金属、建材、石油化工、化工、建材等 8 个行业 14 项产品能耗指标平均（加权）和国际先进水平的差距由 2000 年的 40% 左右缩小至 20% 左右。分析结果表明，截至 2008 年底，技术节能对节能的贡献率约 80%，结构节能的贡献率为 20%。由此可见，"十一五"期间，单位 GDP 能耗的下降主要靠技术节能，而实现技术节能主要采取了两个具体措施：其一淘汰落后产能（有关情况前文已述）；其二应有和普及高能效设备、工艺，2000—2007 年，干熄焦普及率由 6% 升至 40%，大型预焙槽占电解铝产量比重由 52% 升至 83%，新型干法占水泥产量比重由 12% 升至 55%。

在环保领域，工业要实现 278 万吨化学需氧量的削减能力，其中 50% 减排靠淘汰落后产能，另外 50% 靠企业清洁生产和末端治理。通过淘汰造纸、酒精、味精、柠檬酸等落后产能，以及在 6000 余家重点工业企业新建了废水深度治理工程，实现了工业废水和化学需氧量排放稳步下降，工业废水、化学需氧量排放分别由 2005 年的 243 亿吨、555 万吨下降到 2007 年的 221 亿吨、511 万吨。

但另一方面，产业结构优化对节能减排的贡献明显不足，这也是实现节能目标仍有较大难度的根本原因。服务业占比仍未有明显提高，完成"十一五"时期第三产业比重提高 3 个百分点仍有难度。受全球金融危机的影响高耗能工业曾出现了短期的急剧回落，但经济增长依赖工业、工业增长依赖高耗能工业的格局并未改变。

（三）经验与反思

"十一五"时期节能减排成效显著，特别是在中国快速工业化和快速城镇化推进过程中，节能减排的幅度之大，全球罕见。其主要经验有两条：

一是形成了全社会的广泛共识，将节能减排作为经济社会发展规划的约束性指标；二是明确责任，狠抓落实，改善法律、标准、财税、价格、贸易政策及行政管理手段的系统性和协调性，节能减排的政策力度前所未有。

在看到成就与经验的同时，还需注重解决暴露出来的问题和薄弱环节：

一是节能减排机制尚处于转型过程中，亟待形成节能减排的长效机制。由于"十一五"节能减排目标实施难度大，时间短，因此政府部门更强调了短期内可能发挥作用的行政性政策，主要是依靠节能减排指标的层层分解来约束地方政府和企业实施。基于市场机制的政策虽然有不少出台，但总体来看还不够。能源价格改革、有利于节能减排的财税政策等方面亟待进一步推进。节能减排指标的分解如何与各省市的经济发展阶段、财政能力和社会发展目标相协调尚缺乏科学的方法；一刀切式的淘汰落后生产能力，付出的经济代价过大；淘汰落后生产能力与新建项目的时间衔接（如新建大电厂的前提是已炸掉小电厂）等方面，都需要改进和完善。

二是存在着通过优化产业结构实现节能减排，以及建筑、交通领域节能减排滞后的薄弱环节。前一问题已讨论，对于建筑和交通领域而言，客观上讲，其能耗增长快与当前我国城市化进程加快和消费结构升级有关，而另一方面，交通和建筑领域能耗增长过快也与上述领域缺乏有效的节能措施有关。首先是节能减排的标准偏低。以建筑节能为例，我国建筑节能标准较低，北方地区执行现行节能50%标准后，一个采暖期单位建筑面积采暖能耗在15公斤标准煤左右，仍高于同等气候条件发达国家8公斤。其次是标准执行不力，在执行中还存在施工阶段比设计阶段差，中小城市比大城市差，经济欠发达地区比经济发达地区差的问题，即使新建建筑节能建筑的比例很低，既有建筑中其比例更低。最后是对消费模式引导不力，大汽车、大房子的消费模式大行其道。

三是中小企业节能减排工作难度较大。我国工业部门中小企业占各类企业总数的99%，能源消费量约占50%，产品单耗比国内大型企业高30%—60%。中小企业节能存在信息、资金、技术、人才等诸多困难。目前促进节能政策都是向大企业倾斜，这种状况亟待改变。

二、后危机时期的节能减排：2010—2020年

（一）"十二五"及2020年面临的主要挑战

"十二五"时期既是黄金发展期，也是矛盾凸显期。在应对金融危机和气候危机的背景下，全球经济出现向低碳转型的新趋势，孕育着新一轮世界范围的产业结构调整和科技革命，节能减排既面临着新的发展机遇，也面临着新的挑战。

一是资源环境压力持续加大，并面临应对气候变化的新挑战。国际经验表明，能源消费的增长速度与经济发展阶段直接相关。图1给出了部分先行工业化国家单位GDP能耗的变化曲线，从中可以发现，该曲线形状呈"倒U"形。例如日本的峰值出现在第一次石油危机爆发的1974年前后，日本自1955年起实行"重化工业化"战略，此后单位GDP能耗持续上升，石油危机爆发后，日本被迫放弃"重化工业化"战略，产业结构转向发展高附加值的加工组装业（如汽车、家电等）。我国目前的产业结构以及面临的资源能源供应压力，与日本当时的情况具有相似性。尽管在"十一五"时期采取一系列推动节能减排的政策措施，但资源环境压力持续加大将长期存在。

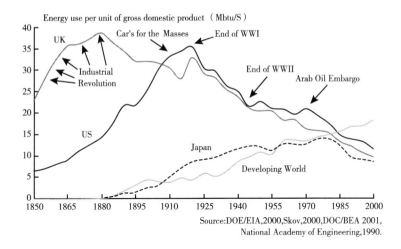

Source:DOE/EIA,2000,Skov,2000,DOC/BEA 2001,
National Academy of Engineering,1990.

图1　部分国家单位 GDP 能耗的变化

除此之外，中国还面临应对气候变化的新挑战，并对经济社会发展产生深刻的影响。中国政府提出了到 2020 年单位 GDP 二氧化碳排放减少 40%—45%的目标。气候变化问题既带来了发展低碳产业、低碳技术的新机遇，也加大了经济发展的成本。这就要求全社会行动起来，除了继续采取和完善节能减排政策之外，还要采取相应的气候政策，抓住全球经济向低碳转型的机遇，积极发展绿色经济、低碳经济，显著提高减缓和适应气候变化的能力。

二是"十二五"时期继续推动节能减排的难度加大。如上所述，"十一五"时期节能减排成效主要得益于技术手段，特别是通过淘汰落后生产能力和"关小（关闭小电厂、小钢厂、小炼油等）"等手段实现的，二氧化硫的主要减排措施是要求火电厂加装脱硫装置。也就是说，是在相对容易的领域实现节能减排，政策的手段比较直接。但是在经过"十一五"时期大规模淘汰落后生产能力之后，虽然进一步淘汰的空间还有，但是其潜力逐步缩小，对节能减排的贡献也将逐步降低，这就要求有新的思路、新的重点、新的措施，方能持续推进节能减排，特别要在通过产业结构优化实现节能减排上下功夫。初步分析表明，如果"十二五"时期实现与"十一五"时期相近的单位 GDP 能耗下降指标，技术节能和结构节能的贡献率要各占 50%，也就是说，需要大幅度提高结构节能的贡献率，实质性推进经济发展方式的转变和产业结构优化升级，而产业结构调整却是一个倡导多年但未取得实质性进展的老问题。在绝大多数火电机组为脱硫机组后，进一步减少二氧化硫排放，必须在非电行业有效推动减排，而目前又没有好的措施来控制和削减分散排放源的排放。

三是技术创新能力明显不足。就技术节能（减排）而言，"十一五"期间高耗能产品能耗明显下降，与国际先进水平的差距显著缩小。2007 年火电供电煤耗、钢可比能耗、电解铝交流电耗、水泥和乙烯综合能耗分别比 2005 年下降 3.8%、6.4%、1.3%、5.4% 和 8.3%，分别比 2000 年下降 9.2%、14.8%、6.4%、12.7% 和 12.5%。同时也意味着，进一步降低产品能耗越来越需要高端节能减排技术。然而，一方面中国企业的自主创新能力弱，不掌握高端核心节能减排技术；另一方面国外高端核心节能减排技术的引进、转让，也面临着各种各样的障碍。就结构节能（减排）而言，无论是传统产业的转型升级，提升价值链；还是发展新能源、节能环保产业等战略性新兴产业都需要解决技术创新能力不高的问题，中国是世界贸易大国，但出口产品中拥有自主品牌和知识产权的只占 10%；中国是制造大国，但重要技术装备主要靠引进；中国高新技术产品出口不断增加，但是不仅关键零部件依赖进口，而且每年要为软件技术标准向外企支付高额的费用。

（二）节能减排目标

作为负责任的发展中大国，中国积极应对气候变化，提出了到 2020 年单位 GDP 二氧化碳排放比 2005 年下降 40%—45%，并将其作为约束性指标纳入国民经济和社会发展中长期规划，意味着中国的节能减排工作推进到新阶段。

实现二氧化碳排放强度的下降，大体上有三种途径：一是节能和提高能效；二是优化能源结构，加快发展非化石低碳能源；三是提高固碳能力，如增加森林碳汇（目前尚未商业化的碳捕捉和封存技术十分重要）。根据初步测算，到 2020 年二氧化碳排放强度下降 40%—45%，节能和提高能效将发挥主要作用，其贡献率在 65%—70%，特别是"十二五"时期节能的贡献率更高，随后能源结构优化的贡献率将逐步增加，其原因在于：一方面能效进一步提高的潜力仍然较大；另一方面低碳能源的发展并发挥作用需要时间。为此，建议"十二五"规划应同时提出与此相关的三个约束性指标：单位 GDP 二氧化碳排放降低目标，单位 GDP 能源消耗降低目标，非化石能源在能源消费中提高占比的目标。

还需看到，实现二氧化碳排放强度降低的目标难度很大。如前述分析，节能和提高能效是关键，而节能的难度要大于"十一五"时期，要有赖于产业结构调整优化的实质性推进，要有赖于技术创新能力的实质性提高，可以说"十二五"以及今后较长时间，进入到节能减排的"攻坚"阶段。从国际经验上看，即使能效水平很高的日本，石油危机发生后十年单位 GDP 能耗只下降了 26.6%，年均下降不到 3%。

除此之外，还需要进一步减少污染物的排放，在"十二五"时期，除了继续将二氧化硫、化学需氧量排放进行总量控制外，建议将氮氧化物、氨氮作为总量控制的管理范畴，提出减排目标，也将其作为约束性指标纳入中长期发展规划。同时，加大对贵金属污染、垃圾、污泥的治理力度。

（三）主要思路和重点领域

今后的节能减排工作，要在总结"十一五"时期经验教训的基础上，其主要思路应该是"建立长效机制，实现两个结合，消除薄弱环节"。

所谓"建立长效机制"，加快节能减排机制转型，尽快形成以经济手段为基础、法律手段作保障，辅以必要的行政手段的节能减排长效机制。特别是要抓住时机，理顺以资源性产品为代表的要素价格。同时健全财税政策，加大支持节能减排的投资和引导，尤其是加大经济欠发达的东北和中西部地区的节能减排投资和转移支付，发挥价格财税、金融等经济激励政策的作用。在资源性产品价格形成机制、税收、金融、标准、市场准入、落后产能退出机制等方面推进改革和加以完善，使得节能减排工作从政府的积极倡导，真正转变为企业的自觉行动。在"十二五"乃至更长时期，以结构调整升级为主要实现手段的新形势下，建立以经济手段和法律手段为主的节能减排长效机制尤为关键和紧迫。

所谓"实现两个结合"，一是与产业结构调整优化升级结合起来，二是与发展新能源、节能环保产业、电动汽车等战略性新兴产业结合起来。以推动节能减排为抓手，促进产业结构调整转型升级，是市场经济条件下的有效方式，既可避免政府直接干预市场出现过度调节，又可弥补市场机制的缺陷。功夫要下在结构升级上，加快发展服务业特别是生产性服务业，提高服务业在三次产业中的比例；要着眼于培育和形成产业的中高端竞争力，在研发、设计、品牌、营销等价值链的中高端环节上下功夫，实现产业价值链升级。要通过节能减排的大力度推进，将新能源、节能环保、电动汽车等战略性新兴产业发展起来，培育产业的原始创新能力，在准入政策、支持手段、发展环境、组织方式等诸多方面有创新的思路和方法，不能沿用传统产业的发展方式和管理手段。

所谓"消除薄弱环节"，就是要消除在建筑、交通以及中小企业节能减排中存在的薄弱环节，形成工业、建筑、交通多领域，大中小企业全面推进的节能减排新格局。在建筑领域，要根本改变"有标准、难执行"的不利局面，采取更加有效的方法推动建筑节能，可考虑引入建筑能效标识制度，实行反映不同能效水平的等级标识，使消费者清晰了解节能建筑的节能效益、减排效益，以及节能带来的经济效益，以引导消费者购买高能效住房，从而利用市场的力量激励企业开发高能效建筑。同时，高度重视既有建筑的节能改造，并加大投入。在交通领域，应进一步提高机动车燃油经济性标准，完善机动车消费税和购置税政策，鼓励购买节能环保汽车和小排量汽车，实行面向普通消费者的新能源汽车购置补贴政策。

（四）政策建议

继续实行"十一五"时期被证明行之有效的政策，同时提出如下政策建议：

一是改革能源资源价格形成机制。能源资源产品价格的改革不是简单地提高价格，而是改革价格形成机制，构建起反映市场供求关系、资源稀缺程度和环境损害成本的价格体系。竞争性领域的产品原则上由市场定价，增加价格的弹性。实行阶梯电价、阶梯气价、阶梯水价，以抑制过度消费和浪费，推进供热体制改革，实行分户计量。

二是构建绿色税收体系，加大财政支持。逐步将排污费改为污染税，实现"污染者付费"。资源税由从量计征改为从价计征，同时兼顾资源品质和资源回采率等因素，提高资源开采效率。加大节能、可再生能源、低碳科技创新的财政支持力度，政府要加大采购节能环保产品的力度，利用好政府采购政策支持节能环保产业的发展。

三是探讨开展碳交易。近期可以通过实施自愿碳交易，从中获取并积累经验和能力，包括技术手段和管理经验。可在现有环境交易所的基础之上，构建自愿碳交易登记注册、撮合交易以及清算和结算系统，设立排放量审计、报告以及确认规则等。同时，引入第三方排放认证机构，对参与企业的基线排放量以及减排量进行审计确认。

四是建立健全法律法规。尽快制定和颁布实施《能源法》，并对《煤炭法》、《电力法》、《节约能源法》、《可再生能源法》等法律法规进行相应的修订，进一步鼓励清洁、低碳能源开发和利用。制定和完善《循环经济促进法》的相关配套法规，促进循环经济的发展。

五是完善做到能效标准，严格实施强化执行。健全主要耗能行业节能设计规范、建筑节能标准，完善建筑物采暖和制冷温度控制标准等；引入建筑能效标识制度，以引导消费者购买节能建筑。修订风机、水泵、变压器、电动机等主要工业耗能设备，家用电器、照明器具、办公设备以及机动车等的能效标准。加强能效标准的执行。对于工业项目，做到能效标准和固定资产投资项目的评估及审查相结合。要对新建、改扩建的固定资产投资项目进行碳减排评估和审查，对未进行减排审查或未能通过减排审查的项目一律不得审批、核准。

六是完善能源统计体系，逐步开展碳排放统计。改进能源调查方法和核算方法，以增强能源统计的科学性；加强和规范基层能源统计工作。逐步建立并不断完善碳足迹统计系统。

三、应对气候变化的国际合作

（一）应对气候变化框架协议

气候变化是人类社会面临的共同挑战。中国将应对气候变化作为经济社会发展的重大战略，以及加快经济发展方式转变和经济结构调整的重大机遇。中国是最早制定实施《应对气候变化国家方案》的发展中国家，并在 2009 年 12月召开的哥本哈根联合国气候大会上发挥了积极的、建设性的作用。会议达成的无约束力的《哥本哈根协议》，维护了《联合国气候变化框架公约》和《京都议定书》确立的发达国家与发展中国家"共同但有区别的责任"的原则，遵循"巴厘路线图"，明确了发达国家实行强制减排和发展中国家采取自主减缓行动的原则，并就全球长期目标、资金和技术支持、透明度等焦点问题达成广泛共识。

各方在减排义务分担、技术转让、资金机制、适应等关键问题仍存在重大分歧和争议，其中减排义务分担一直是国际气候谈判的焦点。国际上提出了许多减排义务分担的公平原则和分担方法。比较有代表性的方法包括：基于"祖父原则"的京都模式，考虑历史责任的巴西案文（Brazil，1997，Pingguelli Rosa et al，2001），英国全球公共资源研究所的"紧缩趋同"（C&C）方案（GCI，2005），斯德哥尔摩环境研究所（SEI）的通过发展阈值保障穷人发展需求的"温室气体发展权（GDR）框架"（Paul Baer，2008），在全球长期减排目标约束下基于人均原则的"碳预算方案"（潘家华，2009）等。

全球二氧化碳排放总量的 80%，是发达国家工业革命 200 年来排放的，其人均历史累计排放量远远超过发展中国家。暂且不论历史原因造成的巨大差距，我们展望未来，将全球温升控制在 2 摄氏度作为共同愿景，如果以 1990年作为基年，在此之后的 60 年（即 1990 年至 2050 年）全球可允许的累计排放量约为 14000 亿吨。即使发达国家到 2050 年比 1990 年减排 95%，在此期间其人均累计排放约 330 吨；而给发展中国家留下的排放空间人均不足 120 吨，仅为发达国家的三分之一。这就意味着，发达国家不仅其人均历史累计排放量远比发展中国家高，而且其未来的人均累计排放也高，形成了新的不公平，况且发达国家承诺的减排量远达不到 95%。发展中国家的排放主要是生存排放和国际转移排放，发达国家主要是消费型排放，仍维持着远高于发展中国家的人均排放。为此，应将大力倡导低碳生活、改变奢侈型消费纳入发达国家的气候政策。

应对气候变化，发达国家和发展中国家都要共同采取行动，同时也要尊重人均排放历史、现实甚至未来的不均衡，在《公约》和《议定书》所确立的基本法律框架下，寻找解决减排义务分担这一难点和焦点问题。

（二）技术转让和资金机制

减缓和适应气候变化的根本出路靠技术创新，《公约》明确了发达国家有义务向发展中国家提供技术和资金帮助。但长期以来，国际气候谈判在技术转让问题上进展非常缓慢，各方分歧很大，对于技术转让的定义，存在着不同的认识和理解。发达国家一直以各种方式逃避或淡化政府的责任和义务，以知识产权保护等问题为借口，强调发挥私营部门和市场的作用，试图将技术转让的责任全部推给市场和私人部门，同时要求发展中国家改善国内不利于技术转让的制度环境。

我们首先要明确的是技术转让的定义，哪类技术转让需要在《公约》的框架下发挥各方政府的作用加以推动，不能混淆技术转让和一般技术贸易。实际上，《公约》已经明确规定了发达国家的技术转让义务，《公约》框架下的技术转让内涵与纯粹商业基础上的技术转让有着实质性区别。一是《公约》下的技术转让的对象是与适应和减缓气候变化相关的环境无害化技术，这些技术的应用将带来全球环境效益，带有"准公共产品"的性质；二是《公约》框架下的技术转让是发达国家的义务，从而体现发达国家和发展中国家"共同但有区别的责任"的原则。为激励私人部门的技术创新，也需要建立私人部门和公共部门的新型伙伴关系，建立非市场的公共资金，以此推动私人部门的技术开发和技术转让。

为此，要建立公共和私人部门之间的伙伴关系，由公共投资带动私人投资。建立多边技术获取基金，资金主要来源于发达国家公共资金。建立针对环境友好专利技术的强制许可制度及法律法规，建立针对共同开发的环境友好技术的知识产权共享安排，促进发达国家公共资金所资助的技术向发展中国家的优惠转让。

《公约》和《议定书》下现有资金机制包括：全球环境基金（GEF）、适应基金、气候变化特别基金、最不发达国家基金，但现有资金严重不足，相对需求而言相差甚远。发达国家政府有义务提供新的、额外的、充足的和可预期的资金，每年至少拿出其 GDP 的一定比例提供资金支持，私人部门和碳市场资金可作为发达国家资金的有益补充。

2012 年《京都议定书》将到期，需要尽快达成新的全球气候变化治理框架，尽快在有着重大分歧的诸多关键问题上形成共识，实现人类社会的可持续发展。中国还应积极探索双边、多边的合作机制，在技术转让、共同研发、推进产业化、政策和信息交流等方面，开展实质性合作。

后危机时期中国的国际贸易[*]

国务院发展研究中心对外经济研究部　张小济　吕　刚

一、全球化拉动了中国对外贸易

自 1978 年改革开放以来，除 1997 年亚洲金融危机期间略有波动外，中国对外贸易一直呈现出高速增长的态势。1978—2008 年 30 年间，中国进出口总额年均增幅高达 17.4%。中国在 2003 年成为世界第三大进口国，在 2007 年成为世界第二大出口国。2008 年，中国货物贸易进出口额达到 25600 亿美元，其中出口额为 14300 亿美元，占全球的 8.9%，进口额为 11300 万亿美元，占全球的 6.9%（参见图 1 和图 2）。

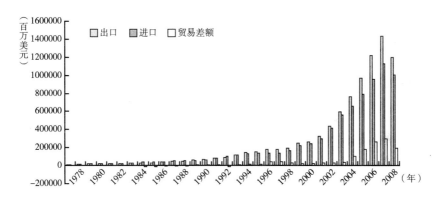

图1　1978—2009 年中国货物贸易进出口额

资料来源：中国海关。

经济全球化背景下的国际产业转移，是中国对外贸易得以持续高速增长的最主要原因。20 世纪 80 年代以来，科技革命和全球贸易投资自由化深入发展，使生产要素的跨国流动更为便利，以跨境直接投资为载体的国际产业转移

---

[*] 本文为中国发展高层论坛委托研究的课题报告，旨在为与会者提供关于论坛议题的背景资料。

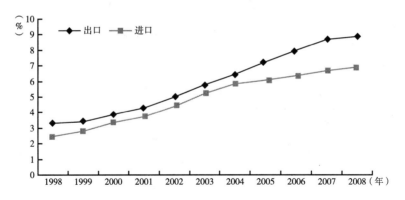

图 2 1998—2008 年中国占全球进出口额的比重

资料来源：WTO。

拉动了国际贸易的高速增长。中国顺应这一国际潮流，实行对外开放政策，凭借劳动力成本低、国内市场潜力大、产业门类齐全等优势，受到跨国公司青睐，发展成为全球供应链的重要节点和全球重要的制造业生产加工基地。从图3 可见，1986 年以来，随着 FDI（Foreign Direct Investment）流入存量的快速增长，外商投资企业在中国进口和出口中的比重从不足 5% 迅速攀升到 50% 以上，成为拉动中国外贸增长的主力军。

在吸引外向型制造业投资方面，中国的加工贸易政策起到了关键性作用。加工贸易成功地将国际资金和技术与中国劳动密集型产业优势结合在一起，这种保税贸易方式在中国沿海地区创造了自由、便捷的贸易环境，促进了中国对

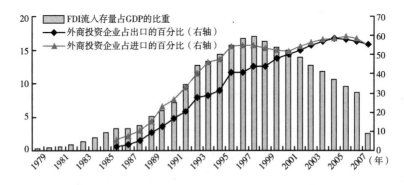

图 3 FDI 流入存量占 GDP 的比重和外商投资企业占中国对外贸易的比重

资料来源：FDI 流入存量占 GDP 的比重来自联合国贸发会议 FDI STAT online；外商投资企业占中国对外贸易的比重来自《中国统计年鉴》。

外贸易的大发展。从1981年以来，加工贸易在中国出口中的比重从不足10%提高到50%以上，在中国进口中的比重也一度接近50%（参见图4）。20世纪90年代年以来，加工贸易对中国外贸的巨大拉动作用突出体现在高新技术产品特别是信息技术（IT）产品上。从1992年到2007年，高新技术产品占中国加工贸易出口的比重从4.5%提高到51%，而IT产品又占到中国的高新技术产品出口的大约90%。

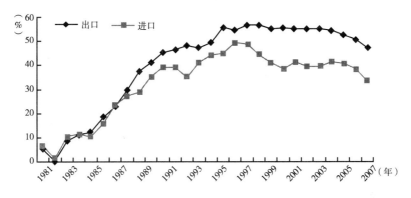

图4　加工贸易占中国对外贸易的比重

资料来源：《中国统计年鉴》。

中国IT产品进出口与亚太地区IT产品供应链的发展是密不可分的。在跨国公司的组织下，一种产品的整个生产过程分解为若干个部分或环节，并根据各部分或环节的不同特点被配置到最有优势的区位。自20世纪90年代以来，东亚区域内贸易占全部贸易的比重呈上升趋势，进入21世纪后，一直保持在50%以上。然而，东亚成员之间的相互出口60%以上是中间产品，而其中办公设备部件（37.5%）、通信设备部件（27.7%）、开关设备（12.7%）、电器部件（6.7%）四种产品又占到八成以上。

二、进出口贸易对中国经济发展的贡献

对外贸易的高速发展、外贸结构的改善成为拉动中国经济平稳快速增长的主要力量之一。1978—2007年，中国的货物贸易开放度从9.7%提高到64.8%，这表明中国充分利用了国际市场和国际资源。对外贸易在中国国民经济中的地位不断提升，真正成为拉动经济增长的"三驾马车"之一。人们在评价对外贸易对经济增长的贡献时，往往只关注净出口对短期经济增长的拉动作用，例如，2005—2007年，货物和服务净出口对中国经济增长的平均贡献

度超过了 20%，每年拉动国内生产总值增长 2 个百分点以上。但是，这容易产生一种悖论，即一国只有始终保持顺差，而且顺差不断扩大才能促进经济增长。实际上从长期看，进出口贸易对经济增长的主要贡献，是突破了本国市场和要素禀赋的局限性，把两个市场、两种资源有效结合起来，使比较优势得到充分发挥、资源配置更加优化、生产效率极大提高，带来经济福利的扩大。因此，即使是出现贸易逆差的年份，只要贸易总量在扩大、贸易结构在优化，进出口通过提高生产效率和改善国内投资、消费结构，同样在促进经济的发展。

过去 30 年，对外贸易的发展极大地推动了中国的工业化进程。中国的电子工业和纺织服装行业是从外贸增长中受益最明显的行业。纺织服装行业是中国的传统优势产业，但受国内市场原材料供给能力和国民收入水平的限制，产业发展规模有限，而国际市场为中国纺织服装行业的持续快速发展提供了广阔的空间。尽管受到发达国家设置配额的限制，该行业的出口依存度在 2004 年就超过了 50%。在国际纺织品贸易取消数量限制后，中国纺织品和服装的出口保持了快速增长，中国成为世界第一大纺织品和服装出口国，2008 年，占全球纺织品出口的比重为 26%，占全球服装出口的比重为 33%。与此同时，中国也成为全球最大的纺织品原料和纺织品机械的进口国。近年来，随着人民收入水平的提高，国内市场纺织品服装销售增长速度超过了出口。

中国电子工业是通过参与经济全球化发展起来的新兴产业。2008 年，中国共生产了 9000 万台彩电、1.37 亿台电脑、5.59 亿部手机，分别占全球总产量的 44%、47% 和 45%，电子工业全年的销售收入达到 49000 亿元人民币，而这其中有 63% 都来自于出口。电子工业的大发展创造了对于原材料、中间投入品和生产加工设备的巨大需求。过去，这些产品绝大部分来自进口，但是中国巨大的市场吸引跨国公司把越来越多的上游生产环节转移到中国，造就了以本土企业为主的电子工业，并带动了国内钢铁、有色金属、机械、塑料等众多行业的发展。

中国出口结构的升级反映了工业化的进程和产业竞争力的提高。1980—2007 年，工业制成品占中国出口的比重从 50% 提高到 95%。同期，在工业制成品的出口中，机械和电子产品所占比重从不足 10% 提高到 50%。

国际贸易和工业化的相互促进带来了中国经济运行效率的显著提高。一方面，国外的资本、技术和国内劳动力有机结合，大大提升了劳动生产率。

过去 30 年，中国的劳动生产率提高了 35 倍，其中先进设备和技术的引进是重要因素之一。另一方面，进入国际市场使中国企业有机会获取技术进步的最新信息，学习国际先进的市场营销和经营管理方式，生产和经营效率大为提高。进出口贸易在培育、提升人力资本素质方面的这些贡献往往被人们所忽略。

出口部门的蓬勃发展创造了大量就业机会，使得数以千万计的中国农民有机会走进城市，成为产业工人，参与到经济全球化的进程之中。据中国商务部统计，外贸直接带动就业人数约 8000 万，其中 60% 来自于农村转移劳动力，仅农轻纺等传统劳动密集型出口行业就直接创造了 5000 万个就业机会。不仅如此，出口部门的发展还明显促进了劳动者素质的提高。据 2003 年国务院发展研究中心加工贸易课题组的调研，85% 的受访加工贸易企业对员工提供了国内培训，21% 的企业提供了国外培训。

进口对中国经济发展的贡献往往被低估了。由于中国人均占有耕地、水资源和主要矿产品的数量大大低于世界平均水平，仅仅依靠国内资源无法满足 13 亿人生产和生活的需求。例如，中国一年进口原油 2 亿吨，超过国内全年的产量，进口铁矿砂超过 6 亿吨，接近国内的产量。中国一年进口的大豆和植物油，相当于 5 亿亩耕地的产量。然而，这还不足以说明进口的重要性，进口不仅与出口同样会带动就业，而且先进技术和设备的进口，大大提高了国内的生产效率。

最近，国务院发展研究中心李善同教授领导的课题组采用非竞争型投入产出模型测算的结果表明，在 1987—2007 年期间，出口与进口对中国 GDP 增长率的平均贡献率分别为 2.7 个百分点和 1.5 个百分点。

20 世纪 90 年代中期以来，货物贸易顺差，再加上持续的外商直接投资流入，使中国的外汇储备不断增加。这满足了工业化对大量进口机器设备和原材料的需要，使中国成功地突破了外汇资金短缺的瓶颈。然而，进入 21 世纪以来，中国的贸易顺差大幅度增加，外汇储备的加速增长，到 2009 年末已超过 23000 亿美元（参见图 5）。过多的外汇储备的产生，一方面，是因为国际因素，如金融危机之前，国际市场流动性过剩刺激中国的出口，另一方面，中国国内也存在资金利用效率低、消费需求增长相对落后的问题。因此，解决中国外汇储备过多问题的途径不是减少进出口贸易，而是需要通过增加进口和扩大对外投资提高资金利用效率，将生产者剩余转化为消费者剩余。

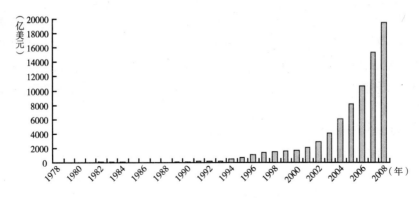

图5　中国的外汇储备

资料来源:《中国统计年鉴》。

三、中国出口部门经历了全球金融和经济危机的冲击

2008 年 10 月全面爆发的全球金融危机导致国际贸易严重萎缩。主要的传导途径有五个:一是发达国家经济衰退导致其进口减少;二是最终市场需求萎缩导致具有紧密供应链关系的经济体之间的产业内贸易急剧减少,这在东亚和东欧地区表现得尤其明显;三是金融动荡导致信贷紧缩,影响企业和消费者的融资和支付;四是初级产品价格暴跌导致一些资源出口国国际收支状况恶化,被迫减少进口;五是许多发展中国家本币汇率剧烈波动,打乱了企业的正常生产。受上述因素影响,全球进口额在 2009 年二季度跌至 28000 亿美元以下,比 2008 年三季度的 44000 亿美元减少了 37% (参见图 6)。尽管随着全球金融市场和经济的逐步稳定,全球贸易从 2009 年二季度开始明显回升,但据世界银行最新发布的《2010 年全球经济展望》,2009 年世界贸易量仍大幅下降了 14.4%。

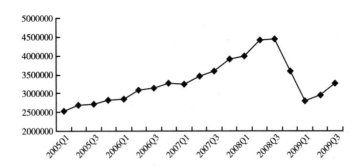

图6　全球进口额 (2005 年一季度至 2009 年三季度)

资料来源:WTO。

在外部需求急剧萎缩的情况下，中国的对外贸易遭受了前所未有的沉重打击。最先受到冲击的是出口部门。2008 年 1—10 月，中国的出口同比增长 21%，但从 2009 年 11 月至 2009 年 11 月，出口连续 13 个月同比负增长，2009年上半年出口同比下降 22%。在情况最差时，全球最大的集装箱生产商竟然一个集装箱的订货都没有。

由于加工贸易的进口与出口紧密相关，中国的进口也几乎在同时开始大幅度下跌。2008 年 1—10 月，中国的进口同比增长 22%，但从 2008 年 11 月至2009 年 10 月，进口连续 12 个月同比负增长，2009 年上半年进口同比下降22%。对原材料的需求跟随出口部门生产滑坡，2008 年底，中国许多钢铁厂部分高炉停产，国际港口的码头上堆积着大量的铁矿石，这些矿石都是用高价买来的。

中国出口值的月度低点一般都出现在每年 1 月或 2 月。2007 年和 2008 年中国货物出口月度水平的最低点分别为 821 亿美元和 874 亿美元，而 2009 年的低点为 649 亿美元，大大低于 2007 年的低点。2009 年中国进口的月度低点则只有514 亿美元，甚至比 2006 年的低点（516 亿美元）还略低（参见图 7）。

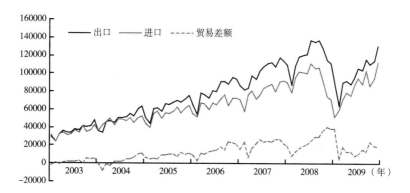

图 7　2003—2009 年月度进出口额

资料来源：中国海关。

受出口剧烈减少的影响，中国制造业的产出大幅度下滑。2008 年前三季度工业增加值同比增长 15%，2009 年第一季度只增长了 5%。高度依赖国际市场的电子工业情况更为严峻，2008 年前三季度工业增加值同比增长 20.5%，而 2009 年 1—2 月，出口同比下降 19.2%，工业增加值同比下降 9.4%。受大量出口企业倒闭的影响，2000 万工人失去工作，许多农民工返乡。

随着国内和国际市场需求回升，中国的进出口从 2009 年二季度触底反弹，月度出口和进口水平分别在 2009 年 7 月和 9 月重返 1000 亿美元之上。但即便如此,2009 年中国对外贸易下降幅度之深仍创造了多个纪录。2009 年,中国出口下降 16% ,进口下降 11.2% 。2009 年出口和进口的绝对金额分别为 12017 亿美元和 10056 亿美元,基本上跌回到 2007 年的水平。2009 年贸易顺差为 1960.7 亿美元,比上年减少 34.2% 。

由于金融危机是从全球经济的中心——美国爆发,引起了全球性的经济衰退,导致中国对几乎所有贸易伙伴的出口都大幅下降。其中,2009 年 1—11 月,中国对欧盟、美国、日本等三大发达国家市场的出口同比分别减少 22% 、15% 和 18% ,对东盟、拉美、非洲等市场的出口也分别下降 12% 、24% 和 9% 。

表1 2009 年 1—11 月中国对主要市场的出口累计同比增幅

	出口同比增幅		出口同比增幅
欧 盟	-21.8	美 国	-14.8
东 盟	-11.7	日 本	-17.6
拉丁美洲	-24.0	非 洲	-8.9
大 洋 洲	-6.2		

资料来源:中国海关。

由于同样的原因,中国几乎所有类别的工业制成品的出口均大幅下跌。其中,2009 年 1—11 月,钢铁产品出口额同比减少 69% ,汽车减少 42% ,化工产品减少 25% ,金属制品减少 24% ,IT 产品[①]减少 14% ,电力机械减少 16% ,纺织品和服装减少 11% 。这七类工业制成品对 1—11 月出口总跌幅的贡献率合计达到 72% 。

表2 2009 年 1—11 月主要工业品出口增幅及对出口总跌幅的贡献率

	同 比 增 幅	对出口总跌幅的贡献率
钢 铁	-69%	18%
IT 产品	-14%	17%
电力机械	-16%	9%
纺织品和服装	-11%	8%
化工产品	-25%	7%
汽 车	-42%	7%
金属制品	-24%	5%
合 计		72%

资料来源:中国海关。

---

① 包括电脑、办公机械、通信设备。

2009年，制造业进口7717.3亿美元，下降8%，进口价格下跌4.9%。出口萎缩导致中国进口的部分工业原料和资本品大幅减少，特别是加工贸易比重高的产品，例如，通信设备、计算机及其他电子设备制造业进口2294.8亿美元，下降8.3%，进口价格上涨3.2%；仪器仪表及文化、办公用机械制造业进口664.9亿美元，下降15.4%，进口价格下跌8.2%。

四、金融危机并未改变中国对外贸易的总体格局

从出口的商品结构看，主要产品占出口的比重变化都不大。劳动密集程度较高的产品、跨国公司公司内贸易产品下降幅度相对较小。IT产品在2008年的比重为23.7%，在2009年前11个月的比重为25.4%，略有增加。同期，纺织品和服装的比重从13%变为14%，电力机械从10.7%变为11.1%，玩具等杂项制品从5.7%变为6%（参见图8）。

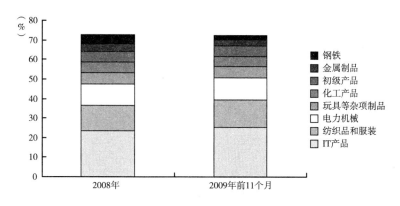

图8 主要产品占中国出口总额的比重

资料来源：中国海关。

资本密集程度较高的产品和初级产品下降幅度较大。例如，化工产品从5.6%变为5.2%，金属制品从3.8%变为3.5%，初级产品从5.4%变为5.2%。钢铁是出口下降幅度最大的产品，比重从5%大幅下降到2%。

从出口的市场结构看，欧盟、美国和日本仍是中国最主要的出口市场。2009年前11个月，三大市场占中国出口总额的比重合计为46.5%，与2008年的46.3%基本相同（参见图9）。

从贸易方式看，中国的出口仍是加工贸易和一般贸易各占半壁江山。2009年前11个月，加工贸易和一般贸易占出口总额的比重分别为48.9%和44.1%，而2008年二者的比重分别为47.3%和46.4%，变化并不大（参见图10）。

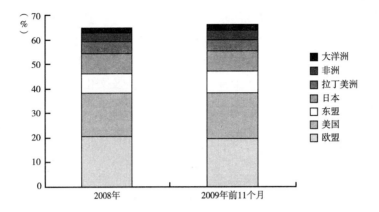

图9 主要出口市场占中国出口总额的比重

资料来源：中国海关。

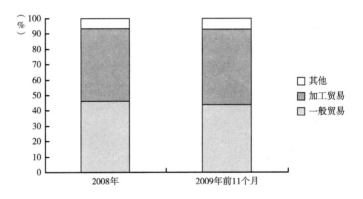

图10 不同贸易方式占中国出口的比重

资料来源：中国海关。

中国的进口结构变化也很小，仍然是以机械设备、工业原料、矿产品、科学仪器为主。对比2008年和2009年前11个月的进口比重，机械及运输设备分别为39%和40.7%，化工产品分别为10.5%和11.2%，钢铁、有色金属工业原料分别为6.2%和7.5%，科学仪器分别为5.8%和5.5%（参见图11）。

不过，值得注意的是，由于国际市场大宗商品价格暴跌，进口金额比例变化不能完全反映中国的进口需求结构。由于中国采取了一揽子刺激经济计划，国内市场对进口原材料的需求并没有减少，主要原材料、矿产品进口的数量实际上是增加的。例如，2009年中国进口了2亿吨原油，比2008年增长了

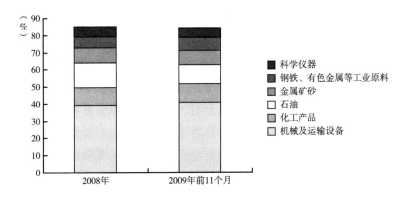

图11 主要产品占中国进口总额的比重

资料来源：中国海关。

14%，但由于平均价格下跌了 39%，进口金额大幅度减少。又比如，2009 年中国进口的铁矿砂达到 6.3 亿吨，同比增长 42%，但由于进口的平均价格下跌了 42%，进口金额也是下降的。

五、中国企业保住了在全球市场的份额

由于危机期间中国出口的降幅低于其他国家，中国占全球市场的份额反而略有增加。据 WTO 统计，2009 年前三个季度，全球的出口额同比下跌了 30.1%，而中国的降幅则为 21.3%。另据美国和欧盟的官方统计，虽然 2009 年来自中国的进口金额大幅度减少，但中国产品在美国和欧盟进口中的比重都保持了前几年的上升势头（参见图 12 和图 13）。根据德国联邦统计局公布的最新数字，2009 年德国出口总额为 8032 亿欧元，相当于 11213 亿美元，少于

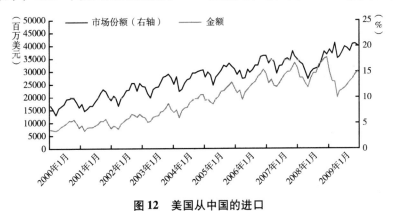

图12 美国从中国的进口

资料来源：美国商务部。

中国的 12016 亿美元，这表明中国已首次超越德国，成为全球货物贸易第一大出口国。

图 13 欧盟从中国的进口

资料来源：欧盟统计局。

六、中国应对外贸滑坡的政策

为了应对全球金融危机对经济的冲击，中国政府采取了积极的财政政策和适度宽松的货币政策来扩大内需，缓解了危机对出口部门的冲击。

（一）扩大内需，带动进口率先反弹

中国政府采取的一系列扩大内需的政策措施，包括扩大基础设施投资、减税政策、信贷政策，以及实施纺织业、钢铁业、汽车业、船舶业、装备制造业、电子信息产业、轻工业、石化产业、物流业、有色金属业等十大产业振兴规划，极大地刺激了中国的国内投资和消费，从而带动进口快速复苏。

中国进口的增加为主要贸易伙伴的经济复苏作出了重要贡献。中国资本技术密集型产品进口的大幅度反弹，使主要工业化国家受益。

据美国商务部统计，2009 年 1—11 月，美国对全球的出口同比下降20.1%，但对中国的出口只下降了 5.3%，中国占美国出口总额的比重达到6.4%，比 2008 年提高了 1 个百分点。

据德国海关统计，2009 年前三季度，德国对全球的出口同比下降 29.5%，但对中国的出口只下降 7.7%，中国占德国出口总额的比重达到 4.4%，比2008 年提高了 1 个百分点。

据日本海关统计，2009 年 2 月和 3 月，日本对中国的出口环比分别增长

了 20% 和 29%，并在此后四个月连续保持环比正增长。2009 年 1—10 月，日本对全球的出口同比下降 31.1%，但对中国的出口只下降 19%，中国占日本出口总额的比重达到 18.8%，比 2008 年提高了 2.8 个百分点。

另一方面，中国进口的资源性产品大幅度增加，2009 年 1—10 月，中国进口了 5.15 亿吨铁矿砂和 363 万吨铜，同比分别增加 36.8% 和 70.2%，这对巴西、澳大利亚、智利等资源输出国走出危机无疑是积极的因素。

据巴西外贸秘书处统计，2009 年前三季度，巴西对全球的出口同比下降 25.9%，但对中国的出口则增长 18.3%，中国占巴西出口总额的比重达到 14.5%，比 2008 年提高了 6.2 个百分点，一跃成为巴西第一大出口市场。

据澳大利亚统计局统计，2009 年前三季度，澳大利亚对全球的出口同比下降 21.3%，但对中国的出口则增长 9%，中国占澳大利亚出口总额的比重达到 21.4%，比 2008 年提高了 6.5 个百分点，同样跃升为澳大利亚第一大出口市场。

据智利海关统计，2009 年 1—10 月，智利对全球的出口同比下降 35.1%，但对中国的出口则增长了 1.3%，中国占智利出口总额的比重达到 22.2%，比 2008 年提高了 8 个百分点。

（二）稳定出口，保护就业

1. 改变抑制出口的政策，恢复出口退税

在危机爆发之前，为了防止经济过热和通货膨胀，中国曾经大幅度降低了出口产品增值税退税税率。自 2008 年 8 月 1 日至 2009 年 6 月 1 日，中国连续 7 次提高出口退税率。中国出口商品的综合退税率从 9.8% 上升至 13.5%，提高了近 4 个百分点，涉及商品十分广泛，其中服装纺织、机电、钢铁、轻工、有色金属、石化和电子信息等七个行业产品受益最大。

2. 加强出口信用保险服务

针对出口企业面临的支付风险，中国政府确定，提高出口信用保险覆盖率，2009 年安排短期出口信用保险承保规模 840 亿美元，降低保险费率，建立和完善出口信用保险财政风险补偿机制，落实大型成套设备出口融资保险专项资金安排。

中国出口信用保险公司估计 2009 年全年短期出口信用保险承保金额可能达到 890 亿美元，比 2008 年的 432 亿美元提高了一倍还多。中国出口信用保险覆盖率将由 2008 年的 6.5% 提高到 15% 左右，尽管这一比例仍然大大低于发达国家的水平。

3. 实行宽松的货币政策，缓解企业融资难问题

从 2008 年 9 月到 2008 年 12 月，中国人民银行连续五次下调一年期贷款基准利率，连续四次下调存款准备金率，经过调整，一年期贷款基准利率由 7.47% 降至 5.31%，存款准备金率由 17.5% 降至 13.5%（中小金融机构）和 15.5%（大型金融机构）。

中央政府积极安排资金支持担保机构扩大中小企业贸易融资担保，鼓励金融机构通过多种方式支持出口企业融资。据中国人民银行统计，2009 年全年，中国主要金融机构及农村合作金融机构、城市信用社和外资银行发放的中小企业人民币贷款（含票据贴现）累计新增 3.4 万亿元，年末余额同比增长 30.1%，有效缓解了中小企业融资难问题。此外，2009 年中国还新增 100 亿美元优惠出口买方信贷和 150 亿元人民币优惠贷款，并简化了优惠出口买方信贷和人民币优惠贷款项目的资金审批程序。

4. 完善加工贸易政策

一是完善加工贸易产品内销审价征税标准，简化监管、核销手续，提高内销征税通关效率，便利加工贸易产品内销。中国政府拉动内需的政策让国内市场的潜力得以释放，由于国内市场与国际市场的需求特点存在诸多不同，让许多加工贸易企业由出口转为内销面临不少困难。政府对加工贸易企业给予内销征税方面的支持，有利于加工贸易企业开拓国内市场。

二是对符合条件、以不作价设备出资设立法人企业的，酌情免征不作价设备的进口关税和进口环节增值税，促进来料加工企业转型。加工贸易企业有很大一部分设备都是不作价出资的，对这样的设备给予税收的优惠，可以大幅降低企业成本，对企业来说是非常大的支持。

5. 稳定汇率

金融危机期间，国际主要货币汇率大幅波动。中国采取措施进一步完善人民币汇率形成机制，保持人民币汇率的基本稳定，减小出口企业面临的汇率风险。从图 14 可见，2009 年 2 月以来，人民币对主要结算货币美元汇率的波动幅度明显减小，基本上稳定在 1 美元兑 6.83 元人民币的水平上。

七、后危机时期中国对外贸易发展面临的挑战

（一）发达国家进入低速增长阶段，国际市场竞争更加激烈

中国的出口高度依赖发达国家市场。2009 年前 11 个月，欧盟、美国和日本三大市场占中国出口的份额为 46.5%，虽然比 2000 年的 54% 已有明显下降，

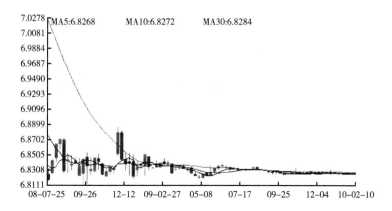

图14　人民币对美元汇率（2008年7月—2010年2月）

资料来源：新浪财经 http://finance.sina.com.cn/。

但集中度仍然很高。中国对发展中国家的出口规模近年来虽有显著增长，但在未来5—10年内从整体上还无法取代发达国家作为中国主要出口市场的地位。

金融危机标志着以美国为代表的发达国家市场的消费需求持续快速增长期的结束，家庭和金融机构修复资产负债表可能需要一个较长的过程，这意味着发达国家消费能力有可能受到经济长期低迷的制约，这对中国未来的出口增长是一个制约因素。

危机背景下各国纷纷出台鼓励出口的政策措施，以带动经济复苏、增加就业。发达国家重新认识制造业的重要性，纷纷提出重振制造业的新战略，各国还纷纷出台形式多样的贸易促进政策。这将导致供给能力扩张和市场竞争加剧。

此外，随着中国出口产品结构的提升，与主要贸易伙伴竞争的商品将越来越多，这也会加大中国进一步扩大出口的难度。从图15可见，中国出口产品的技术含量正在逐步提高。2005年，以IT产品为主的高技术产品占中国出口的比重已从1996的15%上升到33%，甚至已经超过了不少发达国家的水平，例如，德国在2004年的这一比重为20%，日本为27%，美国为29%。与高技术产品比重上升相对应的，是以纺织服装及鞋类产品为主的低技术产品占出口的比重明显下降，从1996年的45%到2001年的40%，再到2005年的31%，总计下降了14个百分点。1996—2005年，以机械、钢铁、化工、汽车为主的中等技术产品占中国出口的比重也从19%提高到23%，与发达国家的差距也有所缩小。尽管许多产品是跨国公司在中国的子公司生产的，但激烈的竞争和由此可能产生的贸易摩擦仍然会影响中国本地的供应商和劳工的利益。

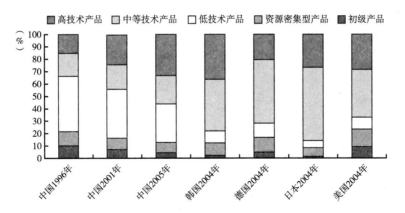

图15　主要工业国和中国的出口结构比较

　　资料来源：中国数字是根据中国海关的数据计算，发达国家的数字是根据联合国 Comtrade 的数据计算。

　　注：高技术产品主要包括半导体、计算机、通讯设备、电力设备、电视机、药品、蒸汽涡轮、飞机、光学及测量仪器、照相机等；中等技术产品主要包括汽车及其零部件、化纤、塑料、钢铁、化学产品、发动机、工业机械、船舶、钟表等；低技术产品主要包括织物、服装、鞋、皮革制品、陶器、金属制品、家具、珠宝、玩具、塑料制品等；资源密集型产品包括经加工的肉、蔬菜、饮料，木制品，植物油、石油产品、橡胶产品、水泥、玻璃等；初级产品包括谷物、新鲜蔬菜、活动物、原油、天然气、煤等。具体分类参见拉奥（Sanjaya Lall）的" The Technological Structure and Performance of Developing Country Manufactured Exports, 1985—1998"。

（二）　中国企业是贸易保护主义最大的受害者

　　《2009 年世界贸易报告》指出，历史上的经济衰退与贸易保护措施增加存在极强的正相关关系。理论研究也表明，当一国经济衰弱，特别是经济增长减弱、失业率提升、对外贸易条件恶化时，贸易保护主义意愿最为强烈。即：由于劳动力市场需求恢复往往滞后于经济增长，贸易摩擦在经济复苏阶段的表现尤为突出。后危机时期是世界经济复苏并转入稳定发展的重要时期，如果各国不共同努力遏制贸易保护主义的进一步抬头，国际经济关系将更加错综复杂，有可能拖延经济复苏的进程。

　　随着出口规模扩大、国际市场份额增加以及持续的贸易顺差，中国已成为发达国家和发展中国家实施反倾销、反补贴等保护措施的主要对象国。WTO数据称，2008 年全球 40% 的反倾销、70% 的反补贴行为是针对中国的。2009年一季度全球反倾销、反补贴行动新增 18.8%，其中超过 2/3 涉及中国产品。据商务部数据，今年 1—9 月，已有 19 个国家和地区向我发起 88 起贸易救济调查，涉案金额高达 102 亿美元。其中，美国发起的对我产品的反倾销、反补贴和特保调查已达 13 起。

贸易摩擦是中国对外经济关系中长期面临的突出问题，中国企业面临的贸易保护压力有逐步增大的趋势：一是贸易保护主义方式和手段多样化，除提高关税以及各种反倾销、反补贴等传统的政策措施外，还包括竞争性汇率贬值、政府优先采购国内产品、新技术性贸易壁垒以及在投资和金融领域的保护主义措施等等；二是贸易保护措施向资本密集型产品蔓延，如钢铁、化工等；三是除发达国家之外，发展中国家也越来越频繁地使用贸易救济措施。

（三）劳动力成本和资源环境成本的快速上升

随着经济社会的持续高速发展，我国的劳动力成本正处于上升的轨道。图 2 显示了纺织、化工、电子、医药、通用设备、专用设备等 6 大行业 1999 年至 2007 年平均工资水平的变化情况。各行业的平均工资都存在不同程度的上升，其中电子行业上升幅度最明显，2007 年电子行业的平均工资水平是 1999 年的 2 倍多。商务部调查显示，中国纺织行业不断攀升的劳动力成本已经相当于东南亚邻国水平的 3 倍以上，沿海地区的劳动力成本亦接近 1 美元/小时。

劳动力成本的上升，使得以往单纯依靠低成本优势发展的外贸模式已不具可持续性，中国的出口企业迫切需要提高产品的附加值。但是到目前为止，中国的制造业企业在品牌知名度、国际营销网络、售后服务体系和创新研发能力方面与发达国家的跨国公司相比仍有较大差距。

出口的高速增长为中国经济的持续快速发展作出了重要贡献，2008 年，中国已有 170 多种产品的产量居世界第一。但是，许多产品同时供给国内市场和国际市场，巨大的资源消耗和随之而来的环境污染也日益成为制约中国对外贸易进一步发展的突出问题。

2009 年 12 月 7—19 日在哥本哈根召开了全球气候大会，在发展中国家与发达国家的碳博弈中，最终达成了《哥本哈根协议》。这意味着国际社会以发展低碳经济应对全球气候变暖的努力已经开始付诸行动。这种情况下，中国外贸发展不仅需要进一步限制高耗能、高污染和资源密集型产品出口，而且需要全面提高能源和资源利用效率，包括出口产品的生产和运输。发展国际贸易不仅关系出口国人民的福祉，也关系进口国人民的福祉，各国应该通过全面合作，包括技术转让和资金援助，共同发展低碳经济，而以气候变化为借口实施任何的贸易保护措施，其结果只能是两败俱伤。

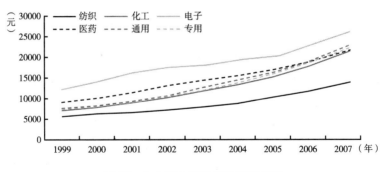

图16 六大行业的年平均工资水平

资料来源：中经网宏观月度库。

八、后危机时期中国对外贸易发展的展望

（一）国际环境

1. 经济全球化的趋势不会逆转

金融危机在一定程度上导致了贸易保护主义抬头，但这并不足以动摇经济全球化的基础，在各经济高度相互依存的条件下，贸易和投资自由化仍将是世界经济发展的主流趋势。例如，美国的经济刺激计划中包含有"买美国货"和"雇美国人"的条款，并计划通过税收改革加大对美国公司海外利润的征税力度，但在主要贸易伙伴报复的反对下，美国经济刺激计划中"买美国货"条款涉及的范围被大大缩小，而在企业的强烈反对下，美国政府对海外公司利润增税的计划也被推迟。

即使在金融危机最严峻的时候，世界各国并没有停止推动世贸组织多哈回合谈判的努力。在 20 国峰会上，各国领导人共同呼吁尽早结束多哈回合谈判。2009 年 11 月，世贸组织第七届部长级会议在日内瓦举行。这是继 2005 年香港会议之后，世贸组织 153 个成员的最高贸易官员 4 年来的首次部长级会议，与会部长们重申必须在 2010 年完成多哈回合谈判，表明了世界各国对于进一步推进多边贸易和投资自由化的决心和信心。

随着自身国际竞争力的上升，新兴经济体可能会成为捍卫贸易自由化的积极力量。而发达国家为了发挥自身优势，要求新兴经济体加大对服务业的开放。如果各国能从此次危机中汲取经验教训，即真正认识到国际合作对于建立公平、公正和透明的国际经济体制重要性，采取合作、务实的立场，世贸组织多哈回合谈判就有可能取得进展。

未来全球贸易和投资自由化的制度性安排有可能出现多边、区域、双边并举的局面。区域和双边的贸易安排可能会继续快速发展。特别是在新兴经济体之间，多种形式和内容的贸易和投资合作都会积极展开。

2. 全球跨境产业转移将继续推进

全球贸易的发展在很大程度上得益于国际产业转移。在危机期间，受信贷紧缩和经济衰退的影响，全球跨境投资大幅萎缩，部分跨国公司为缓解流动性压力减少投资甚至从海外撤资。但对于大多数企业来说，危机提供了一个重组的机会。特别是那些受冲击较小、资金相对宽裕的企业利用资产价格低廉的机会，通过兼并与收购，巩固自身的市场地位，开辟新的业务领域，为未来的发展进行战略性布局。据联合国贸发会议统计，全球跨境直接投资已经在2009年二季度出现明显反弹，比一季度增长74%。

国际产业转移的动力来自于技术进步、来自于企业发展的内在要求、来自于各国贸易投资体制的改革。金融和经济危机并没有使国际产业转移的引擎熄火，相反，随着经济复苏的来临，新技术革命的浪潮正在兴起，具有巨大发展潜力的新能源、互联网、物联网、生物工程的领域、有可能成为投资的热点，新兴经济体的巨大市场也对跨国投资具有很大的吸引力。全球供应链仍然是最具效率的生产模式，跨国投资领域的扩大、市场重心的转移，会进一步推动全球贸易的发展。

据联合国贸发会议发布的《2009—2011年世界投资前景调查》的结果，跨国公司预期在2009年的低点之后，其国际投资将出现递增式复苏，有50%的受访跨国公司预期其2011年FDI支出将恢复到2008年的水平之上，另外，约有48%的公司表示2011年拟将一半以上的投资额用于海外投资，表明危机将不会改变公司业务进一步国际化的总体趋势。

3. 新兴经济体在全球市场中的地位提升

进入21世纪之后，随着经济全球化加速和资源产品价格暴涨，新兴经济体出现了全面的增长。不论是以名义汇率还是购买力评价计算，新兴经济体占全球GDP的份额不断上升。在此次危机中，新兴经济体也受到很大影响，但在一些新兴市场大国的带动下，经济复苏很快。从长期的增长潜力来看，新兴经济体正在加快城市化和工业化，劳动力的素质也在不断提升，新兴市场大国拥有广阔的市场、丰富的自然资源，在国际分工中的地位在逐步攀升。

据联合国贸发会议统计，发展中国家占全球出口的比重由1986年的26.4%提高到2007年的41.4%，上升15个百分点，占全球进口的比重也由1987年的25%提高到2007年的36.3%，上升11.3个百分点（参见图17）。可以预见，后危机时期，新兴经济体将保持较快的增长势头，无论从供给还是需求角度看，新兴经济市场都将成为拉动全球进出口贸易的重要力量。这意味着新兴经济体在全球贸易中所占的份额也会日益增加。

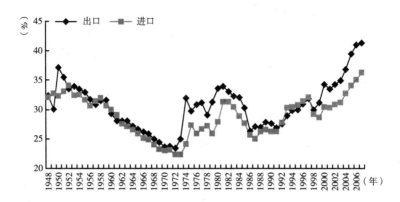

图17　发展中国家占全球货物贸易的比重

资料来源：UNCTAD，Handbook of Statistics 2008。

（二）国内因素

1. 中国的工业化和城市化将创造巨大的市场需求

城市化建设已成为推动中国经济增长、社会进步的重要动力。未来10年，中国将迎来城市人口超越农村人口伟大历史转折，新兴制造业、服务业将从沿海地区向内陆扩散，成百上千的城市崛起，将源源不断地创造巨大的市场需求，带动中国经济长期快速发展。在21世纪初，中国只有香港经济总量超过万亿元，2008年上海、北京的GDP已经超过1万亿元人民币，未来10年里将会有5—10个GDP超万亿元的大都市。3年前，中国经济总量过千亿元的城市不到50个，2008年就已经达到88个，未来10年至少还会再增加50个。

中国是世界第三大进口国，是全球许多重要产品特别是原材料、中间投入品和机电设备的最大的进口国。随着工业化和城市化进程加快，对进口的市场需求将迅速增长，而且，国内投资和消费升级要求供给的多样性，会更多地增加最终产品的进口。

2. 中国转变增长方式需要进一步扩大进出口贸易

改革开放以来，对外贸易在我国的工业化、城市化进程中发挥了巨大的作用。展望未来，进出口贸易稳定而快速的增长对于我国切实转变经济增长方式同样至关重要。

首先，外贸部门的发展不仅可以吸收大量的就业人口，而且劳动者通过从事现代化制造业和服务业活动以及职业培训，知识和技能可以得到提高，这是保证中国数量依然庞大的农业人口顺利转变为工业人口和城市人口的不可或缺的重要途径。

其次，新兴产业只有通过参与国际竞争和交流才能得到发展。中国 IT 产业的发展历程已经充分证明了这一点。中国发展高附加值的先进制造业和服务业，同样离不开国际市场。值得注意的是，在电信设备、机床、工程机械、交通运输设备等领域，中国企业通过技术合作、境外投资，技术开发能力和产品的竞争力明显提高，产品已经开始进入国际市场。

第三，中国政府提出，要逐步扩大消费在国民经济增长中的作用，让更多的人分享经济发展的成果。实施这一政策将需要进一步扩大进口，增加进口的领域不仅仅是资本品、中间产品和原材料，还包括消费品。扩大进口无疑会引入竞争，这有利于促使制造业提高产品质量和生产效率，广大的消费者将因为能有更多的选择而受益。

第四，中国的工业化不能重复发达国家"先发展再治理"的老路，而需要探索一条节能环保、可持续发展的工业化道路。中国要减少工业化过程中的资源消耗和环境污染，发展绿色经济，就需要引进更多的节能环保技术和设备。可以预见，中国巨大的市场需求有利于全球新技术革命在新能源、节能环保产业、互联网、生物工程等领域取得突破。

3. 市场经济体制改革有利于增强中国企业在国际市场上的活力

中国进出口贸易的高速发展得益于经济体制的改革，30 年前，中国只有十几家国有企业可以经营进出口贸易，绝大多数企业与国际市场处于隔绝状态。而现在，中国从事进出口活动的企业已经超过 22 万家，包括国有企业、外商投资企业和民营企业。其中国有企业占进出口总额的比重不到 25%，而且呈下降趋势。

深化经济体制改革是中国实施的一揽子应对金融危机计划的重要内容，其中包括商品定价机制改革、打破行业垄断、减少政府审批、降低准入门槛、完善投资和贸易促进体系，以及改善对中小企业的融资服务等措施。这些改革措施的直接目的是发挥市场配置资源的作用，使政府的投资能够带动更多的社会投资。

上述经济体制改革措施并非权宜之计，对未来企业自主决策提供了广阔的空间。这意味着越来越多的企业可以在国际和国内两个市场之间进行投资、经营方向和领域的选择。市场机制的完善和企业活力的增强有利于扩大进出口贸易规模和改善贸易结构。

（三）中国是经济全球化和贸易自由化的推动者

中国对外贸易的发展与政府顺应经济全球化的发展潮流，主动实行开放政策是密不可分的。作为经济全球化的主要受益者之一，中国在未来仍将坚定不移地积极推动世界范围内的贸易自由化。中国将遵循合作共赢的理念，努力与贸易伙伴建立和谐的关系。

1. 推动多边贸易谈判取得进展

多哈回合谈判早日完成有助于在世界范围内进一步削减贸易壁垒、建立更公平的贸易环境。同时世界经济格局的变化应在谈判结果中有所体现，即更加重视发展中国家的诉求，使多哈谈判真正成为发展回合。中国将采取更为积极、开放的谈判策略，推动多哈谈判尽早达成协议。

2. 以更加积极、开放的姿态推进双边和区域经济合作

近年来，在多边贸易谈判陷入停顿的情况下，各国都更加重视发展双边和区域自由贸易安排。金融危机期间，双边和区域合作机制成为共同应对危机的途径之一。例如，中国扩大了同一些国家货币的兑换，贯彻"清迈协议"，建立了东亚地区货币储备库，并且开始实行外汇以人民币结算的试点。

未来，以自由贸易协议为主要内容的双边和区域合作，将成为全球贸易自由化的重要推动力。目前，中国已对外签署了 8 个自贸协定，涉及 16 个国家和地区，包括与东盟、智利、巴基斯坦、新西兰、新加坡和秘鲁的自贸协定以及与中国香港、中国澳门的更紧密经贸关系安排。上述协定涵盖中国 2008 年对外贸易总额的五分之一。未来，中国将更加积极推动区域和双边自由贸易安排，强调开放性和非排他性。中国将充分考虑周边地区发展中国家在区域经济一体化中的关切，在基础设施、农业、资源开发、人力资源、贸易便利化等领域，积极开展形式多样的区域和次区域合作。

3. 扩大对外投资带动进出口贸易

跨境直接投资是促进国际贸易增长的重要动力。进入 21 世纪以来，中国的对外投资持续高速增长。在危机期间，中国政府进一步放宽了对外投资的限制、推出了更多的投资便利化措施。2009 年中国的对外投资不但没有下降，而且略有增长。中国企业对外投资更多的是以市场开拓型和资源开发为目标，因此，投资对进出口贸易的带动效应更加明显。随着全球经济逐步复苏，中国企业对外投资将重新进入快速增长的轨道。这将进一步促进中国经济与全球经济的融合，并成为中国对外贸易增长的新的推动力。

4. 主动开放国内市场

中国实施贸易自由化一方面是进一步降低货物贸易的关税水平，另一方面是扩大服务贸易领域的对外开放。自 2010 年 1 月 1 日起，兑现加入世界贸易组织的降税承诺，中国的关税总水平已经下调至 9.8%，其中农产品平均税率

为15.2%，工业品平均税率为8.9%。虽然中国的关税水平在发展中国家中已经处于低端，但为了鼓励竞争，提高经济运行效率，同时也为了推动贸易伙伴降低贸易壁垒，近年来，中国通过双边自由贸易协议，对协议方绝大多数产品进口实行零关税。中国与贸易伙伴签署的自由贸易协议还包括降低投资、服务贸易的准入门槛，以及贸易和投资的便利化。其中，服务贸易领域的进一步开放将促进中国服务业的发展，提高经济的运行效率。

5. 完善人民币汇率形成机制

2009年以来，为应对全球金融危机，人民币汇率保持在合理均衡水平上，对美元汇率基本稳定。中国人民银行最近发布的报告称，"继续按主动性、可控性和渐进性原则进一步完善以市场供求为基础、参考一揽子货币进行调节、有管理的浮动汇率制度，发挥市场供求在人民币汇率形成中的基础性作用，保持人民币汇率在合理均衡水平上的基本稳定"。

最近，国外的一些舆论又开始讨论人民币升值问题，国内一些专家也重提人民币升值问题。自2005年以来，人民币对美元汇率累计升值21.2%，但到危机爆发之前，减少贸易顺差的效果并不明显。因为，国际主要货币之间汇率波动幅度很大，而欧、美、日都是中国重要的贸易伙伴，人民币汇率很难保持"合理均衡水平"。为解决这些问题，一些专家建议人民币盯住SDR（国际货币基金组织的特别提款权）。人民币汇率机制的变化关系到货币、贸易、投资以及整个宏观经济，专家学者可以充分讨论如何加以完善，但在国际金融市场仍然处于剧烈动荡的时期，中央银行有可能会继续实行保持人民币汇率稳定的政策。

后危机时期中国的国际投资 *

国务院发展研究中心对外经济研究部

张小济　张　琦　吕　刚　许宏强

一、全球跨境直接投资面临变局

（一）在金融危机中跨国投资大幅下降

全球经济衰退和金融市场萎缩，造成全球跨境资本流动出现显著下降。根据《2009 年世界投资报告》的数据，全球直接投资流入量从 2007 年的近 2 万亿美元下降到 2008 年的 1.7 万亿美元，降幅为 14%。

2009 年国际跨境投资继续下滑，且实际下降趋势更为显著。2010 年 1 月贸发会议公布的《全球投资趋势监测报告》称，2009 年全球 FDI 下降 39%，仅为 1.04 万亿美元，低于 9 月份预测的 1.2 万亿美元。

（二）各种方式的投资均严重下滑

在危机期间，受金融市场萎缩和跨国公司资金短缺的影响，跨国并购受到极大冲击。此外，自 2008 年年中以来，跨国公司重组、抽回投资以及偿还母公司债务等造成大量撤资，而海外分支机构赢利能力的下降也导致利润再投资大幅减少。2008 年跨国并购交易额下降 35%，为 6730 亿美元。2009 年进一步下降 66%。2009 年国际"绿地"投资项目数量降幅为 23%。

（三）全球跨境投资格局出现调整

跨境投资大幅下滑的影响波及世界各国。2008 年发达国家 FDI 流入量下降 29%，仅为 9620 亿美元，在制造业和服务业尤为明显。由于金融危机的影响滞后，在保持经济增长的同时，发展中经济体和转型经济体的 FDI 流入量继续保持增长，虽然 17% 的增幅远低于前几年的水平，但在全球 FDI 中的份额

---

* 本文为中国发展高层论坛委托研究的课题报告，旨在为与会者提供关于论坛议题的背景资料。

升至43%，外资利用额居全球前20位的经济体中，有一半是新兴经济体。[①]

进入2009年，流入发展中经济体的FDI出现显著下滑。据《全球投资趋势监测报告》，发展中国家吸收外资降幅达39%，仅略低于发达国家41%的降幅。其中，亚洲为32%，非洲为36%，拉美和加勒比地区为41%。

在对外投资（outward）中，随着经济快速发展，以中国、印度、巴西等新兴经济体为代表的发展中国家在全球跨境投资格局中的地位日益重要。从流量看，发展中国家占全球的份额从2000年的近11%上升到2008年的19%（参见图1）。从存量看，发展中国家在全球的比重从1990年的8%上升至2008年的15.9%，提升约一倍。

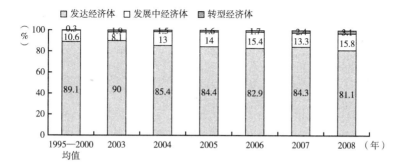

图1　全球 FDI（outward）流量的构成及发展趋势

资料来源：《2009年世界投资报告》。

（四）国际投资的发展趋势

全球经济复苏，表明跨境直接投资的整体环境正在逐步改善。2009年三季度全球超过30亿美元的大规模并购案例达9起，远高于二季度的4起。如果金融市场功能进一步恢复，这一趋势将得以持续。从近30年FDI与经济周期间的关联看，全球经济复苏将逐步带动跨境资本流动的回升，但跨境投资进入新一轮增长周期一般滞后于经济复苏1—2年。《2009年世界投资报告》称，随着投资环境和企业自身经营状况不断改善，预计全球FDI在2010年可能出现缓慢复苏，2011年将强劲增长，年度国际跨境投资有可能恢复至2008年的水平。

---

① 按照联合国贸发会议（贸易和发展会议）组织的统计，2008年中国的外资流入增长了30%，高达1080亿美元，成为全球第三大吸收外资国；印度的外资流入量猛增65%，达到420亿美元，跃居全球第13位。两国占南亚、东亚、东南亚区域外资流入量的一半，占全球外资流入量的1/10。

值得注意的是，国际金融体系存在的问题尚未根本解决，发达国家金融市场依然高度依赖政府的过渡性刺激计划，经济复苏和企业赢利的基础较为脆弱，目前股权投资和绿地投资均无显著增长，也表明跨国公司对拓展国际业务仍持审慎态度。因此，跨境投资重新活跃的前景可以期待，但这一进程有可能因全球经济复苏缓慢而延迟。

（五）后危机时期国际投资增长的新动力

由于此次危机起源于发达国家，发达国家经济受到重创，可以预见新兴经济体扩大海外投资和跨国并购恢复活跃，将成为未来全球 FDI 新一轮增长的动力来源。

发展中国家对外投资的快速发展，既包括向发达国家的投资，也包括发展中国家相互之间的投资。近年来，新兴经济体对外投资的快速增长，主要源于自身经济的快速发展、对外贸易的扩大、政府的鼓励政策、本地企业的国际化经营意识和全球竞争力的持续提高。虽然，短期内无法改变发达国家作为对外投资主要来源地的基本格局，但新兴经济体将成为全球跨境投资的新亮点。

近年来跨国并购已取代传统的绿地投资（Greenfield Investment）成为最主要的跨境直接投资方式。参加《世界投资前景调查》的跨国公司投资预测，其海外直接投资支出将于 2010 年逐步恢复，于 2011 年增强势头。全球经济复苏有可能引发新一轮的跨国并购。

二、金融危机与中国在国际跨境投资体系中的地位

金融海啸波及全球，中国经济也受到巨大冲击。对中国在国际投资中的地位既带来机遇，也带来挑战，总体而言机遇大于挑战。

（一）金融危机对中国国际投资的影响

金融危机爆发后，中国吸引外国直接投资也受到影响，从 FDI 流量看，自 2008 年 10 月起，流入中国的外资金额连续 10 个月单月同比下滑，这对中国来说是极其罕见的情况。2009 年前 7 个月，中国吸收外资金额下降 20%。直到 2009 年 8 月，才开始出现当月流入金额同比上升，此后延续了回升的势头。据中国商务部统计，2009 年，中国全年吸收外商直接投资金额为 900 亿美元，出现了自亚洲金融危机以来的首次下降，降幅为 2.6%。

中国境外投资受国际市场波动影响较大，1997—1998 年亚洲金融危机、2000 年 IT 泡沫破裂都曾经造成中国境外投资下降。受此次全球金融和经济危机影响，2009 年上半年，中国对外直接投资流量为 133 亿美元，比上年同期下降 60%，这与 2005—2008 年的高速增长情况形成了强烈的反差。这一情况

的出现，主要是全球经济的剧烈波动导致市场的风险加大，一些中国企业在海外的资产受损，而投资环境的不确定性使一些原来有意对外投资的企业变得更为谨慎，取消或暂时推迟了投资计划。

不过，随着全球经济的企稳，中国对外投资在 2009 年下半年快速反弹。据商务部统计，全国非金融类对外投资流量在下半年达到 309 亿美元，是上半年 124 亿美元的 2.5 倍。全年非金融类对外投资流量达到 433 亿美元，比 2008 年增长了 6.5%。从存量讲，截至 2009 年底中国累计对外直接投资已超过 2200 亿美元（参见图 2）。

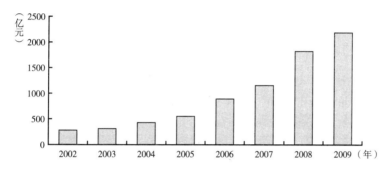

图 2　中国对外直接投资存量（2002—2009 年）

资料来源：中国商务部。

（二）　中国仍然是全球最具吸引力的投资目的地

金融危机以前，中国的经济活力和市场规模一直受到国外投资者的青睐。外商直接投资流入规模不断扩大，在全球的重要性不断上升。1990 年到 2008 年，全球外国直接投资存量增加了 6.7 倍，中国的外国直接投资存量则增加了 17.3 倍，大大超过全球外国直接投资存量的增幅。2008 年中国实际使用外资金额同比增长 23.58%，达到 923.95 亿美元的历史新高，在世界各国中居美国和法国之后排名第三。

金融危机爆发后，受危机影响，跨国公司全球化速度出现明显下降。2008 年和 2009 年，跨国公司海外子公司的总产值、销售额、资产价值及就业全面下滑，与前两年两位数的迅猛增长形成鲜明反差。[①] 尽管中国吸引外国直接投资也受到影响，但形势好于全球和其他新兴经济体。据全球跨境投资流入量的统计，中国的世界排名已从 2007 年的第 6 位迅速提升至 2009 年的全球第 2 位，仅次于美国。

---

① 资料来源：贸发会议《2009 年世界投资报告》。

中国在跨国公司的全球市场中复苏最快、表现最为抢眼。在我中心开展的跨国企业调查中多家企业表示，在危机影响最坏的时期，其在华业务下降幅度较小、有些甚至保持一定增长，基本没有出现大规模裁员，中国市场在公司全球销售额中的份额稳中有升。鉴于中国作为新兴市场的地位日益突出、跨国公司总部看好中国市场的长期发展，多数公司表示将加大对中国市场的投资力度，[①] 在华增设研发中心、设立全球采购中心、增加在华设立区域总部的数量。这表明中国市场的良好发展态势促使跨国公司对在华业务的信心和重视度不断提升。

根据美国商会最近对 400 家在华外资企业所做的调查，超过九成的受访者认为，在中国经营前景乐观，65% 的企业计划在 2010 年进一步增加对中国的投资，这一数字比去年同期增加了 7 个百分点。

（三）中国崛起为全球重要的资本输出国的势头没有改变

近年来，随着中国企业对外投资能力的迅速增强，中国对外投资快速增长。"走出去"已经成为中国对外开放战略中一个日益重要的组成部分，中国正在崛起成为一个新兴的对外投资大国。据《2009 年世界投资报告》，中国在全球对外投资国中的排名提升至 13 位，已成为重要的对外投资国。

尽管受到金融危机的影响，新兴市场国家对外直接投资在全球的份额仍有所上升，特别是中国。据商务部统计，2008 年中国对外投资仍保持强劲增长势头，全年实现非金融类对外直接投资 406.5 亿美元，同比增长 63.6%；2009 年实现非金融类对外直接投资 433 亿美元，同比增长 6.5%[②]。另据联合国跨国并购数据库，2009 年上半年中国海外并购净值达 30 亿美元，远高于 2008 年的 3.1 亿美元，占发展中国家总量的 40%。

中国对外投资保持增长，重要原因之一是国内金融市场稳定，流动性充裕，这使得中国企业的资金优势凸显。而国外许多企业在金融危机期间，资金链出现问题，陷入经营困境，市场估值大幅度缩水，为中国企业海外并购提供了机遇。据中国投资潮网站统计，中国从 2008 年 1 月—2009 年 7 月的海外并购交易就达到 73 起。

（四）应对金融危机的跨境投资政策

危机后，约有 50 多个国家实行了 110 项跨境投资管理的修订。[③] 许多国家继续采取投资自由化政策或投资促进政策，有利于跨境投资的政策约为 85 项，

---

① 美中贸易全国委员会公布的一项调查结果也显示，尽管受到全球经济衰退影响，84% 的受访在华美国企业 2009 年仍能保持赢利，51% 的企业表示将加大对华投资。

② 其中，前三季度以收购方式实现的直接投资 143 亿美元，约占中国同期投资总额的 43.5%。

③ 资料来源：贸发会议《关于外国直接投资的国家法律和法规改革年度调查》。

如通过提高外资进入上限（FDI ceilings）或降低外资进入壁垒，继续实行外资税收优惠政策等。

但近年来，一些重要的经济体实行针对投资输出和输入的限制措施，联合国贸发会议发表的《世界投资报告》显示，危机期间一些国家加强了对外资的监管，如因国家安全原因实行外资审查（scrutinizing FDI）或对战略性行业实行国有化等政策，也有一些国家实行"变相"的投资保护主义，例如"buy local"、"lend local"。

中国政府采取落实简化审批程序、推动投资便利化、提高融资支持、加大投资推介力度等一系列政策措施，避免国际投资大起大落。

在利用外资方面：首先，推进外商投资审批管理体制改革，进一步下放外商投资审批权限；大力推行网上审批，减少外商投资项目审核环节，缩短审核时限，提高行政效率，推进投资便利化。

其次，加强产业引导，优化外商投资产业结构。支持外商投资企业积极参与国家扩大内需安排的各项投资项目，并在重点产业调整和振兴中发挥积极作用；进一步鼓励跨国公司在华设立地区总部、研发中心、物流中心、采购中心和培训中心，完善地区总部功能。

第三，促进外商到中西部地区投资，优化外资的区域结构。完善中西部地区进一步扩大开放、吸收外资的支持政策，研究制定扩大沿边开放的政策措施；加大对中西部地区国家级经济技术开发区基础设施建设的支持力度，提高中西部地区承接国际和东部地区产业转移的能力；鼓励东部与中西部地区加强对口合作，实现东中西互动、协调发展。

在促进对外投资方面：一是简政放权。颁布《境外投资管理办法》和《对外承包工程资格管理办法》，大幅下放审批权限。

二是加大金融支持力度，新增220亿美元优买贷款。认真落实已对外作出的优买贷款项目。

三是创新公共服务。组织驻外经商机构编写发布了162个国家（地区）的对外投资合作指南，商务信息平台和运行监测系统不断完善。定期进行跨国经营管理人才培训，培养跨国经营人才。

三、外商直接投资在中国经济中扮演重要的角色

（一）中国外商投资的基本特点

1. 流入中国的外商直接投资持续增长

在日益完善的配套生产能力、不断扩大的市场规模、依然较低的成本等因

素的激励下，流入中国的外商直接投资持续、快速增长（参见图3）。中国已
经连续十多年是吸引外商直接投资最多的发展中国家。

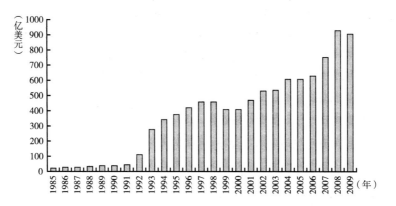

图3　1985—2009 年流入中国的外商直接投资额

资料来源：中国国家统计局。

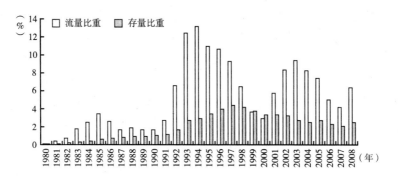

图4　中国占全球外商直接投资比重

资料来源：根据联合国贸发会议统计数据计算。

2. 在华外商直接投资的产业、区域、方式和来源地较为集中

从产业分布来看，外商投资集中于制造业。制造业领域的外商投资主要分
布于以下行业：通信及电子设备、电气机械、化学原料及制品、交通运输设
备、通用设备、专用设备、纺织服装和鞋帽、非金属矿物。这八个行业实际吸
收外资金额占制造业吸收外资总额的 65% 左右。

从地区分布看，中国外商投资主要分布在东部地区，东部地区占中国外资
存量和增量的比重都在 85% 左右，中西部合计占 15% 左右，其中中部地区略
高于西部地区。

从投资方式看，独资和绿地投资是外商投资的主要方式，并购方式吸收的外资金额和规模都较小。在2008年中国新增非金融类外商直接投资中，通过并购吸收的外资共20.8亿美元，下降0.04%，仅占全国的2.25%。并购规模普遍较小，1000万美元以下的并购案例占总量的84.63%，1亿美元以上的并购案例只占0.71%。并购形式以股权并购为主（66.47%），资产并购只占33.53%。

从投资来源地看，东亚地区、美国和欧盟是中国外资的主要来源地。2009年，对华投资前十位国家/地区（以实际投入外资金额计）依次为：香港、台湾、日本、新加坡、美国、韩国、英国、德国、澳门和加拿大，前十位国家/地区占全国实际使用外资金额的88.3%。

（二）外商直接投资对中国经济发展的重要作用

1. 外商直接投资促进了中国经济和工业化的快速增长

在中国吸收的外商直接投资中，工业项目占70%以上。外商工业企业的大规模进入加快了中国现代工业的发展速度。中国制造业增加值已经超过日本，成为世界第二制造大国。其中，外商投资工业产值在中国工业总产值中的比重从1990年的2.3%提高到2008年的29.5%，占中国工业增加值的比重升至26.7%。

2. 外商投资企业创造了大量的就业机会

随着利用外资规模的不断扩大，外资企业吸收的劳动力数量迅速增加。城镇就业人口中，在外资企业中就业的从1985年的6万人增加到2008年的1622万人。如果将与外资企业有关的配套加工、服务等产业活动计算在内，外商直接投资共创造了约2600万个就业岗位。外商直接投资还推动了中国农村劳动力人口向工业领域和城市的转移，并通过职工培训和"干中学"等，促进了国内劳动力素质的提高和人力资本要素的积累。

3. 外商投资企业促进了中国对外贸易的快速增长

1986年，外商投资企业进出口额只有29.9亿美元，占当年贸易总额的比重为4.0%；2009年增加到12174.3亿美元，比重上升到55.2%，其中外商投资企业出口额比重由5.8%提高到55.9%。目前中国高新技术产品出口的88%、机电产品出口的74%是由外商投资企业完成的。

4. 外商直接投资推动了中国的产业升级和技术进步

进入中国的外商投资主要集中在第二产业和第三产业，对这些产业的规模扩张和结构升级起到了重要作用。外资企业通过设备和技术进口、在华设立研发中心、产业链的延伸、向协作企业提供技术援助、人员培训等方式创造了技术溢出效应，促进了中国产业技术进步。

（三）外国直接投资对中国参与国际产业分工的影响

随着对外开放的深入和吸收外商直接投资规模的不断扩大，中国已经成为国际产业分工和供应链体系中重要的生产基地。

中国外商投资企业大量从事贸易加工生产，因此，对华外国直接投资规模的扩张不仅推动了中国对外贸易的迅速发展，也在很大程度上通过产业转移，改变了国际贸易格局和贸易商品的流向。从 20 世纪 80 年代中期以来，东亚地区的出口导向型经济体把许多劳动密集型产业和资本、技术密集型产业中的劳动密集型加工环节转移到中国进行生产，向中国出口原辅材料及零配件加工生产、组装后再出口欧美市场。东亚经济体之间的区域内贸易占东亚地区进出口贸易总额的 50% 以上，其中中间产品占区域内贸易的 60%，而最终产品占东亚对地区外出口的 60%。这种贸易转移，集中体现在中国、东亚地区与欧美的贸易关系中。以对美贸易为例，1993 年美国对东亚地区主要经济体的贸易逆差占其全部贸易逆差的 55%，2008 年该比重降至 8%；同一时期，美国对华贸易逆差占其全部逆差的比重从 18% 上升到 33%。与此同时，中国与东亚地区主要出口国家（地区）的逆差迅速扩大。①

对华外国直接投资，以新增生产能力和原有生产能力的升级、扩大为主，充分发挥了中国的比较优势，使中国成为跨国公司全球供应链的重要环节，中国许多产品的出口已位居世界前列（参见表1）。这种情况改变了原有的国际产业分工格局，优化了全球资源配置，提高了全球生产供应能力，促进了世界经济增长。

表1　中国部分产品贸易额占世界比重

单位：%

贸 易 产 品		1980	1990	2000	2008	2008 年全球排名*
钢　铁	出口	0.3	1.2	3.1	12.1	1
	进口	2.7	2.5	6.2	4.4	3
化工产品	出口	0.8	1.3	2.1	4.7	3
	进口	2.0	2.2	5.0	6.8	3
办公电信设备	出口	0.1	1.0	4.5	24.5	2
	进口	0.6	1.3	4.4	13.8	3

---

① 2008 年，中国对日本贸易逆差超过 340 亿美元，对韩国贸易逆差约 400 亿美元，对中国台湾的贸易逆差超过 700 亿美元。

贸易产品		1980	1990	2000	2008	2008 年全球排名*
汽车产品	出口	0.0	0.1	0.3	2.3	7
	进口	0.6	0.6	0.6	2.3	6
纺 织	出口	4.6	6.9	10.3	26.1	1
	进口	1.9	4.9	7.7	6.2	3
服 装	出口	4.0	8.9	18.2	33.2	1
	进口	0.1	0.0	0.6	0.6	12

* 全球排名中，欧盟作为一个整体统计。
资料来源：世界贸易组织统计报告。

在华外资企业也带动了中国进口的快速增长，为其他国家创造了经济增长和就业的机会。例如，我国电子信息产品出口主要是以加工贸易方式进行的，因此，出口的快速增长也带动了进口的大幅上升。2008 年，中国办公电信产品的进口占世界的 13.8%，其中外商投资企业进口占了 80% 的份额。中国经济的增长还带动了其他中间产品和原材料产品的大量进口，中国已经是世界第一大铁矿石进口国和第三大原油进口国，也是化工、纺织、钢铁等产品的主要进口国家。

最近几年，随着中国设计、研发能力的提高和吸引外资政策重点的转移，一些大型跨国公司从其全球化战略出发，不仅把中国作为其生产基地，而且将更多的研发、设计、生产、销售等环节转移到中国，继续推动着全球产业分工深入发展。

跨国投资和产业转移所形成的新的国际分工格局，使得双边贸易收支平衡状况失去了度量国与国之间利益关系的意义，因此，希望通过双边贸易平衡来解决全球失衡问题是不现实的。值得注意的是，一方面，越来越多的新兴经济体正在加入全球供应链，分享经济全球化带来的好处；另一方面，一些新兴经济大国和地区正在成长为新的最终产品的消费市场。显然，全球经济格局的多元化，以及各国重新寻找自己在全球分工格局中的位置，不仅有利于缓解全球失衡问题，而且为跨国投资提供了更大的发展空间。

（四）中国外资政策调整的方向

目前，中国已进入只有调整经济结构才能促进持续发展的关键时期。推进经济结构调整，是解决中国经济发展中不平衡、不协调、不可持续等深层次问题的根本举措，也是巩固当前经济回升向好势头的迫切需要。

外资在对中国经济发展发挥积极作用的同时，也还存在一些问题。例如，外商投资的产业结构和地域分布过于集中、技术层次偏低、规模过小、一般性的劳动密集型加工项目过多等。中国政府将根据经济发展阶段的变化和结构升级的需要，创造更加开放、更加优化的投资环境，吸收更多的具有竞争优势的跨国公司来华投资。推动外商直接投资的结构优化和升级的政策调整的重点是：

第一，优化利用外资结构。政府将修订《外商投资产业指导目录》，扩大开放领域，鼓励外资投向高端制造业、高新技术产业、现代服务业、新能源和节能环保等产业。国家产业调整和振兴规划中的政策措施同等适用于符合条件的外商投资企业，对用地集约的国家鼓励类外商投资项目优先供应土地。

第二，引导外资向中西部地区转移和增加投资。政府鼓励外商在中西部地区发展符合环保要求的劳动密集型产业。对到中西部地区投资的外商企业加大政策开放和技术资金配套支持力度。

第三，促进利用外资方式多样化。政府鼓励外资以并购方式参与国内企业改组改造和兼并重组。加快推进利用外资设立中小企业担保公司试点工作。拓宽外商投资企业境内融资渠道，引导金融机构继续加大对外商投资企业的信贷支持。

第四，深化外商投资管理体制改革。政府将全面清理涉及外商投资的审批事项，最大限度缩小审批、核准范围，增加审批透明度。

第五，营造良好投资环境。规范和促进开发区发展，加快边境经济合作区建设。完善外商投资企业外汇管理，简化其外汇资本金结汇手续。

（五）后危机时期，中国吸收外商直接投资的形势展望

后危机时期，世界经济在大调整大变革之中出现了一些新趋势，全面复苏可能是一个缓慢而复杂的过程，原有的增长模式难以为继，科技创新和产业升级孕育着新的突破，国际环境存在许多不确定、不稳定因素。中国吸引外商直接投资既面临一定的挑战，也存在着较大的机遇。

1. 中国吸引跨境投资将面临诸多压力和挑战

第一，受主要外资来源国经济复苏较为缓慢的影响，全球跨境投资恢复增长也会是一个渐进的过程。

第二，中国国内投资环境中的制约因素日渐凸显，如土地、环境和劳工成本逐步上升等。

第三，各国吸引跨境投资的竞争将更加激烈。例如，近年来印度、越南等其他新兴经济体的低成本优势更加突出、政策更加优惠，随着基础设施的逐步完善，对外资的吸引力进一步加大。

第四，中国面临日益严重的贸易和投资保护压力。自 1995 年以来一直是受反倾销最多的国家。随着中国出口规模扩大和产品结构的提升，与贸易伙伴竞争的程度将加剧，贸易摩擦可能进一步增加。

第五，气候问题导致的"碳关税"等新问题，可能成为变相的贸易保护措施，增加中国出口的成本，从而影响中国对外资的吸引力。

2. 中国仍将是对跨境投资最具吸引力的发展中国家

后危机时期，虽然中国的外国直接投资面临诸多挑战和不确定性，但也存在重大机遇。

第一，全球化大趋势不会逆转，跨国公司坚持国际化战略。根据联合国贸发会议的研究，后危机时期，一些积极因素将使全球外国直接投资恢复活力。这些因素包括：低资产价格和产业结构调整带来的投资机会，新兴国家和石油输出国拥有相对较多的金融资源，新型能源、生命科学、新材料、能源以及环境等新兴产业光明的投资前景，以及跨国公司适应性相对较好和坚持国际化战略等。此外，在吸引跨境投资中，中国还面临着诸多机遇：一是发达国家加快服务业海外转移，以扩大市场为主要目的的服务业跨境投资将出现恢复性增长；二是应对全球气候变化，发达国家完成减排目标将促进国内产业调整，制造业的海外转移和新技术开发，有可能为中国等发展中国家承接新一轮产业转移创造契机。

第二，中国的市场规模优势日益凸显。全球金融危机爆发后，中国政府经济刺激政策收效显著，中国率先走出经济危机和未来持续增长的发展前景，大大增强了对华投资的信心。跨国公司在华业务大多在全球表现突出，在其全球业务中地位迅速上升。越来越多的跨国公司已经对此做出了反应，例如，通用汽车将其全球业务总部迁到上海，负责除美国以外的其他所有地区的业务。

目前，中国不仅是最重要的供应外部市场的制造基地，而且是全球扩张最快的大市场，并将逐步成为跨国公司重要的研发基地。根据国务院发展研究中心进行的跨国公司在华投资企业问卷调查结果，与以往相比，中国吸引跨国公司的因素不再限于低成本的生产要素，在17个影响跨国公司对华投资决策的因素中，受访企业打分最高的前五个因素依次是"国内市场潜力"、"完备的基础设施"、"劳动力成本"、"外资准入程度"和"产业集群与配套能力"，市场吸引力已经超过低成本劳动力成为中国吸引跨国公司的首要因素。

贸发会议等国际组织也认为，中国仍然是全球外商直接投资的首选地之一，吸收外资的中长期前景仍然看好。

第三，中国仍然保持着综合成本和效率的优势。中国的吸引力更源于自身比较优势的显著变化。除了市场规模潜力巨大，已成为吸引跨国投资的决定性因素外，综合配套生产能力强，区域范围内供应链相对完整，产业集聚和规模效益优势显著，综合生产成本和效率仍具全球竞争力；中低端技术人才充沛、素质高，产业集群的应用创新能力居全球领先地位；基础设施发展迅速、较为完备，物流运输通畅。从国务院发展研究中心的调查情况看，42.5%的受调查企业将"扩大对中国制造业投资"，32.1%的受调查企业将"以中国为基地开拓国际市场"。①

因此，在后危机时期，中国仍然对外国直接投资保持着较强的吸引力，中国作为世界重要投资目的国的地位不会改变。而且，在中国经济发展新的良好态势和外资政策调整的推动下，外商直接投资的产业结构、技术水平都会得到明显提升，对中国经济发展将发挥更加健康、更加积极的作用。

四、后危机时期中国企业的海外投资与合作

（一）中国对外投资近年来的发展趋势

1. 对外投资持续快速增长

自 2005 年来，中国对外直接投资出现了持续的高速增长，投资规模不断迈上历史新台阶。据联合国贸发会议统计，中国的对外投资流量在 2005 年首次突破 100 亿美元，在 2006 年突破 200 亿美元，在 2008 年突破 500 亿美元。2005—2008 年的对外直接投资流量合计 1080 亿美元，相当于 1982—2004 年对外投资总额的 2.37 倍（参见图 5）。截至 2008 年末，中国的对外直接投资存量已达 1480 亿美元，是 2004 年末的 3.3 倍（参见图 6）。

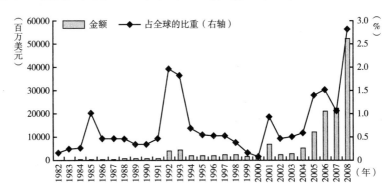

图 5　中国对外直接投资流量（1982—2008）

资料来源：联合国贸发会议 FDI STAT online。

---

① 金融时报中文网 www.ftchinese.com，2009 年 9 月 16 日，飞利浦首席执行官柯慈雷（Gerard Kleisterlee）称：金融危机之后，跨国公司的资源"将出现向着亚洲尤其是中国的结构性转移"。

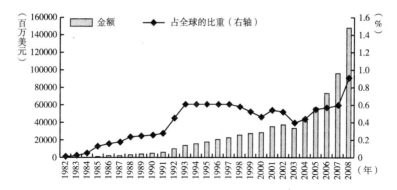

图6 中国对外直接投资存量（1982—2008）

资料来源：联合国贸发会议 FDI STAT online。

2. 中国对外直接投资正在发生重要变化

在规模扩张的同时，中国对外投资的主体、方式、领域和地域均趋于多元化。

首先，境外投资的主体发生了重要变化。国有企业的比重下降至16.1%，有限责任公司占境内投资者的比重上升到50.2%，私营企业占9.4%。有限责任公司融资能力较强，通过境外投资优化资产结构、提高赢利水平的愿意更强。私营企业决策机制灵活，更容易捕捉国际市场的商业机会。投资主体的另一个重要变化是大企业比重下降，中小企业比重增加。

其次，中国对外投资越来越多地采用兼并和收购的方式，传统的绿地投资的比重相对下降。从图7可见，2005年以来中国对外并购案金额每年都超过50亿美元，而且在2006年和2008年，并购占对外投资流量的比重分别高达70%

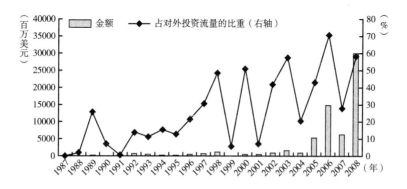

图7 中国对外直接投资中的并购行为

资料来源：联合国贸发会议 FDI STAT online，2007年和2008年中国并购数据来自2007年度和2008年度《中国对外直接投资统计公报》。

和58%，都超过了绿地投资。据英国皇家国际问题研究所最近发布的一份研究报告①称，中国企业在欧洲的收购目标主要有三类企业：一是业绩不佳或出现财务困难的，二是在特定细分市场具有较强竞争力的，三是从前的合作伙伴、分包商或供应商。

第三，投资领域不断扩展。除了批发零售（主要是贸易公司）之外，近年来中国在金融、采矿、交通运输、制造业、房地产等多个行业的对外直接投资也增长迅猛。从图8可见，仅从2006年末到2008年末，两年内中国对金融业的投资存量就增加了211亿美元。2004—2008年，中国对采矿业的投资存量增加近170亿美元，交通运输业增加近100亿美元，制造业增加52亿美元，房地产业增加近40亿美元。此外，建筑业、技术服务和地质勘察业、电力煤气和水的生产供应业的投资存量也有大幅度增长②。

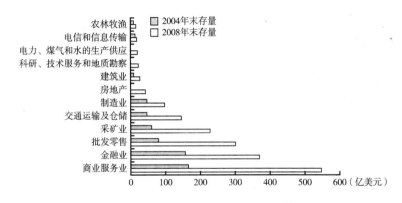

图8　中国对外直接投资分行业增长情况

资料来源：《中国对外直接投资统计公报》，2004—2008年度。

注：金融业为2006年末存量和2008年末存量。对商业服务业的海外投资主要是设立投资控股公司。

第四，发展中国家仍是中国对外投资主要目的地，但发达国家的比重正在上升。从图9可见，从2004年末到2008年末，中国对经济合作与发展组织（OECD）国家的对外直接投资存量从26亿美元增加到120亿美元，增加了94亿美元，增长了3.6倍。同期中国对非OECD国家的对外直接投资存量的增量虽然要大得多，达到1067亿美元，但增幅只有2.1倍。

---

① "Chinese Direct Investment in Europe: Facts and Fallacies", June 2009, Chatham House.

② 例如，技术服务和地质勘察业增加了19亿美元，电力煤气和水的生产供应业增加了17亿美元，而这两个行业在2004年末的投资存量分别只有1亿美元和2亿美元。

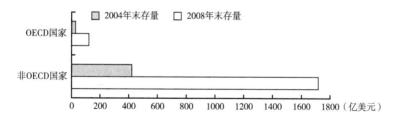

图9 中国对外直接投资分国别增长情况

资料来源:《中国对外直接投资统计公报》,2004—2008年度。

但是,考察海外并购的数据,发达国家所占比重的上升趋势更为明显,在2000—2008年期间中国海外并购总额中,36.6%都集中在北美、欧洲和大洋洲。[①] 出现上述情况的主要原因,是企业对外投资动机的多元化,企业通过境外投资向资源开发、元器件供应、产品研发、国际物流、产品营销等环节扩展,以提高产品附加价值的投资意愿逐步增强,此外,在一些中国企业并购海外矿产资源企业的案例中,被收购企业的资产在发展中国家,企业注册地在发达国家,统计时就会将这些投资的目的地定为发达国家。

3. 中国对外投资进一步增长的潜力巨大

虽然中国的对外投资近年来进展巨大,但在全球的比重还比较低,未来的发展空间还很大。截至2008年,中国对外投资存量占全球的比重仅为0.9%。同期,美国对外投资存量占全球的比重是15.3%,法国占6.6%,英国占6.6%,德国占4.7%,加拿大占2.8%,意大利占2.7%,日本占1.4%。

此外,从对外直接投资存量与当年GDP之比、对外直接投资流量与当年固定资产形成总额之比这两个指标看,中国的水平不仅远低于发达国家,也明显低于发展中国家的平均水平。2008年,发达国家对外直接投资存量与当年GDP之比的平均水平为32.8%,发展中国家为13.1%,而中国为3.4%。2007年,发达国家对外直接投资流量与当年固定资产形成总值之比的平均水平为22.9%,发展中国家为7.4%,而中国为1.6%。这说明对外投资在中国经济中所占的比重还相当低,未来还有很大的提升空间。

美国商务部国际贸易署2009年发布的一份研究报告[②]也预计,中国对美国的直接投资在未来会大幅度增长,其主要理由就是一国的经济规模与其对外投资

---

① Daniel H. Rosen and Thilo Hanemann (2009).

② "Asia-Pacific Foreign Direct Investment in the United States", August 2009, International Trade Administration of the U. S. Department of Commerce.

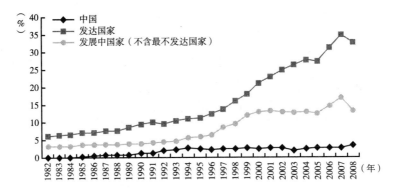

图 10　对外直接投资存量与当年 GDP 之比

资料来源：联合国贸发会议 FDI STAT online。

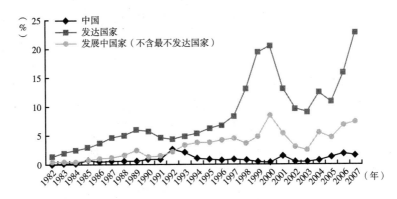

图 11　对外直接投资流量与当年固定资产形成总值之比

资料来源：联合国贸发会议 FDI STAT online。

规模之间存在明显的对应关系。例如，日本是全球第二大经济体，同时也是美国的第二大直接投资来源地；德国是全球第四大经济体和美国第五大直接投资来源地；法国是全球第五大经济体和美国第七大直接投资来源地；英国是全球第六大经济体和美国第一大直接投资来源地；而中国目前已经是全球第三大经济体。

（二）　中国企业海外投资对资本流入国经济的影响

中国企业的对外投资给东道国带来了资金和技术，增加了当地的税收和出口，并创造了大量就业机会。据《2008 年度中国对外直接投资统计公报》，截至 2008 年末，中国境外企业的资产总额超过 1 万亿美元。2008 年，中国境外企业实现年销售收入 5343 亿美元，境外纳税 93.4 亿美元。2008 年，由中国境外企业实现的中国与东道国的双边贸易额达到 1792 亿美元，占中国当年外贸总额的7%。截至2008年末，中国境外企业就业人数达到102.6万人，其中外方人员45.5万人。

中国企业开展对外投资，在促进自身经济发展的同时，也注重促进东道国经济社会的发展。守法经营、互利共赢、承担社会责任是中国政府历来宣传和倡导的中国企业在对外投资时应当遵循的基本原则。此外，中国企业投资和建设的许多基础设施项目，包括水电站、采矿、公路、铁路、机场等，本身就是关系东道国公共服务的重大项目，对于促进当地经济的长远发展十分重要。例如，中石油苏丹石油项目，不仅帮助苏丹建立了石油工业体系，还为当地创造了4000多人就业，并捐资修建了医院、学校、公路等公共设施，在非洲产生了良好的影响。

（三）中国对外投资的进一步发展面临的障碍

虽然中国对外投资已经取得了巨大的进展，但同时也还面临不少问题需要解决，其中有些是属于国内对海外投资的管理政策或公共服务问题，有些是属于东道国投资环境问题，还有些则是属于投资主体自身的问题。

1. 国内对海外投资的管理政策和服务问题

一是程序复杂的多部门审批大大影响投资效率。到目前为止，对外投资审批涉及的部门多、程序复杂、耗费时间长的状况并未根本改变。这些复杂的审批、管理措施不能适应企业海外投资的需要，直接影响了投资效率，不利于对市场作出快速反应，甚至可能导致企业丧失一些并购投资机会。

二是对海外投资的支持服务不足。政府对企业对外投资的实质性态度仍处于从限制到鼓励的过渡阶段，企业，特别是中小企业对外投资仍面临诸多不便，能从政府获得的帮助更是十分有限。一方面，综合配套的对外投资促进政策体系还有待建立；另一方面，政策性金融机构向企业提供的金融产品的种类还不够丰富，服务水平还不高，无法充分满足企业规避海外投资政治风险、汇率风险的要求。

2. 东道国投资环境问题

首先，外国政府投资审批制度的不透明以及东道国政府的干预，给中国企业的投资造成很大的不确定性。外国政府以国家安全为由否决中国企业对该国投资项目的案例已发生多起，这不仅发生在能源、矿产资源开采业，也发生在高科技产业。而且，国外的投资审批制度并非完全透明，有时难免会对中国的对外投资造成歧视。例如，在一些国家政府的基础建设工程招标过程中，中国企业未能获得公平竞争的机会。

其次，中国企业是投资保护主义的受害者。国外一些推行投资保护主义的利益集团正试图将来自中国的投资与经济安全问题挂钩，如指责中国的国有企业由政府操控，指责中国的对外投资存在政府补贴等，企图推动政府以此为由否决中国的投资。

此外，中国企业海外分支机构的管理和技术人员在签证问题上，往往遇到东道国人为制造的麻烦。

3. 对外投资主体自身的问题

一是企业国际化经营能力不强。面对海外经营中的文化、市场监管制度、法律体系、产品质量和安全标准、税制和会计标准等方面的差异，加上管理外汇风险、处理与工会关系等一系列复杂问题，大多数中国企业因缺乏国际化经营管理能力而难以应对。而这种能力上的欠缺集中体现为企业很难找到拥有欧美大型跨国公司工作经验的高级管理人才。据世界银行的报告，在中国公司投资失败的合资企业案例中，超过85%的公司总经理都将企业的经营困境归因于管理风格和企业文化的差异。

二是对外投资决策程序不规范。由于国有企业的公司治理结构不健全，尚未形成清晰的利益机制、决策机制和监督机制，造成多起对外投资重大项目失败。而大多数实行家族式管理的民营企业，其治理结构、管理制度、行为规范也需要在海外投资经营不断调整，以适应更复杂、更具挑战性的经营环境。此外，由于缺乏本土的对外投资中介服务、国际中介服务费用高，不少企业未进行论证或者未经专业化中介机构进行深入论证，就轻率作出海外投资决策，导致投资的高风险。

三是企业开展对外投资的动力不足。中国国内市场规模巨大，但市场开放并不到位，不少产品还存在较高程度的市场保护，地方保护主义的现象仍旧存在。此外，由于未将环境成本考虑在内，能源、矿产资源的定价偏低。上述因素易导致企业依靠国内市场的惰性，降低其对外投资的积极性。

五、结论及政策建议

跨境投资是经济全球化最重要的动力，为各国参与国际分工和提升产业结构提供了更多的机会。中国作为吸收外商投资最多的发展中国家，分享了经济全球化带来的好处，中国企业也正在成长为全球重要的投资主体，为东道国带来资金和技术，增加了当地的税收和出口，并创造了大量就业机会。

面对全球金融和经济危机，中国实行了"4万亿元投资"安排和促进经济平稳较快增长的一揽子经济刺激计划。其中包括积极的市场开放和投资促进政策，避免了跨境投资的大起大落。最近，中国着眼于后危机时期国际经济格局的变化，提出"创造更加开放、更加优化的投资环境，不断提高利用外资质量，更好地发挥利用外资在推动科技创新、产业升级和区域协调发展等方面的积极作用"。这对跨国公司来说，无疑是积极的信号。

在危机期间，中国企业的对外投资不仅没有下降，反而继续增加，这表明中国具有扩大对外投资的巨大潜力。后危机时期，随着中国对外投资管理体制改革的深化、投资促进体系的逐步完善，相信将有更多的中国企业走向世界。

随着全球经济的逐步复苏，跨境投资重新活跃的前景可以期待，其中新兴经济体将受到更多的关注。此次金融危机与以往的最大不同是，由发达国家为主导的金融体系发生了系统性风险并蔓延至全球。目前，国际金融体系存在的问题尚未根本解决，无法判断需要多久才能完成国际金融体系的改革和实现全球经济的真正复苏。尽快使跨境投资恢复活力，对稳定全球经济、加快复苏进程，具有重要意义。为此，各国应加强合作：

首先，各国应共同营造更加开放、便利的投资环境。在应对全球金融危机的过程中，各国为反对贸易和投资保护主义发出了共同的呼声。未来，为促进跨境投资的快速恢复，各国政府和投资促进机构有必要通过合作为跨境投资创造可预见的投资环境。

各国政府之间可以通过签署双边投资保护协议，推进投资保护、公平准入和便利化进程，提高投资准入的程度，增加有关市场准入政策法规的透明度，建立投资纠纷的仲裁机制，保障外国投资者享受公平竞争以及国民待遇。

投资促进机构的服务是实现跨境投资便利化的重要因素，各国的投资促进机构可以建立双边合作机制，通过对话、投资信息交流，提高服务的实用性、及时性、有效性。

其次，中国投资者需要东道国投资促进机构的帮助。中国企业大规模开展境外投资只有10年的时间，除少数大型企业外，多数中国企业缺乏从事境外投资的经验。未来，中国境外投资恢复增长一方面取决于全球经济复苏，另一方面取决于投资对象国投资环境的改善，特别是，需要东道国投资促进机构提供咨询服务。主要包括：

信息服务：获取东道国有关外国投资的法律、税收和会计制度、技术标准以及文化习俗、劳资关系等方面的信息对于投资决策至关重要。

人力资源：包括东道国当地的管理、技术和营销人员，特别是具有跨国公司工作经验的管理人才。

融资渠道：中国金融机构在海外的分支机构将近100家，服务覆盖范围有限，中国在海外的企业需要了解东道国当地金融机构提供服务的可能性。

国际金融体系重建与中国的角色 *

中国人民银行　张　涛　卜永祥 **

【内容摘要】本文总结了国际金融危机的成因与后果，分析了金融危机对国际金融体系的影响，探讨了后危机时期国际金融体系的发展趋势，在总结关于国际金融体系重建主要观点的基础上，重点分析了中国在后危机时期国际金融体系重建过程中的角色，并强调危机后中国金融体系将继续沿着改革开放的方向进一步发展。

一、引言

2008 年以来，金融危机的爆发与蔓延使我们再次反思，究竟什么样的国际金融体系（包括以什么样的国际储备货币为基础）才能保持全球金融稳定、促进世界经济发展。此外，什么样的金融监管体制可以保证金融体系的稳健运行，国际金融组织，如国际货币基金组织（IMF）等机构在保持国际金融稳定方面应该发挥什么样的作用，这些问题也是人们回顾与反思金融危机时绕不开的问题。

历史上的银本位、金本位、金汇兑本位、布雷顿森林体系都曾经是解决这些问题的不同制度安排，这也是国际货币基金组织成立的宗旨之一。但此次金融危机表明，这些问题远未解决，此次危机再次警示我们，必须创造性地改革和完善现行国际金融体系，推动国际储备货币向着币值稳定、供应有序、总量可调的方向完善，才能从根本上维护全球经济金融稳定。

此次金融危机的爆发并在全球范围内迅速蔓延，反映出当前国际金融体系的内在缺陷和系统性风险。对于储备货币发行国而言，国内货币政策目标与各

---

* 本文为中国发展高层论坛委托研究的课题报告，旨在为与会者提供关于论坛议题的背景资料。
** 作者为中国人民银行工作人员。本文仅反映作者个人观点，不代表作者工作单位的官方立场。

国对储备货币的要求经常产生矛盾。既可能因抑制本国通胀的需要而无法充分满足全球经济不断增长带来的对储备货币的需求，也可能因过分刺激国内需求而导致全球流动性泛滥。理论上特里芬难题仍然存在，即储备货币发行国无法在为世界提供流动性的同时确保币值的稳定。本文将以金融危机发生的原因为契入点，探讨后危机时期国际金融体系的发展趋势，总结关于国际金融体系重建主要观点，重点分析中国在后危机时期国际金融体系重建过程中的角色，探讨危机后中国金融体系发展的方向。全文是这样安排的：第二部分讨论国际金融危机的成因与后果，第三部分是后危机时期的国际金融体系重建与中国的角色，第四部分是危机后中国金融体系进一步改革与发展的方向，第五部分是结论和政策建议。

二、国际金融危机的成因与后果

（一）国际金融危机的起因

关于此次全球金融危机的根源，2008 年 11 月召开的 G20 峰会所发布的《华盛顿宣言》已有明确结论。危机产生的原因有多方面，但美国的经济政策、金融监管和金融市场的多重失误是导致此次危机的根本原因。首先，过度宽松的货币政策和赤字财政刺激了美国居民的过度消费和金融机构高杠杆运营，造成资产价格泡沫急剧膨胀；其次，以放松管制为核心的监管理念、监管制度的漏洞和监管手段的不足使金融体系的风险逐步积累，最终导致次贷危机爆发；第三，金融机构的治理结构存在缺陷，漠视风险控制，追求短期利益，缺乏制衡机制，为危机爆发埋下了巨大隐患；第四，风险与收益不均衡的创新产品催生了金融危机，监管缺失的场外衍生产品进一步加剧了市场动荡；第五，评级机构不负责任地给予很多产品较高评级，并在短期内降低其评级导致金融机构大规模减记资产，直接助推了资产价格的螺旋式上升和泡沫积聚，并加速了资产泡沫的快速破灭，是引发和恶化危机的又一重要原因。

此次金融危机是在全球失衡的背景下爆发的。从表面上看，金融危机似乎和全球贸易失衡存在着某种关联。但是，美国长期的低储蓄和高逆差的根源在于其自身的经济政策和消费习惯。美国储蓄率早在 1999 年就已下降到极低的个位数水平，而中国外汇储备直到 2003 年才开始较快增长，二者之间存在明显时间差异，因而不存在直接关系。美国为应对金融危机，应加快自身政策调整，减少赤字、增加储蓄、加强金融监管并减少对高新技术产品出口限制。

（二）金融危机对国际金融体系的影响

从国际因素看，国际金融危机对全球经济和中国经济的影响深远。后危机时期国际经济金融形势呈现以下特征，一是美国等发达国家储蓄率提高，结构调整加快，但全球储蓄不平衡在一段时期内仍会存在。美国高消费—低储蓄的经济增长模式开始改变，去杠杆化进程加快，但东亚国家储蓄率调整需要较长时间，产油国高储蓄率在油价未大幅下降以前仍将维持较高水平，全球经济失衡的调整仍面临许多困难。发达经济体经济复苏将经历较长时间，新兴市场经济体增长基础尚不稳固，复苏步伐不一，各种形式的保护主义再度升温。二是各国经济刺激计划效果明显，但刺激计划本身也带来许多负面影响。危机国家实施积极财政政策和量化宽松货币政策，经济开始恢复增长，但刺激计划能否带动经济实现内生性增长仍需观察。应对危机的巨大救市支出使部分国家财政状况恶化，主权信用风险上升。刺激政策的退出可能对经济造成新的不确定影响。三是全球金融业经营状况开始改善，但仍处波动之中。全球银行业"有毒资产"规模依然庞大，债券市场价格仍然低迷，金融业整体规模继续收缩，实体经济对金融服务的需求仍在下降。四是国际金融市场强劲反弹，但市场结构调整不可避免。总的趋势是，与实体经济联系紧密的金融市场将进一步发展，对流动性依赖较高的金融市场将受到较大影响，而过度脱离实体经济、在金融业自身内部循环的金融市场将大规模缩减。企业通过首次公开发行的初次融资规模大幅度下降，国际融资规模缩减，外汇市场和衍生产品市场交易量降低。五是全球资本流动减少，但国际贸易、投资的不确定性加大，资本全球流动的波动加剧，大宗商品国际价格联动加强，金融风险的国际传递加速。

（三）金融危机对中国金融体系的影响

此次国际金融危机对中国金融体系的冲击有限。这主要是得益于以下几个方面：一是中国金融体系融资结构与美国有本质区别，中国银行体系的融资方式以个人和企业存款为主体，这为中国银行业稳定运行打下了良好基础，提高了抗风险能力。二是近年来中国金融业的改革和发展使金融业整体实力、竞争力和抗风险能力明显增强，因为随着金融改革的不断深化，金融监管逐步完善，中国金融业的发展实现了历史性跨越，资产负债规模不断扩大，资产质量明显改善，资本充足率和拨备覆盖水平显著提高，为抵御危机打下了坚实基础。三是国内金融机构境外投资总量不大，占金融机构全部资产的比例较小，整体风险可控。目前中国金融业的国际化程度还不高，开展业务的主要市场和服务对象仍在国内，对外投资总量有限，因之涉及的直接损失也是有限的，不会对金融业的经营产生重大的影响。四是危机发生后，在中国政府统一部署下，各相关部门及时采取应对措施，积极制定各项金融风险应急预案，防范和控制风险。对国内银行的海外投资进行监测分析，提出了加强投资管理和风险控制的建议和措施。各家金融机构也积极主动应对，及时采取有效措施完善内部控制，增强风险防范和应对能力，尽可能地减缓危机带来的冲击和影响。

但是，也要看到，此次危机不可避免地对中国金融体系产生了一定的影响，相关潜在风险须引起关注。一是受经济波动影响，中国一些出口导向型和加工型企业生产经营困难，企业停业停产等突发性事件增多，有可能使风险向金融体系传导，对银行、证券和保险机构的资产质量和财务稳健性形成一定压力。二是部分在华外资银行的流动性状况趋于紧张，少数外资银行出现流动性困难；同时，部分中小银行资本不足、资产负债期限错配，流动性风险值得关注。三是证券公司抗风险能力有待加强，基金流动性风险值得关注。四是保险公司投资收益下降较多，退保风险加大，一些保险公司偿付能力不足。五是金融机构部分理财产品的浮动亏损额和亏损面均有所加大，容易造成不稳定因素。六是面对经济减速，主要西方经济体相继实施大规模振兴经济计划，未来通胀风险加大，可能会对中国形成通胀压力。

（四）后危机时期国际金融体系的发展趋势

从未来国际经济金融发展趋势看，危机过后的发展态势可能会呈现以下特点：一是全球经济将进行结构性调整。美国等发达国家将改变高消费—低储蓄的经济增长模式，提高储蓄率；东亚等新兴市场经济国家将通过扩大国内需求，降低储蓄率，产油国储蓄率在油价回落之后也将降低。全球经济结构在调整后将逐渐寻找新的均衡。二是各国金融监管体制将全面改革。包括加强和改进宏观审慎管理，推行逆周期性的政策调节；更加重视管理系统性金融风险，加强对具有系统重要性金融机构、市场和工具的监管；对金融企业设立更严格的资本金和其他监管标准，大型、可替代性弱、关联性强的机构将被设置更高标准；扩大风险监管的覆盖面，涵盖表外资产、交易对手风险等；重视杠杆比率、流动性指标作为监管指标。三是金融经营的组织机构和方式将出现变化。从金融机构形式看，为降低金融风险，传统投资银行将面对向银行控股公司转型的压力，接受更为严厉的资本金监管。从经营方式看，为鼓励商业银行专注发展核心业务，避免出现管理漏洞，可能限制其从事对冲基金、私募股权基金、自营业务等多元化业务，出现专业化经营的趋势。四是国际货币体系将加快变革。国际货币体系将由美元主导逐步转向国际储备货币多元化，特别提款权等国际储备货币将发挥更大作用。国际货币基金组织、多边开发机构等国际金融组织的治理结构将进一步完善。国际金融监管合作将加强。各国在国际货币体系改革、全球金融治理、国际金融组织中的地位和话语权将更加平衡。

三、后危机时期的国际金融体系重建与中国的角色

（一）当前关于国际金融体系重建的主要观点

国际金融体系重建至少包含以下三方面内容，一是国际储备货币体系的调整，二是国际金融业监管规则的改革，三是国际货币基金组织等国际金融机构的改革。

国际金融体系改革的讨论首先集中在国际储备货币体系的改革。这方面，具有代表性的观点有周小川（2009），国际货币基金组织（2010），Williamson（2009）等。

周小川（2009）提出，创造一种与主权国家脱钩并能保持币值长期稳定的国际储备货币，从而避免主权信用货币作为储备货币的内在缺陷，应该作为国际货币体系改革的理想目标。超主权储备货币不仅克服了主权信用货币的内在风险，也为调节全球流动性提供了可能。周小川（2009）同时认为，改革应从大处着眼，小处着手，循序渐进，寻求共赢。重建具有稳定的定值基准并为各国所接受的新储备货币可能是个长期内才能实现的目标。

国际货币基金组织（2010）比较了国际储备改革三种选择的利弊，选择之一是建立多极化的储备体系，这种体系的缺点是如果储备货币发行国之间缺乏合作，则储备货币汇率的剧烈波动将产生风险。选择之二是国际货币基金组织发行的特别提款权（SDR）成为主要储备货币，但这种选择的主要障碍是：特别提款权发行存在限额约束，缺乏具有深度的交易市场。选择之三是建立新的全球储备货币，类似于凯恩斯提出的"bancor"，由审慎和独立的世界中央银行发行，然而，这种选择存在操作障碍和政治障碍，只能是一个远期目标。

Williamson（2009）也认为，国际货币基金组织特别提款权应在国际金融改革中发挥更大的作用，应取代国家外汇储备中的足够大的份额。周小川（2009）也指出，早在布雷顿森林体系的缺陷暴露之初，基金组织就于1969年创设了特别提款权，以缓解主权货币作为储备货币的内在风险。遗憾的是由于分配机制和使用范围上的限制，SDR的作用至今没有能够得到充分发挥。但SDR的存在为国际货币体系改革提供了一线希望。

国际金融体系重建的第二方面的内容是国际金融业监管规则的改革。IMF（2009a）总结了金融危机以来，国际金融监管规则改革的主要观点。包

括：（1）建立宏观审慎监管方法，给系统性金融稳定的监管者赋予明确的权利。（2）扩大金融监管指标的范围，保证涵盖所有金融部门产生的系统性风险。（3）保证审慎监管框架有利于促进系统稳定，防止出现监管套利。（4）解决资本金监管中的顺周期问题，并制定有关规则。（5）更多地披露有关信息，尤其注重披露监管较弱的金融机构和资产负债表外交易的有关信息。（6）解决对跨境金融机构实施有效监管的政治和立法障碍。（7）强化中央银行提供流动性和应对系统性金融冲击的能力。（8）制定好积极财政政策的退出战略。

国际金融体系重建的第三方面的内容是国际货币基金组织等国际金融机构的改革。IMF（2010）提出了国际货币基金组织改革的主要领域：在金融监督方面，要强化国际货币基金组织对国际货币体系稳定的监督职能，坚强对资本流动的管理；在贷款融资方面，可以考虑扩大贷款规模，增强同时为多个国家提供短期流动性贷款的能力；在国际储备管理方面，可增加成员国储备的选择，避免储备资产之间的突然转换。IMF（2009b）提出了国际货币基金组织改革的相关内容：包括提高董事会的有效性和代表性，精简董事会，增加新兴市场经济国家和发展中国家的席位，修正投票规则，更多使用双重多数投票，降低特别多数85%的门槛标准，强化董事会的监督职能和能力，开放管理人员的选择范围，不再考虑国籍。实现雇员的多元化，第Ⅳ条款关注重点从汇率政策扩大到更广泛的金融政策等。

（二）中国在国际金融体系重建中的影响力不断提高

1. 中国金融机构在国际金融行业影响力

改革开放以来，中国经济继续呈现较快的增长态势。据初步测算，2009年中国国内生产总值达到33.54亿元，全年出口和进口规模分别超过1.2万亿美元和1万亿美元，出口贸易额位居世界第一位。人均GDP超过3000美元。中国金融业在促进经济社会长期、持续、协调发展的同时，不断发展壮大，资产规模不断扩大，质量进一步提高，对国际金融行业的影响力不断增加。

货币存量快速增加。2009年末，M2、M1、M0余额分别为60.62万亿、22.00万亿、3.82万亿元，比2005年分别增长102.9%、105.2%和59.2%。金融机构资产规模快速增长，不良资产率大幅下降。截至2009年末，中国银行业金融机构境内资产总额达到78.8万亿元，所有者权益达到4.4万亿元，比2005年末分别增长110.1%和161.9%；商业银行不良贷款余额4973.3亿元，不良贷款率1.58%，分别比2005年末减少8300.7亿元，下降7.02个百分点。

截至 2009 年末，中国 106 家证券公司总资产达到 2.03 万亿元，净资产 4838.77 亿元，全年实现净利润 932.77 亿元；60 家基金管理公司管理证券投资基金 557 只，基金资产净值达 2.7 万亿元。2009 年，中国保险业保费收入 11138 亿元，比 2005 年增长 126.1%；截至年末，保险公司总资产达到 4.06 万亿元，比 2005 年末增长 166.9%。外汇储备大幅增加。2009 年末达到 23992 亿美元，位居世界第一。金融市场迅速发展，市场规模不断扩大。截至 2009 年末，上市公司达到 1718 家，沪深股市总市值 24.39 万亿元，流通市值 15.13 万亿元，分别较 2005 年末增长 24%、652% 和 1323%，总市值全球排名第三位。期货市场稳步发展。实行开户实名制，建立期货投资者保证金安全存管制度。商品期货品种日益健全。中国金融期货交易所成立，股指期货的准备工作已基本完成。2009 年，中国期货成交量 21.48 亿手，成交金额达到 130.61 万亿元，分别较 2005 年增长 565% 和 859%，中国商品期货市场已成为全球第二大市场。2009 年，中国债券发行量（含央行票据）达 8.9 万亿元，比 2005 年增长 101.9%，其中，银行间债券市场发行 8.5 万亿元，比 2005 年增长 104.6%。2009 年，人民币外汇掉期市场累计成交 8018 亿美元；人民币外汇远期市场累计成交 98 亿美元，较 2005 年增长 360%。黄金市场的交易量从 2005 年的 906.42 吨，增加至 2009 年的 4710.82 吨。成交金额从 2005 年的 1069.76 亿元增加至 2009 年的 10288.76 亿元。保险市场加快建设。产品种类和服务形式不断创新。保险产品发展到 1000 多种。

中国金融对外开放水平进一步提高。银行业全面履行对外开放承诺。取消对外资银行经营人民币业务的地域和客户限制，取消外资银行在华经营的非审慎性限制。截至 2009 年末，在华外商独资银行 33 家（下设分行 190 家）、合资银行 2 家（下设分行 6 家，附属机构 1 家），在华外国银行分行 95 家，代表处 229 家，在华外资银行本外币资产总额 13492.29 亿元。证券业对外开放的力度加大。证券业已经履行了所有对外开放承诺，主动实施了部分自主开放措施：允许外资证券机构从事外资股业务；实施合格境外机构投资者（QFII）制度，实施合格境内投资者（QDII）制度；允许符合条件的香港、澳门期货公司参股内地期货公司，股权比例不超过 49%，并允许内地期货公司到香港设立从事期货业务的子公司。采取试点方式，允许外资证券机构参股国内证券公司。截至 2009 年末，共设立 9 家合资证券公司、34 家中外合资基金管理公司；上交所、深交所各有 3 家特别会员，并各有 38 家和 19 家境外证券机构直接从事 B 股交易。保险业已基本实现全面对外开放。目前，除了外资在合资寿险公司中的参股比例不得超过 50%、外资产险公司不得经营机动车第三责任险的限制外，保险业已基本实现全面对外开放。到 2009 年末，共有 15 个国家和地区的 52 家外资保险公司在华设立 291 个营业性机构。

金融业"走出去"步伐加快。截至 2008 年底，中资银行在全球 26 个国家设立 78 个网点，境外资产达 3700 亿美元。其中，5 家大型商业银行共有 78 家一级境外营业性机构，共收购（或参股）5 家境外机构，涉及收购金额约 71.3 亿美元。

中国金融业的国际影响显著增强。工商银行、建设银行、中国银行、农业银行 2008 年税前利润分列全球银行的第一、二、四、八位。在 2009 年 7 月英国《银行家》杂志公布以一级资本和 2008 年末业绩表现为基础的排名榜上，中国共有 52 家银行入选世界 1000 家大银行名单，并且其一级资本合计所占比重达 8.14%。

2. 中国在国际金融新体系建设过程中发挥了积极作用

近年来，中国政府充分利用多个平台，积极参与国际金融新秩序的制定和建设。

（1）作为 20 国集团、金融稳定理事会（FSB）、巴塞尔银行监管委员会（BCBS）的正式成员，参与制定国际金融事务管理新规则

金融危机为中国全面参与国际金融事务管理新规则的制定提供了历史性机遇。在 2009 年 4 月伦敦召开的 20 国集团领导人金融峰会上，中国领导人提出，要加强金融监管合作，尽快制定普遍接受的国际金融监管标准和规范，完善评级机构行为准则和监管制度，建立覆盖全球特别是主要国际金融中心的早期预警机制，提高早期应对能力（胡锦涛，2009）。2009 年 6 月，中国应邀加入金融稳定理事会、巴塞尔银行监管委员会，开始在国际监管规则制定过程中发挥作用。中国在 FSB 中拥有四个席位（包括香港），成为 FSB 的主要成员。2009 年以来，中国多层次、实质性地参与了有关国际银行监管标准的制定工作，密切跟踪国际会计准则改革进程，提出的重大原则和多项建设性意见，得到国际上的重视和认可，已经或即将体现在最终成果当中。另外，中国还注重提升自身监管能力，构筑稳健的金融体系。中国正在逐条比较各项改革制度在国内的适用性、可操作性，并相机推出国内金融监管改革，包括修改和推进新资本协议实施工作、筹备建立国内大型金融机构的跨境监管联席会议，以及积极准备建立薪酬制度指引等。

在参与国际监管规则的制定方面，中国的措施主要有包括：一是提出加强宏观审慎监管。多年来，中国实际上已经形成了一定程度上的宏观审慎机制安排，这些措施和做法得到了国际同行的肯定。中国将进一步研究完善经济周期

的定义与监测指标体系，不断完善反周期的政策工具。二是支持提高金融机构的资本质量和资本充足率水平，建立反周期超额资本和贷款损失准备监管制度，增强金融体系的损失吸收能力。作为巴塞尔银行监管委员会的新成员，中国积极参与了国际资本监管制度的修改工作，原则性支持巴塞尔银行监管委员会确立的修改方向。三是强调重视传统监管工具和手段的运用，在银行体系和资本市场之间建立"防火墙"。四是加强对金融创新的监管，保证创新型产品的发起、出售、投资行为受到恰当的监管。资产证券化交易以及衍生金融产品不能过于复杂，投资者要能了解基础产品的风险、交易结构以及相互关联性，管理当局应评估新型金融产品的风险种类和性质，全面调查产品从发起到销售、交易和投资的整个过程。

（2）推动国际金融组织体系改革，增强话语权

中国政府对国际金融组织建设历来十分重视。作为国际货币基金组织和世界银行的创始国之一，1980 年 4 月 17 日和 5 月 12 日，中国正式恢复在这两家机构的代表权和合法席位。1995 年、1996 年和 2000 年，中国分别加入国际保险监督官协会、国际清算银行和国际证监会组织。除了作为金融稳定理事会下属的国际会计标准理事会的成员以外，中国在 2009 年还正式加入了金融稳定理事会下属的全球金融体系委员会、支付清算系统委员会等国际标准制定组织。中国提出了国际金融组织改革的系列主张，包括：国际金融机构应该增强对发展中国家的救助，有关国际和地区金融机构应该积极拓宽融资渠道，通过多种方式筹集资源。中国支持国际货币基金组织增资，愿同各方积极探讨并作出应有贡献。同时，中国认为，注资应该坚持权利和义务平衡、分摊和自愿相结合的原则，新增资金应该确保优先用于欠发达国家；应该建立快速反应、行之有效的国际金融救援机制，对借款国采取客观、科学、全面的评估标准。金融稳定理事会应该发挥更大作用。应该尽快理顺机制，制定规划，着手工作，及时就稳定金融市场、加强金融监管提出更多可行性建议，并同其他国际金融机构加强协调，共同推动国际金融体系改革早日取得积极进展。国际货币基金组织应该加强和改善对各方特别是主要储备货币发行经济体宏观经济政策的监督，尤其应该加强对货币发行政策的监督。要改进国际货币基金组织和世界银行治理结构，提高发展中国家代表性和发言权（胡锦涛，2009），这些主张得到国家社会的广泛认同，在实际行动上，中国推动并认购基金组织发行票据，增发特别提款权，其他一些建议也已付诸实践。

（3）推动国际储备货币改革

在中国不少专家学者提出，要充分发挥 SDR 的作用。SDR 具有超主权储

备货币的特征和潜力。同时它的扩大发行有利于国际货币基金组织克服在经费、话语权和代表权改革方面所面临的困难。因此，应当着力推动SDR的分配，拓宽SDR的使用范围。同时，推动由值得信任的国际机构和机制管理部分全球或区域储备，并提供合理的回报率吸引各国参与，从而对投机和市场恐慌起到更强的威慑与稳定作用。

更为重要的是，完善国际货币体系，还要健全储备货币发行调控机制，保持主要储备货币汇率相对稳定，促进国际货币体系多元化、合理化。探讨改革和完善现行国际货币体系的途径，推动国际储备货币向着币值稳定、供应有序、总量可调的方向完善，从根本上维护全球经济金融稳定。

（4）稳步推进国际货币合作

通过中美战略与经济对话、中英高层财金对话、中欧中央银行工作组对话、中日经济高层对话等多项机制化活动，推进双边货币和金融合作。顺应周边国家和地区的需求，先后与韩国等国家/地区中央银行签署总额达6500亿元人民币的双边本币互换协议。在上海市和广东省等4省市先行开展跨境贸易人民币结算试点的基础上，不断拓宽开展跨境贸易人民币结算的行业和地区。加强与其他国家货币政策的协调。继续推动区域货币合作，在"10+3"和EMEAP（Executive Meeting of East Asia Pacific）等区域货币多边合作机制的基础上，推动构建东亚地区金融稳定安全网。

四、危机后中国金融体系仍将继续改革和发展

伴随中国金融机构国际影响力的不断提升和参与作用的不断增强，中国将积极参与改革国际金融新体系的建设，并在这一过程中，完善中国自身金融体系。在深化金融微观机制改革的同时，不断探索建立和完善宏观调控体系和宏观审慎的监管体系，进一步推进利率、汇率机制改革，不断扩大金融对外开放。

（一）深化治理结构改革，健全金融宏观调控体系

深化大型国家控股商业银行改革，仍然任重道远，包括继续深化银行公司治理改革，进一步明确股东会、董事会、监事会和高级管理层的职责边界；合理制定薪酬激励约束机制；不断强化内部控制和风险防范机制和进一步发挥境内外上市对试点银行改革的促进作用。同时，稳步推进国家控股商业银行的综合经营试点，加强和改进国有金融资产管理，建立健全国有金融资产管理体制。继续深化农村金融机构改革，加快建立和完善商业性金融、合作性金融、政策性金融相结合的农村金融机构体系，推进农村金融产品和服务方式的创

新。促进证券公司、基金公司积极发展新业务，拓展收入来源。增加期货新品种。支持符合条件的保险公司通过上市、增资扩股、发行次级债等方式补充资本，增强资本实力和偿付能力，建立严格的内控制度和合理的激励机制，不断提高资产负债管理能力。

在不断改善金融机构治理结构的同时，还必须加快建立健全金融宏观调控体系。建立健全科学的货币政策决策机制，提高货币政策决策的前瞻性和科学性，进一步增强货币政策的针对性和有效性。改善货币政策传导机制和环境，逐步推动货币政策从数量型调控为主向价格型调控为主转型。根据宏观调控和货币政策的需要，构建宏观审慎性政策体系的制度框架，建立和完善逆风向的调节机制，探索中国系统性金融风险评估的框架、方法、指标体系、信息数据要求等，建立前瞻性的系统性风险评估体系，增强信贷支持经济增长的可持续性，防范宏观风险。加强货币政策与金融监管政策之间、不同监管政策和法规之间的协调。

（二）推进利率与汇率形成机制市场化

易纲（2009）总结了中国改革开放30年的利率市场化进程。他指出"市场供求在利率决定中的作用不断增强"。利率市场化改革也将不断得到推进。

我们认为，推进利率与汇率形成机制市场化，首先要开展货币市场基准利率体系建设，比如提高 Shibor 的基准性。同时，要进一步完善国债收益率曲线，为金融产品定价提供有效的外部基准。在完善金融机构公司治理结构、产权约束和市场自律机制的前提下，通过引导金融机构提高定价能力，完善市场机制，为进一步放开存贷款利率上下限，最终实现全面的利率市场化创造条件。完善中央银行利率调控框架也十分重要，包括加强公开市场操作对货币市场利率的引导作用，逐步确定中央银行目标利率及主要操作工具，理顺利率传导渠道，更多发挥市场在利率形成中的作用。

伴随中国改革开放和中国社会主义市场经济框架建立的具体进程，不断完善人民币汇率形成机制，从而使人民币汇率形成机制最终更加适应于建立一个开放型和全球化的市场经济。进一步发挥市场供求在汇率形成机制中的作用，完善以市场供求为基础、参考一揽子货币进行调节、有管理的浮动汇率制度。保持人民币汇率在合理均衡水平上的基本稳定。

（三）进一步扩大金融对外开放，稳步推进跨境贸易人民币结算

我们认为，加强金融业对外开放的稳健性、协调性，进一步扩大对外金融开放，是今后中国金融业健康稳定发展的基础性举措。通过进一步对外开放提升中国金融业服务功能和核心竞争力。根据对金融安全影响程度和重要性的差异，采取分层次开放战略：服务性、技术性金融产品和市场领域可积极开放，股权和并购领域逐步开放，资本账户稳妥开放，同时协调好银行业、证券业、保险业开放步骤和政策措施。处理好对外开放与对内开放、引进来与走出去、扩大开放与防范风险的关系。鼓励金融机构走出去。鼓励有条件的金融机构有序拓展海外业务，稳步扩大海外布局。引导金融机构采用差异化的海外发展战略。加强对金融机构境外大额收购兼并活动的指导，有效防范风险。进一步扩大金融对外交往和国际合作。积极参与经济金融政策国际对话，加强与国际金融组织的合作。加强内地国际金融中心的建设，加强内地同港澳的金融合作，支持香港发展金融服务业，保持香港国际金融中心地位。扩大海峡两岸金融交流与合作。

在稳步推进跨境贸易人民币结算方面，深入研究和推进人民币在跨境贸易和投资中的使用。重点推进跨境贸易人民币结算。探索以人民币提供对外金融支持，包括双边本币互换协议、向外国中央银行出售人民币等，支持其他国家将人民币作为国际储备，允许商业银行对外提供人民币融资。适度加快国内金融市场开放，研究扩大在境内发行人民币债券的境外主体范围，在一定规模内逐步允许国外机构将持有的人民币投资于中国金融市场。在风险可控前提下，推动香港人民币离岸市场的发展。继续推动符合条件的境内金融机构赴香港发行人民币债券。

进一步完善外汇储备管理。配置好外汇储备资产，在货币层次上，实现美元、欧元、日元、新兴市场国家货币的多元化组合。货币层次上的配置，要充分考虑中国的外资、外贸、外债和对外支付的比例和需要，充分考虑储备货币的投资市场容量，实现货币层次上的分散化配置。在资产配置上也要强调分散风险，综合选择政府类、机构类、国际组织类、公司类、基金类资产，通过资产分散化的配置，达到分散风险的结果。审慎投资高风险产品，加强投资风险的防范和管理。

五、结论

金融危机的爆发，根本原因在于美国过度宽松的货币政策，金融监管的漏洞以及对金融创新风险控制的缺位，也暴露了以美元为主导的国际货币体系的缺陷。虽然金融危机对中国金融体系的影响十分有限，但这部分地是由于中国金融机构对外开放程度较低。目前，中国金融体系仍存在一些脆弱性。未来全球金融体系改革，着力点在于强化国际金融体系的决策机制、协调机制和监测机制，完善储备货币体系，加强金融监管，充分发挥国际货币基金组织等国际金融机构在维护全球金融稳定中的作用。伴随中国金融机构国际影响力的不断提升，人民币的海外运用将不断扩大。另一方面，中国也将在积极参与改革国际金融和货币体系建设的过程中，不断完善中国自身的金融体系，包括进一步推进利率、汇率机制改革，不断扩大金融对外开放，在深化金融微观机制改革的同时，不断探索建立和完善宏观调控体系和宏观审慎的监管体系。

参考文献

［1］胡锦涛，2009，《携手合作　同舟共济》，4 月 2 日在伦敦举行的二十国集团领导人第二次金融峰会上的讲话。

［2］周小川，2009，《关于改革国际货币体系的思考》。

［3］易纲，2009，《中国改革开放 30 年的利率市场化进程》，《金融研究》，2009 年第一期。

［4］Eichengreen, Barry and Flandreau, March 2008, "The Rise and Fall of the Dollar, or When Did the Dollar Replace Sterling as the Leading International Currency?", the NBER Working Paper 14154.

［5］IMF, 2010, "The Fund's Mandate-An Overview".

［6］IMF, 2009a, "Lessons of the Financial Crisis for Future Regulation of Financial Institutions and Markets and for Liquidity Management".

［7］IMF, 2009b, "IMF Governance-Summary of Issues and Reform Options".

［8］Williamson, John, 2009, "The Case for Regular SDR Issues: Fixing Inconsistency in Balance-of-Payments Targets".

2010 年代的中国：经济增长再平衡和强化社会安全网[*]

经济合作与发展组织（OECD）

前　言

差不多在 10 年前，经济合作与发展组织（OECD）发布了重要研究《中国在全球经济中的地位》，并在其中浓墨重彩地描述了中国在全球经济中冉冉上升的地位。几年后，OECD 的第一本《中国经济调查》分析了驱动中国实现惊人经济增长的因素，并且为中国延续这种发展势头提出了建议。自那以后，中国有力地维持了其高增长率，而且与其他许多国家相比，成功地经受住了金融危机的冲击——其中的一个重要原因是中国政府迅速采取了强大的宏观经济政策行为。如今，中国成为全球第二大经济体，它的需求对于拉动诸多国家的复苏而言发挥着举足轻重的作用。

本文借鉴了 OECD 几个星期前刚刚发布的中国经济全面评估报告，希望对中国发展高层论坛 2010 年会"中国和世界经济：增长、调整、合作"有所贡献。中国的经济增长在不断刷新历史纪录，本文不仅着重探讨了这种增长表现得最为突出的特点，而且指出了中国希望维持快速增长时应该解决的问题。

尽管中国取得了诸多成就（特别是人民生活水平迅速提高），但是仍有一些问题亟待解决。它需要继续大力推进经济再平衡的进程，摆脱对出口的依赖，并且降低过高的国家储蓄率。经济再平衡会有助于推动消费，进一步提高人民生活水平，以确保长期的持续性增长，并且对缓解全球经济失衡作出贡献。为此，中国需要加大政府支出，持续推行结构改革，同时逐渐实现人民币升值，从而利用货币政策来抑制不断上升的通胀风险。社会改革将巩固社会凝

---

[*] 本文为 OECD 为 2010 年中国发展高层论坛提供的背景资料，其中观点仅代表作者立场。

聚力。和许多 OECD 国家一样，中国人口已经开始老龄化，亟需升级养老金体系。此外，国家政策的另外一个重中之重是使更多人享受高质量的卫生保健服务。令人羡慕的是，中国有财力空间进一步提升这些重要社会服务的公共支出。这不仅能够提高国民的福祉，而且有助于实现更加和谐的全球经济。

正如前文提到的那样，早在此次危机爆发之前，OECD 就已经与中国有了多年合作。在这个过程中，我们共享政策经验，互相学习，获益良多。OECD 搭建起一个重要的论坛。在这里，中国可以深化与发达经济体和发展中经济体的对话，而中国视角又极大地丰富了我们的政策讨论，以更加妥善地解决全球普遍存在的重大挑战。

我们面临的种种挑战不一而足。首要问题之一就是在经历了数十年来最惨痛的经济危机之后，如何重建长期增长和发展。

OECD 正在努力帮助各国政府削弱此次危机对那些损失最严重的国家的影响。我们已经为 G20 行动计划贡献了一己之力，而且正在于国际货币基金组织、世界银行、金融稳定委员会及其他组织合作，希望最大限度地发挥国际组织的贡献。除了及时采取行动应对危机以外，我们需要重新思考世界经济的运作模式。

我们希望继续强化与中国的合作关系，塑造全球经济，不仅使它更加强大，而且使它更加公平、廉洁，以创新和绿色增长等作为新的强劲增长来源。

古利亚
经济合作与发展组织秘书长

在过去的 30 年里，中国已逐步收回了许多先前失去的重要经济地位。按购买力平价汇率计算，30 年前中国的经济实力在全球排名第 12 位，现在它的排名已经上升至全球第二，而且成为全球最大的货物出口国。在这个过程中，中国对全球经济增长的贡献率呈现指数性增长。早在本次"大萧条"爆发之前，中国就已经成为拉动全球经济的火车头之一。全球经济进入低迷期后，中国及时推出了规模庞大的政策刺激方案，使其经济保持强劲的增长势头，因此它的角色也显得日益突出。展望 2010 年代，全球的经济重心将继续向中国移动。

本文借鉴了 OECD 最新发布的中国经济全面评估（OECD，2010 和专栏 1）。它在开篇处重点介绍了中国惊人经济增长的来源和效益，而且强调了中国希望实现可持续增长时需要解决的挑战。随后探讨了以下问题：中国经济面对全球经济动荡时所表现出来的弹力；它如何改变政策方向以实现增长再平衡；以及它的政策需要在这个方向上继续作出哪些努力。本文的主要观点是，中国需要继续逐步提高对人类资本和社会服务的公共投入并维持其投入水平，而且它也有财力空间实现这个目标。本文还从养老金改革和医改，以及坚持这些改革方向的必要性等角度出发研究了中国近年来开展的社会改革，并且重点强调了劳动力流动的问题。本文在结尾处突出了以下两方面的重要性：建立统一的社会安全网，更加广泛地开展国内改革以实现和谐的全球化。

专栏 1　经合组织《2010 年中国经济调查》的政策建议要点

政府需要维持高水平的公共社会支出，以促进社会凝聚力，继续推动内部和外部再平衡。

中国经历了如火如荼的信贷扩张以后需要抑制信贷增长速度，以避免积聚起新的贷款存量，阻碍未来的经济发展。

中国应该进一步提高汇率的灵活性，密切关注资产价格，并且努力实现抑制通胀的目标，这能使政府出台的政策更加贴合国内的需求。无论在何种情况下，追赶型经济体都将实现真正意义上的货币升值。

在金融市场上，政府应该提高外国投资的上限，放松对公司债券市场的限制，并且为商业银行引进存款保险体系。

在 2000—2010 年的绝大多数时间里，国家控股企业在国民经济中的比例持续下降，而 OECD 新发布的标准化指标证实了中国政府干涉产品市场的行为普遍存在，与俄罗斯的情况非常相似。政府需要降低准入壁垒，减轻行政负担，并且为国家控股公司与中央政府之间的传统关系松绑。

劳动力市场被分割的情况非常严重，而造成这种现状的主要原因是户口制度。政府应该降低本地居民与外来人口之间的差别待遇，特别是缩小他们在社会服务方面的差异，从而推动城乡之间以及城市之间的人口流动。农民应获得 70 年的土地使用权及自由转让权，并且有权使用土地作为贷款抵押。

除了非正规流动人口以外，基本社会安全网的覆盖面已经在扩大，但是仍然未能包括部分贫困人口。长期以来，福利救助体系始终处于支离破碎的状态，政府急需扭转这种局面，提高行政管理能力，以取得更大进步。

无论从地区还是个人的角度来看，不平等的恶化趋势自 2006 年起逐渐趋向平稳。政府应该投入更多精力提高农村的高中毕业率，以提高农村青年的终身收入。

中国需要发展真正的全国性养老金制度，这意味着在全国范围内分配社会保障收入，提高退休年龄，特别是提高妇女的退休年龄，取消提前退休。

　　中国应推进安全、有效、经济上可承受的普惠型基本卫生保障，而这需要使初级卫生保健发挥更大作用，更加高效地管理医院，改变某些相对价格（如烟草价格），加强职工培训，最终创建全国性医疗保险体系，并加强其金融稳定性。

　　中国的新《劳动法》内容比较苛刻，对于那些持不定期劳动合同的人来说尤为如此——中国应避免解释这些法律条款时过于严格，这一点非常重要。

一、中国在世界经济中的地位和作用与日俱增①

　　按购买力平价汇率计算，30 年前中国 GDP 在全球 GDP 中的占比仅为 2%（参见图 1A）。当时它的经济规模不仅小于任何一个 G7 国家，而且也弱于西班牙、巴西、墨西哥和印度。在千禧年之际，OECD 第一次评估中国在全球经济中的重要性（OECD，2002）。当时中国已经成为全球第三大经济体，在全球经济活动中占到 7%，而且与排名第二的日本之间的差距并不大。

　　自此，中国的经济增长和人均数据一直保持了持续快速增长（参见图 2）。在过去的 10 年里，中国不断加快发展的步伐，GDP 增长率达到两位数。在 20 世纪 70 年代末，中国对全球增长的贡献率相当低，按照四舍五入计算的话还不到 1%，而在过去的 10 年里，这个数字已经翻番，超过 1%（参见图 1B）。今年，全球经济已经开始从近几十年来最严重的经济衰退中缓慢复苏。中国的经济增长有望达到全球增长的三分之一。这反映出两个事实：中国维持了其不断

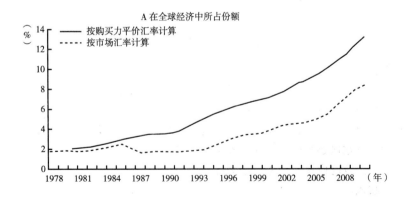

A 在全球经济中所占份额

　　① 中国发布的第二次经济普查大幅上调了 2008 年和 2009 年的 GDP 和 GDP 增长率。然而，本文完成时中国尚未发布 2008 年前完整的修订结果。

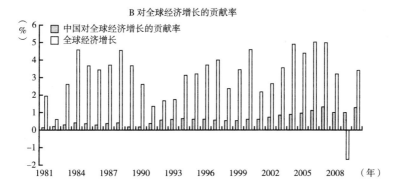

图1　中国对全球经济的贡献直线上升

数据来源：国际复兴开发银行（IBRD）、OECD 的估算结果。

注：贡献率按购买力平价汇率计算。

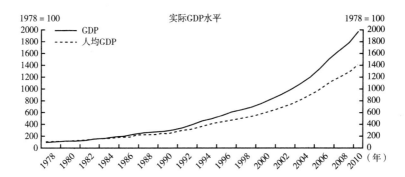

图2　中国对全球经济的贡献率不断上升反映出其经济增长强劲而且具有持续性

数据来源：中国国家统计局，OECD 预测。

追赶发达经济体的势头；OECD 成员国的增长速度放缓。此次大衰退为 OECD 的经济发展留下了"累累伤痕"，而且去杠杆化会使未来数年的潜在增长背上沉重的负担（OECD，2009a）。

2009 年，中国在全球 GDP 中的比例达到 12.5% 左右。然而，如果按照当前的市价和汇率计算，这个占比会大幅下降到 8% 以下。这两种测量方式之间的差异突出地反映出中国非贸易品的价格偏低，特别是服务或产品。中国的制造业已经充分融入全球市场：它的附加值中有三分之一出口到国外，剩余产品都可以用国外产品替代。因此，制造业的市价可用于国际比较。[①] 据估计，中国制造业的

[①]　中国产品的价格较低，人们认为这表明其质量相对不足。

增加值占到全球的 15% 左右，与日本相当（参见图 3）。根据目前的趋势，中国经济很可能在今后的 5 至 7 年内超越美国，成为全球领先的产品制造国。

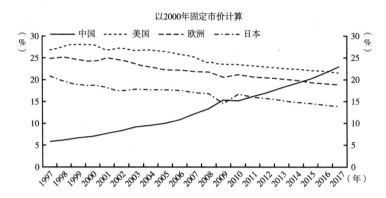

图3　中国将成为全球最大的产品制造国

数据来源：国际复兴开发银行（IBRD）、OECD 的估算结果。

在某些工业领域里，中国的确已经处于全球领先的位置。以钢铁为例，中国的钢铁生产在 10 年前超越了美国，7 年前超越欧洲（参见图 4A）。再譬如中国的客车产量（不包括轻型商用车）于 2006 年超越美国，现在已经占到全球产量的五分之一至四分之一（参见图 4B）。如果展望未来，由于中国的家庭

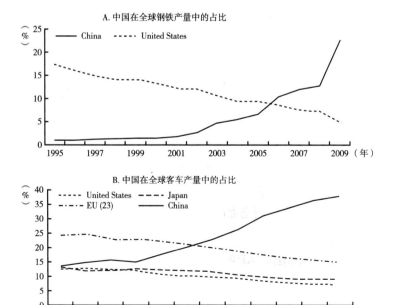

C.各收入十等分组的城市居民私家车拥有比例

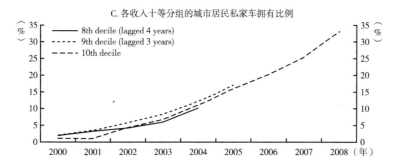

8th decile (lagged 4 years)
9th decile (lagged 3 years)
10th decile

**图4　中国已经成为全球最大的钢铁生产国和汽车生产国，
并且是庞大的汽车市场**

数据来源：中国国家统计局、国际复兴开发银行（IBRD）、国际汽车制造商协会、国际钢铁协会。

收入持续上涨，那么这个比例还会不断上升（参见图4C）。

二、中国经济增长的驱动力

在2008年之前的5年里，中国卓越的经济增长主要来源于庞大的资本投资。在这一时期，投资对经济增长的年贡献率达到6%左右。与此相反，由于中国一直在推行独生子女政策，所以劳动力的增长相当疲软。这样，中国每年约有4%的增长率无法用要素积累来解释。如果用发达经济体的标准来看，那么这种情况通常意味着中国的效率有了大幅提高。然而就中国的实际情况而言，这主要反映出农业劳动力被重新分配到服务业和制造业里。如果扣除这种劳动力再分配的因素后再进行估算，那么计算结果表明，事实上效率的提高幅度（又称多要素生产率，即MFP）反而放缓了，其原因之一可能是国有部门的生产率未能快速增长。OECD对创新政策的评估结果表明，多要素生产率到底能在何种程度上加快发展速度，不仅取决于公司治理的发展状况而且取决于创新和研发政策（OECD，2008）。

（一）充分发挥实物资本的最大功效

在2008年之前的5年里，中国的固定资本形成总额直线上升，增加幅度累积达90%左右。据估算，在此期间除了房地产业和普通政府以外，许多商业领域的资本回报率稳定在12%的水平上。如果用历史成本和过去的利率、股息和公司税来衡量，那么工业的实物资产回报率在上升——这与整体经济形势形成了鲜明的对比。需要特别指出的是，在工业领域里，国内私营公司的回报率上升幅度超过了20%。

　　国有企业在经济活动中所占的比例仍然相当可观，而它们各自的利润率相去甚远。对于中国最大的100家国企而言，它们的资产收益率始终居高不下——2007年，这些企业的平均收益率接近25%（而股息却少得可怜）。它们之所以能取得如此高的收益率，主要是因为这些企业集中于资源开采业，或外国同类企业无法进入中国市场的行业，如烟草加工业。由于中国没有开征资源税或者矿区使用费，国家未能向这些企业征收自然资源租金，所以在这两个定义相当狭窄的行业里，2007年国有企业的收益率达到39%。然而，其他行业的国企收益率并不尽如人意。炼油业的收益勉强持平。价格管制压低了电力公司和水利公司的收益率。国家控制为这些行业的国有企业关上了竞争的大门。第三类国有企业由15000家下属公司组成。2007年，它们的收益率低于私营同行的水平。

　　私营公司的高收益率推动了它们的迅猛发展，其经济效率也取得了突飞猛进的提高。OECD在首次"中国经济调查"中就强调了私营部门对于经济增长的重要推动作用（OECD，2005），而且随着自身的扩张，仍然在继续发挥这个作用。在2007年底，中国内地私营公司拥有的资产几乎相当于除了100家最大的国企以外所有的国有资产（参见图5A）。如果把内地以外的私营公司也包括在内，那么目前私营部门的资产基础已经超出了所有国家控股部门的资产——这与2003年的情况具有天壤之别。

　　各行业在就业方面的变化比资产变化更具有戏剧性（参见图5B）。从资产使用的角度来说，国有企业100强提供的就业机会相当少，但他们的员工规模保持相对稳定。与此相反，其他国有行业的就业人员在不断削减。私营企业之所以能够迅速扩大就业，一个重要因素就是它们有财力支持自身的扩张。

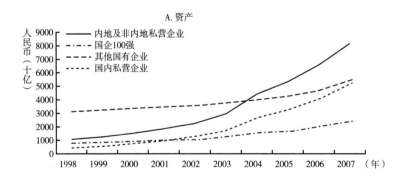

A. 资产

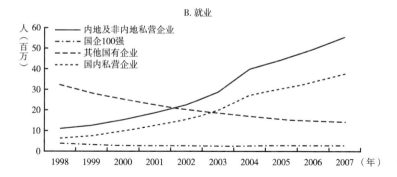

B. 就业

图 5　私营部门持续扩张（根据所有制划分的实物资产和就业情况）

数据来源：国家统计局工业微观数据库。

各个经济行业的收益率分布不均提出了关于竞争的问题。在竞争市场上，行业间的收益率应该不相上下。但是就中国而言，尽管私营部门的资产和就业人数在稳步上升，但是其税前收益率几乎是银行借贷成本的四倍多。这意味着尽管私营部门的发展势头喜人，但是面临着重重阻碍，很难取得更大发展。此外，这些企业能够长期取得如此非凡的收益率也表明中国的金融市场缺乏效率（OECD，2010）。

中国采取了能源价格管制，而且未能将资源租金纳入预算，因此导致社会承担了高昂的环境成本和金融成本。采掘业的超额资本回报率仅占 GDP 的 0.6%，相当于 2009 年 4 月中国发布的医改项目成本的四分之三（请参见下文）。炼油业和电力业的低收益率表明中间消费者和最终消费者都获得了补贴。政府还可能进一步为这些行业的零售分销点提供补贴。国内外的价格差异也成为阻碍外国企业进入石油分销行业的障碍之一，因为中国企业会采取纵向一体化战略，而使用进口产品的独立零售商就会发现很难与这些国企下属的销售网点展开竞争。

（二）动员和培育人力资本

自 2003 年起，政府减少了为农业分配的资源，从而成效地维持了经济增长。在此期间，主要从事农业生产的绝对人数首次开始下降——尽管到 2008 年时，农业劳动力在劳动力总数中的比例仍然接近 40%。在家庭层面上，有证据表明农业生产中每增加一名劳动力时，边际产量相当低。这在农业的平均生产率中也有所体现——农业的生产率比其他产业的生产率低六倍。这种巨大的生产率差异意味着降低农业劳动力的比例有力地拉动了总生产率的提高。

　　然而，国内的人员流动仍然会遇到重重关卡，其中最大的障碍就是户口制度。尽管政府允许所谓的临时性人员流动，但是却将绝大多数社会福利和教育福利与户口所在地联系在一起，而不是与人们的生活所在地挂钩，特别是医疗保障通常与户口所在地密不可分，养老金也很难跟随人们流动。因此，城镇流动人口往往丧失了许多享受社会福利的权利。城乡流动人口的情况更加糟糕，因为他们普遍没有签订劳务合同，没有被纳入社会保障体系，薪酬水平也未能达到最低时薪标准。最后，农村居民拥有的产权与城市居民有所区别。他们一旦迁到别地，就失去原籍地的土地所有权。然而，由于目前城市的自然发展受到独生子女政策的局限而显得不足，所以人口流动对于城市化进程来说势在必行。

　　近年来，中国的教育体系发展迅猛。从长远来看，这必将提高中国的生产率。中央政府要求地方政府确保所有儿童都完成小学教育。[①] 除此以外，政府还努力让所有儿童在 15 岁前接受小学和初中的九年义务教育。[②] 2008 年，政府免除了九年义务教育的学费，同时为西部的学生免费提供课本。这项举措的成果是在 2008 年当年，1999 年开始读小学的儿童中有 90% 完成了九年制义务教育（参见图6）。除此以外，各大院校在 21 世纪初显著加大了投资力度，力争使接受高等教育的人数增加三倍多——OECD 评估中国的高等教育时也强调

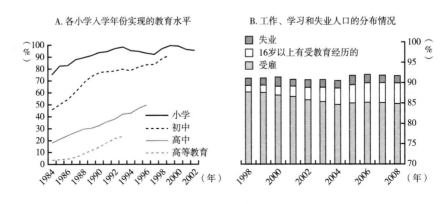

图6　中国教育在大踏步前进

① 中国的儿童从 6 岁起开始接受义务教育。目前，在 3 至 5 岁的儿童中约有一半人进入了幼儿园。这对于中国未来的发展来说是一个非常重要的领域，因为它不仅关系到儿童的学习成绩，而且决定了他们的健康基础（中国发展研究基金会，2010）。

② OECD 正在评估初中以下的教育质量。它已经在中国的六个省份和上海开展了国际学生评估（PISA）试点项目。

了这一点（OECD，2009b）。尽管学生交纳的学费可以抵得上大学教育的大多数成本，但是在2004—2008年的5年间，大学入学人数上升了60%。1983年开始上学的儿童中有超过23%的人接受了高等教育。

三、中国人民的生活水平迅速提高

（一）家庭消费

随着国民经济持续强劲增长，虽然中国的家庭消费没有完全跟上GDP的增长步伐，但是人民的生活水平仍然在以惊人的速度迅速提高（OECD，2010）。据估算，家庭实际消费总量的增长率在全球位于前列，在2004—2008年间达到年均9.6%，比5年前的年均增长率提高了两个百分点。不过，中国的平均消费水平相对于发达经济体来说较低。根据购买力平价计算，2008年人均个人消费量只有OECD国家人均水平的十分之一，与墨西哥和土耳其等低收入OECD国家相比，中国的人均个人消费水平只有它们的五分之一到四分之一。

中国居民拥有的耐用消费品与日俱增，由此折射出中国个人消费总量在不断增长（参见表1）。中国的城市家庭都拥有齐全的家庭电器。在城市里，几乎各家各户都有洗衣机，至少有一台空调、彩电和手机。拥有微波炉和计算机的家庭也越来越多。城市住宅面积比21世纪初增加了近三分之一。一个三口之家的平均居住面积已经达到65平方米。收入最高的10%的城市居民普遍拥有私家车。根据购买力平价计算，这个群体的平均家庭收入已经超过30%的美国家庭。然而，富裕人群的规模还很小，不超过5000万人。

农村地区的生活水平要低得多。考虑到城乡价格上的差异，农村的家庭收入仅占城市家庭收入的60%。此外，农村家庭的平均规模相对较大，这意味着人均收入更低。虽然如此，许多基本耐用消费品在农村也已经非常普遍，特别是摩托车、手机和电视等与交通和通讯有关的耐用品。无论是使用中国官方的低收入标准还是世行的贫困线来衡量，中国的贫困率在2003—2007年间下降了三分之二，贫困人口在总人口中的比例为4%（世界银行，2009）。如果用收入来衡量，那么贫困人口的比例更低，因为即使在农村，最贫困的人也会将大部分收入存起来。然而，无论在地区之间还是在城乡之间都存在着严重的收入差距。

表1　近年来中国人民的生活水平显著提高

	农村地区	城市地区	收入最高的10%的人口	农村地区	城市地区	收入最高的10%的城市居民
	2008 年每 100 个家庭的拥有量			2002—2008 年的增长率		
空调	9.8	100.3	197.2	27.5	11.9	7.4
汽车	n. a.	8.8	33.0	n. a.	46.9	40.9
相机	4.4	39.1	82.0	4.8	-2.0	0.4
彩电	99.2	132.9	165.0	8.6	0.8	0.5
计算机	5.4	59.3	101.5	30.2	19.2	11.1
高保真音响设备	n. a.	27.4	47.3	n. a.	1.5	2.0
微波炉	n. a.	54.6	83.3	n. a.	9.9	3.5
手机	96.1	172.0	210.7	38.4	18.3	8.6
摩托车	52.5	21.4	17.1	11.0	-0.6	-10.0
冰箱	30.2	93.6	104.7	12.6	1.2	0.2
座机	67.0	82.0	94.1	8.6	-2.2	-1.6
数码相机	n. a.	7.1	21.9	n. a.	24.4	20.8
洗衣机	49.1	94.7	101.8	7.5	0.8	0.0
洗碗机	n. a.	n. a.	2.1	n. a.	9.8	6.5
水　　平				按本地货币计算的实际年增长		
(按市场汇率计算的)家庭平均收入(单位:美元)	2750	6609	18317	7.1	8.7	10.7
家庭平均收入(按购买力平价计算)	5636	11013	30522	n. a.	n. a.	n. a.
(按市场汇率计算的)家庭平均消费量(单位:美元)	2115	4709	11332	7.7	7.0	8.8
家庭平均消费(按平均购买力计算)	4334	7846	18882	n. a.	n. a.	n. a.
储蓄率	23.1	28.8	38.1	n. a.	n. a.	n. a.

数据来源：中国统计年鉴，国际复兴开发银行（IBRD）。

n. a.：缺少相关数据或数据无法使用。

在这一时期，政府提供的公共产品也显著增加。高速公路的密度几乎翻了一番，城市居民普遍能用上自来水（2000 年时仍有三分之一的城市居民无法使用自来水），三分之二的污水能够得到处理。燃气管网的覆盖率也显著扩大，目前只有八分之一的城市居民不能使用燃气。这种进展应该能够有利于降低居民燃煤采暖的比例——燃煤是空气污染和二氧化碳排放的主要来源。然而，尽管采用脱硫设备的火力发电厂的比例从 2000 年的 3% 上升到 2008 年的66%，但是煤炭的使用量迅速上升，导致二氧化硫的排放量居高不下，温室气体的排放持续上升。

（二）绿色增长

事实上，尽管人民的生活水平发生了翻天覆地的变化，但是持续快速的经济增长给环境带来了巨大的压力，特别是空气污染和水污染（OECD，2007）。估算结果表明，中国已经成为世界上最大的温室气体排放国——虽然从总量的角度来看，这种情况在本世纪中期之前还不会变成现实（参见图 7）。大气中的微粒是对人类健康破坏程度最强的空气污染之一，而几乎所有中国城市的微粒浓度都非常高。最近中国官方宣布，超过一半的河流和淡水湖的水质仅适用于灌溉和工业用途。

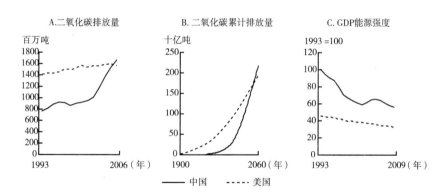

图 7 二氧化碳排放量和能量密度

数据来源：CEIC database、中国国家统计局、美国能源部二氧化碳资讯分析中心（CDIAC）、国际能源署（IEA）和 OECD。

注：本文根据 CDIAC 提供的 1900—2005 年中国和美国的二氧化碳排放数据估算了1900—2060 年的二氧化碳累积排放量（1900 年前的排放被认为是零）。对 2005 年以后的情况进行预测时假设 OECD 国家在 2050 年前不会改变基本政策（OECD 2009c），并且在此后使用了最终预测值。能源强度的计算方法是用能源消费量除以美元常量计算得出的实际 GDP（按购买力平价汇率计算）。

中国政府将减排工作的重点放在节能和提高能效上。自 2002 年国民生产的能源强度飙升以来，中国政府在"十一五"计划中宣布了在 2005—2010 年间将能源强度降低 20% 的目标。为此，它采取了许多能源政策和倡议，其中不少将矛头直指空气污染的主要来源——工业。

节能战略的要素之一是提高对工业能源使用情况的监控，传播关于节能产品和节能技术的信息。政府为能源密集型产业（如钢铁业和发电业）关闭高能耗和产能落后型企业设立了具体目标，同时拨出专项资金来升级和改造工业基础设施（如燃煤锅炉）。2008年，政府修订了公司营业税规定，明确节能项目和环境友好型项目方面的投资可享受优惠待遇。耐用消费品采纳了新的能效标识和能源使用标准，汽车的排放标准也更加严苛。

2009年11月，中国政府宣布了其节能减排的目标，即到2020年时，将每单位GDP的二氧化碳排放量在2005年的基础上减少40%—45%。为此，政府将大力发展可再生能源和核能，使其在能源供应总量中的比例从2008年的8%提升到2020年的20%。由于中国在2005—2010年间就可能提高非化石燃料的消费比例并降低排放强度，所以它应该可以在2010—2020年间将能源强度每年降低2%——这相当于2005—2010年节能减排目标的一半。政府还计划在2020年前使森林覆盖面积比2005年多出4000万公顷，以降低碳排放量，提高碳汇。

政府推行了许多改革措施来实现进一步降低能源强度和碳浓度的目标。它已经在努力使国内外的能源价格接轨，特别是煤和石油的价格。电价继续受到严格管制，而且始终远远低于发电成本，结果给终端使用者发出错误的信号。从更广泛的范围来看，政府可以引进碳税和"总量控制与交易制度"等基于市场的政策工具。这些工具有利于灵活地实现既定目标，它们的成本效益比行政限制高得多，而且激励了创新行为（Cao et al，2008）。最后，国家应该将政策重心从制造业和重工业投资转移到能源密集性较低的服务性活动和消费，从而在环保等方面产生积极效益。

四、宏观经济发展及前景

（一）经济过热—接近衰退—回归快速增长

正如上文所说，2006年至2007年的快速经济扩张造成了经济过热。通货膨胀一路走高，而部分食品供应暂时中断也恶化了这种局面（参见表2）。在此期间，需求结构极其不平衡。全球需求上升，导致经常账户余额不断增长，攀升至3720亿美元，相当于2007年GDP的11%。除此以外，企业加快了基建投资，导致用于投资的产出的比例急速上升。无论家庭还是政府的储蓄都远远快于投资——或许造成这种局面的原因是收入快速增长。相应地，随着经常账户余额不断扩大，家庭和政府储蓄持续上升。

面对经济过热的压力，中国人民银行大幅上调了存款储备金率，同时在通胀上升的情况下提高了利率。在全球经济增长持续放缓的大环境下，这些举措显著地放慢了经济发展的步伐。在 2008 年第三季度，中国的 GDP 实际增长率跌到了潜在增长率以下。也正是在这个季度里，全球金融危机集中爆发，全球贸易和中国出口也随之崩溃。尽管中国对出口的依赖并不完全像出口在 GDP 中的占比表现的那么严重（OECD，2010），但是此次出口下降的程度的确导致增长严重受挫。由于进口产品中有相当一部分是用于生产出口产品，所以进口也直线下降。

表 2　宏观经济发展及前景

单位：十亿美元

	2003	2004	2005	2006	2007	2008	2009	2010	2011
中　国									
实际 GDP 增长	10.0	10.1	10.4	11.6	13.0	9.6	8.7	10.1	9.3
膨胀率（用 CPI 百分比表示）	· 1.2	3.9	1.8	1.5	4.8	5.9	-0.7	1.8	2.0
财政收支（占 GDP 百分比）	-1.2	-0.4	-0.2	0.5	2.0	1.0	-1.7	-0.9	-0.3
经常账户收支	46	69	161	253	372	426	284	264	309
占 GDP 百分比	2.8	3.6	7.2	9.5	11.0	9.4	5.8	4.9	5.3
国家外汇储备（年末总值）	403	610	819	1066	1528	1946	2399	…	…
备忘录									
OECD 国家实际 GDP 增长（%）	2.00	3.20	2.70	3.10	2.70	0.60	-3.50	1.90	2.50
OECD 通货膨胀率（个人消费支出平减指数）	2.40	2.30	2.20	2.30	2.30	3.20	0.50	1.30	1.20
OECD 国家财政收支（占 GDP 百分比）	-4.10	-3.40	-2.70	-1.30	-1.30	-3.50	-8.20	-8.30	-7.60
经常账户收支									
美　国	-522	-631	-749	-804	-727	-706	-434	-506	-566
日　本	136	172	166	172	213	157	126	146	148
德　国	48	127	142	190	266	245	134	162	199

数据来源：国家统计局、国家外汇管理局、《OECD 经济展望》（86）和 OECD 预测。

中国政府迅速对此做出了反应。2008 年 7 月，政府停止了人民币对美元的缓慢升值。央行先后数次下调利率和存款储备金率，进一步放松货币政策。此外，银行提高了非正式的借款配额。此外，政府宣布了一系列金融措施，给人们留下深刻的印象（参见表 3）。最重要的是，它推出了一个总额达到 4 万亿人民币的两年期投资计划（约占这两年 GDP 的 6.5%），而且其中包括了不少重大的基建项目。

表3　中国先后于 2008 年 10 月和 2009 年 4 月宣布了政府支出计划和减税计划

单位：十亿人民币

	支　出	占　比	相对于 GDP 的比例
2009—2010 年的投资计划	两年期	百分比	在 2008 年 GDP 中的占比
铁路、公路、机场和电力设备	1500	37.5	2.5
低成本住房	400	10.0	0.7
农村基建和发展	370	9.3	0.6
创新	370	9.3	0.6
环境	210	5.3	0.3
学校和医院	150	3.8	0.2
地震重建	1000	25.0	1.7
(1)总额	4000	100.0	6.7
资金来源：			
中央政府	1180	29.5	2.0
地方政府	600	15.0	1.0
公共企业	2220	55.5	3.7
政府支出和税收变化	Per year 每年	Per cent 百分比	% of 2008 GDP per year 在 2008 年 GDP 中的占比
2009 年的一次性支出			
农村家电补贴	40	4.7	0.13
"送车下乡"项目	5	0.6	0.02
农业补贴	123	14.5	0.41
农机补贴	14	1.6	0.05
技术升级享受利息补贴	20	2.4	0.07
就业培训项目	42	4.9	0.14
小排量汽车车辆购置税从 10% 下调至 5%	30	3.5	0.10
(2)总额	274	32.2	0.91
正在落实中的新支出项目			
社会保障项目	293	34.5	0.97
医改项目(三年期)	283	33.3	0.94
(3)总额	576	67.8	1.92
落实中的其他项目和税收变化(成本尚不可知)			
旧车报废补贴			n. a.
下调特定出口产品的增值税			n. a.
提高 7270 种出口产品的增值税退税水平(12 月)			n. a.

续表

政府支出和税收变化	支　出 Per year 每年	占　比 Per cent 百分比	相对于 GDP 的比例 % of 2008 GDP per year 在 2008 年 GDP 中的占比
基建项目的公司税减半(不超过 6 年)			n. a.
股息的代扣所得税从 5% 降至 0			n. a.
股票交易印花税从 0.1% 下降至 0			n. a.
粮食最低收购价提高 15%			n. a.
大豆和粮食库存购买			n. a.
契税从 3% 降到 1%			n. a.
房屋交易印花税降到 0			n. a.
房屋销售的地价税降到 0			n. a.
购买两年后的二手房交易时免交营业税			n. a.
(4) 以上支出和税收变化的总额(即第 2 项 + 第 3 项)	850	100.0	2.83
政府每年的投资支出	890	51	3.0
目前的支出和减税金额(就已有数据而言)	850	32	2.8
政府每年的经济刺激计划	1740	100	5.8
每年的公共企业支出	1110		3.7
至少每年的公共部门支出总额	2850		9.5

数据来源：政府官网和路透社。

n. a.：缺少数据。

　　由于这些政策强有力地拉动了内需，所以在 2008—2009 年间，出口的恢复速度快于出口（参见图 8），导致经常账户余额明显收缩——它在 GDP 中的占比从 2008 年的 9.5% 下降到 2009 的 6% 以下，而且有望在 2010 年继续下降到 5%——这种进展的确超出了所有观察者的预期。经济刺激政策还推动了 GDP 加速增长，重新回到两位数的增长速度。尽管多数刺激计划都以额外投资资金的形式存在，但是其中不少已经转化为家庭消费，特别是耐用消费品。

　　有些经济刺激政策为原本就已经开始重新飙升的房价"火上浇油"，政府不得不于 2009 年底和 2010 年初宣布补救措施（即扩大供应的同时遏制需求）。其他刺激措施将来可能会造成新的坏账，特别是那些流入地方机构，用来资助基建项目的新增借款。看起来中国地方政府管理这部分资金的效果逊于其他国家的对等机构（世界银行，2007）。中国的政策制订者已经意识到贷款增长过快时可能带来的风险，因此于 2010 年 1 月发布了指导意见，要求放慢借贷速度，并且大幅提高了存款储备金要求。

在出台经济刺激方案的同时，中国政府还针对十个重点产业出台了一系列政策，即造船、石油化工、轻工、装备制造、冶金、纺织、电子和信息技术产、汽车、钢铁和物流等行业。这些政策包括许多金融援助措施，如农民购买轻型商用车可以享受折扣价，下调小型客车的销售税等。大部分政策都将重点放在结构调整、提高效率（包括能源使用效率）和创新上，以显著提高现有大型国企的竞争力。在这种背景下，政府花了大力气解决重工业产能过剩的问题，特别是钢铁业、冶金业和水泥业的产能过剩。然而，地方政府未必总能有效地传达和落实中央政府的政策方针。譬如，尽管水泥业产能过剩的情况已经非常严重，而且高能耗的小生产商未能按照中央政府的要求关闭，但是在 2009 年上半年，这个行业的投资仍然一路飙升。

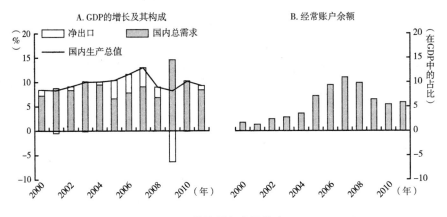

图 8 从外需向内需转变

数据来源：国家统计局和 OECD。

（二）中期财政状况和再平衡

随着全球经济活动和贸易逐步开始复苏，由于中国的财力还有不少空间，所以它的财政扩张不太可能在近期引发经济过热。要想在未来维持强劲的内需，那么需要财政赤字长期存在。国内再平衡需要降低近年来对出口过高的依存度。在这个过程中，人民币的实际汇率需要不断升值。这对于任何一个飞速发展的经济体来说都非常正常，因为不断上升的收入水平会推高非贸易产品和服务的价格。目前人民币在与美元挂钩，而不是与一个更加稳定的一揽子货币挂钩——自 2008 年年中开始，这种模式一直产生着反方向的作用。随着时间的推移，政府会越来越难避免用同一币种衡量时，中国的物价超过国外物价的情况。它只能选择以何种方式实现真正的升值——是在高通胀情况下保持稳定的汇率水平，还是在维持低通胀的情况下进行名义升值？无论对中国经济还是世界经济来说，第二种途径终究要稳妥一些。

政府部门的发展逐步放缓，2007 年的盈余超过 GDP 的 5%（OECD，2010）。在过去 5 年里，政府盈余上升的主要原因是它采取了非常保守的支出政策，削减政府消费，下调资本转移相对于 GDP 的比例，因此，公共支出的重点再次调整到社会支出上——这与 OECD 的建议不谋而合（OECD，2006）。此外，政府的盈余上升还反映出税收收入大幅上升——由于降低坏账准备金计提大幅提高了银行的利润，所以公司和银行体系的税收上升幅度最为明显。社会保障的缴费率也在上升，反映出社保体系在不断扩大覆盖面。

在 2008 年第三季度至 2009 年第二季度之间，政府支出的上升幅度接近 GDP 的 3.5%，略低于表 3 中预测的经济计划成本。然而，税收也开始显著增长，抵消了三分之二的赤字。此外，在经济危机爆发前夕，公共财政拥有强大的盈余，所以金融赤字始终保持在较小的规模上。在政府预算通过的经济刺激措施中，新增开里只有三分之一具有永久性，主要用于农村养老金、扩大医保覆盖面和增值税出口退税。因此，一旦停止经济刺激计划，那么政府支出就会逐渐下降到 GDP 的 4% 左右。

政府的资产负债表比较健康，并没有因为金融刺激计划而明显恶化。2008 年，政府债务总额仅相当于 GDP 的 20%，同时国家社保基金和众多地方性社保基金的盈余水平不相上下（这些基金多以存款的形式存在银行里）。此外，政府的资产负债表上既没有列出持股价值（2009 年中期的持股价值相当于 2009 年末 GDP 的 44%），也没有列出所拥有的城市土地的价值。鉴于社保资产很有可能持续上升，所以 2011 年政府的净债务不会超过 GDP 的 3%。除此以外，假设从中期来看，每年经济增长速度约为 10%，那么政府可以维持当前的公共支出水平，而且仍然可以继续扮演净债权人的角色。总而言之，中国与许多 OECD 国家的情况截然不同，它的公共财政仍然非常强大（参见图 9）。即使政府出于巩固社会凝聚力，推动社会发展，避免经常账户盈余再次扩大等目的进一步提高永久性政府支出，它的财政能力也足以支持这些举措。①

---

① 从原则上来说，对各国的净债务水平进行比较更加有说服力，但是由于测量方面存在很多问题，所以这种方法难以用于实际操作。

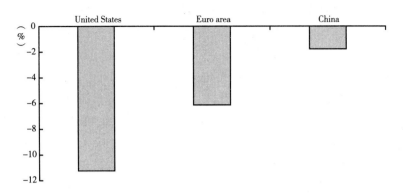

图 9　中国尚有充足的财力来长期降低公共储蓄

数据来源：OECD 经济展望（第 86 号），2009 年 12 月。

事实上，为了支持教育、福利救助、养老金和医疗等领域里已经启动或者必需的社会改革，政府支出结构需要进一步向人类资本和社会转移方面的投资倾斜，将更多资金用于全国性再分配。本文的后半部分将着重探讨中国的养老金和医疗卫生体系。近年来，中国在这两个领域开展了许多具有深远意义的改革，但是更多改革项目有待落实。

五、养老金：近期的改革项目及未来的发展需求

由于出生率降低，人口平均寿命不断提高，所以中国的人口在迅速老龄化。[①] 和许多 OECD 国家一样，中国的扶养比必将直线上升：政府设计养老金时通常以 75 岁为计算基准。据估算，老年抚养比上升到高达 0.75 的概率为 60%（参见图 10A）。此外，由于农村年轻人不断向城市流动，所以农村老年抚养比的上升幅度甚至会超过城市地区。

全国各地的养老金体系都存在东拼西凑的情况。城市的养老金体系五花八门而且支离破碎。农村人口的退休年龄较高（参见表 4），但是可以享受到的利益却少得可怜（参见表 5）。公共部门的退休金享受着特殊规定。由此提出效率和公平这两个问题：一方面由于劳动力的流动受到阻碍，关于效率的问题呼之欲出；另一方面，劳动力从一个行业转换到另外一个行业后，养老金无法体现他之前的工作经验，公平问题也亟待解决。

　　[①]　它的影响之一就是中国人口相对于其他国家人口的规模迅速缩水，特别是与美国人口进行比较后（参见图 10B）。

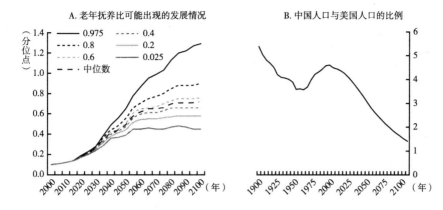

图 10　中国人口将迅速老龄化

老年抚养比的定义是用 65 岁以上的人口数目除以 15 至 65 岁的人口数目。这些线描绘了老年抚养比低于既定水平的概率。

数据来源：Herd 等（2010）。

表 4　中国城市退休年龄低于农村或国外的退休年龄各年龄段的劳动力参与率

	年　　龄　　段			
	50 至 54 岁	55 至 59 岁	60 至 64 岁	65 岁以上
中　　国	75.9	65.1	49.1	19.7
中国农村	88.7	81.1	65.9	27.6
中国城市	59.3	43.1	25.3	8.9
中国香港	65.2	47.8	28.1	6.9
中国台北	62.1	44.0	30.9	7.4
以下 OECD 成员国的平均水平	79.0	68.3	45.9	13.8
法　　国	78.8	54.6	14.4	1.1
日　　本	80.6	73.9	52.6	19.4
韩　　国	72.6	63.2	54.5	30.3
瑞　　典	84.3	79.5	59.6	10.1
英　　国	79.9	69.0	43.2	6.8
美　　国	77.9	69.8	51.0	14.9

数据来源：国家统计局、2005 年人口普查数据、中国香港统计办公室、中国台北统计办公室、OECD 就业数据库。

表5　中国农村人口的养老金保障极低（1999 年至 2005 年的社会养老金）

单位：美元

	养老金类型	领取养老金的年龄		每月养老金	成　本	2006 年的人均 GDP
		男性	女性		（在 GDP 中的占比）	
南　非	家境调查型	65	60	109	1.40	8940
巴　西	家境调查型	60	55	140	0.90	8700
智　利	家境调查型	65		75	0.38	11360
阿根廷	家境调查型	70		88	0.23	11670
中国（2009）	普惠型	60		6	0.22	5968
孟加拉国	家境调查型	62		2	0.03	1230
越　南	家境调查型	60		6	0.02	2310
印　度	家境调查型	65		4	0.01	2470

数据来源：国际助老会、OECD。

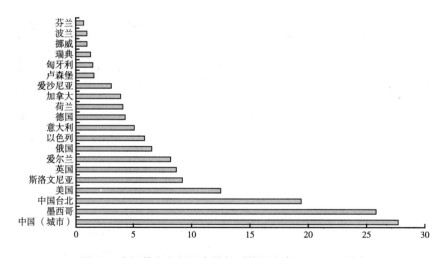

图 11　中国养老金领取者的相对贫困率高于 OECD 国家

数据来源：Herd 等（2010）。

　　中国的政策制订者早已认识到老龄化的挑战，而且在过去的 10 多年里推行了多项改革（Herd 等，2010）。在千禧年之际和 2005 年，它先后对城市养老金体系进行了参数调整型改革。这两次改革都降低了养老金水平，削减大部分养老金领取者的相对收入（参见图 11），此外还引进一些地域统筹。然而，有些流动人口流入地的人口激增，而缴费率偏低；有些工业基础不断削弱，老年人比例很高的城市，缴费率则较高。2005 年，政府又采取了一定措施，使更多自营者和灵活就业人员加入养老体系。2009 年中，政府宣布了新的农村养老计划，并且提出了流动人口养老计划的草案。

尽管在近期推行的改革中，部分举措提高了社会安全网的覆盖面和有效性，但其他措施却容易导致社保体系更加支离破碎。此外，那些旨在完善地域统筹的改革并没有被充分落实。在当前的规定下，无论农村居民还是城市居民的有效替代率都相当低，而且有可能继续下降。由于老年人与子女共同生活的比例不断下降，所以这种局面很难维系下去（参见表 6）。另外，绝大多数老龄化人口都聚集在农村，所以这些额外负担多半要由地方政府来承担，但是许多贫困地区缺少必要的资源。

表 6　老年人的生活情况

中　国					
	在 65 岁以上(包括 65 岁)老年人中的比例				
	与子女同住			与配偶同住或独居		
	男　性	女　性	全　部	男　性	女　性	全　部
1982	71.6	74.2	73.1	26.8	24.6	25.6
1990	69.5	75.0	72.5	29.8	24.4	26.9
2000	61.6	69.6	65.8	37.4	29.9	33.4
2005	53.9	59.5	56.7	44.1	38.9	41.5

各　国　概　况
(除了特别指出来的以外,均指 2000 年的情况)

	独自居住	与配偶居住	与子女居住
	在 60 或 65 岁以上老人中的占比		
65 岁以上老人			
中国(2005 年)	9	33	57
日本	13	29	54
韩国	17	29	49
中国香港(2004 年)	11	18	57
60 岁以上老人			
菲律宾	5	11	71
新加坡	3	6	85
中国台北	9	16	70
泰国	4	6	78
德国	36	56	8
美国	27	57	18
英国	31	59	12

数据来源：Herd et al.（2010）。

中国可以逐渐将各种体制统一起来，由中央政府承担更多农村养老金的成本，使养老金缴费实现全国统筹，提高退休年龄，从而最终解决这些挑战。

虽然不同类型的劳动者（特别是雇员和自营职业者）采用不同养老金体系的情况将继续存在，但是随着时间的推移，不同地域的养老体系应该采取统一标准——首先是在省级实现统一，其次实现全国统一。在这个过程中，应该逐渐消除城乡居民之间的差别，同时按照人们的希望放宽户口制度。有人认为地区间的收入水平差异过大，无法推行统一的全国性体系。然而，从原则上来说，一个相对比较简单的方法是根据人们工作所在地的加权平均收入，将部分养老金与地方平均收入联系起来。目前面对的主要问题是需要保留全国的相关记录和如何分配缴费收入。那些有能力实现低缴费率而且养老金仍然有盈余的省市不愿在全国范围内共享收入。要解决这个问题，第一步是为社保体系引进现金集中管理体系。此外，养老金记录管理体系的规模增长迅速，而且很难相互联系在一起，政府需要精简这个体系，提高它的效率。

目前，中国的退休年龄非常低——男性的正式退休年龄是 60 岁，女性的正式退休年龄是 55 岁。从事体力劳动的劳动者可以提前 5 年退休，而且退休更早的情况也可能出现。为了确保养老金体系的长期可持续性，中国政府应该像部分 OECD 成员国那样，在适当的时候逐步提高正式退休年龄，至少要随着平均寿命的增长而增长。

六、医疗保健：近期的改革项目及未来的发展需求

在中国改革开放的初始阶段，它最重要的目标是提高产量和收入水平。经济结构调整削弱了医疗保障体系，尽管这个体系在很大程度上仍是由公共供给，但是个人出资的比例越来越高。虽然中国人民的健康状况在不断提高，但是越来越多人无力承受医疗费用，或者因为医疗保障的成本而陷入贫困。在千禧年之际，医疗保健的相对价格大幅攀升，因此也不断推高了医疗保健的总支出在 GDP 中的比例。鉴于这种情况，政府需要大幅调整医疗保健体系，以实现公平和效率。为此中国在近年来推出了多项改革，其中包括 2009 年刚刚启动的不少重要医改项目。

在过去的几十年里，中国人民的健康水平在很多方面取得了非常显著的提高，这在很大程度上是因为中国几乎根除了一些传统性传染病。传染病死亡率大幅下降——从婴儿死亡率和孕产妇死亡率的下降程度就可见一斑。在过去的 20 年里，城市的婴儿死亡率下降了一半，农村的婴儿死亡率下降至原来的三分之一。因此，城市的婴儿死亡率和孕产妇死亡率在逐渐接近 OECD 成员国的

水平——中国的婴儿死亡率仅比美国高出五分之一。从整体上来说，尽管中国的收入较低，但人民的健康水平与低收入 OECD 成员国没有太大差别。如果将生病或残疾的年份排除后重新计算平均寿命，那么中国的所谓"健康预期寿命"与土耳其和墨西哥不相上下，而且超过了印度和南非等部分新兴市场经济体（参见图 12）。

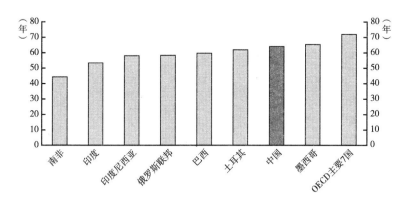

图 12　中国的健康预期寿命与其他国家相比不相上下

数据来源：世界卫生组织。

　　然而在 20 世纪 70 年代末，中国人的健康状况远远超过了其收入水平，这种情况已经不复存在。2006 年，中国人的平均寿命退回到与其相对收入对应的水平上，发展状况远远逊于印尼或马来西亚等国家。此外，全国各地的健康水平差距很大，而且普遍来说，慢性病的死亡率在持续上升。这种让人忧虑的趋势主要源于生活方式的改变，如不断变化的饮食水平可能引发心脏病和糖尿病，烟草消费量越来越高，导致肺癌发病率随之上升（参见图 13）。

　　提高人民健康水平需要政府在医疗需求快速上升的背景下，解决很多困扰医疗保健体系的失衡问题和激励问题。绝大部分医疗保健是由公共提供。医院吸收的公共资金比例持续上升，为此牺牲了基础医疗。医生的人数在迅猛增加，但是他们的专业资质却往往不尽如人意，而且他们的地域分布也与当地的医疗需求不甚匹配。医院的预算和医生的收入部分地来源于他们开的处方和药品销售，这些药品的价格受到管制，而且交叉补贴的情况非常普遍。在这种背景下，在 20 世纪 90 年代，家庭的实际医疗支出一路飙升（参见图 14）。

　　以上这些问题早已引起中国政府的注意。自 2003 年开始，政府发起了许多改革项目来扭转这个局面，其中最突出的举措就是宣布了新的城乡医保体

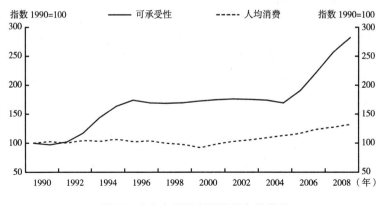

图 13　人们急需遏制吸烟风气的蔓延

可承受性＝家庭可支配收入／每包烟的平均价格。

数据来源：Hu 等（2008），更新数据来源于中国数据年鉴以及中国研究和情报。

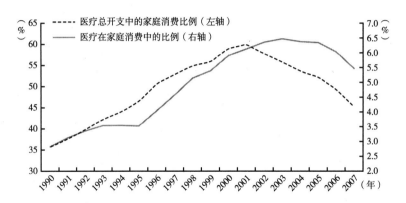

图 14　在 20 世纪 90 年代，中国家庭的实际医疗支出一路飙升

数据来源：卫生统计年鉴。

制。除了流动人口以外，医疗设施的覆盖率和使用率自此大幅攀升（参见图 15）。但即便如何，许多大病和慢性病仍然在将人们推向贫困，在贫困地区表现得更为明显。由于存在一定风险，国家统筹仍然受到局限，所以病人通常无法按照他依法享有的权利来按比例报销医药费。

2009 年 4 月，政府推行了新的医改方案，力求在 2020 年前使全民享受到安全、可支付和有效的基本医疗保健，为此政府需在 2009—2011 年间新增①，500 亿元政府支出（相当于同期 GDP 的 0.8%）。尽管这笔资金已经相当庞大，

---

① 如果我们观察日本的医疗体系，也可能看到这种激励体制引发的问题（OECD，2009d）。

但是对于中国医疗业未来长期需要增加的投入来说，这只不过是"冰山一角"。中国的医改方案包括以下内容：投资建设医疗基础设施，推广医保覆盖率，加大医疗预防力度，对不合格的医生进行再培训，建立新的主要药品体系，开展具有深远影响的重组，特别是医院预算方面的重组。在这个过程中，一项非常重要的工作是确保基础医疗能够在医疗服务中发挥更加重要的作用，避免人们在病情不严重时对医院提出过高需求。与此同时，另外一项重要任务是提高医院的管理效率，改变医院的官僚结构，同时废除医疗费用和处方之间的联系。此外，医保体系支付的费用还需要反映出实际成本。许多国家的经验表明，如果不能解决这些供应方面的问题，那么将削弱扩大保险范围的有效性。政府还需要努力改变相对价格，如提高医生工资水平，避免药品价格被扭曲，提高烟草价格及税收等。一旦中国实现接近普惠式的医保体系，将居住所在地（而不是户籍所在地）的流动人口也纳入其中，那么应该将不同的保险体系合并起来，同时由中央政府承担更多资金。

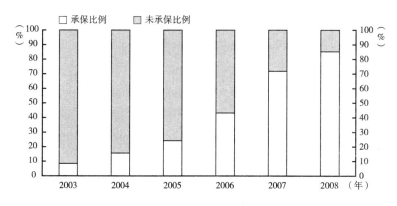

图 15　医保体系的覆盖率大幅上升

数据来源：卫生统计年鉴。

七、继续开展国内改革有助于实现和谐的全球化

对于中国的公共政策而言，其首要目标而且也是越来越重要的目标是确保充分的社会凝聚力和维持全国稳定。这将提高经济增长的效率，实现强劲的经济增长。无论在何种情况下，这都是经济飞速扩张的理想结果。因此，近年来中国推行了许多宏伟的社会改革，而且取得了切实的成就。特别要指出的是，尽管流动人员在城市就业人员中的比例可能超过40%，而且并没有被社会安全网充分覆盖，但是社会安全网的确已经拓宽了其覆盖面。

然而，要想在未来实现决定性的进展，那么中国需要克服劳动力市场以及教育、福利、养老金和卫生体系长期以来一直支离破碎的困境——这些正是近期改革项目着重强调的问题。此外，政府还需要在福利管理上取得重大进展，特别是最低生活保障（它未能充分发挥减贫的作用）。政府需要统一社保体系，将承担医疗保健和养老金的体系从省市等行政单位转移到中央政府。全国性的教育、福利、养老金和卫生体系需要提高全国的金融稳定，但是在人们享受权利时又不采取"一刀切"式的做法，而是取决于本地条件以及/或者个人的历史记录。这将有力地推动城乡之间以及城市之间的劳动力流动。为了实现可持续增长和城市化，中国仍需进一步大力推动人员流动。

总而言之，中国近年来推行的改革项目已经开始"开花结果"。从国内来说，这些措施在全球经济下滑的情况下推动了经济结构调整，巩固了内需；从国际来说，这些措施有助于降低国内外的宏观经济失衡。很多国家推行结构改革时往往要在短期成本和长期效益之间进行艰难的抉择，其中的一个重要原因是公共财政必须平衡限制性金融措施，才可能落实这些改革项目。中国的境况与此形成了鲜明的对比，它有充足的财务空间继续推行宏大的社会改革项目，而这些项目的资金需要也能帮助中国降低国内过高的储蓄率。即使公共基建投资回到更加合理的水平后，中国仍需逐步增加社会支出，以提高人民生活标准，增强社会凝聚力，并且为更加和谐的全球经济作出贡献。

参考文献

［1］Cao J., M. Ho, and D. Jorgenson, 2009, "The Local and Global Benefits of Green Tax Policies in China", *Review of Environmental Economics and Policy*, Vol. 3, No. 2.

［2］China Development Research Foundation, 2010, "Tackling Poverty at its Root: Providing Pre-school Education in Poor Rural Areas", *CDRF Working Papers*, forthcoming.

［3］Herd R., Y.-W. Hu and V. Koen, 2010, "Providing Greater Old-Age Security in China", *OECD Economics Department Working Papers*, No. 751.

［4］Hu T., Z. Mao, J. Shi and W. Chen, 2008, *Tobacco Taxation and Its Potential Impact in China*, Bloomberg Philanthropies and the Bill and Melinda Gates Foundation, International Union Against Tuberculosis and Lung Disease, Paris.

［5］OECD, 2002, *China's Place in the World Economy: The Domestic Policy Challenges*, Paris.

［6］OECD, 2005, *OECD Economic Survey of China*, OECD, Paris.

［7］OECD, 2006, *Challenges for China's Public Spending: Toward Greater Effectiveness and Equity*, Paris.

［8］OECD, 2007, *OECD Environmental Performance Review*, *China*, Paris.

［9］OECD, 2008, *OECD Reviews of Innovation Policy*, *China*, Paris.

［10］OECD, 2009a, *OECD Economic Outlook No. 85*, June, Paris.

［11］OECD, 2009b, *OECD Reviews of Tertiary Education*, *China*, Paris.

［12］OECD, 2009c, *The Economics of Climate Change Mitigation*, *Policies and Options for Global Action Beyond 2012*, Paris.

［13］OECD, 2009d, *OECD Economic Survey of Japan*, Paris.

［14］OECD, 2010, *OECD Economic Survey of China*, Paris.

［15］World Bank, 2007, *The Urban Development Investment Corporations（UDICs）in Chongqing*, *China*, Technical Assistance Report.

［16］World Bank, 2009, *From Poor Areas to Poor People：China's Evolving Poverty Reduction Agenda：An Assessment of Poverty and Inequality in China*, Washington DC.

国际经济形势、中国经济
结构转型和国际合作[*]

新加坡国立大学东亚研究所所长　郑永年

一、发达国家的政策重点仍是应付危机

金融危机发生之后，世界各国政府对本国的经济进行了多方面的干预，对其经济表现产生了相当大的影响。但判断世界经济是否真正复苏主要要看结构性因素，而不是政府干预措施的直接和短期效应。总体上来看，各国政府的干预的影响主要是正面的，但这些干预还是针对拯救危机的，而非促成经济结构的转型。"先救市、后转型"是世界各国普遍采用的策略。

从这次金融危机的演变过程来看。2007年中期美国房地产市场开始发生次贷危机。2008年上半年又发生了商品价格推动的全球性通胀危机。2008年9月演变为美国金融危机和全球经济危机。2009年11月迪拜和一些欧洲国家发生主权债务危机。这些连续不断的危机表明，引发这场经济危机的根源并没有消除。过去数月不断出现的情况是资产新泡沫、美元贬值和商品价格暴涨。各国政府的救市措施有可能造成反弹型泡沫，从而可能形成一次新的经济下跌过程，如果不是危机的话。

现代社会的经济活动取决于金融体系提供的服务的速度、效率和质量。持续一年多的金融危机，已经开始影响到实体经济过程，包括企业的生产（流动资金和现金流），销售和进货（贸易金融），市场的购并活动（投资金融），企业自身的资产质量和价格（贷款、债券和股票），进而影响到企业的生存，减少就业（失业率已经达到10%），缩减消费。

美国是世界上最大的经济体，其经济继续微弱是全球经济难以上升的一个重要根源。金融危机造成的股价下跌，已经使美国的家庭财富大量缩水。失业

　＊　本文为作者为2010年中国发展高层论坛提供的背景资料，其中观点仅代表作者立场。

率居高不下（在10%左右）。相应地，美国的消费者信心指数步高，需求继续低迷。

世界总体情况也和美国差不多。虽然经济开始出现复苏现象，但就业危机并未过去。欧洲的失业率目前也在10%的水平。根据国际货币基金组织的经济增长评估，发达国家可能要到2013年才能回复到危机前的就业水平。至于发展中国家，要到2011年才能恢复到危机前的水平。

从很多方面来看，世界性经济危机还远未结束。去年年末爆发的迪拜世界债务危机就是一例。美国和欧洲国家，很多政府不惜一切救市，大量提供货币供应，积下巨债。国家的财政赤字继续上升，而政府仍然要继续救市。市场越来越担心各国财政可持续性问题。金融危机爆发以来，美国国债占GDP的比重由60%上升到80%，预计2012年将超过100%。欧元区国债占GDP的比重目前基本保持在70%左右。

从理论上说，发达国家的主权风险，并非主权违约风险。这些政府的债务大多以本币发行，可通过发行新债、加税或者出售资产等途径筹集。在无力通过这些方法集资的情况下，各国央行也可通过发行货币。但无论怎么做，发达国家的主权风险就很可能转化成为通胀风险，从而推高各国债息。

总体看来，西方发达国家到目前为止的政府干预仍然属于救市性质。从经济表现来衡量，这个阶段还没有完成，在今年甚至更长一段时间里，还会继续。这种情况表明，中国的外在经济环境不会很好。为了继续救市，西方发达国家有可能采用非常不利于国际经济稳定的措施。从以往的经验看，往往会采用两种方法。其一就是直接转嫁危机给其他国家，尤其是发展中国家。美国在这方面掌握主动权。例如美国可以通过发行货币或者让美元贬值来减轻世界经济失衡对美国贸易的压力。在面临高失业率和低经济增长压力的时候，发达国家也可以采用各种保护主义的政策。在过去的一年里，美国和欧洲已经在很快滑向贸易保护主义方向。

二、西方的经济结构失衡

金融危机是世界经济结构失衡的产物。从长远来说，改变经济结构是唯一解决和预防新危机的方法。在冷战结束之后，西方内部经济结构严重失衡。美国去年在G20召开前夕提出了一个《可持续和均衡增长框架》。根据美国的说法，这个构架意在实现全球经济的复苏和持续增长。如果这个构架得以实现，那么意味着美国要增加储蓄并减少预算赤字，中国要减低对出口的依赖，欧洲要进行结构性改革来提升企业投资。

这份文件被解读成为是美国要把危机的责任转嫁给包括中国在内的其他国家，变相地针对发展中国家的贸易保护主义。不过，文件也包含着几分真理。世界经济结构的确是失衡的。这种失衡并不是包括中国在内的新兴经济体单方面所造成的。西方本身内部的结构性经济失衡扮演着一个更为重要的角色。

西方的结构性经济失衡首先和新自由主义经济学的崛起有关。新自由主义于 20 世纪 80 年代开始流行于英美国家的撒切尔首相和里根总统时代。开始时焦点在于私有化和政府退出经济领域。冷战结束后，新自由主义很快就发展到世界经济领域，主要是对经济全球化的理想化，过度理想地认为全球化会形成一种完美的国际劳动分工，各国可以并借其"比较优势"来促进无限的经济发展和财富的积累。"看不见的手"和"比较优势"是古典经济学的核心。现在看来，这两者都和这次全球金融危机有关联。

在新自由主义意识形态主导下，西方各国在不同程度上走上了经济结构失衡的道路。主要表现在如下关键的领域：

（一）不同产业之间的失衡

产业转移所造成的不同产业之间的失衡。冷战结束后，很多西方国家加快了产业的转移，把大量的被视为是低附加值的产业转移到包括中国在内的发展中国家。这一方面加快了经济全球化的步伐，同时也使得很多本来很封闭的发展中国家加入到全球化浪潮中来。一些西方国家（尤其是英国）甚至大胆地放弃了大部分制造业，而转向了高附加值的服务业。这就导致了制造业和服务业之间失衡。在服务业中间，西方过分侧重于金融领域。在过去的很多年里，金融业是西方获得财富最主要领域。产业转移的目标是产业升级。但升级既可以在同一产业链上升级，即通过增加技术的含量来增加附加值，也可以通过把附加值低的产业转移到其他国家而发展新产业来追求附加值。这两种途径都是可以的，但一些西方国家的问题是在没有找到新兴产业的时候，就把一些已有的产业转移了出去。产业的转移必然影响到就业，而就业又转而影响消费和政府财政等方面。这次危机表明，凡是制造业仍然领先的国家（如德国），受危机的影响就小；凡是金融业发达的国家（如英美），不仅制造了危机，而且影响到本国的制造业。

（二）社会性投资与生产性投资

与之相关的是社会性投资和生产性投资之间的失衡，社会性投资在西方不可或缺，尤其在欧洲福利社会。因为有民主政治的压力，社会性投资即使政府不乐意也很难减少。英国撒切尔政府期间曾经想把社会部门包括医疗和教育私有化，但得到民主政治的有效抵制。同时，生产性投资显得不足。首先是因为很多产业转移了出去，实体经济空间大大减少，生产性投资缺少了目标。西方的很多生产性投资是通过 FDI（Foreign Direct Investment）的形式投资到海外企业。企业的大量出走，也导致了政府税基的缩小。政府需要越来越大的社会投入，但同时国内的税基减小。那么，政府的钱从哪里来？政府只有搞债务财政。大多西方政府的债务财政节节升高，在背后有很多因素，但社会投入的负担是很重要的一个因素。

（三）创新与投机

创新与投机冒险之间的不平衡。创新无论是技术的创新和其他经济方面（如管理方式）的创新都是企业可持续发展的关键。传统上，大多技术创新都发生在实体经济，尤其是制造业。实体经济的技术创新或者组织管理方面的创新才是可持续的，有利于社会和经济的总体发展。因为制造业被转移出去，或者制造业空间缩小，技术创新显得不足。因此，西方国家的企业把大部分财力用来搞金融创新。尽管金融创新也很重要，但这往往和投机或者冒险联系在一起。在很多情况下，金融工程和投机工程没有什么两样。而种种金融投机又反过来弱化实体经济。这次金融危机就是因为美国的金融资本把美国的实体经济（房地产）过分货币化的结果。

（四）政府与市场

政府与市场之间或者说在看不见的手和看得见的手之间也存在着失衡。政府的作用在不同的经济发展阶段是不同的。工业化最先在西方开始，工业化早期也出现很多监管问题，但经过很长历史时期的发展，西方诸国在产业方面建立起了比较有效的监管制度。现在的监管问题主要出在金融活动的全球化和全球性监管制度之间的失衡。在冷战后，金融产业尤其是全球性的金融产业得到了飞速的发展，各国的金融创新眼花缭乱，但是金融监管制度没有确立起来。尽管从理论上说，监管制度是可以建立起来的，但事实上如果过分强调金融创新而非实体经济方面的技术和管理的创新，监管一直会处于落后状态。不管怎样，投机者总要比监管者要聪明。

无论是西方内部经济结构平衡问题还是与之有关的世界经济结构平衡问题都不是在短期内能够做得到的。在今后相当长的时间里，西方各国除了预防可能的新危机和应付新危机之外，还必须增加生产性投资、加强监管、减少进口和增加出口，只有这样，才能从长远看把内部经济和世界经济拉到一个新的平衡点。但有鉴于所有这些方面的经济结构失衡，要达到这些目标是一件很不容易的事情。

三、中国经济结构失衡及其调整的政策选择

中国的政策选择势必受国际经济形势的影响。和很多其他国家一样，中国也遵循"危机处理在先，结构调整在后"的策略。但这两者并不是完全可以区分的两个阶段。处理危机有不同的方式，有些政策选择可能有助于结构的调整，但有些则不利于结构性调整，甚至相反。

金融危机以来，中国政府也出台了大规模的救市计划，并且取得了成效，对地区和世界经济的复苏都起到了很大的作用。但很难说中国经济已经走上正常轨道，中国的经济失衡情况也同样存在。产能过剩、房地产泡沫、投资失控、通胀、银行坏账增加等等都是中国目前所面临的问题。如何避免这些因素演变成内部经济危机仍然是中国的头等大事。但是在继续应对危机的同时也要考虑这些应对举措和整体的结构性调整一致起来。这种一致性的目的一方面是要为中国经济的可持续发展打下一个坚实的基础，同时为国际经济的再平衡承担中国责任。

中国的结构性经济问题表现在很多方面。以下几个表现得尤为明显。

（一）出口与内需

首先就是内需与出口之间的不平衡。就中美两国的经济关系来说，以往那种被视为是"中美国"的模式，即中国生产、美国消费，中国人储蓄、美国人花钱，很难持续下去。这种模式的形成原因非常复杂，互相指责并不能解决问题。重要的是要对这个结构进行大力调整。在这个过程中，反对欧美的贸易保护主义固然重要，但保护主义在很大程度上超出中国的控制。对中国来说，更为重要的是进行内部的经济结构调整。

出口导向经济模式在推动中国国民经济发展和增长过程中作出了很大的贡献。尽管不能说中国不重视内需经济，但的确过分依赖于出口经济。在出口和内需两者之间，重心在前者。同时，对出口经济没有能够进行适时的调整。正如其他出口导向型经济体所表明的，需要对出口经济进行不断的调整，僵硬的出口模式总会在一个时间点上出现问题。日本是个好的案例。出口曾是成为"日本第一"的最大的驱动力，但过分依赖出口也是日本经济一蹶不振的一个主要因素。自由贸易需要良好的国际条件，如自由贸易意识形态占主导地位，各国领袖们认同和推动全球化，全球经济均衡发展等等。这些条件一旦不再存在，出口经济就会出现很大的危机。而这样的危机往往超出单一或几个主权国家政府所能控制的。

这次金融危机对中国出口导向的经济结构产生了很大的压力。调整出口

经济也变得非常重要。但是为了应付危机，有关方面不得不继续强调出口经济，希望通过各种政策性举措来刺激出口。但来自西方的需求减少的趋势不可避免。即使在一些低附加值领域，中国的出口仍然如往日那样成功，但这种成功正刺激着美国等西方国家的政治性或者政策性反弹，即贸易保护主义。

（二）国有部门与非国有部门

除了内需与外贸之间的结构性不平衡，中国还存在其他方面的结构失衡。国有部门与非国有部门之间存在着不均衡。尽管中国从理论上说已经从计划经济转型到市场经济，就是说市场现在调节着大部分中国经济活动，但是在市场上活动的主角还是国有部门。国有部门在中国已经存在了数千年。和苏联和东欧国家不一样，中国从来就没有发生过大规模的私有化运动。一旦国有部门绝对主导市场，市场就不再是一般意义上的市场了。和非国有部门相比较，国有部门的行为更容易不按照市场逻辑。这次金融危机之后，政府出台了数万亿的拯救方案，但大部分的钱流向国有部门。在很大程度上，这不可避免，因为国有部门是政府的经济杠杆，通过国有部门把拯救方案实行下去。如果说，国有部门作为经济杠杆的任务已经完成，下一步的结构调整就是要把政策重点转移到非国有部门。如果国有部门继续凭借其庞大的资金开始和非国有部门竞争，垄断情况就会越来越严重。一旦造成人们所说的"国进民退"的局面，经济活力就会消失，国际的竞争力更是无从谈起。

（三）大型企业与中小型企业

与之相关的就是大型企业与中小型企业之间的不平衡。发展到今天，中小企业在国民经济发展、缓和和改善收入分配差异与解决就业等等方面扮演着越来越重要的作用，但其生存环境还是比较恶劣。中央政府希望利用这次金融危机来振兴中小企业，但现在发展的倾向刚好相反。如果没有有效的政策，国有企业、大型企业很快会形成一种"赢者通吃"的局面。实际上，这种情况背后更让人担忧的就是经济规模扩大和技术创新之间的不均衡。以国有企业为主体的大型企业的创新能力非常之低。无论在哪个国家，最能满足民生经济需要的中小企业的技术创新极其重要。中小企业的制度空间如果得不到保障，其创新能力就会受到遏制。

（四）生产性投资与社会性投资

最重要的是生产性投资和社会性投资之间的严重失衡。这方面和西方的刚好相反。西方国家是生产性投资不足，而社会性投资很难减少下来。改革开放30多年来，中国的经济增长主要来自生产性投资。社会投资一直没有得到重视，每况愈下。教育、医疗卫生、社会保障、公共住房、环保等等方面的社会投资严重不足。这些是一个市场经济赖以生存和发展的社会基础设施。

特别需要指出的是，每次经济危机总会导致生产性投资的激增和社会性投资的减少。1997 年金融危机之后，教育领域变成了各级政府经济增长的一个重要资源，教育产业化变得不可避免。而教育属于社会领域，需要政府的大力投入。同样，这次金融危机之后，各个生产领域的投资激增，已经导致了很多工业领域的产能过剩，造成浪费和低效率。更为重要的是，房地产成为刺激经济增长的主要来源。房地产是个特殊的产业，因为其有很大的社会性，每个人拥有住房权。把房地产视为经济增长的主要来源就造成了目前大多人买不起房子的困境。这个困境如果得不到解决，就会产生重大的社会政治后果。

西方市场经济能够生存和发展，就是依赖于一个比较完善的社会基础设施。中国的市场经济发展遇到了阻力主要是因为缺失这个社会基础设施。很简单，没有这个设施，就不能保障最基本的社会正义。中国经济发展模式是否转型最主要的指标就是看能否建立这样一个社会基础设施。

可持续的经济发展需要对基础设施的继续投资。中国这方面没有问题。大规模的基础设施的建设正在进行。但必须把更多的投入放在社会投资上。在这方面，中国遇到了难以克服的阻力。各级地方政府对社会政策的重要性从来就没有一个正确的认识，很多人总以为社会投资是为了救济穷人的。思想上没有正确的认识，就很难见诸行动。包括社会保障、医疗保险、教育等社会改革已经在中国的议事日程上有很多年了，但进展不大。社会投资需要钱，但钱不是中国的问题。这些年来，中国积累了足够的钱来进行社会改革（投资）。问题是各级官员不想把钱用到社会投资。可以预见的是，如果中国不能进行大规模的社会投资，建设一个健全的社会基础设施，就不可能转型成为一个以内需为主体的消费社会。没有社会的转型，也就没有经济的转型。社会的转型是经济增长的新动力和新资源。

不管西方采用什么样的政策，无论是外部的贸易保护主义还是内部的结构性经济调整，都会对中国产生很大的外部压力。从发展趋势来看，外在的压力会越来越大。全球经济失衡是事实，中国是世界经济体的一部分，不可能不受到失衡的影响。但要有效回应全球经济失衡所产生的外在压力，中国就必须下大力气进行内部经济结构调整。没有内部的经济结构均衡化，既不能抵御外在压力的冲击，更不能维持经济的可持续发展。

四、国际合作

中国今天的国际合作是全方位的。国际合作的政策优先次序必须随着国际形势的变化和内部的改革而作出调整。从这个角度来看，中国的国际合作在以下几个方面显得尤其重要。

（一）自由贸易

欧美经济不能很快从这次金融危机中复苏过来，欧美针对中国的贸易保护主义已经变本加厉。在过去的一年，针对中国的反倾销措施占世界此类措施的45%以上。（当然，其中也包括一些发展中国家的反倾销案。）美国等西方国家的舆论倾向于用"贸易保护主义"对付中国。抵制贸易保护主义已经成为中国一项艰巨的国际任务。中国一直在努力推进自由贸易。在过去，只有发达国家才推动自由贸易，发展中国家更多的是反对自由贸易的。自从中国登上世界经济舞台之后，这个角色就倒了过来。现在中国已经成为世界最大贸易国之一，在推行贸易自由方面势必要扮演一个领导角色。

从世界历史来看，自由贸易既是经济事业，更是政治事业。自由贸易从来不是"比较优势"的自然演进，而是需要强大的政治推动力。19世纪是英国推动了全球自由贸易，20世纪是美国的功劳。英国在自由贸易上推行的单边开放主义（即英国单方面向其他国家开放），美国比较自私，实行的是"对等政策"。英国的政策显然比美国的有效。

从很多方面来说，中国现在实行的政策类似于英国的政策。

在中国和东盟自由贸易协定方面，中国单方面向东盟的一些较不发达的国家开放。无论是北美区域还是欧洲区域，实行的都是排他性的经济区域主义。区域内部实行开放，但对外就是重商主义。东亚区域主义则不然，它是包容性的开放性区域主义。从长远来说，要比北美模式和欧洲模式有效。中国东盟自由贸易区的启动为中国提供了一个很好的机会在推进自由贸易方面扮演一个领导者的角色。在欧美贸易保护主义盛行的情况下，中国东盟自由贸易区显得尤其重要。

显然，在反贸易保护主义的过程中，中国要同东盟国家合作。同时，东盟和日本、韩国也已经签订了自由贸易协定。如何整合三个"10＋1"机制是未来要面对的问题。日本鸠山政府提出了东亚东同体的概念，中国也已经接受。在这些已经达成的机制上建立成一个更为广义的自由贸易体系是具有可行性的。

更为重要的是要考虑到美国的角色问题。中国东盟开放性区域主义已经包含美国在内。中国东盟自由贸易机制一旦强健起来，就可以在此基础上来容纳美国或者更多的国家。在这方面，是否可以考虑"10＋4"机制，即东盟加上中国、日本、韩国和美国。这个机制并不是不可能，因为美国已经是亚洲经济的一部分，将来也不会消失。既然美国影响的存在是个现实，那么就要考虑如何更好地美国整合进亚洲经济体系。

（二）人民币的稳定与国际化

与自由贸易相关的一个问题是人民币问题。人民币升值问题很多年一直是中国国际问题的一个热点问题。对这个问题的共识并不大，各方大都从本身的利益来理解人民币的升值问题。国内对这个问题也有不同的看法。中国和欧美的贸易继续保持着很大的顺差，人民币的升值问题不断地被提出来。中国因为持有大量的美国国债，人民币的币值问题变得更加复杂。

在人民币升值问题上，中国的决策应当考虑到几个重要的因素。

第一，是经济上的，就是说，人民币升值对国内的经济影响。在这方面，中国不能重复日本走过的道路。

第二，人民币升值不能光算经济账。人民币尽管主要是经济杠杆，但其具有很大的战略意义。因为中国已经成为最大的贸易国，人民币币值的非经济性也在日益体现出来。

第三，要考虑人民币的区域化和国际化问题。这次金融产生的一个重要原因就是美元霸权。要制衡美元就要有更多的区域货币或者国际货币。欧元是一种。人民币从长远看也是一种。区域化或者国际化的重要条件之一就是人民币币值的稳定性。没有稳定性，就很难为人民币使用者提供动机。但是稳定性并不是固定，并不表示人民币不能波动，只是说，波动必须有一个可控的边界。在稳定的区间内进行人民币的波动当是理性的选择。

第四，从长远看，人民币问题也必须和中国的国际领导地位联系起来。从经济总量上看，中国已经成为经济大国。中国也必然要扮演更为重要的国际角色和承担更大的国际责任。但是实际的经济能力并不能等同于领导作用。领导作用要有很多机制，借此中国可以履行领导角色。到现在为止，中国还缺少这样的机制。而人民币就是其中一个最有效的机制。

（三）环保经济

推动环保经济是中国可以实行自身的产业升级和扮演国际领导角色的另一个领域。随着气候的急剧变化，以低碳经济为核心的环保经济已经成为全世界的关注点。国际社会对环保经济的共识也越来越高。西方国家尽管有高环保意识，但因为内部既得利益的强大的阻力，很难在政策层面能够有效实施。西方目前的现状是承诺得多，做得很少，无论在国际层面还是在内政层面。更为重要的是，以低碳经济为核心的环保经济是下一波世界经济增长的动力。这一点西方政府和企业家也是意识到的，西方各国政府也都在拼命努力重铸经济增长方式。同样，面临庞大的既得利益，很难作为。

如果中国在环保经济方面能够取得重大的突破，那么无论在国际话语方面还是在造就新经济增长动力方面就可以在国际上起到引领作用。因为"科学发展观"的提出，环保经济实际上已经成为中国政府的政策话语的核心。只不过是"科学发展观"关切的是内部发展，而非国际发展层面。把环保经济造就成为中国国际话语体系的核心一部分并不难。

重要的是中国的政策执行能力。中国具有强有力的经济和政策工具来落实环保经济。和西方比较，中国的体制至少在两个方面存在着优势。一是强大的国有企业。正如这次金融危机之后所显示的，中国强大的国有部门能够成为政府推行政策的强有力的工具。一旦国家（环保经济）意志确定下来，国有部门可以成为执行国家意志的直接手段。二是国家对经济强大的干预能力。和西方自由经济体不同，中国政府始终保持着对经济部门的干预能力，无论是国有部门还是非国有部门。国家可以通过各种经济和金融工具例如银行，控制和影响投资方向。这两方面是西方各国所不具备的。这也就是西方往往是光有政府的（环保经济）话语，而没有能力把话语转化成为政策的主要因素。

（四）G2 问题

在讨论国际合作问题时，尤其是带有全球性问题的合作时，很难避免 G2（即中美两国集团）问题。这次哥本哈根世界气候峰会就说明了这一点。事实上的 G2，不管人们喜欢是否，已经产生了。

事实上的 G2 是人类历史上大国关系的一种新类型。历史上，大国并不好相处，大国关系并不好处理。主要有几个类型。首先是战争。例如欧洲国家之间，因为各国力量旗鼓相当，经常要通过战争来决定自身在（区域）国际关系等级的位置，结果大家都是输家。欧洲发明了主权的概念，不仅给欧洲本身，而且对世界带来了无穷的战争。正因为有两次世界大战，欧洲接受了教训，因此就有现在欧盟的出现。欧盟的出现表明欧洲不得不放弃主权概念。第二是一个霸权取代另一个霸权，取代的过程往往是战争不断。也有比较和平的方式，例如美国取代英国的过程。尽管美国和英国之间没有战争，但在霸权的转型过程中，世界也充满各种战争和冲突。第三是少数几个大国瓜分世界，这表现在苏联和美国阵营对世界势力范围的分割。

苏联解体和冷战结束之后，西方世界尤其是美国最为担心的就是中国的崛起，认为中国必然和美国发生争霸战争。但这种现象并没有发生，发生的就是一个事实上的 G2 的产生。这个事实上的 G2 是客观历史的结果。它和中国的开放政策有关。开放政策下，中国在把自身转型成为世界上最大制造基地的同时也造就了出口导向型经济。作为世界上最大消费者的美国成为中国最大的出口市场，它也是中国的和平崛起与和平发展选择的结果。改革开放后，中国接受现存国际体制，加入西方美国主导的各种国际组织，这就保证了中国不会像苏联那样，另立体制，而是在现存体制内崛起。随着中国地位的上升，就开始接近处于这个等级顶端的美国。中国的发展越快，离美国的位置越近，这就越看似 G2。

从一个能够避免大规模国际冲突的国际权力结构来说，一个事实上的或者隐性的 G2 结构有其非常积极的一面。今天重大的国际事务如果没有中美两国的合作很难解决。从这个角度来看，G2 有利于中国，有利于美国，也有利于整个世界。

但也应当认识到，对中国来说，G2 很不好处理。G2 既不是"中美国"，也不是其他种类的 Gx。美国和日本有 G2，和英国也有 G2，同时也存在着各种不同形式的联盟 Gx。但这些 G 都是有特殊的任务和目标的，并且多侧重于战略方面的。这些 Gx 都是美国及其联盟来对付其他国家的，因此在事实上也是排他性的。

对中国来说，一方面要意识到 G2 的客观存在和其必然性，但也要意识到目前的 G2 在很多方面很不对称，并不符合中国的国家利益。G2 的局限性很显然。中美两国之间存在着巨大的差异。这些差异不仅仅表现在数量方面，即经济和技术方面，而且也表现在本质方面，例如两国不同的文化和政治体制，更不用是军事战略方面的利益了。就是说，在 G2 下，中国不是"美国第二"。中美 G2 不会演变成为其他种类的 G2 或者 Gx（即联盟）。再者，目前的 G2 过于集权，主要是美国"主导"，中国不得不"顺从"，尤其在经济和金融上。在很大程度上，中国依附着美国。这种依附型的关系对中国不利，对整个区域不利，同时也是不可持续的。同时，很多美国人也已经看到，这种事实上的 G2 也对美国的经济结构调整产生构成了困难，开始对中国不满（例如提倡对中国的贸易保护主义）。

在 G2 下，中国应当担负必要的国际责任。和人民币的币值一样，G2 构架内中国也不可光从经济的角度来看问题，来计算和美国关系的成本。但同时中国又不可对国际责任尤其是美国作过度的承诺。在承担责任的同时不过度，这里的政策分寸并不好把握。

G2 已经存在，但 G2 不可过于集权。一个集权的 G2 不利于中国，更不利于其他国家。实际上，越来越多的国家已经对 G2 表现出了担忧。人们不想看到中美两大国垄断国际经济事务的局面。

要避免集权，中国就要追求分权。分权最有效的方式是在考虑中国的国际责任的同时把政策重点放在内部建设。正如这次金融危机期间中国把内部事情处理好就是承担了最大的国际责任一样。内部建设不好，就没有可持续的力量支撑这种外在的 G2，甚至会被处于这个开放体系内部的另外一个国家所取代。

除了内部经济结构转型，东亚区域主义也是中国分权的一个有效策略。中美 G2 和亚洲的开放性区域主义有关。美国在本区域具有很大的经济影响力，但美国的行为还没有被整合进区域模式。从美国的贸易保护主义行为来看，美国还是没有考虑到本区域国家的利益。要改变美国的行为，就要把 G2 和亚洲开放性区域主义整合起来，尤其是已经启动的中国—东盟自由贸易区整合起来。只有从制度上整合了美国经济，美国才会有负责人的行为。即使在同一个制度构架内，竞争也不可避免，但会是合作性竞争，而非零和游戏的竞争（如贸易保护主义）。

后危机时期的中国和世界经济 *

彼得森国际经济研究所所长 弗雷德·伯格斯坦

一、全球经济体系面临的挑战

中国已经与美国和欧盟一道成为 21 世纪全球三大超级经济体之一。中国有望在未来至少 20 年保持快速增长，无论其是否会超越美欧成为世界第一大经济体，这一前景清楚预示中国对世界经济的影响将继续加强。

同时我们必须认识到，从三个不同的角度而言，中国都是历史上独一无二的超级经济体。就平均生活水平而言，中国还是一个穷国，即使其成为世界最大经济体（尽管其很多沿海城市地区的人均 GDP 即便按市场汇率计算也已接近经合组织的水平），中国的富裕程度仍远不及经合组织国家。中国还没有完全市场化，与其他全球经济体相比，中国政府扮演的角色要重要得多，不过这一差别已经大幅收窄，而且即使中国不希望达到西方那种政企分开的程度，在未来几年乃至数十年的时间里，这一差别或许将进一步减小。中国的政治体制也与其他经济体大相径庭。

我们从历史上知道，新兴经济体进入全球领导体系的过程对维持全球稳定甚至和平不仅极具挑战，而且至关重要。在 20 世纪末美国和德国经济实力不断增强的时期，两国曾造成严重的问题。两次世界大战期间德国的复兴和日本的崛起更是带来了久拖不决的难题。全球系统稳定遭遇的更近挑战则源自欧洲共同体的演变和战后日本在世界范围的崛起。在当代，在中国崛起之后，印度、巴西及其他一两个国家也可能脱颖而出（它们现在也正在崛起，不过程度远不及中国）。历史记录显示，无法回避的系统调整过程可能非常成功，但一旦失败则可能导致严重甚至灾难性的后果。

这种势在必行的调整给当权国和新兴国都带来了极为困难的问题。要实现顺利的转变，当权国必须要愿意与新兴国分享领导权，这意味着它们必须有信

---

* 本文为作者为 2010 年中国发展高层论坛提供的背景资料，其中观点仅代表作者立场。

心认为吸纳而不是抵制新兴国发挥更大的全球作用更能保护其国家利益。就美国现在的情况而言，这要求其改变延续了超过半个世纪的主宰思维，尤其是要准备好以前所未有（也从未积极尝试过）的方式与非西方国家紧密合作。

另一方面，新兴国家必须愿意在全球系统内承担领导角色，它们必须认识到自身活动的外部效应会给其国内经济带来的重要影响，以及其全球存在和世界级能力伴随的责任。这些考虑目前对中国尤其重要：中国选择了在很大程度上依靠与全球经济深入融合的发展战略，这意味着全球经济状况，尤其是维持开放的贸易体系和稳定的金融秩序，是中国国家利益的重要部分。

二、2010 年的世界经济秩序

2010 年的世界经济秩序可以被最好概况为是美国和中国充当龙头老大的多极结构。这一体系被认为是多极的，因为至少有十几个高收入或正新兴发展的国家（包括作为一个整体的欧盟）很明显能对世界事务产生重要影响。这一数目正在增加，而 G20 取代 G7 成为国际经济主要领导机构这一事实也体现了多极化不断增强的趋势。

但是，人们普遍认为，G20 过于庞大，很难有效运作。因此，需要挑选几个"协调者中的协调者"来组成世界经济非正式的指导委员会。最理想的状态，这一组织应该包括三大超级经济体：美国、欧盟和中国。当然，现在的操作问题是，在大部分议题上欧盟不能一致对外，也不能选出一个成员国来代表整体。因此，处理大部分全球经济问题的主要责任不可避免地落到了美国和中国身上。

中美两国近年尤其是在 2007—2009 年危机中承担责任的情况都良莠不齐。两国都采取了积极有效和至关重要的货币及财政措施来抵御全球衰退，刺激本国和世界经济复苏。两国在重新平衡全球收支方面取得了进展，2009 年美国的国际收支赤字和中国的国际收支盈余都从几年前的创纪录高点迅速下降。除了少数例外，两国都没有新设置可能破坏全球贸易体系的重大壁垒。两国都支持为受危机影响最大的国家提供更多的融资便利和特别提款权。除了最后三项措施外，其他的所有举措虽然处于新 G20 峰会设定和推动的政策框架之内，但是更准确而言其实是两国各自采取的应对危机的国内政策，而不是协调一致的国际政策（尽管采取此类措施的国际共识对政策的最终实施无疑发挥了积极的推动作用）。

然而，两国都没有采取部分确保本国（和全球）持续复苏所必需的行动。美国还没有改革其显然不完备的金融监管体系。如果美国还不开始减少国际收支赤字，中国的增长方式不从出口导向转向内需驱动（包括使人民币大幅升值），前面提到的国际收支重新均衡可能很快就会走向反面。为了应对危机，两国都采取了不同寻常的刺激措施，现在都在探索退出战略的内容和时机。

在部分议题上，中国与其美国和欧洲国家等 G20 伙伴之间的合作关系似乎恶化，甚至倒退了。10 年前，中国满怀热情地加入了世贸组织，并借助世贸规则推动了国内的市场体制改革，但是却在 2008 年 7 月（和印度一道）阻挠了多哈回合谈判。几个月以前，中国和美国在全球变暖问题上似乎还步伐协调一致，7 月在华盛顿举行的战略与经济对话中以及 11 月奥巴马总统访问北京后都发表了重申双方立场的声明（这加剧了欧洲在哥本哈根面对 "G2" 的担心），但是在气候变化峰会上，中美两国却针锋相对。第三个可能出现冲突的领域是经济区域化，中国继续支持亚洲内部的区域经济合作，而美国正积极推动 "泛太平洋伙伴协议"（Trans Pacific Partnership，可能通向 "亚太自由贸易区"），这可能带来补充甚至取代上述亚洲区域合作安排的亚太新体系。去年有关 "绿色能源" 谈话中描绘的两国采取措施推动跨境投资和技术互换的美好前景逐渐褪色，取而代之的是中国推动本土创新政策引发的双边关系紧张，双方在知识产权领域的新问题以及美国对中国公司部分在美直接投资的忧虑。

三、尚未解决的概念问题

所有这些议题都围绕 "后危机时期的中国和世界经济" 提出了尚未解决的问题，而这正是今年中国发展高层论坛的主题。

中国是否相信其能通过大幅压低汇率等办法继续保持巨额国际收支盈余并不断增加外汇储备，而不损害全球金融和贸易体系的稳定（因为不可避免的保护主义反弹）？

从更深层次上说，中国是否继续认为汇率是 "纯主权" 问题还是认识到，因为在所有此类决定中至少涉及两种货币，所以必须要有某种形式的国际规则和合作？如果是这样，若不是现有的国际货币基金组织，需要何种类型的协调机制？

中国是否希望通过每月增加数百亿的美元储备来继续加强美元的全球地位，和/或积极采取措施推动人民币的国际化（包括朝着开放资本账户和大幅减少资本控制的方向改革），和/或就改革金融体系尤其是特别提款权（可能设立替代账户）和国际货币基金组织寻求国际共识？

中国是否仍将世贸组织规则和制度安排视为全球贸易体系有效的中心环节？若不是，应该寻求何种替代机制？中国怎样看待地区贸易协议和全球经济秩序之间的关系？

中国如何看待亚洲内部正在出现的经济架构和亚太经合组织实现"亚太地区自由和开放贸易"共同目标之间的关系？

在气候变化方面，还不存在国际规则和制度，中国是否试图寻找有效的全球协调机制？如果是，是何种机制？如果迄今为止有关该议题的所有国际努力全部失败，中国赞成何种/哪些替代方法？

就最广泛的全球经济合作而言，中国是支持现行的 G20 进程还是赞成成立某种/某些更有效或是更具政治代表性的替代组织？

这 7 个问题有着一根共同的主线：它们要求中国制定、传达和在国际上讨论其在主要系统议题上的观点，这些议题至少在最近的将来很可能是国际经济政策争论的焦点。中国应该根据其国家利益澄清在这些问题上的观点并保持政策的连贯性，这对中国自身以及希望与之积极接触的世界其他国家而言都是关键的举措。很难想象，在中国和其他重要国家没有更清楚地考虑这些问题之前，中国能有效地进入全球经济体系，尤其是进入核心领导圈。只有中国这样做以后，中国才能与其他重要经济体，尤其是美国（其将为 21 世纪良好的全球经济秩序提供基础），进行"大谈判"（grand bargain）。

这种秩序只有在中国全面参与、贡献创新力和领导力的情况下才能有效构造和维系。首先的一步是中国根据其对国家利益的界定（包括考虑可能受其自身行动影响的外部经济变动带来的冲击）澄清中国的系统目标和政策。接下来的一步是国际社会深入讨论中国的观点，将之与其他主要国家的想法融合，就构建新的安排（尤其是目前缺乏协调机制的领域，比如气候变化）或改革现有机制（如国际货币基金组织和世贸组织）达成共识。本论文希望推动这一进程的启动，从而开始探究中国在世界经济中的角色以及世界经济在中国政策中的角色，这无疑会是一个费时漫长、充满争议的过程，但是可能带来巨大的回报。